『十三五』国家重点出版物出版规划项目

长江三峡工程
文物保护项目
报告　　乙种第四十九号

重庆市文物局　重庆市水利局　主编

奉节莲花池墓群

河北省文物考古研究院
奉节县文物保护管理中心　编著

科学出版社

内 容 简 介

　　本报告是三峡库区重庆奉节县莲花池墓群的考古发掘专题报告。通过对该墓群汉代、宋元和明清三个不同时期考古学文化遗存的发掘与研究，为三峡库区不同时代考古学文化体系的建立提供了重要的考古学资料。

　　本书可供考古学、历史学、民族学以及相关专业大专院校师生参考。

图书在版编目（CIP）数据

奉节莲花池墓群 / 河北省文物考古研究院，奉节县文物保护管理中心编著. -- 北京：科学出版社，2024. 10. -- ISBN 978-7-03-079864-0

Ⅰ. K878.85

中国国家版本馆CIP数据核字第20247YS959号

责任编辑：郝莎莎 / 责任校对：邹慧卿

责任印制：肖　兴 / 封面设计：陈　敬

科学出版社 出版

北京东黄城根北街 16 号

邮政编码：100717

http://www.sciencep.com

北京中科印刷有限公司印刷

科学出版社发行　各地新华书店经销

*

2024年10月第　一　版　　开本：880×1230　1/16

2024年10月第一次印刷　　印张：17 1/2　插页：41

字数：600 000

定价：**328.00元**

（如有印装质量问题，我社负责调换）

"13th Five-Year Plan" National Key Publications Publishing and Planning Project

Reports on the Cultural Relics Conservation
in the Three Gorges Dam Project
B(site report) Vol.49

Cultural Relics and Heritage Bureau of Chongqing
Chongqing Water Resources Bureau

TGCR

Lianhuachi Tombs in Fengjie County

Hebei Provincial Institute of Cultural Relics and Archaeology
Center for Cultural Relics Conservation and Administration of Fengjie County

Science Press

长江三峡工程文物保护项目报告

重 庆 库 区 编 委 会

冉华章　高　琳　江　夏　幸　军　任丽娟　王川平　程武彦
刘豫川　白九江

重庆市人民政府三峡文物保护专家顾问组

张　柏　谢辰生　吕济民　黄景略　黄克忠　苏东海　徐光冀
刘曙光　夏正楷　庄孔韶　王川平　李　季　张　威　高　星

长江三峡工程文物保护项目报告

乙种第四十九号

《奉节莲花池墓群》

编 委 会

主　任　张文瑞

副主任　毛保中　张晓峥　黄　信　赵战护

委　员（以姓氏笔画为序）：

马小飞　马　超　王法岗　任　涛　刘连强

杨丙君　佟宇喆　张春长　赵永胜　郝娇娇

胡金华　徐文英　高建强　郭晓明　韩金秋

雷建红　魏振军　魏曙光

主　编　张晓峥

项目承担单位

河北省文物考古研究院

奉节县文物保护管理中心

目　录

插 图 目 录

图 版 目 录

第一章 概　述

一、历史沿革

依据《奉节县志》记载[1]，奉节，地处四川盆地东部，东邻巫山县，南界湖北省恩施市，西连云阳县，北接巫溪县，长江横贯中部。地跨东经109°1′17″～109°45′58″，北纬30°29′19″～31°22′33″，东西宽71.4千米，南北长97.7千米，面积4099.28平方千米。县城永安镇是四川省历史文化名城，是全县政治、经济、文化和交通中心。

奉节历代为路、府、州、郡治地。以古九州而言，奉节地跨荆、梁二州之域。周初，是巴国的属国——夔子国属地。周襄王十九年（公元前633年），楚灭夔，乃为楚属庸国之鱼邑。秦惠文王更元十一年（公元前314年），改名鱼复县。东汉建武元年（25年），公孙述据蜀称帝，在瞿塘峡侧山头筑白帝城。蜀汉章武二年（222年），刘备败归白帝城，改鱼复为永安县。西魏废帝三年（554年），改名人复县，隋开皇年间称民复县，以后直至唐贞观年间，仍名人复县。其间交替属巴东郡、永安郡、信州、夔州。唐贞观二十三年（649年），为尊崇诸葛亮奉刘备"托孤寄命，临大节而不可夺"的品质，改名奉节县。宋咸平四年（1001年），四川分为益州、梓州、利州、夔州四路，夔州路辖数十余县。元世祖至元十四年（1277年）属夔州路，设总管府于白帝城。明洪武四年（1371年）属夔州，十四年（1381年）至清宣统三年（1911年）属夔州府。其间，清顺治元年（1644年）春，张献忠军陷夔州，奉节属大西农民政权。民国元年（1912年）尚存夔州府。以后，先后隶川东道、四川省第九行政督察区。中华人民共和国成立后隶万县专区（地区），1992年属万县市。1997年属重庆市。

二、地理环境

奉节境内地貌复杂且形态多样，总体轮廓为东南、东北高，中部偏西稍平缓，以长江为轴南北对称分布，离长江越远，海拔越高。

奉节地貌可分为中山、低山、丘陵、缓丘平坝和台地多种，其中中山3279.72平方千米，低山351.6平方千米，丘陵49.8平方千米，缓丘平坝70平方千米，台地343.81平方千米。

境内山地面积约占总面积的88.3%，海拔在600～2123米之间。境内最高点为麻山主峰猫儿梁，海拔2123米。中山（海拔在1000米以上）占总面积的80.01%，山势险峻，山脉峰顶大致齐平，单面山坡坡度较为平缓，一般谷坡坡度超过30°。低山（海拔在1000米以下）相对高差在400～700米间，坡度一般在10°～25°。境内主要山脉有麻山、鞍子山、天宝山、长龙山、凤凰山、七曜山、石乳山等。

境内溪河均属长江水系，数量众多，沟壑纵横。除长江流经县境外，还有流域面积大于50平方千米的河流17条，具有切割深，径流较丰富，暴涨暴落，洪枯变幅大，中、上游落差大且集中等特点。平均河网密度达0.43千米/平方千米，年径流总量达27.95亿立方米。长江干流自云阳县拖板入境，穿瞿塘峡出境入巫山县，流程41.5千米，属长江上游下段。除长江外，境内较大的河流还有梅溪河、大溪河、石笋河、草堂河、朱衣河，上述河流最终均汇入长江。

注　释

［1］　四川省奉节县志编纂委员会：《奉节县志》，方志出版社，1995年。

第二章 墓群概况、发掘经过及资料整理情况

一、墓群概况

　　莲花池墓群在三峡工程蓄水淹没之前隶属于重庆市奉节县永安镇（县城所在地）茶店村11社，现属奉节县永安镇茶店社区（图一）。墓群地处长江北岸坡地处，因其西北部山顶有莲花池风景区而得名。中心坐标为东经109°30′59″、北纬31°02′52″，海拔170～270米。奉节县文物管理所曾于墓群内清理残墓1座，1995年4月三峡库区迁建区文物调查时复查并确认了该墓群。

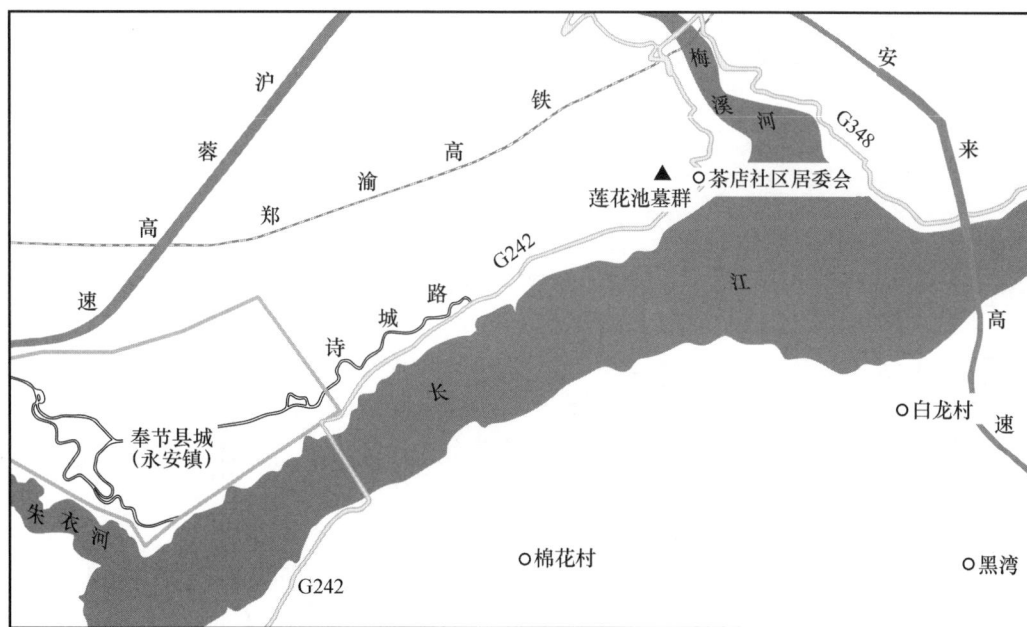

图一　莲花池墓群位置图

二、发掘经过

　　为抢救、保护三峡库区内地下文物，受重庆市文化局委托，在奉节县白帝城文物管理所（今奉节县文物保护管理中心）的协助下，河北省文物研究所（今河北省文物考古研究院）于2000年和2001年先后两次对莲花池墓群进行了大规模考古工作（图二；图版一、图版二）。

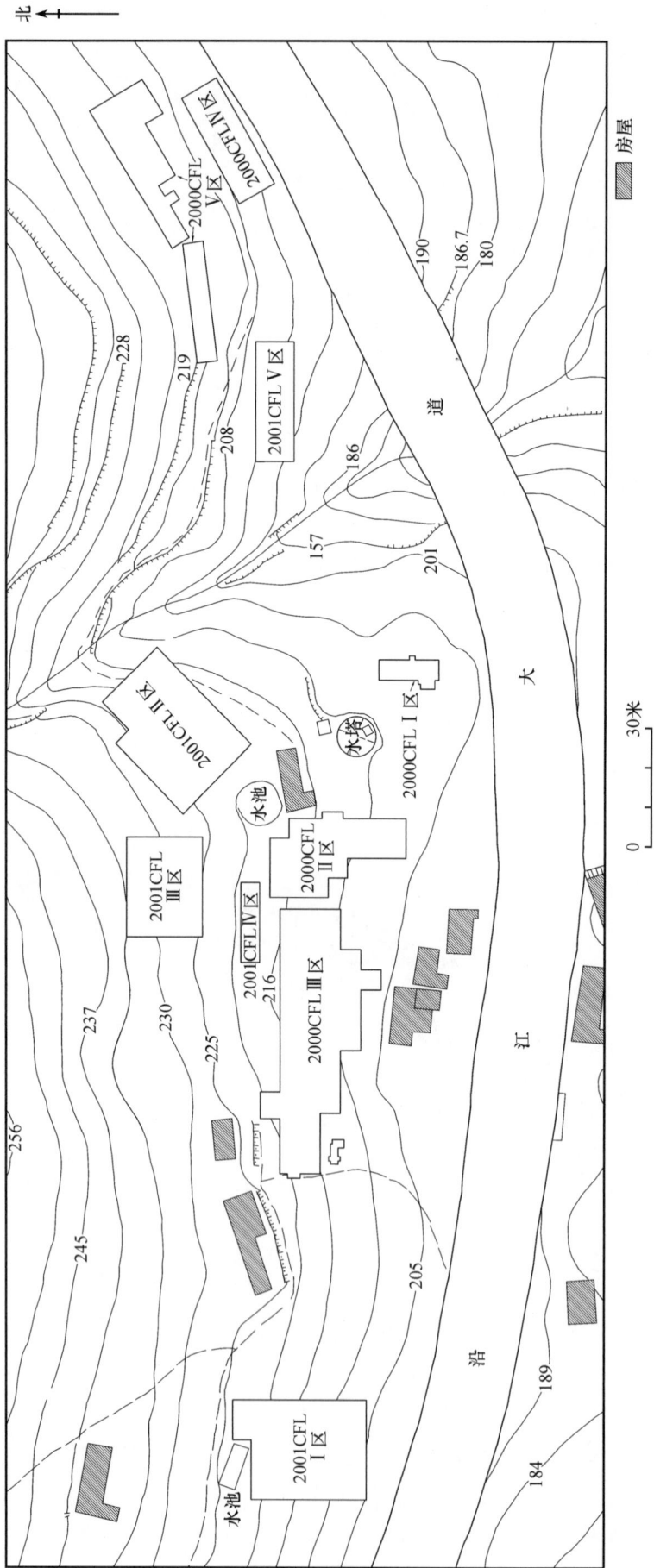

图二　莲花池墓群地形及2000年、2001年发掘区位置图

　　2000年10~12月，在对莲花池墓群进行全面勘探的基础上选取5个墓葬密集区（2000CFLⅠ~Ⅴ区）进行了发掘，年度发掘总面积2512.9平方米，共发掘墓葬121座。各发掘区情况如下：

　　2000CFLⅠ区：布5米×5米探方3个，扩方10平方米，发掘面积共85平方米，发掘墓葬15座，其中汉代1座，明清时期8座，年代不明的6座（图三；图版三，1）。

　　2000CFLⅡ区：布5米×5米探方20个，扩方5平方米，发掘面积共505平方米，发掘墓葬30座，其中汉代2座，宋元时期3座，明清时期16座，年代不明的9座（图四）。

　　2000CFLⅢ区：布5米×5米探方42个，2米×5米探沟1条，扩方27.5平方米，发掘面积共1087.5平方米，发掘墓葬52座，其中汉代1座，宋元时期3座，明清时期28座，年代不明的20座（图五；图版三，2；图版四，1）。

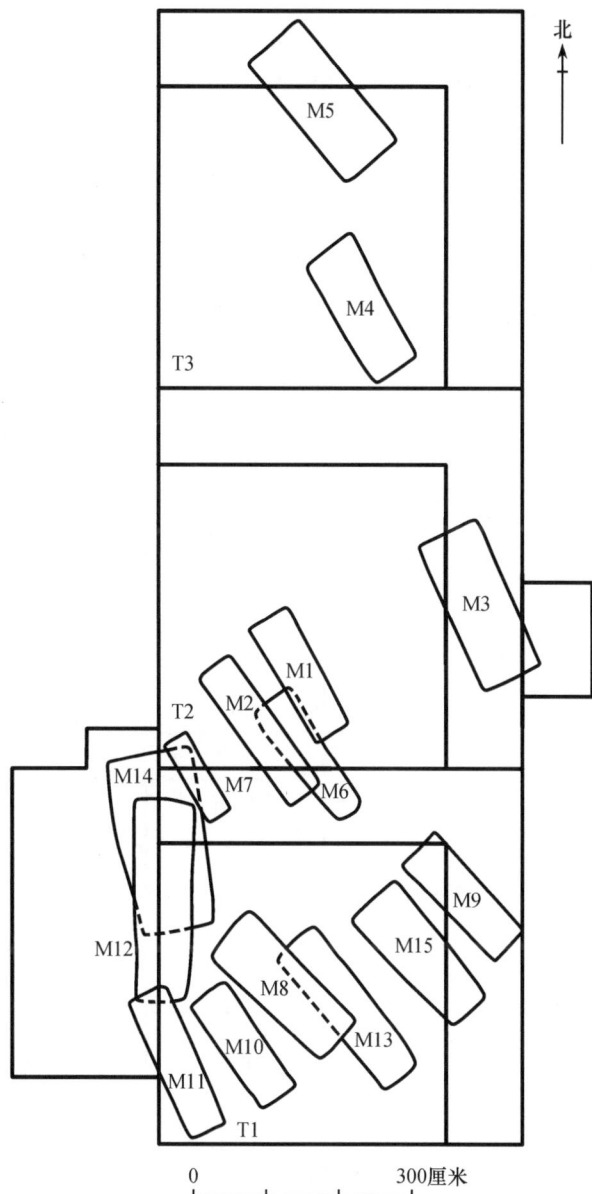

图三　2000CFLⅠ区发掘平面图

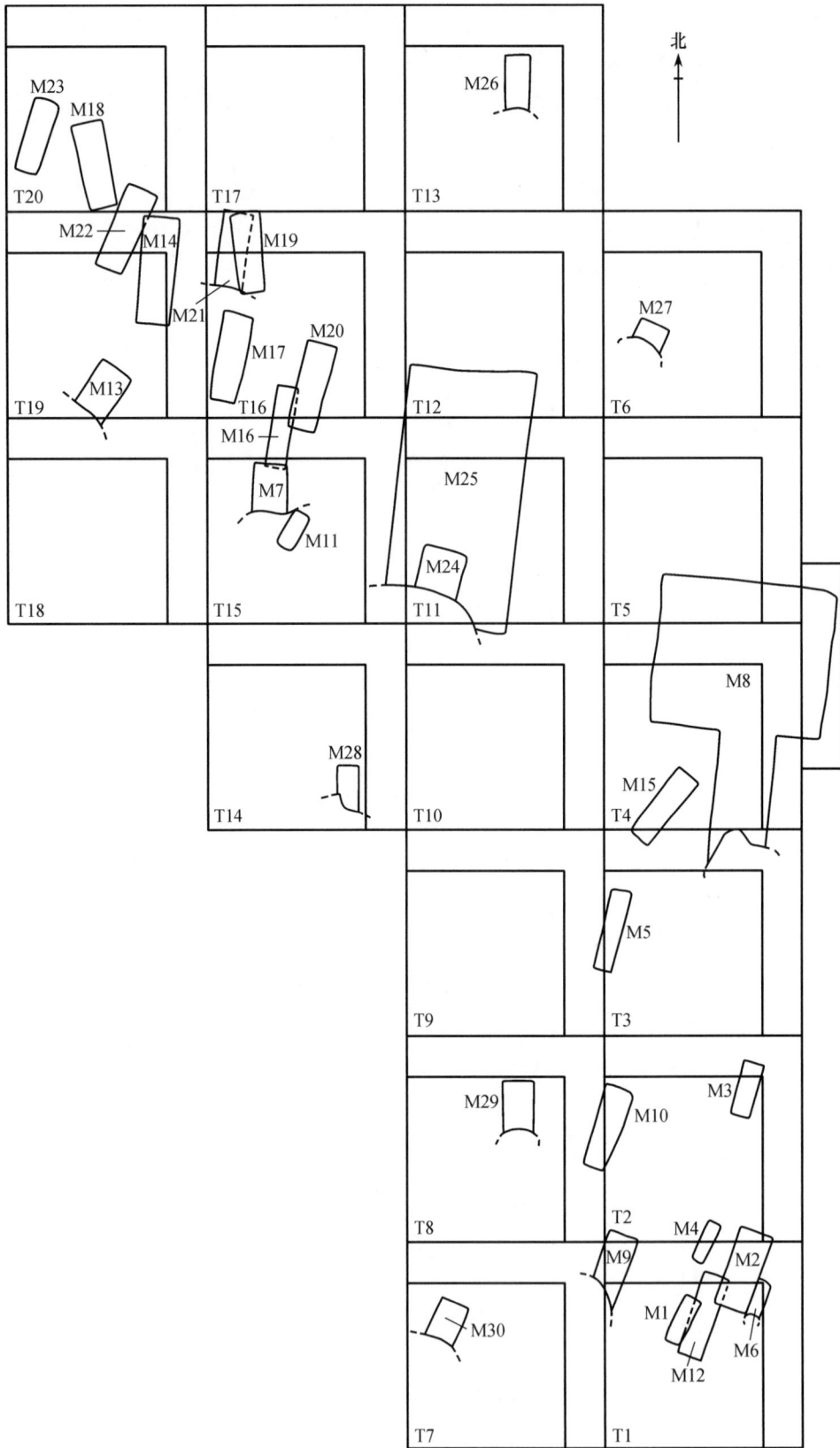

图四　2000CFLⅡ区发掘平面图

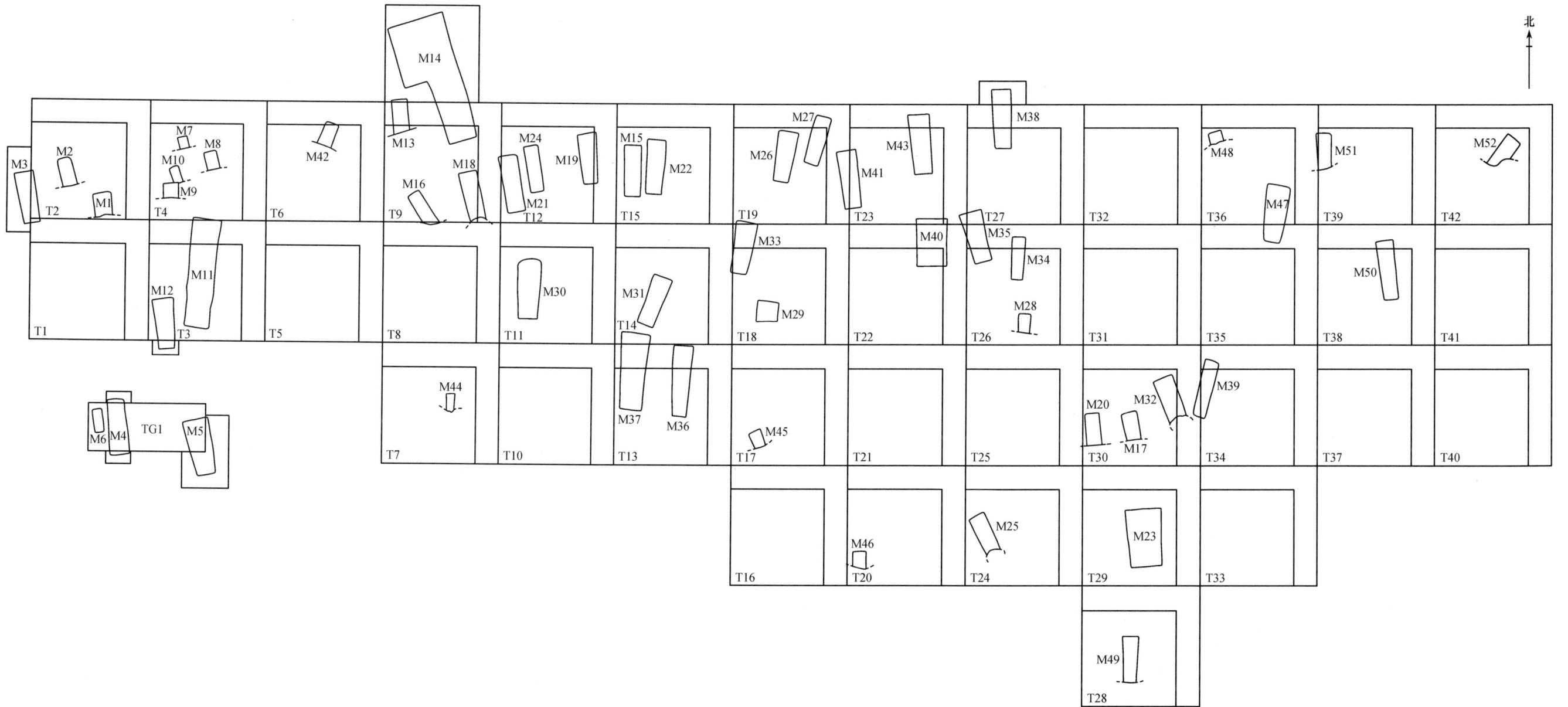

图五　2000CFLⅢ区发掘平面图

2000CFL Ⅳ区：布10米×10米探方3个，扩方2平方米，发掘面积共302平方米，发掘墓葬5座，其中汉代1座，明清时期4座（图六）。

2000CFL Ⅴ区：布5米×5米探方21个，扩方8.4平方米，发掘面积共533.4平方米，发掘墓葬19座，其中汉代1座，明清时期12座，年代不明的6座（图七；图版四，2）。

2000年莲花池墓群考古领队为任亚珊、李君，参加工作的人员有张晓峥、王景勇、杨永贺、徐永江、梁纪想、杨海勇、贺皓亮、李瑞林、郯有旺、赵芬明、刘连强等。

2001年4~6月，在莲花池墓群2000年发掘区周边，又选取5个地点（2001CFL Ⅰ~Ⅴ区）进行了第二次发掘。年度发掘总面积2525平方米，共发掘墓葬69座。各发掘区情况如下：

2001CFL Ⅰ区：布5米×5米探方32个，发掘面积800平方米，发掘墓葬28座，其中汉代1座，宋元时期1座，明清时期14座，年代不明的12座（图八）。

2001CFL Ⅱ区：布5米×5米探方33个，发掘面积825平方米，发掘墓葬28座，其中宋元时期2座，明清时期16座，年代不明的10座（图九）。

2001CFL Ⅲ区：布5米×5米探方20个，发掘面积500平方米，发掘墓葬8座，均为明清时期（图一〇）。

2001CFL Ⅳ区：布5米×5米探方4个，发掘面积100平方米，发掘墓葬2座，均为明清时期（图一一）。

2001CFL Ⅴ区：布10米×10米探方3个，发掘面积300平方米，发现墓葬3座，其中汉代、宋元时期和明清时期各1座（图一二）。

2001年莲花池墓群考古领队为任亚珊、李君，参加发掘的人员有张晓峥、任雪岩、杨海勇、成胜泉、郭少青、雷霆军、郯有旺、白日友等。

2000年和2001年两个年度发掘总面积5037.9平方米，共发掘古墓葬190座，其中汉代8座，宋元时期10座，明清时期109座，年代不明的63座。出土陶、釉陶、瓷、铜、铁、银、玉、蚌、骨等随葬品534件。

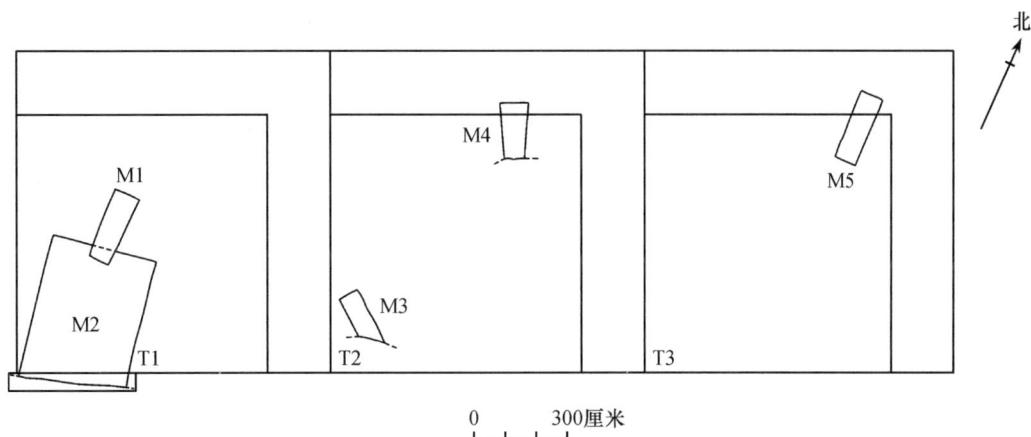

图六　2000CFL Ⅳ区发掘平面图

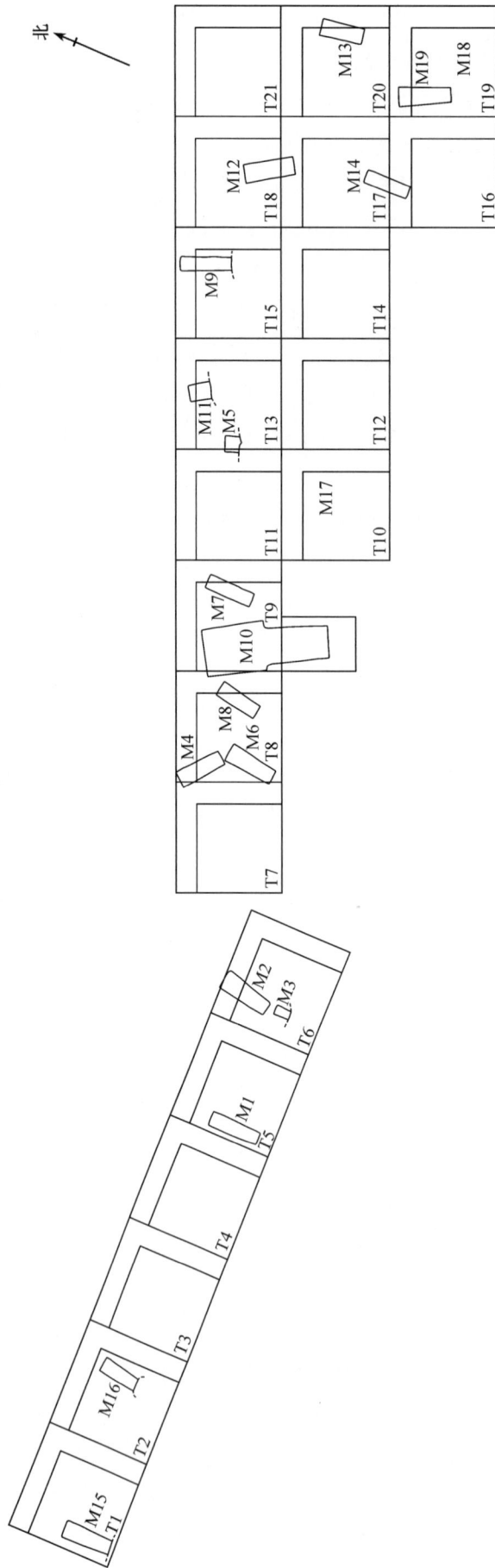

图七　2000CFLⅤ区发掘平面图

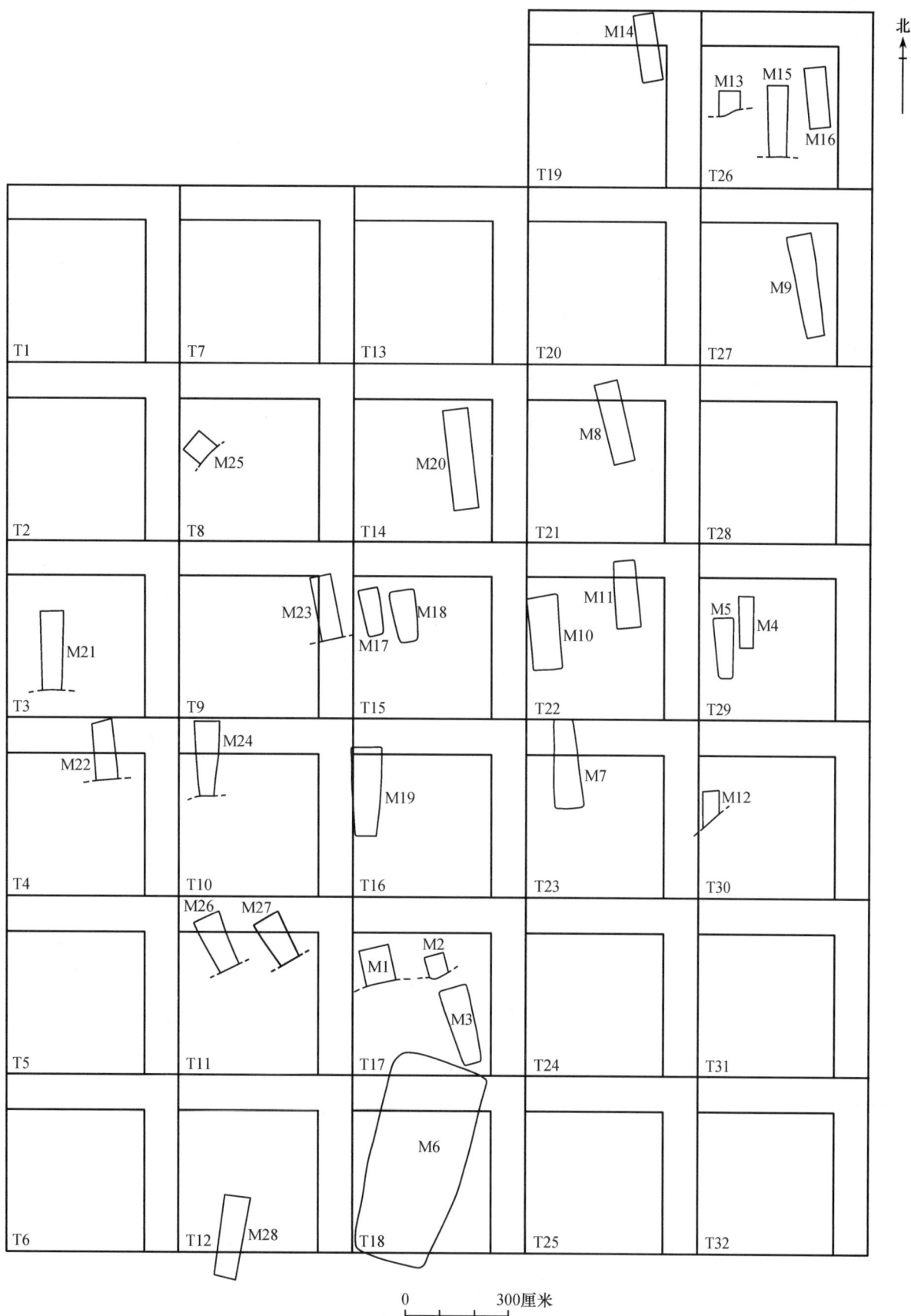

图八 2001CFL Ⅰ区发掘平面图

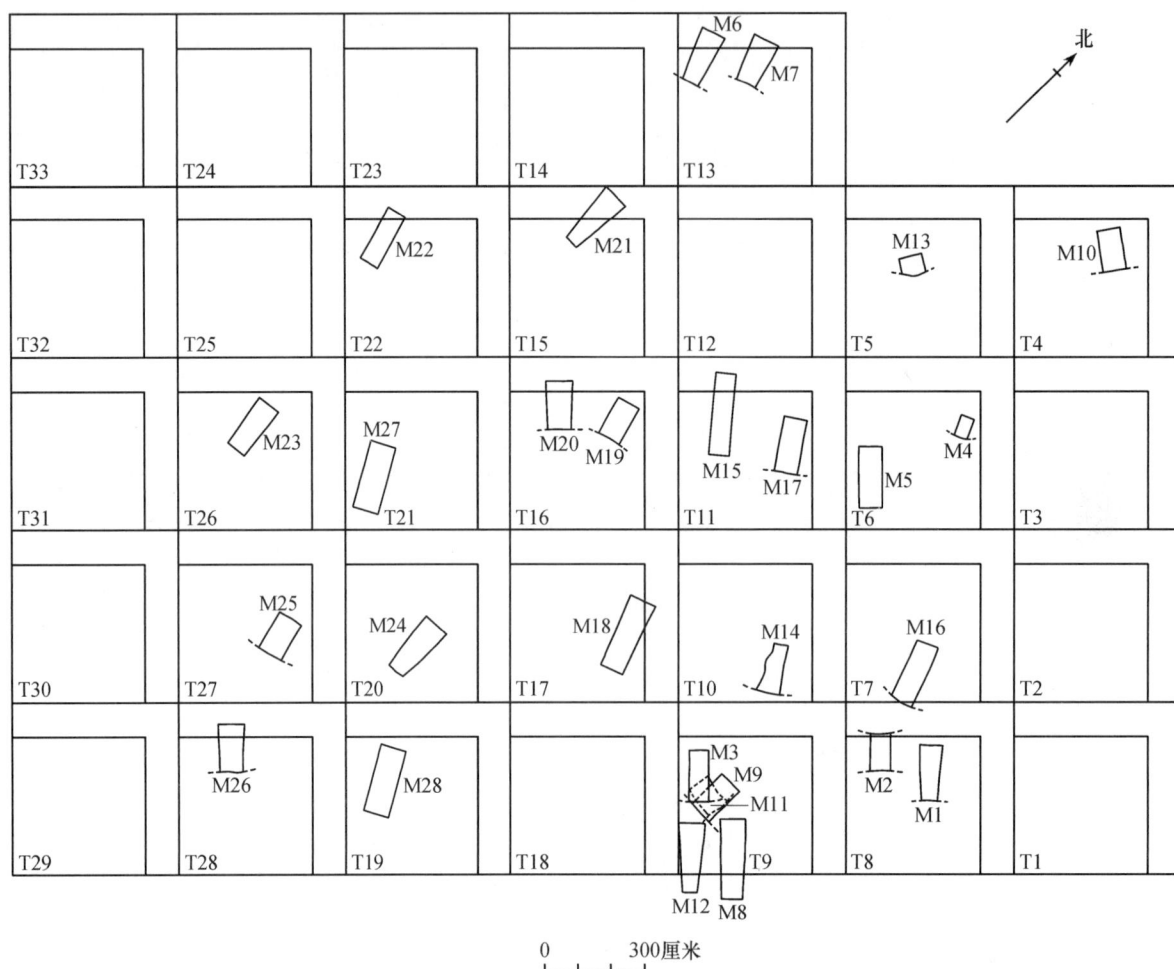

图九　2001CFLⅡ区发掘平面图

三、编写说明

　　墓群缩写：2000年、2001年考古工作中莲花池墓群分别缩写为"2000CFL"和"2001CFL"，其中"2000""2001"代表发掘年度，"C"代表重庆市，"F"代表奉节县，"L"代表莲花池墓群。

　　分区编号：2000年、2001年考古工作中莲花池墓群共分为10个发掘区，分别编号为2000CFLⅠ~Ⅴ区和2001CFLⅠ~Ⅴ区。

　　探方编号：每个发掘区探方结合发掘年度独立编号，探方号按阿拉伯数字由小到大编排。"T"代表探方。例如2000CFLⅠT1、2000CFLⅠT2。

　　地层编号：以探方为单位，每个探方地层堆积由上到下依次编号为1、2、3……例如2000CFLⅠT1①、2001CFLⅠT3①。

　　墓葬编号：每个发掘区墓葬结合发掘年度独立编号，墓号按阿拉伯数字由小到大编排。"M"代表墓葬。例如2000CFLⅠM1、2001CFLⅡM5。

　　遗物编号：每座墓葬遗物独立编号。例如2000CFLⅠM1：1、2002CFLⅡM3：1。墓葬填土中遗物编号为"0X"号。例如2000CFLⅠM13：01。

北

T17　　T16　　T9　　T8 M3　　T1 M1

T18　　T15　　T10　　T7 M4　　T2 M2

T19　　T14　　T11 M7　　T6 M5　　T3

T20　　T13 M8　　T12　　T5　　T4 M6

0　　300厘米

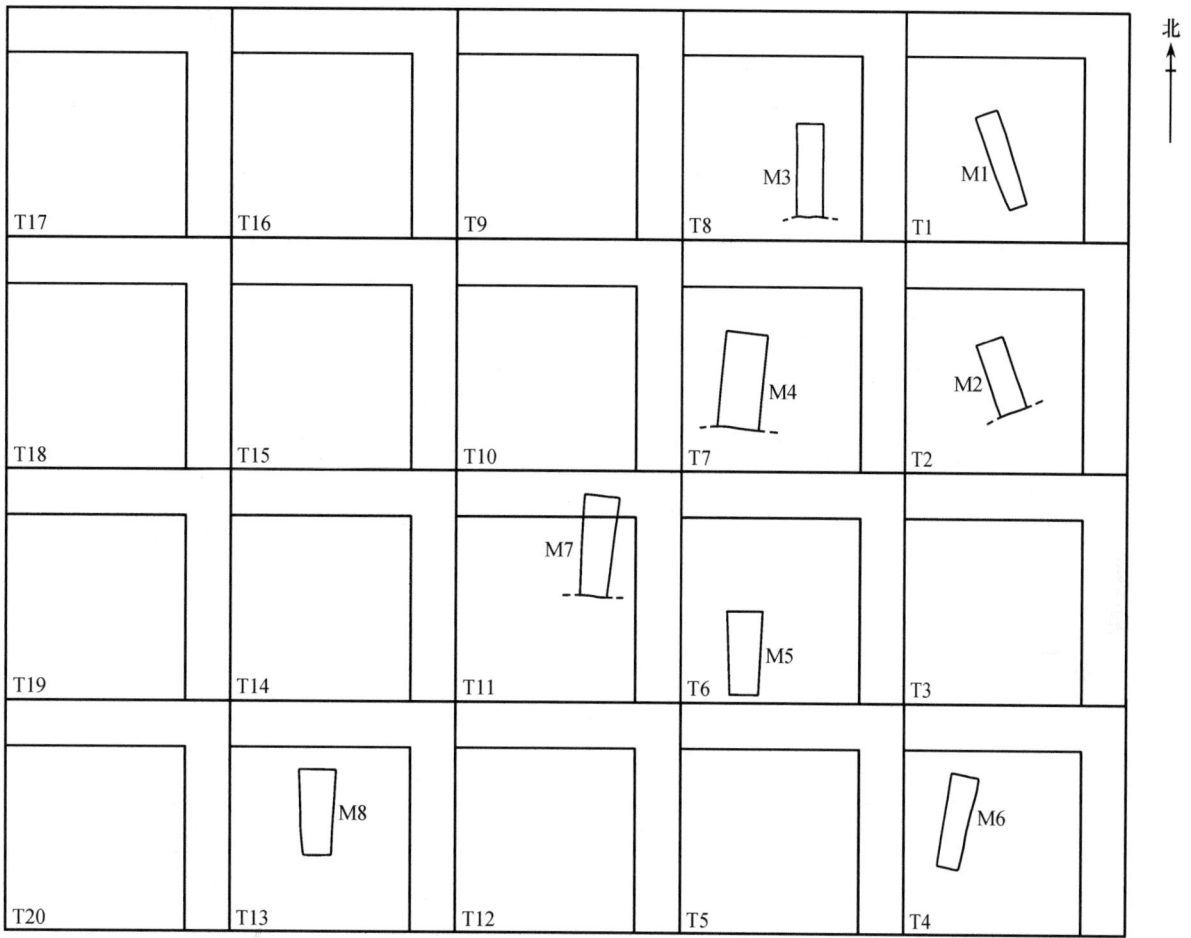

图一〇　2001CFLⅢ区发掘平面图

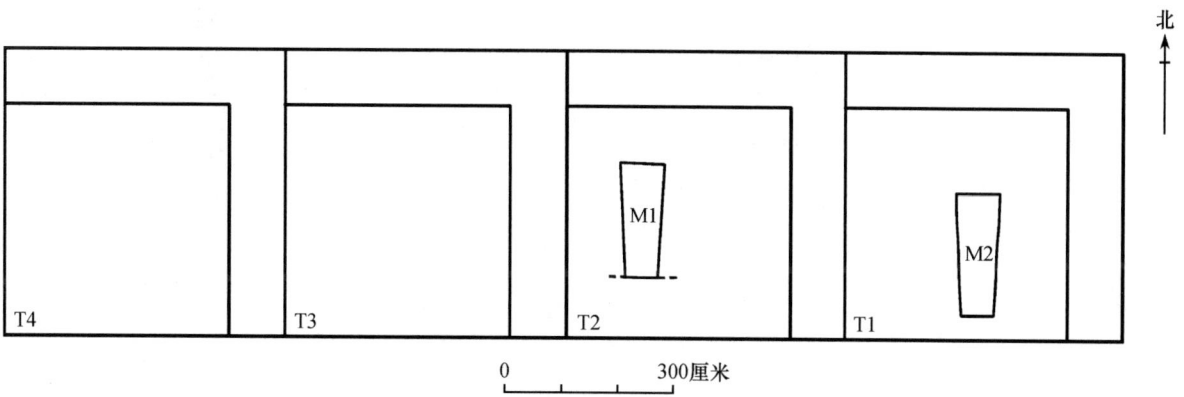

北

T4　　T3　　T2 M1　　T1 M2

0　　300厘米

图一一　2001CFLⅣ区发掘平面图

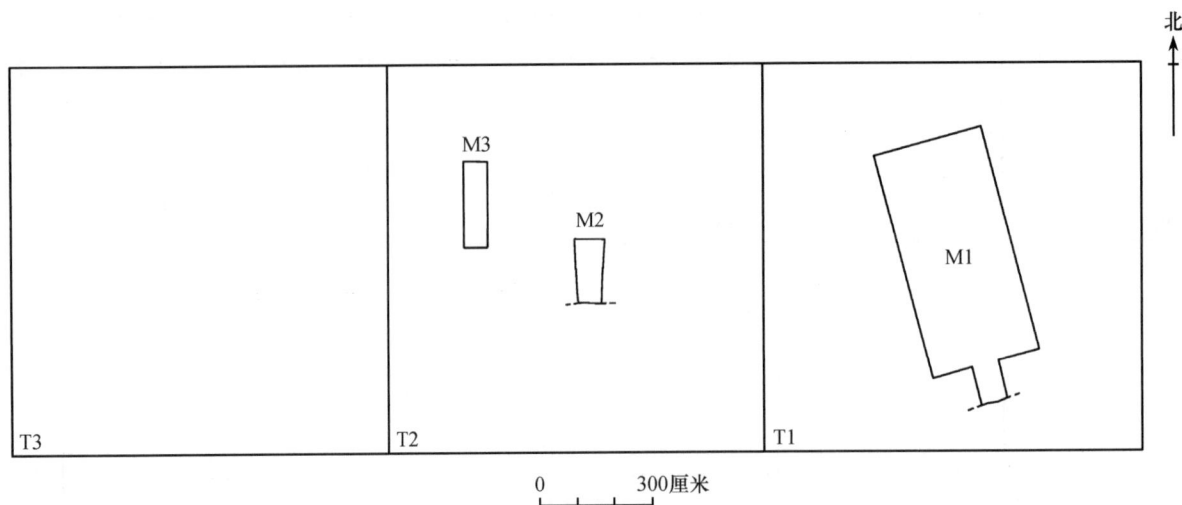

图一二　2001CFLⅤ区发掘平面图

四、资料整理情况

　　莲花池墓群的考古发掘资料曾进行过初步整理，并发表了年度简报，其中由任亚珊、李君、刘连强、张晓峥执笔的《奉节莲花池墓地发掘简报》[1]发表在《重庆库区考古报告集（2000卷·上）》。由张晓峥、李君、任亚珊执笔的《奉节莲花池墓地2001年度发掘简报》[2]，发表在《重庆库区考古报告集（2003卷·一）》。

　　2022年初，根据《国家文物局关于做好三峡工程重庆库区考古报告出版工作的通知》（文物保函〔2022〕90号）要求，以及重庆市文物局与河北省文物考古研究院签订的《三峡重庆库区考古专题报告出版责任书》，河北省文物考古研究院开始着手对莲花池墓群2000～2001年度的考古发掘资料进行全面系统的整理，2023年3月完成器物修复、绘图、拍照等资料整理工作，2023年12月完成《奉节莲花池墓群》发掘报告初稿，2024年3月发掘报告定稿，交科学出版社。资料整理和报告编写工作由河北省文物考古研究院张晓峥负责，参与的人员有张晓峥、刘连强、李连申、聂宏进、孙静怡等。

　　若以往发表的考古资料如有与本报告相悖之处，当以本报告为准。

注　　释

[1]　河北省文物研究所、重庆市文化局、奉节县文物管理所：《奉节莲花池墓地发掘简报》，《重庆库区考古报告集（2000卷·上）》甲种第八号，科学出版社，2007年。

[2]　重庆市文化局、河北省文物研究所、丰都县文物保管所：《奉节莲花池墓地2001年度发掘简报》，《重庆库区考古报告集（2003卷·一）》甲种第十三号，科学出版社，2019年。

第三章　地层堆积与文化分期

一、地层堆积

　　莲花池墓群2000年、2001年发掘的10个发掘区地层堆积均非常简单，除普遍存在的表土层（多为耕土）外，局部区域表土层下有断续的现代垫土层、垫土层形成之前的表土层（亦属于现代）和明清时期文化层。以2000CFLⅣT3北壁、2000CFLⅢT38北壁、2001CFLⅠT9东壁为例对地层简单介绍。

2000CFLⅣT3北壁（图一三）

　　第1层：耕土。灰褐色，较黏软。厚0.18～0.29米。2000CFLⅣM5开口于此层下。
　　第1层以下为生土。

2000CFLⅢT38北壁（图一四）

　　第1层：耕土。灰褐色。厚0.15～0.25米。
　　第2层：黄褐色土，较黏。厚0.18～0.3米。较纯净。为现代垫土层。
　　第3层：灰褐色土，较黏。厚0.2～0.48米。含现代杂物。为现代垫土层形成之前的耕土层。2000CFLⅢM50开口于此层下。
　　第3层以下为生土。

2001CFLⅠT9东壁（图一五）

　　第1层：耕土。浅灰褐色，疏松。厚0.2～0.3米。
　　第2层：灰褐色土。厚0.28～0.39米。含陶片、青花瓷片等。为明清时期文化层。2001CFLⅠM23开口于此层下。
　　第2层以下为生土。

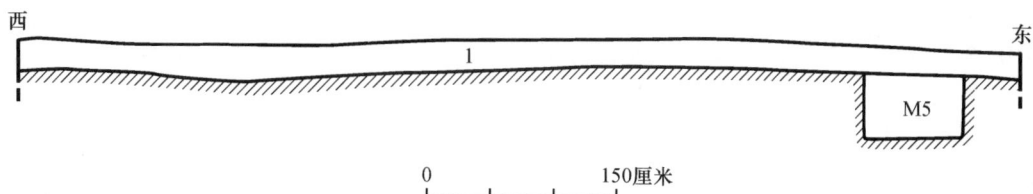

图一三　2000CFLⅣT3北壁剖面图

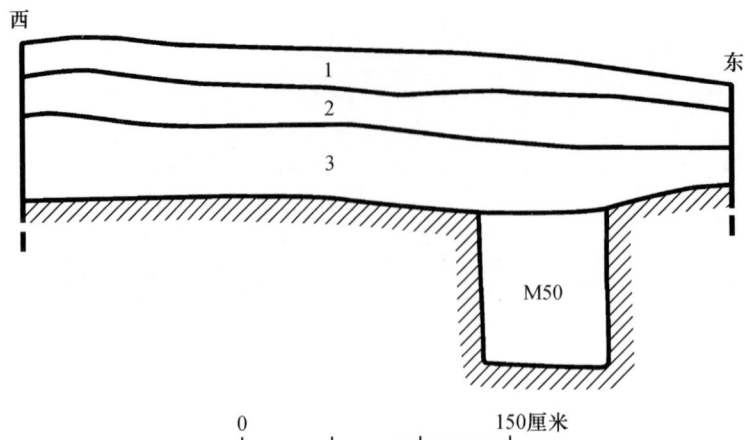

图一四　2000CFLⅢT38北壁剖面图

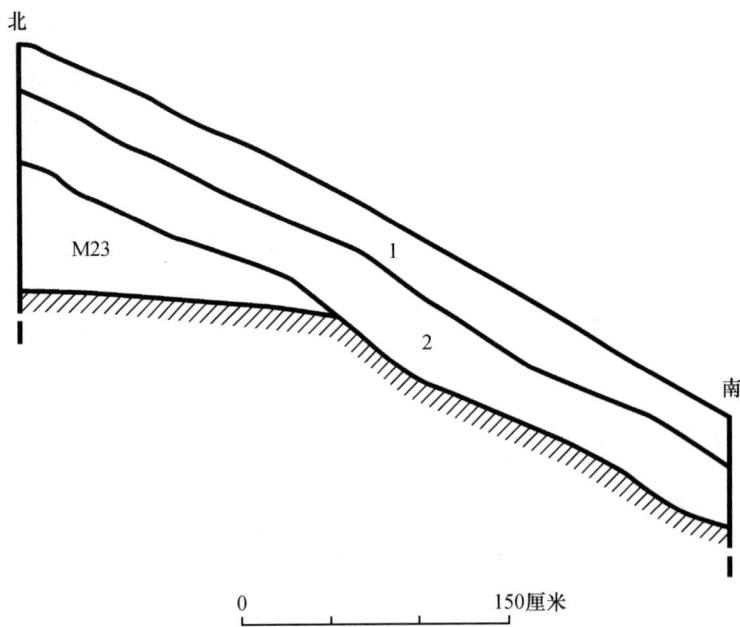

图一五　2001CFLⅠT9东壁剖面图

二、文化分期

　　莲花池墓群所发掘的190座墓葬绝大多数开口于表土层下，且明清时期文化层分布范围小、包含物极少，若依据层位关系为墓葬断定年代是非常困难的。鉴于此，莲花池墓群不同时期墓葬的年代断定主要还是依据墓葬出土的器物，特别是依据钱币和具有典型时代特征的器物来判断更具科学性。依此，大体可将莲花池墓群分为汉代、宋元和明清三个时期。

第四章 汉代墓葬

共8座（2000CFLⅠM14、2000CFLⅡM8、2000CFLⅡM25、2000CFLⅢM40、2000CFLⅣM2、2000CFLⅤM10、2001CFLⅠM6、2001CFLⅤM1），分布于7个发掘区内。分为土坑墓和砖室墓两种类型。

一、土 坑 墓

2座（2000CFLⅠM14、2000CFLⅢM40）。均为长方形竖穴墓。

2000CFLⅠM14

1. 位置与形制

位于2000CFLⅠ区西南，T1、T2西部。墓向170°。长2.39、宽0.95～1.23、深1.05～1.55米。墓中填土为黑褐色花土夹杂少量砂粒，较硬（图一六；图版五，1）。

2. 葬具和人骨

墓底残存部分板灰。人骨腐朽严重，大致可辨头南脚北。墓主人葬式、性别和年龄不详。

3. 随葬品

共57件。均位于墓室西侧。包括陶罐11件、陶盆3件、陶甑1件、陶灶1件、陶豆形器1件、铜带钩2件、铜半两钱37枚、铁鏊1件。

陶罐 2000CFLⅠM14：7，泥质灰陶。直口，平沿，尖唇，圆肩，直腹，平底。腹部饰附加堆纹两周。口径9.9、底径11.5、高14厘米（图一七，1；图版三一，1）。2000CFLⅠM14：5、2000CFLⅠM14：6、2000CFLⅠM14：8与2000CFLⅠM14：7近同，略不详述。2000CFLⅠM14：9，泥质灰陶。直口，平沿，方唇，束颈，圆肩，鼓腹，圜底。器表饰绳纹。口径13.9、腹径30.8、高27厘米（图一七，2；图版三一，2）。2000CFLⅠM14：11，泥质灰陶。直口，圆唇，束颈，圆折肩，下腹斜弧，平底。素面。口径5.2、底径2.8、高7厘米（图一七，3；图版三一，3）。2000CFLⅠM14：12，泥质灰陶。直口，圆唇，短颈，圆

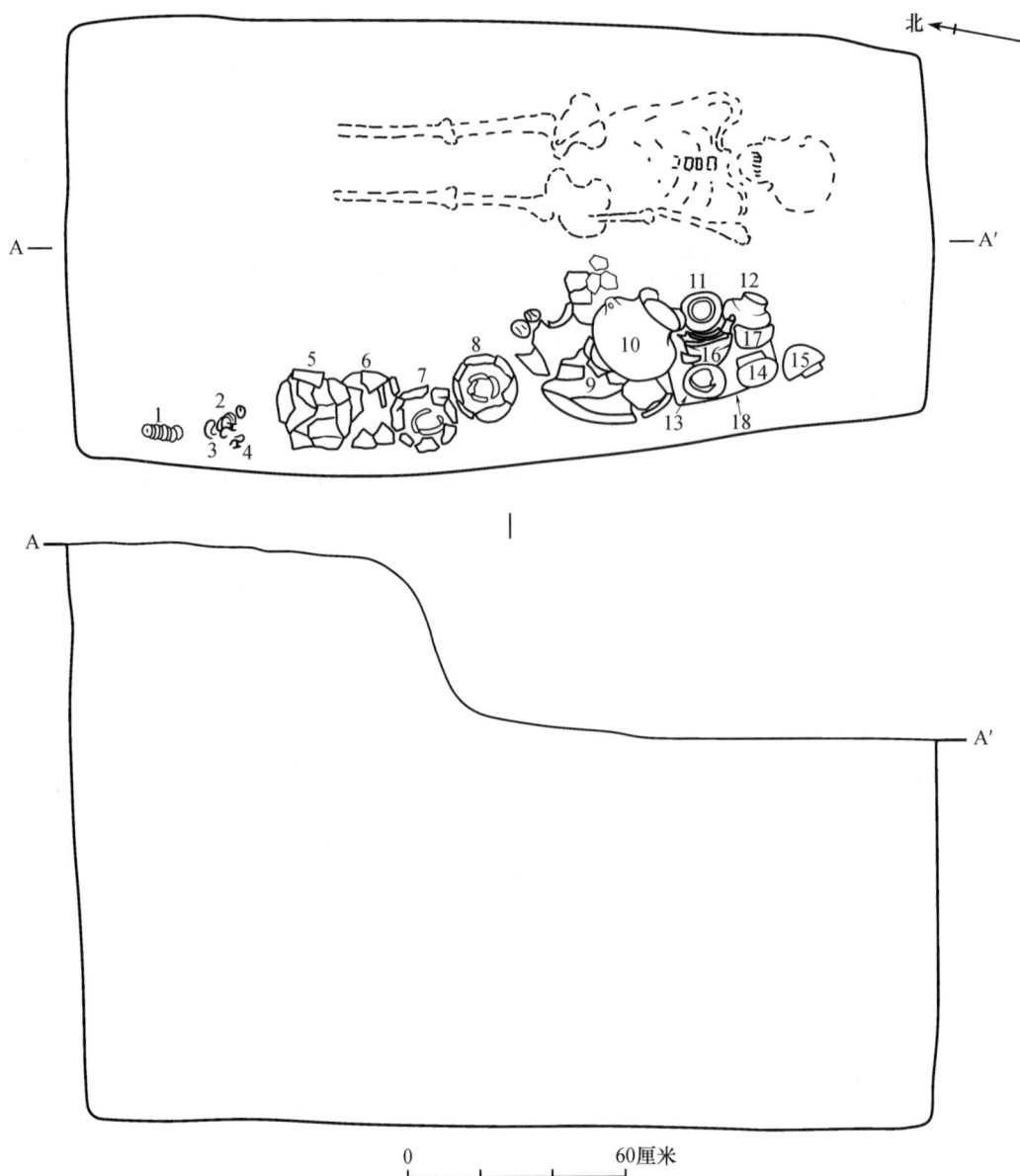

图一六　2000CFLⅠM14平、剖面图

1、2.铜半两钱　3、4.铜带钩　5~9、11~15、21.陶罐（21压于12和17之下）　10.铁鍪　16、19、20.陶盆（19压于18之下，
20压于12之下）　17.陶甑　18.陶灶　22.陶豆形器（压于17之下）

折肩，下腹斜弧，平底。腹部有一周绳索纹。口径4、底径2.6、高4.4厘米（图一七，4；图版三一，4）。2000CFLⅠM14：13，泥质灰陶。直口，方唇，圆折肩，下腹斜弧，平底。肩部有一球状凸起，素面。口径4.5、底径3.4、高6.2厘米（图一七，5；图版三一，5）。2000CFLⅠM14：14，泥质灰陶。直口，方唇，圆折肩，下腹斜弧，平底。肩部有两凸起。口径5、底径2.9、高5.5厘米（图一七，6；图版三一，6）。2000CFLⅠM14：15，泥质灰陶。直口，圆唇，圆折肩，下腹斜弧，平底。素面。口径5、底径2.6、高6.5厘米（图一七，7；图版三二，1）。2000CFLⅠM14：21，泥质灰陶。侈口，折沿，圆唇，圆折肩，下腹斜弧，平底。素面。口径6.2、底径3.7、高5.4厘米（图一七，8；图版三二，2）。

　　陶盆　2000CFLⅠM14：16，泥质灰陶。侈口，方唇，折腹，平底。素面。口径9.6、底

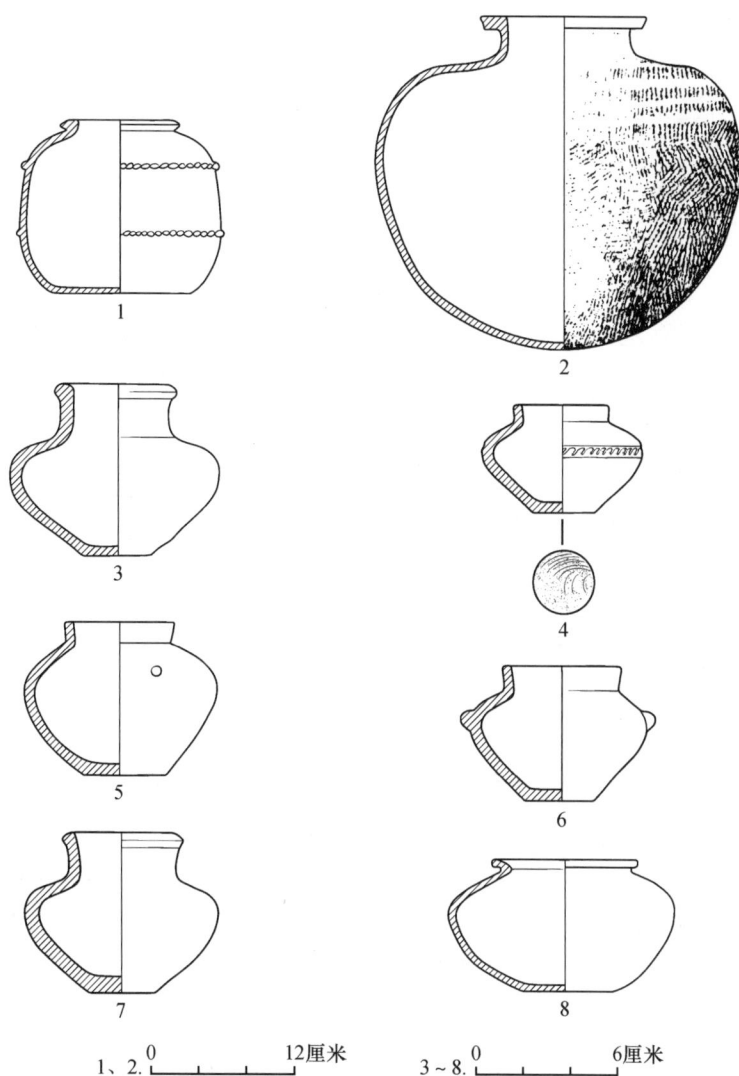

图一七 2000CFLⅠM14出土陶罐

1. 2000CFLⅠM14：7 2. 2000CFLⅠM14：9 3. 2000CFLⅠM14：11 4. 2000CFLⅠM14：12 5. 2000CFLⅠM14：13

6. 2000CFLⅠM14：14 7. 2000CFLⅠM14：15 8. 2000CFLⅠM14：21

径3.3、高4.9厘米（图一八，1；图版三二，3）。2000CFLⅠM14：19，泥质灰陶。直口，方唇，折腹，平底。素面。口径9.2、底径3.6、高4.8厘米（图一八，2；图版三二，4）。2000CFLⅠM14：20，泥质灰陶。敞口，方唇，斜弧腹，平底。口、腹部各饰一周浅凹槽。口径9.2、底径3.2、高4.6厘米（图一八，3；图版三二，5）。

陶甑 2000CFLⅠM14：17，泥质灰陶。微敞口，方唇，斜腹，平底，底部有3个圆孔。素面。口径9.9、底径2.6、高5.1厘米（图一八，4；图版三二，6）。

陶灶 2000CFLⅠM14：18，泥质灰陶。平面抹角长方形，体中空，灶面有圆形火眼2个，长端立面有拱形灶门2个。素面。长22.1、宽12.6、高7.8厘米（图一八，6；图版三三，1）。

陶豆形器 2000CFLⅠM14：22，泥质灰陶。侈口，方唇，中空矮粗柄，喇叭口形底座。素面。口径6、底径6.6、高7.1厘米（图一八，5；图版三三，2）。

铜带钩 2000CFLⅠM14：3，锈蚀严重。体呈琵琶形，禽首，圆纽。鎏金。长2.9、宽0.8、高1.2厘米（图一九，1；图版三三，3）。2000CFLⅠM14：4，锈蚀严重。禽鸟形，回

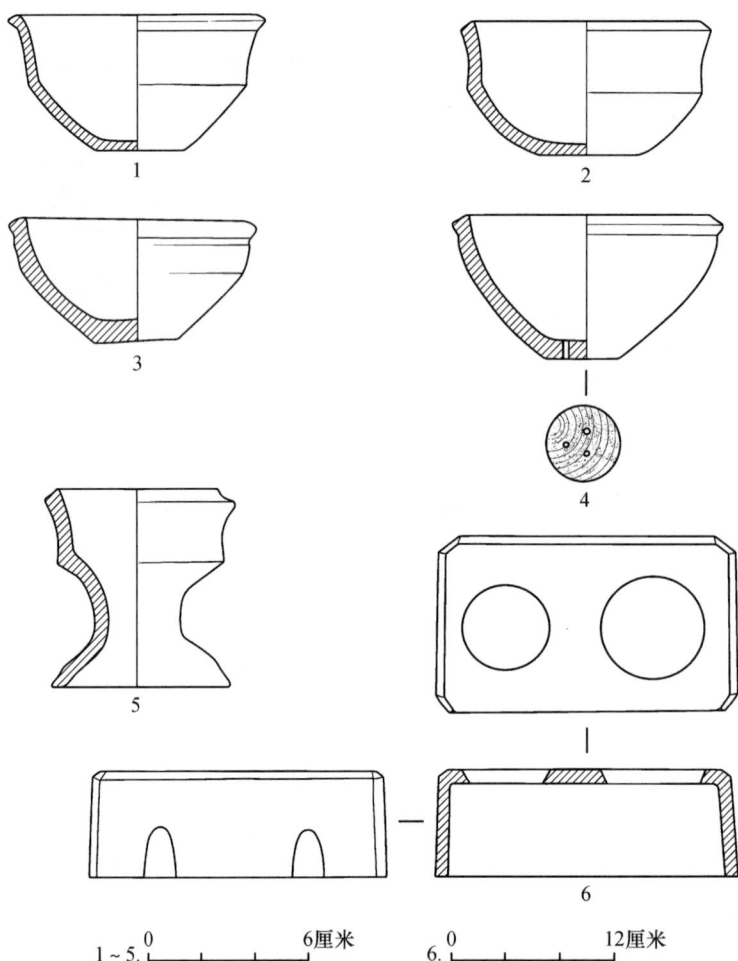

图一八　2000CFLⅠM14出土陶器

1~3.陶盆（2000CFLⅠM14：16、2000CFLⅠM14：19、2000CFLⅠM14：20）　4.陶甑（2000CFLⅠM14：17）

5.陶豆形器（2000CFLⅠM14：22）　6.陶灶（2000CFLⅠM14：18）

首，羽翼明显，圆纽。长2.7、宽1.4、高1.9厘米（图一九，2；图版三三，4）。

铜半两钱　2000CFLⅠM14：1-1，"半"字两点方折，"两"字中间为"十"字。外径2.3、穿径1厘米（图一九，3）。

铁鍪　2000CFLⅠM14：10，锈蚀严重。侈口，束颈，扁鼓腹，腹部有纵向环形双系。圜底。口径15.9、腹径22、高17厘米（图一九，4；图版三三，5）。

2000CFLⅢM40

1. 位置与形制

位于2000CFLⅢ区中部，跨T22、T23两个探方。墓向0°。盗扰严重。长3、宽1.9~2、深0.8~1.6米。墓中填土为灰褐、红褐色混合土（图二○）。

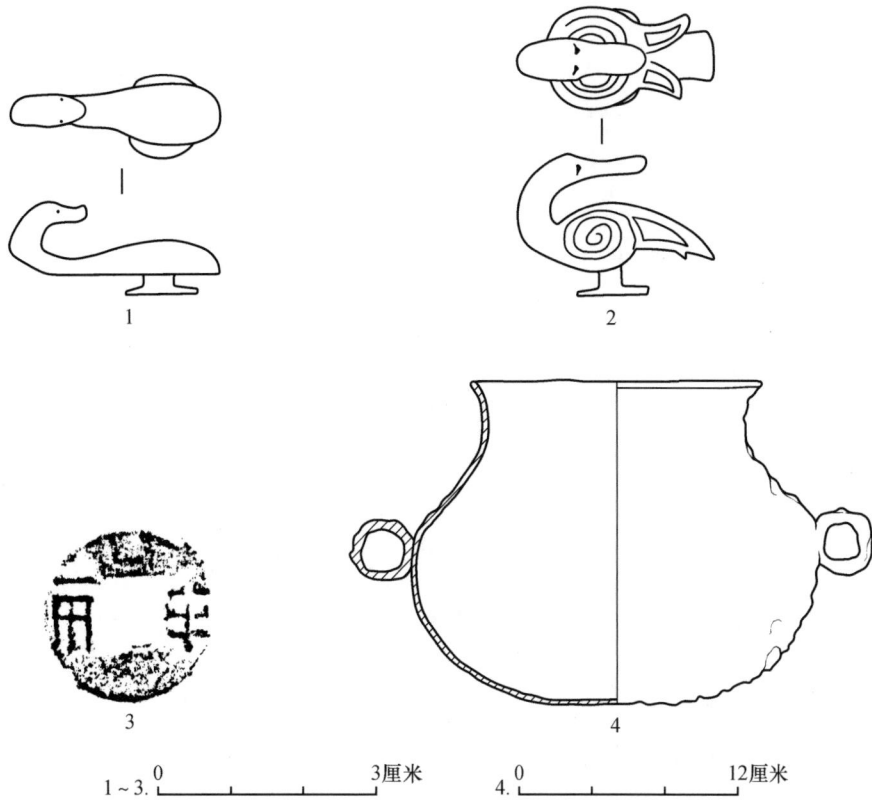

1 ~ 3.　0　　　　　　3厘米　　　4.　0　　　　　12厘米

图一九　2000CFⅠM14出土铜器、铁器

1、2.铜带钩（2000CFⅠM14∶3、2000CFⅠM14∶4）　3.铜半两钱（2000CFⅠM14∶1-1）　4.铁鍪（2000CFⅠM14∶10）

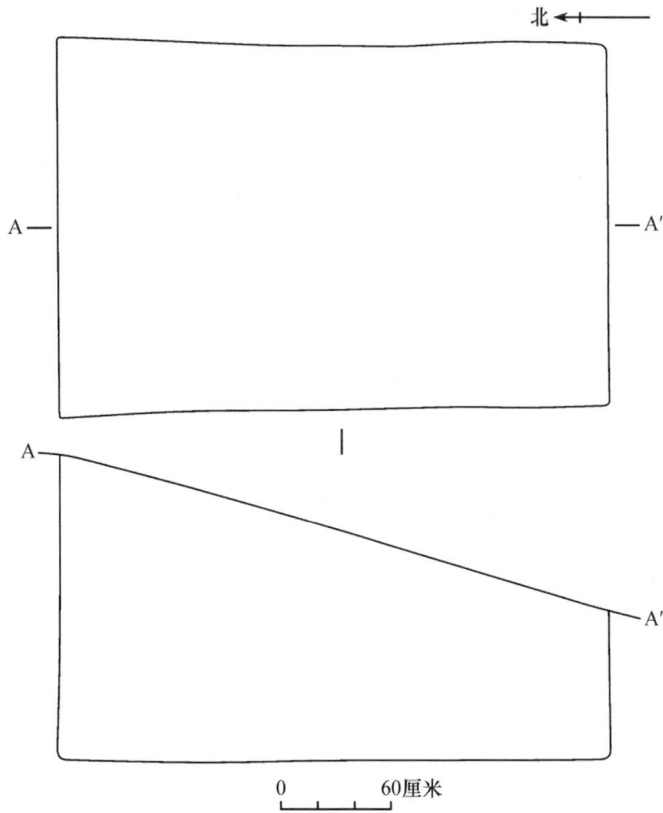

北 ←

0　　　60厘米

图二〇　2000CFLⅢM40平、剖面图

2. 葬具和人骨

未见葬具和人骨。墓主人葬式、性别和年龄不详。

3. 随葬品

共13件。均发现于被扰乱的填土中。包括陶罐1件、铜五铢钱12枚。

陶罐　2000CFLⅢM40：01，泥质黑灰陶。微侈口，方唇，折肩，直腹，圜底。肩部磨光，腹、底饰绳纹，腹部抹断。口径12.8、腹径25.8、高27厘米（图二一，1；图版三九，1）。

铜五铢钱　2000CFLⅢM40：02-1，有郭，"五"字交笔圆曲，"朱"字字头方折。外径2.3、穿径1.2厘米（图二一，2）。

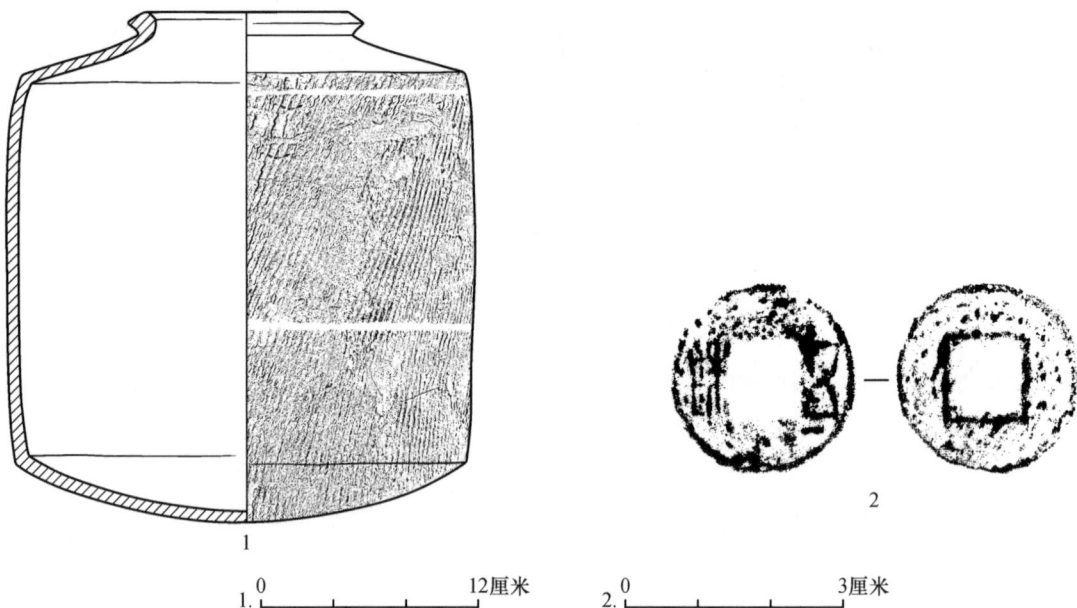

图二一　2000CFLⅢM40出土陶器、铜器
1. 陶罐（2000CFLⅢM40：01）　2. 铜五铢钱（2000CFLⅢM40：02-1）

二、砖　室　墓

6座（2000CFLⅡM8、2000CFLⅡM25、2000CFLⅣM2、2000CFLⅤM10、2001CFLⅠM6、2001CFLⅤM1）。

2000CFLⅡM8

1. 位置与形制

位于2000CFLⅡ区中东部，T3～T5内。墓向6°。盗扰严重。墓葬平面为凸字形，由墓道、甬道、墓室组成，残存墓圹长7、最宽4.5、最深1.8米。墓道位于南侧，已破坏殆尽；甬道直壁，券顶，残长3.25、存高0.85～1.35米（图版五，2）；墓室近长方形，直壁，券顶，长4.5、宽3.65、存高1.7米，底铺砖（图二二；图版五，3）。墓葬用菱形纹砖垒砌，券顶用砖带有榫卯结构（图二三）。

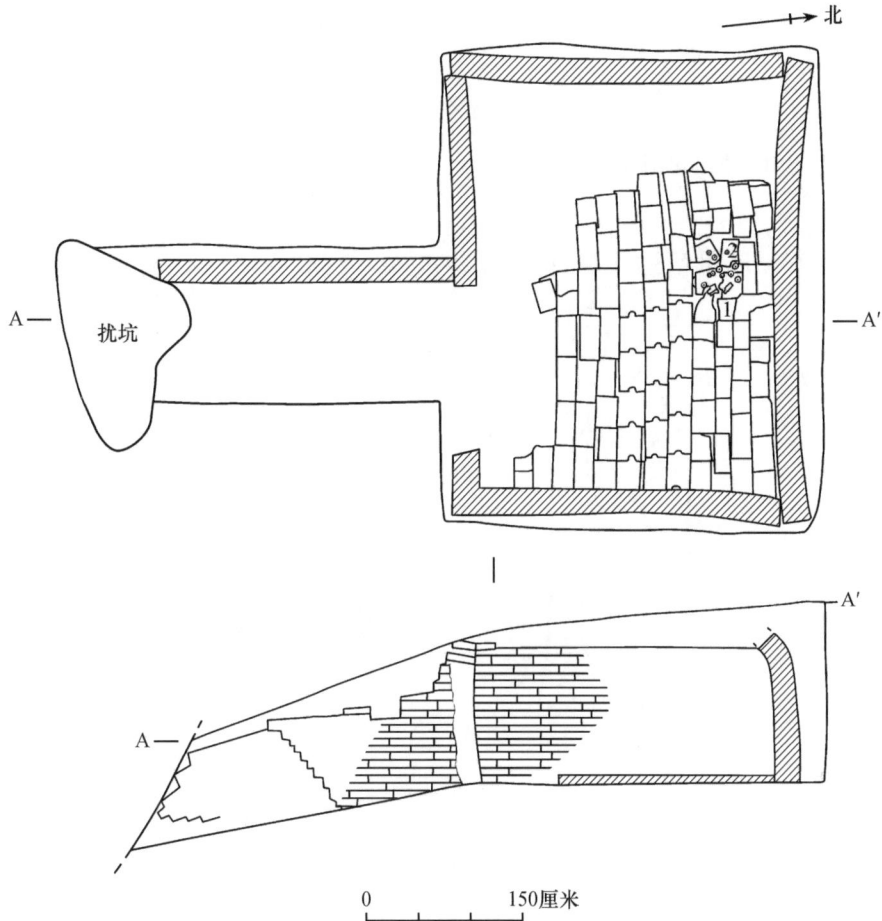

0　　　　　150厘米

图二二　2000CFLⅡM8平、剖面图

1.铜大布黄千　2.铜大泉五十

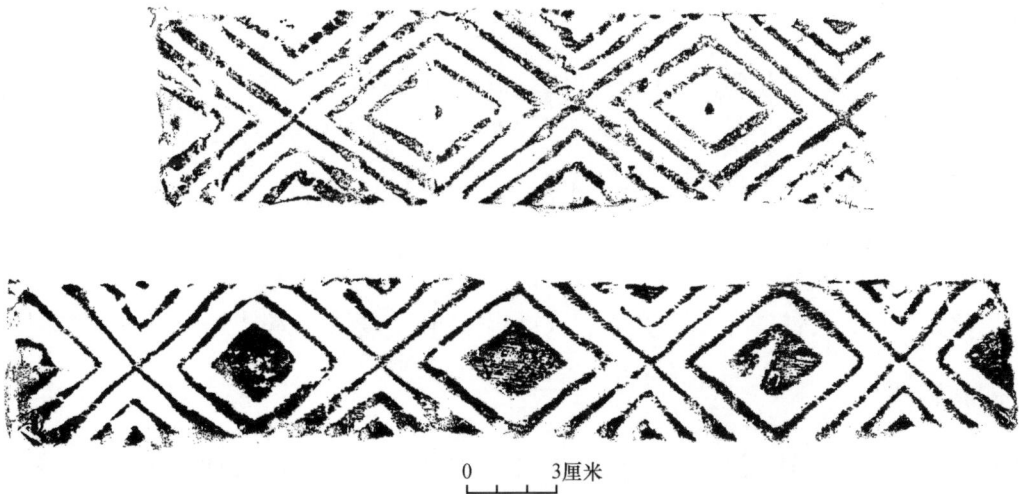

0　　3厘米

图二三　2000CFLⅡM8墓砖纹饰

2. 葬具和人骨

未见葬具和人骨。墓主人葬式、性别和年龄不详。

3. 随葬品

铜钱30枚。均位于墓室北部。包括大布黄千4枚、大泉五十26枚。

大布黄千　2000CFLⅡM8：1-1，平首，平肩，平足，腰身略收。长5.3、宽2.4厘米（图二四，1）。

大泉五十　2000CFLⅡM8：2-1，内、外郭明显。外径2.6、穿径1厘米（图二四，2）。

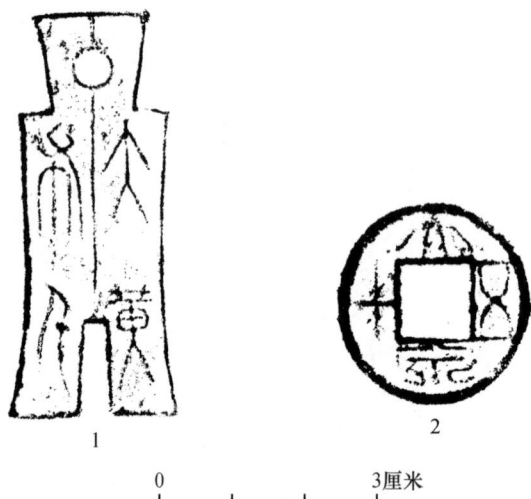

图二四　2000CFLⅡM8出土铜钱

1. 大布黄千（2000CFLⅡM8：1-1）　2. 大泉五十（2000CFLⅡM8：2-1）

2000CFLⅡM25

1. 位置与形制

位于2000CFLⅡ区中北部，跨T10～T12、T15多个探方。墓向5°。盗扰严重。墓葬平面近长方形，墓圹长6.3、宽3.15、深1～2.45米。墓壁用菱形纹砖错缝平砌。墓中填土为花土，夹杂较多砖块和陶器残片，土质松软（图二五；图版六，1、2）。

2. 葬具和人骨

未见葬具。墓底人骨1具，保存极差，仅可辨头向南。墓主人葬式、性别和年龄不详。

3. 随葬品

共35件。置于墓底东、西两侧。包括陶罐1件、陶勺2件、铁构件2件、铁镢1枚、铜五铢钱28枚、琉璃耳珰1件。

陶罐　2000CFLⅡM25：6，泥质灰陶。侈口，圆唇，束颈，圆折肩，下腹斜弧，平底。素

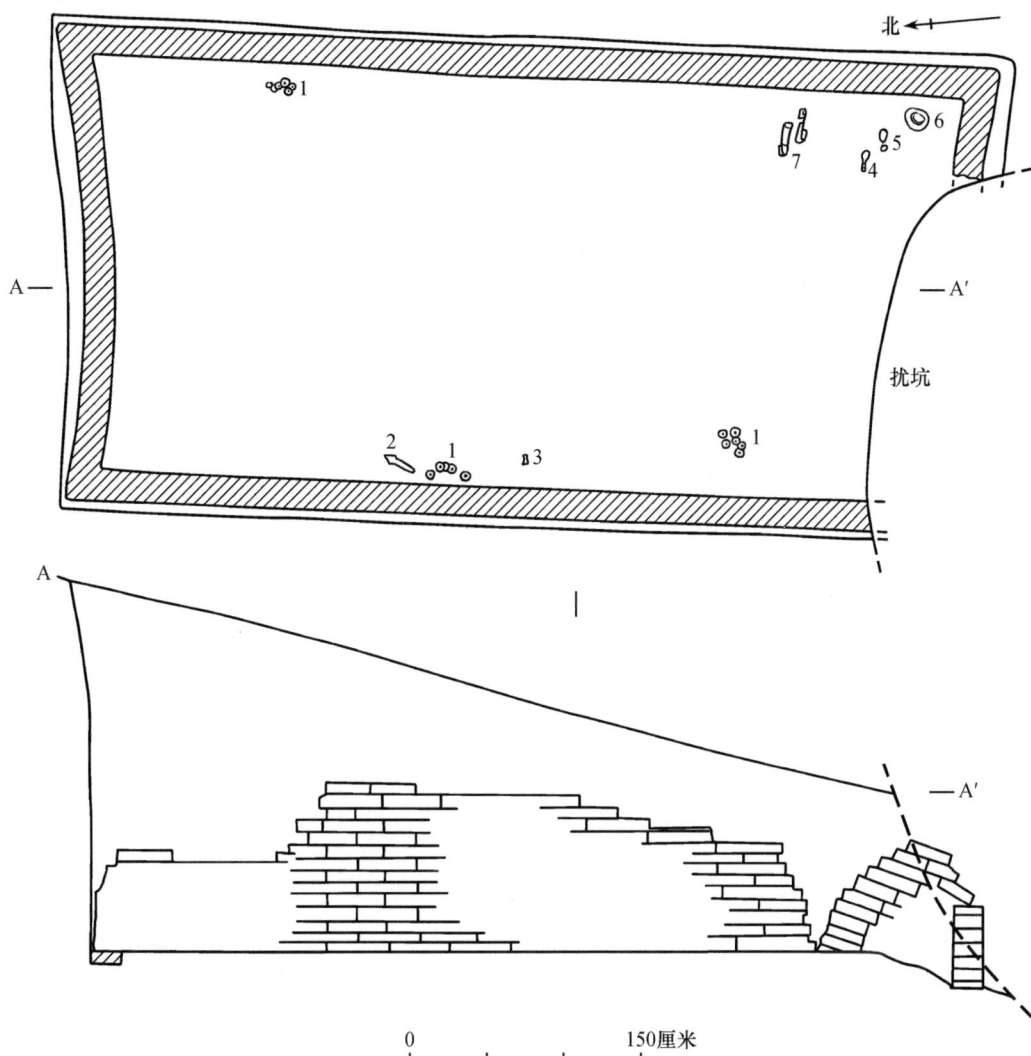

图二五 2000CFLⅡM25平、剖面图
1.铜五铢钱 2.铁镞 3.琉璃耳珰 4、5.陶勺 6.陶罐 7.铁构件

面。口径7.1、底径4.3、高8.1厘米（图二六，1；图版三四，1）。

陶勺 2000CFLⅡM25：4，泥质灰陶。口近圆形，柄尾部弯折。长10厘米（图二六，2；图版三四，2）。2000CFLⅡM25：5，泥质灰陶。口橄榄形，柄尾部弯曲内收，作鸭嘴状。长9.9厘米（图二六，3；图版三四，3）。

铁构件 2000CFLⅡM25：7-1，锈蚀严重。扁平长方形，一端内折成锐角，一端残，横截面为长方形。残长14.4、宽2.4厘米（图二六，4）。2000CFLⅡM25：7-2，锈蚀严重。侧视为S形，横截面为长方形。长11、宽2.4厘米（图二六，6；图版三四，4）。

铁镞 2000CFLⅡM25：2，锈蚀严重。镞身前部截面呈菱形，圆锥形铤。长11.9厘米（图二六，5）。

铜五铢钱 2000CFLⅡM25：1-1，锈蚀严重。有郭，"五"字交笔圆曲，"朱"字字头圆折。外径2.5、穿径1.2厘米（图二六，7）。

琉璃耳珰 2000CFLⅡM25：3，蓝色，半透明。收腰、圆筒、平凹、喇叭形。长1.9、径1.1厘米（图二六，8；图版三四，5）。

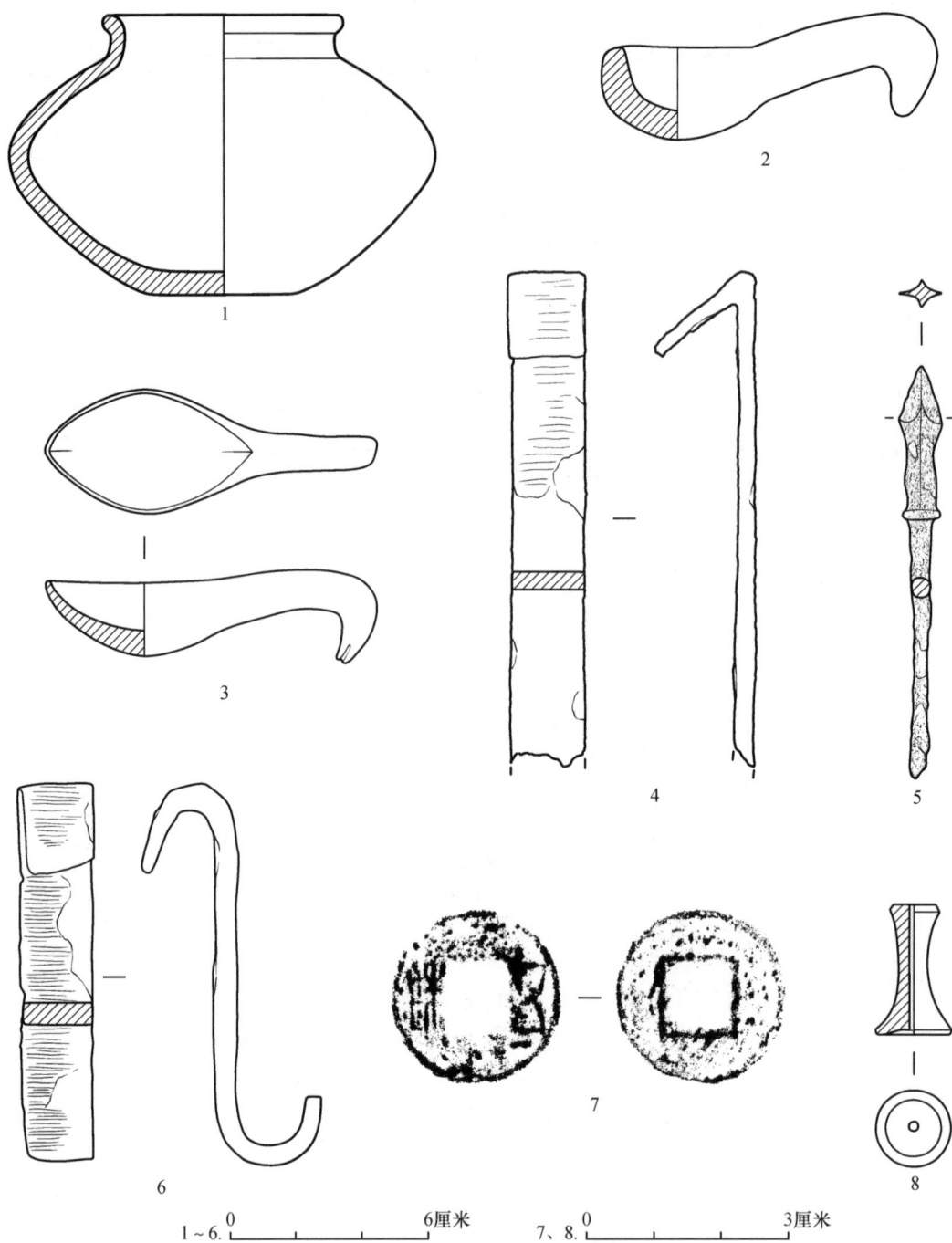

图二六　2000CFLⅡM25出土陶器、铁器、铜器、琉璃器

1.陶罐（2000CFLⅡM25：6）　2、3.陶勺（2000CFLⅡM25：4、2000CFLⅡM25：5）　4、6.铁构件（2000CFLⅡM25：7-1、2000CFLⅡM25：7-2）　5.铁镞（2000CFLⅡM25：2）　7.铜五铢钱（2000CFLⅡM25：1-1）　8.琉璃耳珰（2000CFLⅡM25：3）

2000CFLⅣM2

1. 位置与形制

位于2000CFLⅣ区西部，T1及其向南扩方处。墓向350°。盗扰严重。残存墓室平面长方形，墓圹残长4.52、宽3.42、深1~2.35米（图二七）。墓葬用砖侧面均有纹饰，以菱形纹为主体，也有少量十字纹和曲尺纹。墓中填土为红褐、黄白色混合土（图二八；图版七，1）。

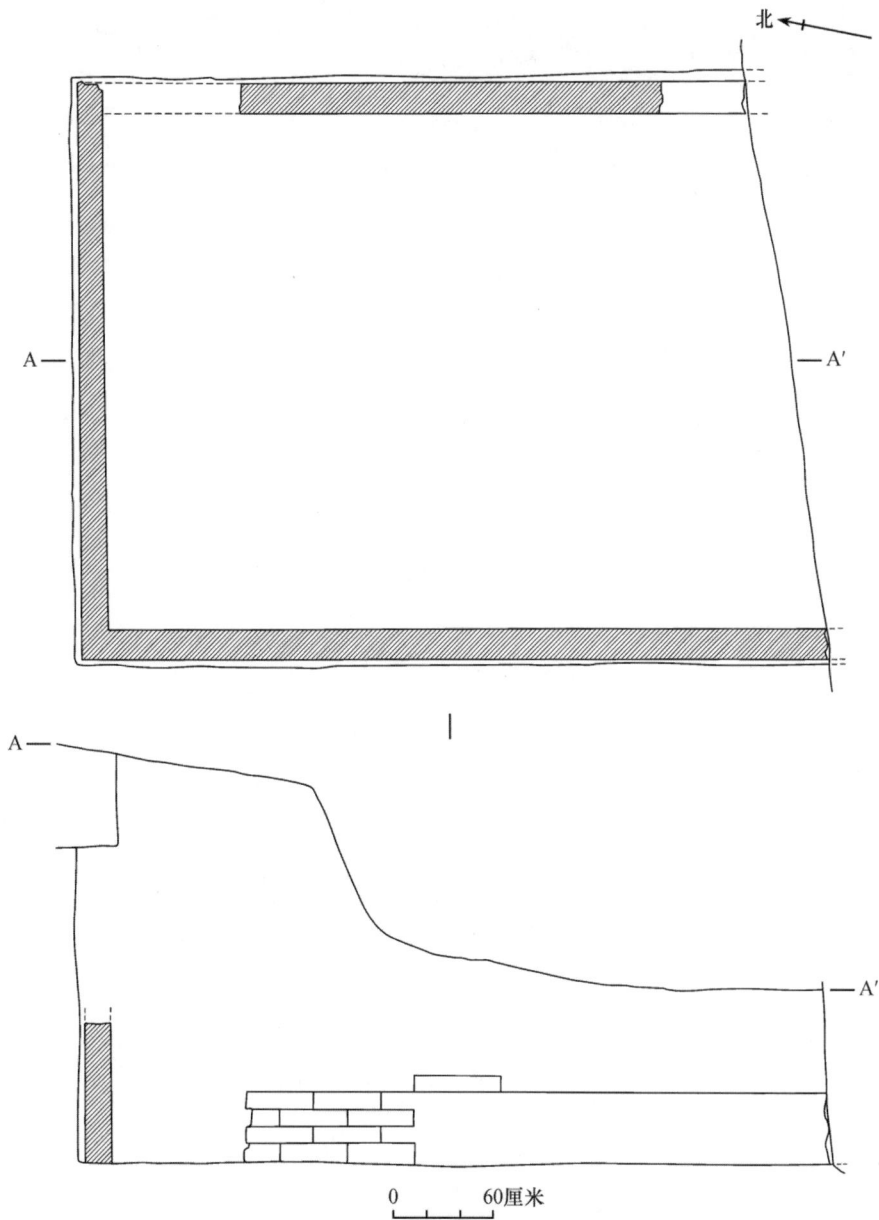

图二七 2000CFLⅣM2平、剖面图

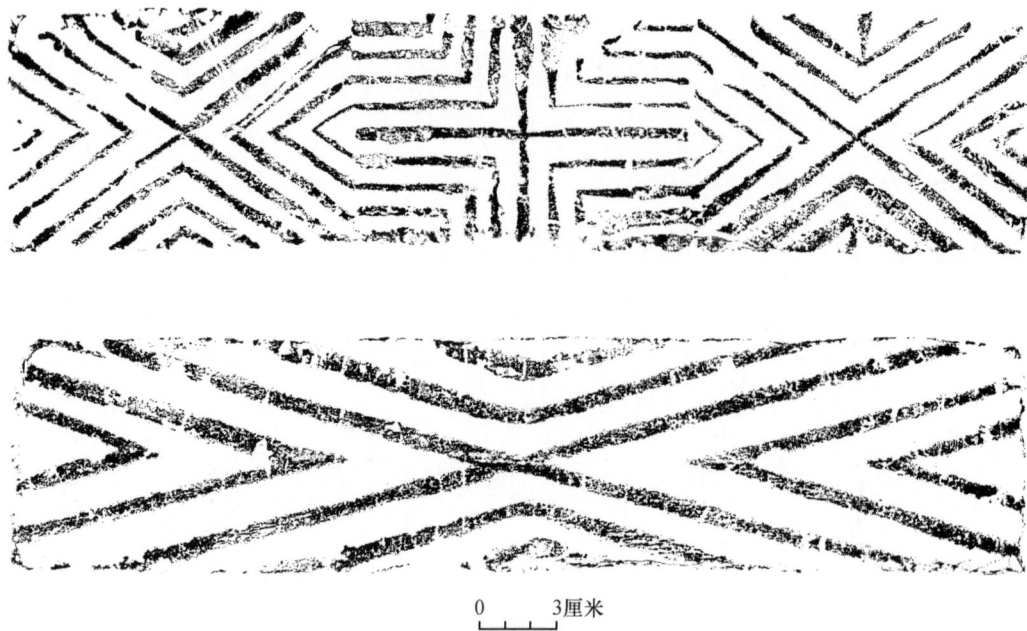

0　　　3厘米

图二八　2000CFLⅣM2墓砖纹饰

2. 葬具和人骨

未见葬具和人骨。墓主人葬式、性别和年龄不详。

3. 随葬品

共2件。均发现于被扰乱的填土中。包括陶罐1件、陶壶1件。

陶罐　2000CFLⅣM2：01，泥质灰陶。腹下部残缺。直口，方唇，折肩，直腹略外弧。腹部饰凹弦纹、竖条纹。口径9.5、残高15.7厘米（图二九，1）。

陶壶　2000CFLⅣM2：02，泥质灰陶。盘口，方唇，束颈，溜肩，鼓腹，圜底。腹部饰三周凹弦纹。口径11.8、底径12.4、高18.5厘米（图二九，2）。

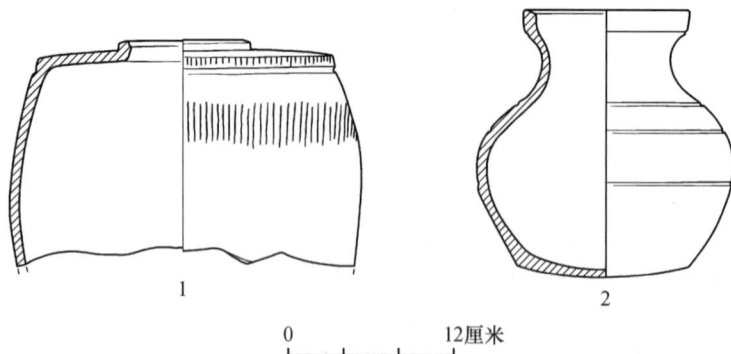

0　　　　　12厘米

图二九　2000CFLⅣM2出土陶器

1. 陶罐（2000CFLⅣM2：01）　2. 陶壶（2000CFLⅣM2：02）

2000CFLⅤM10

1. 位置与形制

位于2000CFLⅤ区中部，T8、T9及向南扩方处。墓向145°。墓室顶部见盗洞。墓葬平面为凸字形，由墓道、甬道、墓室组成，墓圹长6.7、宽1.7～2.64、深0～3.78米。墓道长方形斜坡式，长2.18、宽1.7～1.9、深0～2米；甬道平面为长方形，直壁，券顶，长1.52、宽1.5、高1.52米；墓室平面为长方形，直壁，券顶，墓底近北壁处有一排不规整的残断砖，墓室长3.06、宽2.14～2.24、高2.08米（图三○；图版七，2；图版八，1～3）。墓葬用砖侧面均有纹饰，纹饰类型丰富多样，以菱形纹为主体，另见十字纹、曲尺纹、圆轮纹、对顶三角纹（图三一）。墓中填土为红褐、黄白色混合土，经过夯打，夯层厚约0.08米。

2. 葬具和人骨

未见葬具。墓室东部发现少量人骨，已成粉末状。墓主人葬式、性别和年龄不详。

3. 随葬品

共107件。多集中于甬道内，墓室及扰土中也有发现。包括陶盆4件、陶罐2件、陶釜2件、陶甑1件、陶豆2件、陶卮1件、陶仓3件、陶器盖5件、陶饼1件、陶俑1件、陶灶1件、铜鍪1件、铜箍2件、铜五铢钱77枚、铁构件4件。

陶盆　2000CFLⅤM10：14，泥质红陶。敞口，平折沿，方圆唇，斜弧腹，底略内凹。腹中下部有一周折棱。口径11.9、底径5.1、高3.5厘米（图三二，1；图版三五，1）。2000CFLⅤM10：26，泥质红陶。敞口，平折沿，方唇，斜弧腹，底略内凹。腹部饰一周凹弦纹。口径11.6、底径5.5、高4.6厘米（图三二，2；图版三五，2）。2000CFLⅤM10：25，泥质红陶。微敛口，厚圆唇，斜弧腹，底略内凹。腹部饰一周凹弦纹。口径11.5、底径5.2、高4.5厘米（图三二，3；图版三五，3）。2000CFLⅤM10：29，泥质红陶。微敛口，平折沿，方唇，斜弧腹，底略内凹。腹部有一周折棱。口径10、底径4.3、高3.9厘米（图三二，4；图版三五，4）。

陶罐　2000CFLⅤM10：3，泥质黑陶。侈口，圆唇，束颈，溜肩，折腹，底略内凹。腹部有一周折棱。口径23.4、底径10.1、高19.1厘米（图三二，5；图版三五，5）。2000CFLⅤM10：11，泥质灰陶。底部残缺。侈口，方唇，束颈，鼓肩，斜弧腹。素面。口径7.2、残高7.9厘米（图三二，6）。

陶釜　2000CFLⅤM10：21，泥质红陶。盘口，方唇，折腹，底略内凹。素面。口径8.3、底径4、高4.9厘米（图三二，7；图版三五，6）。2000CFLⅤM10：28，泥质红陶。微敛口，平沿，尖唇，高领，折腹，平底。素面。口径8.3、底径4.8、高5.3厘米（图三二，8；图版三六，1）。

陶甑　2000CFLⅤM10：1，泥质灰陶。侈口，厚方唇，斜弧腹，圜底，底部有箅孔10个。口沿下饰三周凹弦纹。口径29.9、底径14.2、高16.9厘米（图三三，1）。

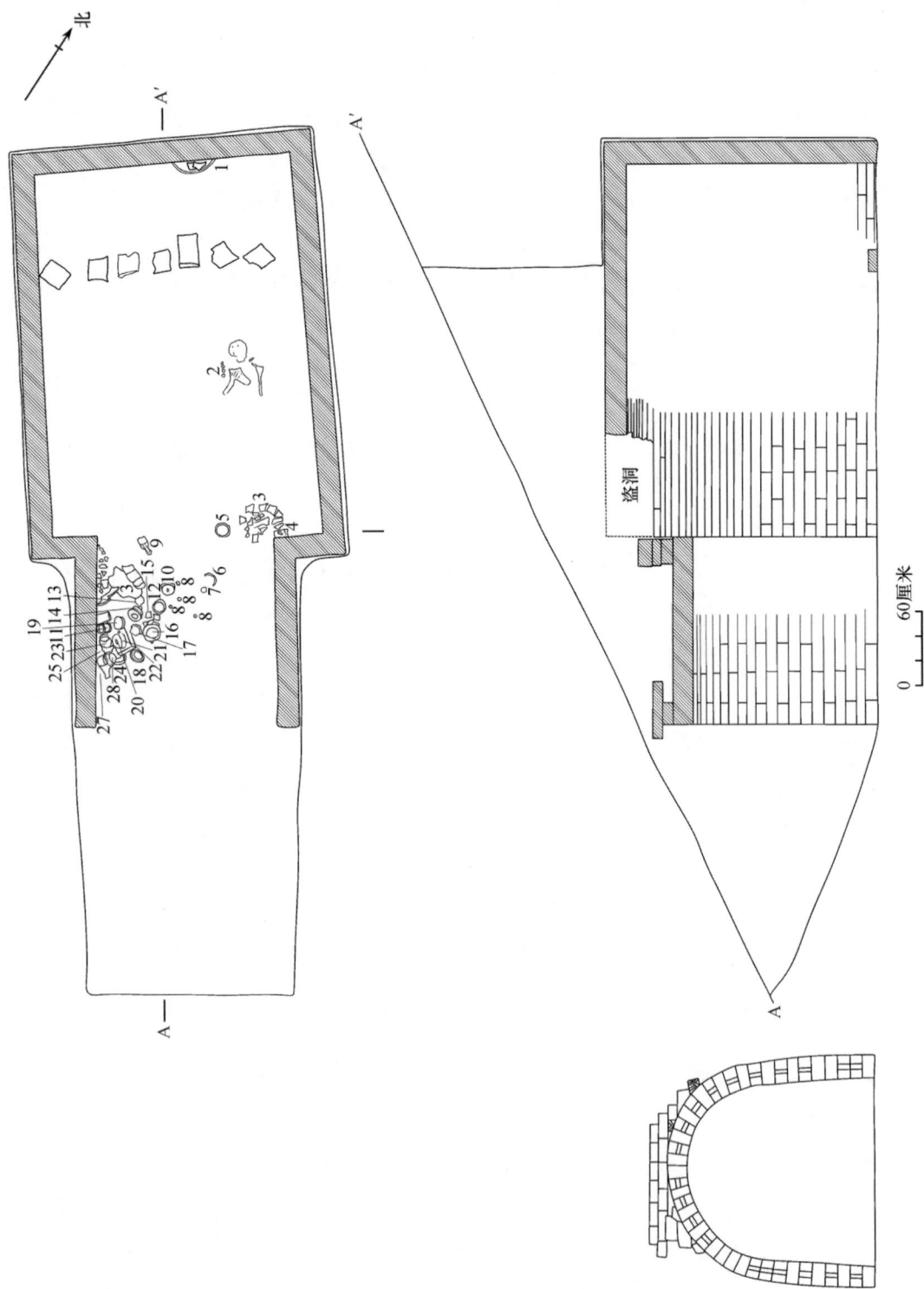

图三〇　2000CFLⅤM10平、剖面图

1. 陶甂　2、4、8. 铜半两钱　3、11. 陶罐　5、6. 铜镞　7. 陶饼　9. 陶俑　10、18～20、24. 陶器盖　12、17. 陶豆　13、23、27. 陶仓　14、25、26、29. 陶盆（26压于24、28之下，29压于23、11之下）　15. 陶匜　16. 铜鍪　21、28. 陶俑　22. 陶灶

0 15厘米

图三一 2000CFLⅤM10墓砖纹饰

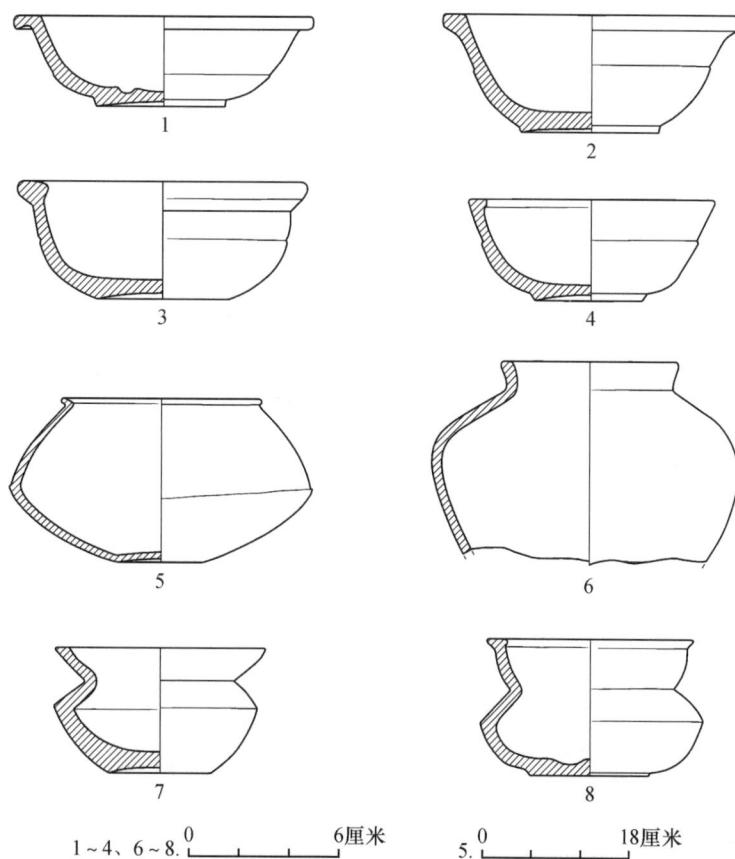

1~4、6~8. 0 6厘米
5. 0 18厘米

图三二 2000CFLⅤM10出土陶器（一）

1~4.陶盆（2000CFLⅤM10：14、2000CFLⅤM10：26、2000CFLⅤM10：25、2000CFLⅤM10：29）

5、6.陶罐（2000CFLⅤM10：3、2000CFLⅤM10：11） 7、8.陶釜（2000CFLⅤM10：21、2000CFLⅤM10：28）

陶豆　2000CFLⅤM10：12，泥质红陶。直口，厚方唇，深弧腹近直，短粗柄，喇叭口形圈足。素面。口径10.9、底径7.2、高8厘米（图三三，2；图版三六，2）。2000CFLⅤM10：17，泥质红陶。敞口，厚圆唇，深弧腹，短粗柄上部中空，喇叭口形圈足。素面。口径11.1、底径7.4、高7.2厘米（图三三，3；图版三六，3）。

陶卮　2000CFLⅤM10：15，泥质红陶。敛口，尖唇，斜弧腹，底略内凹。腹侧有一纵向鋬耳，腹中部饰一周凹弦纹。口径9.2、底径4.6、高4厘米（图三三，4；图版三六，4）。

陶仓　2000CFLⅤM10：13，泥质红陶。敛口，方唇，深腹近直，底略内凹。腹中部饰一周凹弦纹。口径9.1、底径7.2、高10.8厘米（图三三，5；图版三六，5）。2000CFLⅤM10：23，泥质红陶。敛口，方唇，深腹近直，平底。腹部饰二周凹弦纹。口径8.7、底径6.3、高11厘米（图三三，6；图版三六，6）。2000CFLⅤM10：27，泥质红陶。敛口，方唇，深腹近直，底略内凹。腹部饰数周凹弦纹。口径9.5、底径6.3、高11.3厘米（图

图三三　2000CFLⅤM10出土陶器（二）

1.陶甑（2000CFLⅤM10：1）　2、3.陶豆（2000CFLⅤM10：12、2000CFLⅤM10：17）　4.陶卮（2000CFLⅤM10：15）

5～7.陶仓（2000CFLⅤM10：13、2000CFLⅤM10：23、2000CFLⅤM10：27）

三三，7；图版三七，1）。

陶器盖　2000CFLⅤM10：10，泥质灰陶。覆钵状盖身，口略外撇，方唇，顶部有一僧帽状捉手。腹部饰一周凹弦纹。口径11.1、高5.2厘米（图三四，1；图版三七，2）。2000CFLⅤM10：18，泥质灰陶。覆钵状盖身，口略外撇，方唇，顶部有一僧帽状捉手。腹部饰一周凹弦纹。口径11.2、高5.7厘米（图三四，2；图版三七，3）。2000CFLⅤM10：19，泥质灰陶。覆钵状盖身，口略外撇，方唇，顶部有一僧帽状捉手。腹部饰一周凹弦纹。口径11.2、高5.7厘米（图三四，3；图版三七，4）。2000CFLⅤM10：20，泥质灰陶。覆钵状盖身，口微敛，方唇，顶部有一僧帽状捉手。腹部饰一周凹弦纹。口径12、高5.9厘米（图三四，4；图版三七，5）。2000CFLⅤM10：24，泥质灰陶。覆钵状盖身，口略外撇，方唇，顶部有一僧帽状捉手。腹部饰一周凹弦纹。口径11、高5.4厘米（图三四，5；图版三七，6）。

陶饼　2000CFLⅤM10：7，泥质灰陶。用绳纹陶片加工修整而成，平面呈不规则圆形。直径3.5、厚0.7厘米（图三四，6；图版三八，1）。

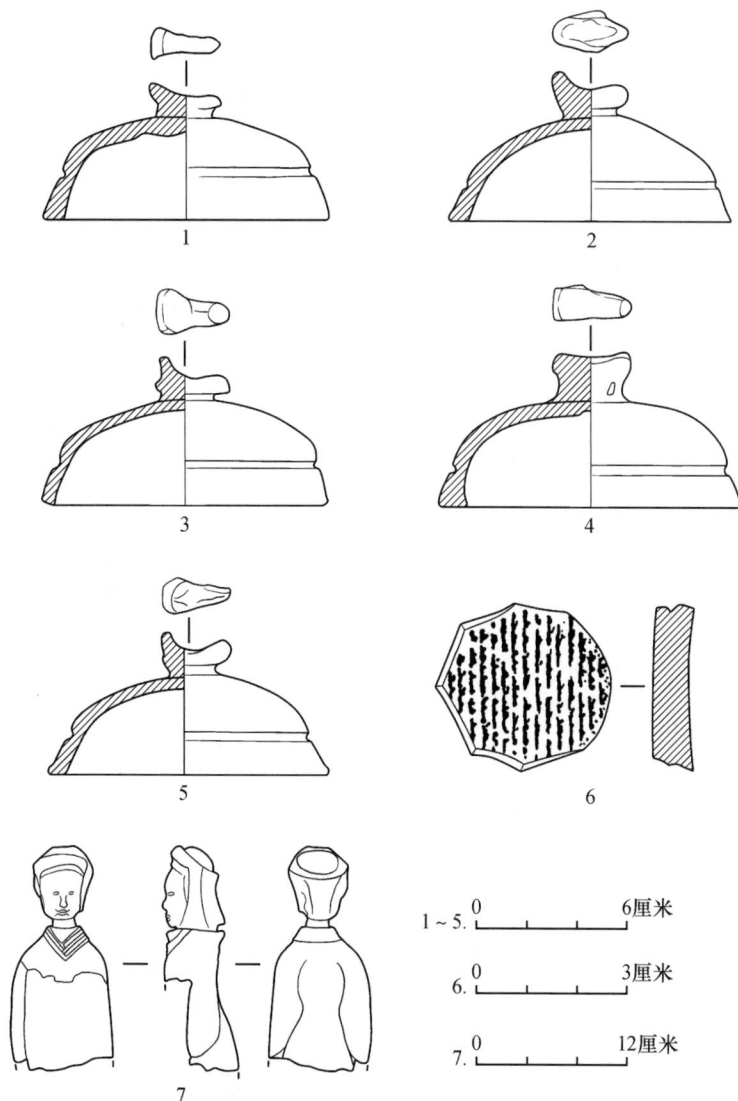

图三四　2000CFLⅤM10出土陶器（三）

1~5.陶器盖（2000CFLⅤM10：10、2000CFLⅤM10：18、2000CFLⅤM10：19、2000CFLⅤM10：20、2000CFLⅤM10：24）
6.陶饼（2000CFLⅤM10：7）　7.陶俑（2000CFLⅤM10：9）

陶俑　2000CFLⅤM10：9，泥质红陶。下部残缺。体中空，头扎巾。残高17.1厘米（图三四，7；图版三九，2）。

陶灶　2000CFLⅤM10：22，泥质灰陶。平面长方形，旁侧有一近椭圆形灶门，顶面中心有一圆形火眼，火眼边有一圆形烟孔。素面。长16.6、宽12.4、高6.5厘米（图三五，1；图版三八，2）。

铜鍪　2000CFLⅤM10：16，锈蚀严重。敞口，方唇，束颈，扁腹，体侧有对称纵向环状系耳，圜底。腹下部有两道凸棱。口径15、腹径16、高13.5厘米（图三五，2；图版三八，3）。

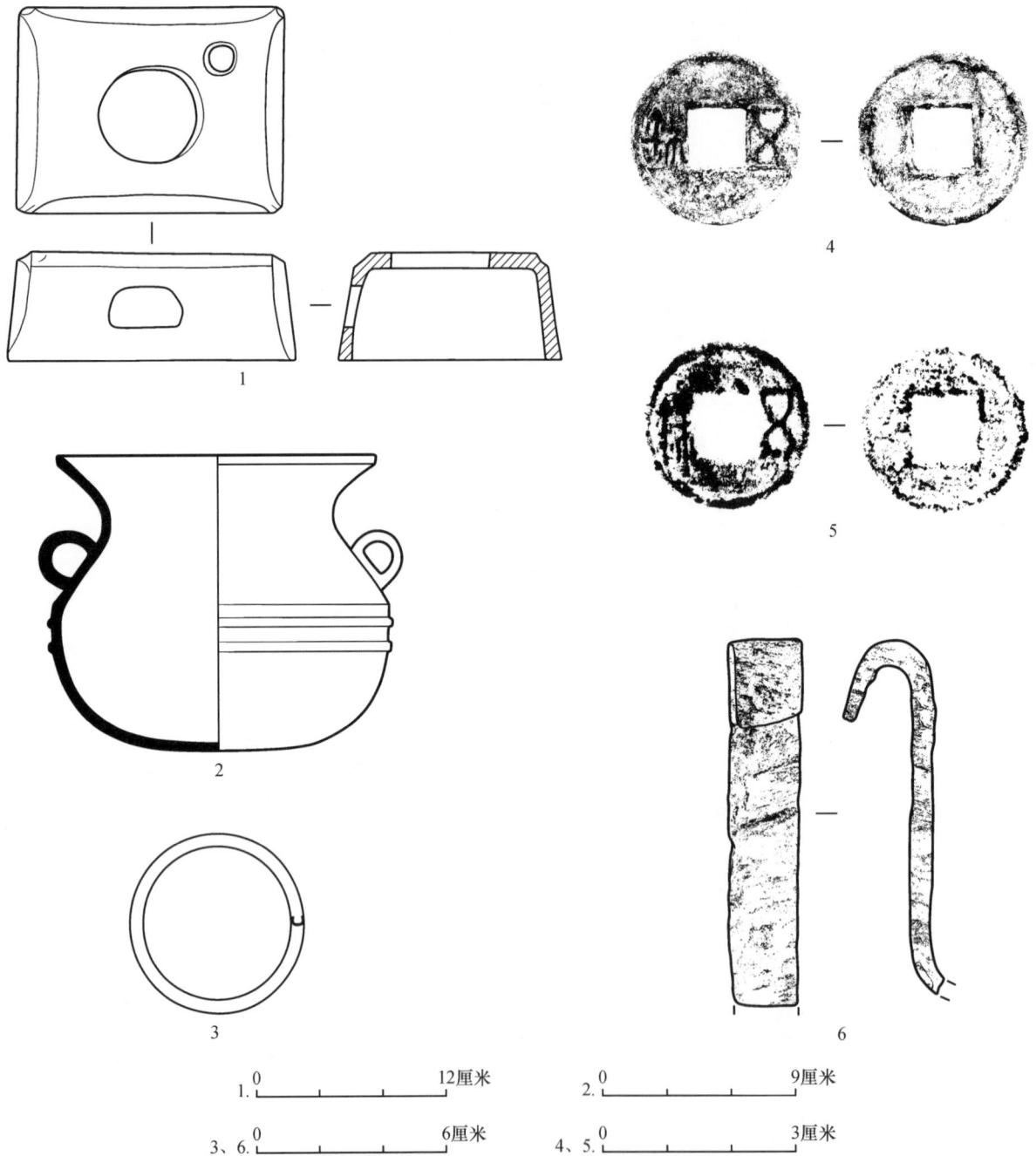

图三五　2000CFLⅤM10出土陶器、铜器、铁器

1. 陶灶（2000CFLⅤM10：22）　2. 铜鍪（2000CFLⅤM10：16）　3. 铜箍（2000CFLⅤM10：5）

4、5. 铜五铢钱（2000CFLⅤM10：8-1、2000CFLⅤM10：01-1）　6. 铁构件（2000CFLⅤM10：02-1）

铜箍　2000CFLⅤM10：5，锈蚀严重。圆环状，横截面呈U字形。外径5.5、内径4.6厘米（图三五，3；图版三八，4）。2000CFLⅤM10：6与2000CFLⅤM10：5近同，略不详述。

铜五铢钱　2000CFLⅤM10：8-1，锈蚀较严重。有郭，"五"字交笔近斜直，"朱"字字头方折。外径2.6、穿径0.9厘米（图三五，4）。2000CFLⅤM10：01-1，锈蚀严重。有郭，"五"字交笔圆曲，"朱"字字头圆折。外径2.5、穿径1厘米（图三五，5）。

铁构件　2000CFLⅤM10：02-1，锈蚀严重，一端残缺。侧视为S形，横截面为长方形。残长11、宽2.2厘米（图三五，6）。

2001CFL Ⅰ M6

1. 位置与形制

位于2001CFLⅠ区南部，T17、T18内。墓向195°。盗扰严重，墓砖破坏殆尽。墓葬平面近长方形，由墓道和墓室组成，墓圹长5.8、宽2～2.75、深0.2～3.5米。墓道位于南侧，斜坡式，长2.9、宽2～2.75、深0.2～2.72米；墓室长2.9、宽2.75、深2.72～3.5米。墓中填土为红褐色花土，含小砾石、残陶片，土质松软（图三六）。

2. 葬具和人骨

未发现葬具和人骨。墓主人葬式、性别和年龄不详。

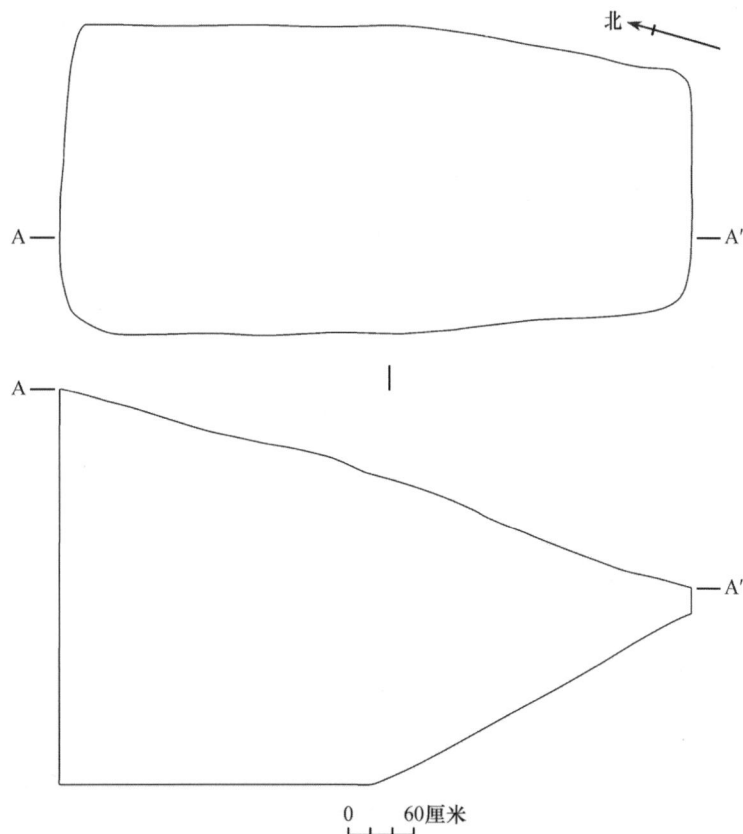

图三六　2001CFLⅠM6平、剖面图

3. 随葬品

未发现随葬品。

2001CFLⅤM1

1. 位置与形制

位于2001CFLⅤ区东部，T1内。墓向165°。盗扰严重，墓砖破坏殆尽。墓葬平面呈凸字形，由墓道和墓室组成，墓圹长6.9、宽0.7~2.9、深0~4.8米。墓道位于南侧，斜坡式，残长1、宽0.7、深0~1.6米；墓室长5.9、宽2.9、深1.6~4.8米。墓砖侧面饰菱形纹。墓中填土为红褐、黄褐色混合土，含砂岩块、料姜石，较硬，似夯打（图三七）。

2. 葬具和人骨

未发现葬具和人骨。墓主人葬式、性别和年龄不详。

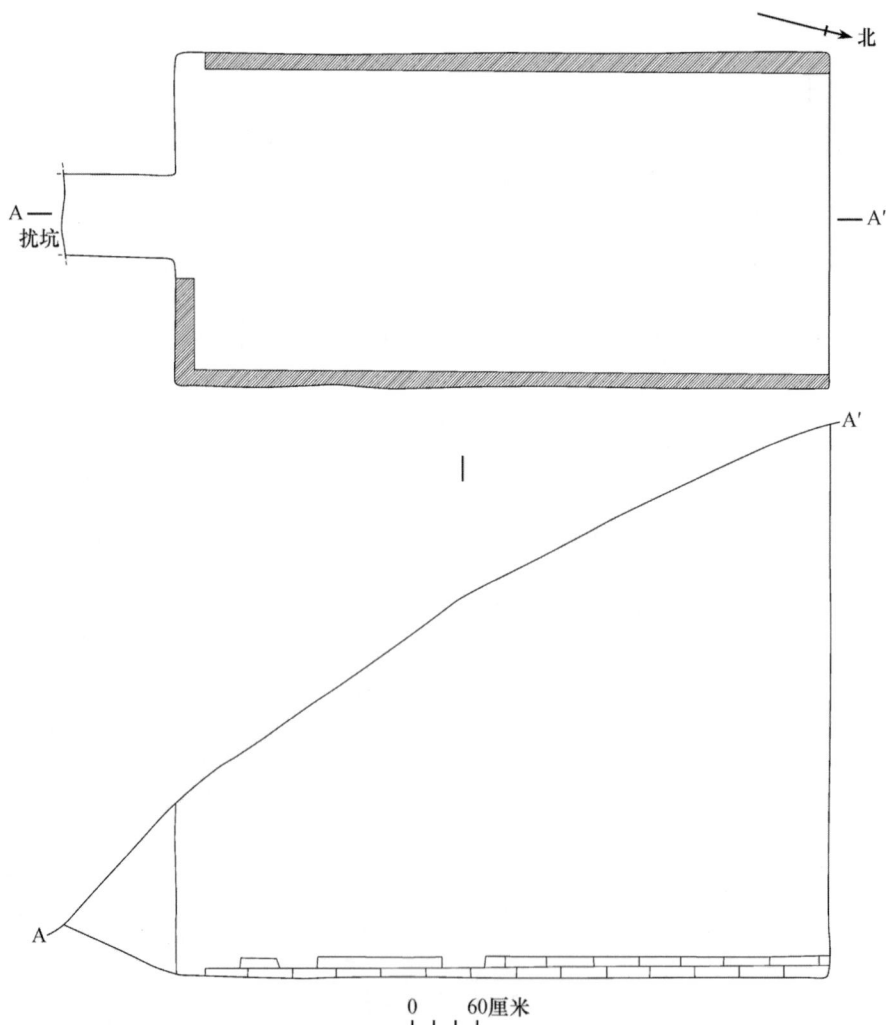

图三七　2001CFLⅤM1平、剖面图

3. 随葬品

共4件。均发现于墓道填土中。包括陶罐1件、陶盆1件、铜五铢钱2枚。

陶罐 2001CFLⅤM1：02，泥质灰陶。微侈口，圆唇，圆折肩，下腹斜弧，平底。素面。口径5.3、底径3.8、高5.4厘米（图三八，1；图版三八，5）。

陶盆 2001CFLⅤM1：01，泥质灰陶。敞口，方唇，斜直腹，底略内凹。素面。口径13.2、底径5.7、高4.5厘米（图三八，2；图版三八，6）。

铜五铢钱 2001CFLⅤM1：03-1，锈蚀严重。窄郭，"五"字交笔缓曲，"朱"字字头方折。外径2.5、穿径1厘米（图三八，3）。

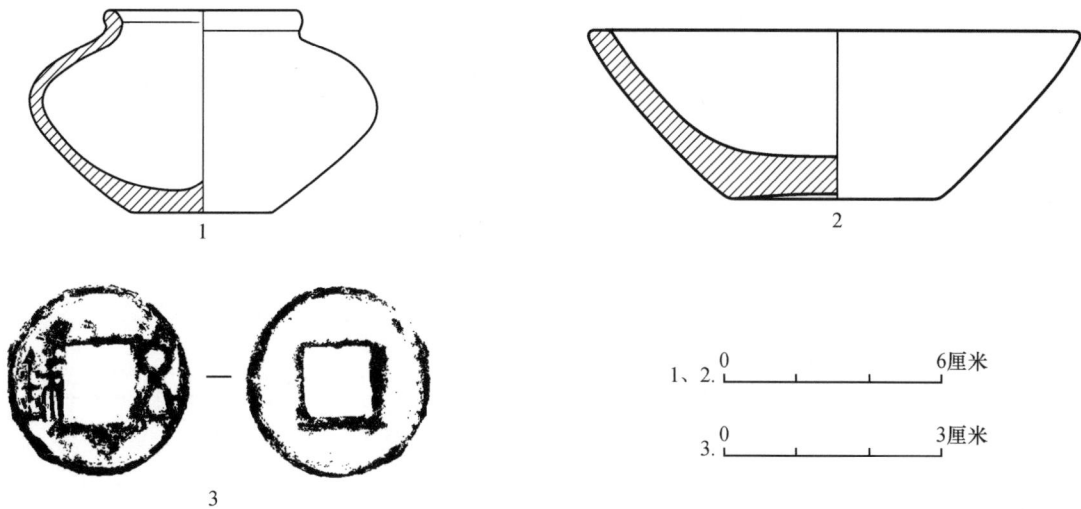

图三八 2001CFLⅤM1出土陶器、铜钱

1.陶罐（2001CFLⅤM1：02） 2.陶盆（2001CFLⅤM1：01） 3.铜五铢钱（2001CFLⅤM1：03-1）

第五章　宋元时期墓葬

共10座（2000CFLⅡM16、2000CFLⅡM22、2000CFLⅡM24、2000CFLⅢM11、2000CFLⅢM24、2000CFLⅢM48、2001CFLⅠM7、2001CFLⅡM27、2001CFLⅡM28、2001CFLⅤM3），分布于5个发掘区内。均为长方形土坑竖穴墓，分为无墓道和带墓道两种类型。

一、无墓道墓葬

9座（2000CFLⅡM16、2000CFLⅡM22、2000CFLⅡM24、2000CFLⅢM24、2000CFLⅢM48、2001CFLⅠM7、2001CFLⅡM27、2001CFLⅡM28、2001CFLⅤM3）。

2000CFLⅡM16

1. 位置与形制

位于2000CFLⅡ区中部略偏西北，T16南部，延伸至T15。墓向8°。开口于第1层下，南部被M7打破，东北部被M20打破，打破生土。墓全长2、宽0.52～0.53、深0.34～0.65米。墓中填土为灰褐色五花土，较硬（图三九；图版九，1）。

2. 葬具和人骨

葬具为1具木棺，长1.64、宽0.4～0.48、残高0.22～0.27米。木棺内发现1具人骨，仰身直肢，头北脚南。女性，年龄45±5岁。

3. 随葬品

共2件。1件瓷罐出土于墓主人头骨西北侧，1件蚌耳坠出土在头部右侧。

瓷罐　2000CFLⅡM16：1，微侈口，斜折沿，方唇，颈微束，颈部有纵向双系，宽而薄，鼓腹，圈足。白胎泛黄，胎体厚重，胎质较疏松。黑釉，施釉不到底，釉层光泽度高，流釉严重。素面。口径12.6、腹径16.8、底径8.5、高13.7厘米（图四〇，1；图版四〇，1）。

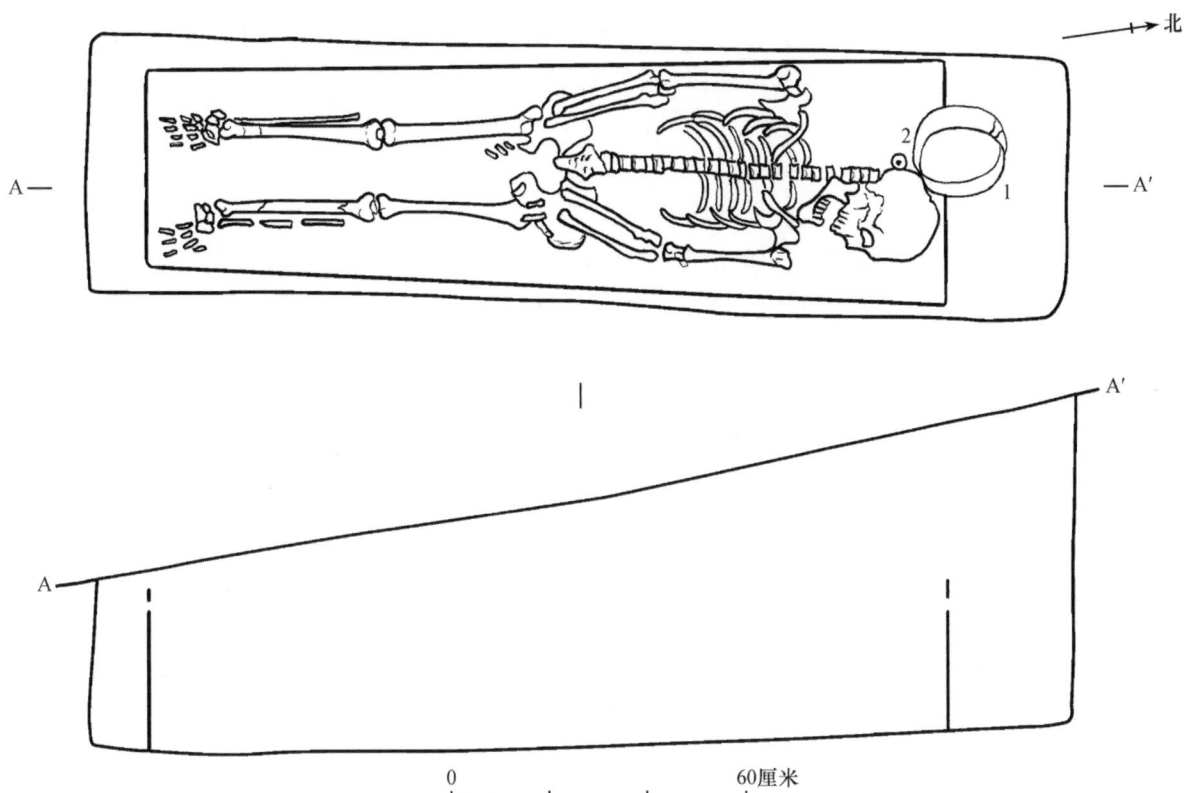

图三九　2000CFLⅡM16平、剖面图
1.瓷罐　2.蚌耳坠

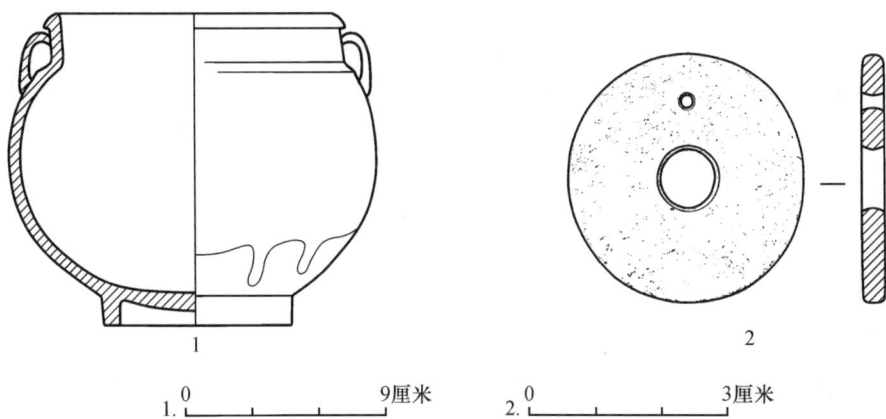

图四〇　2000CFLⅡM16出土瓷器、蚌器
1.瓷罐（2000CFLⅡM16：1）　2.蚌耳坠（2000CFLⅡM16：2）

　　蚌耳坠　2000CFLⅡM16：2，整体呈圆饼状，由蚌壳磨制而成，两面平滑，中间有一大一小两个圆形孔，大孔居中，小孔距边缘较近。器表洁白有光泽。直径3.6、大孔孔径0.8、小孔孔径0.2厘米（图四〇，2；图版四〇，2）。

2000CFLⅡM22

1. 位置与形制

位于2000CFLⅡ区西北部，T19北部延伸至T20。墓向24°。开口于第2层下，打破生土。墓全长2.14、宽0.7~0.81、深0.72~1.1米。墓中填土为灰褐色五花土，较硬（图四一）。

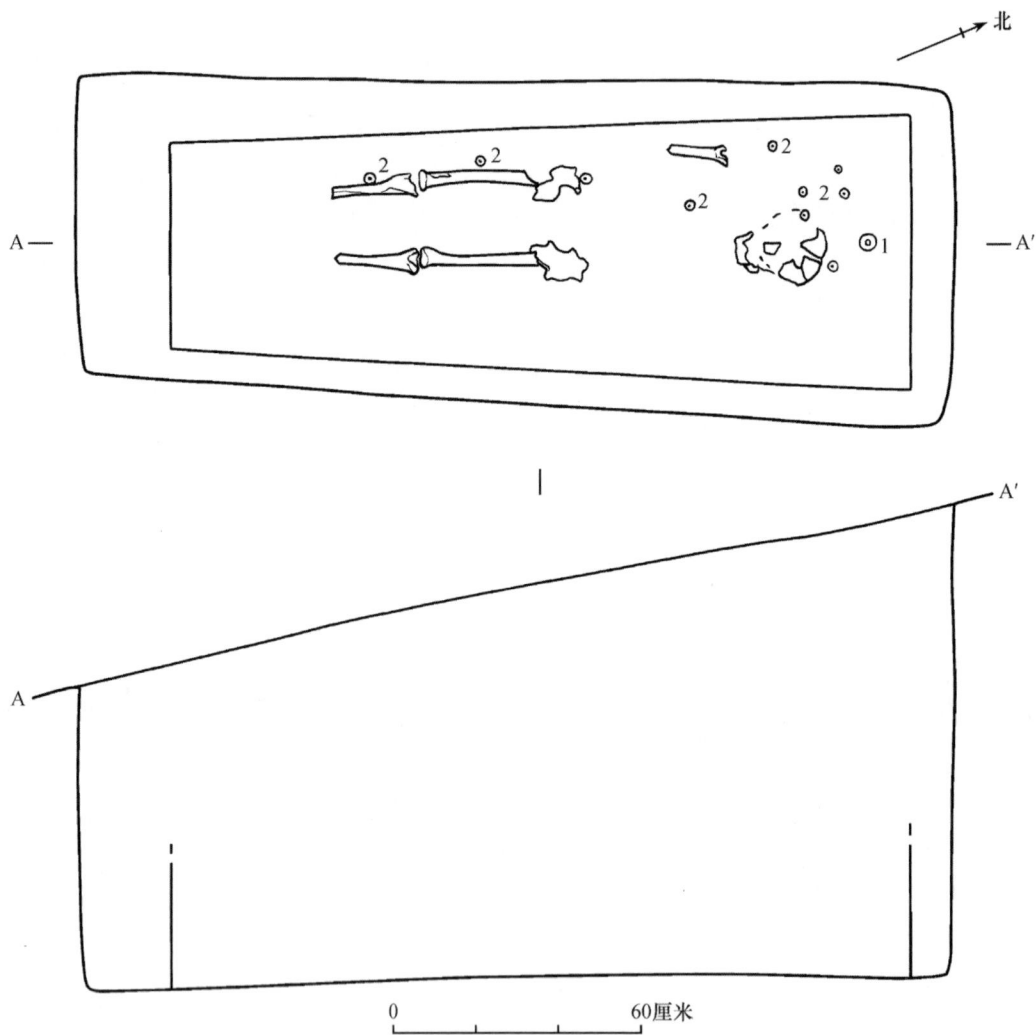

图四一　2000CFLⅡM22平、剖面图
1.蚌耳坠　2.铜钱

2. 葬具和人骨

葬具为木棺，长1.8、宽0.5~0.64、残高0.3米。棺内人骨仅存头骨、下肢骨和部分右上肢骨，仰身直肢，头北脚南。墓主人性别和年龄不详。

3. 随葬品

共11件。1件蚌耳坠出土于头部北侧，10枚铜钱散落于人骨架右侧。

蚌耳坠　2000CFLⅡM22：1，整体呈圆饼状，由蚌壳磨制而成，两面平滑，中间有一大一小两个圆孔，大孔居中，小孔距边缘较近。器表洁白有光泽。直径2.9、大孔孔径0.7、小孔孔径0.2厘米（图四二，1；图版四〇，3）。

铜钱（仅介绍3枚钱文清晰铜钱）

明道元宝　2000CFLⅡM22：2-3，圆形方孔。钱体较厚重，内、外郭轮廓明显，钱文略有锈蚀。外径2.4、穿径0.9厘米（图四二，2；图版四〇，4）。

政和通宝　2000CFLⅡM22：2-1，圆形方孔。钱体较厚重，内、外郭轮廓明显。外径2.35、穿径0.91厘米（图四二，3）。

元祐通宝　2000CFLⅡM22：2-2，圆形方孔。钱体较厚重，内、外郭轮廓明显。外径2.45、穿径0.92厘米（图四二，4）。

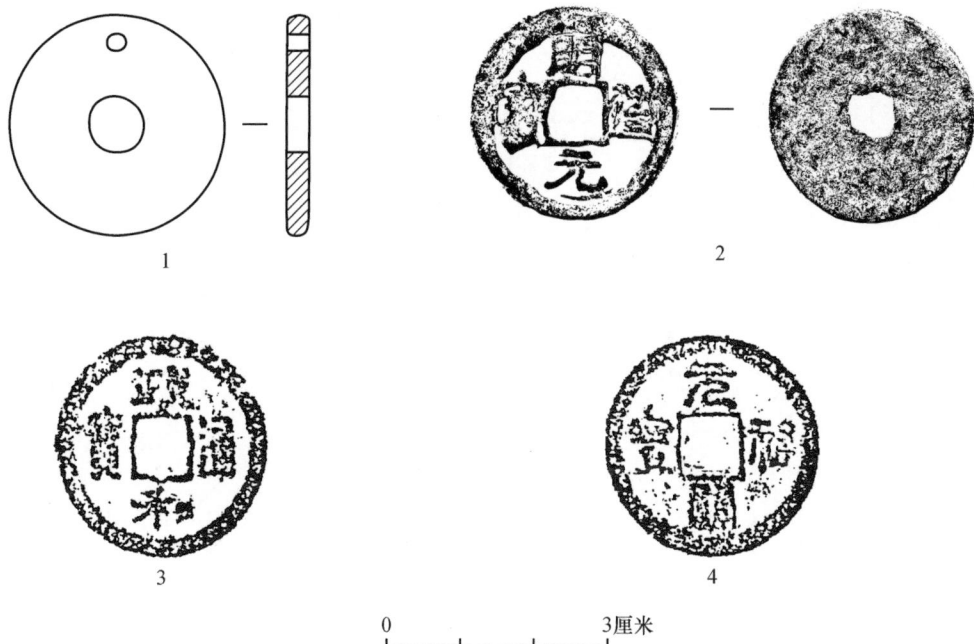

图四二　2000CFLⅡM22出土蚌器、铜钱

1. 蚌耳坠（2000CFLⅡM22：1）　2～4. 铜钱（2000CFLⅡM22：2-3、2000CFLⅡM22：2-1、2000CFLⅡM22：2-2）

2000CFLⅡM24

1. 位置与形制

位于2000CFLⅡ区中部略偏北，T11西南部。墓向15°。开口于第3层下，南端被扰坑打破，打破生土。墓残长1.16、宽1.06～1.11、深0～0.42米。墓中填土为灰褐色五花土，含少量小砾石，较硬（图四三）。

2. 葬具和人骨

未发现葬具。仅发现部分头骨碎片。墓主人葬式、年龄和性别不详。

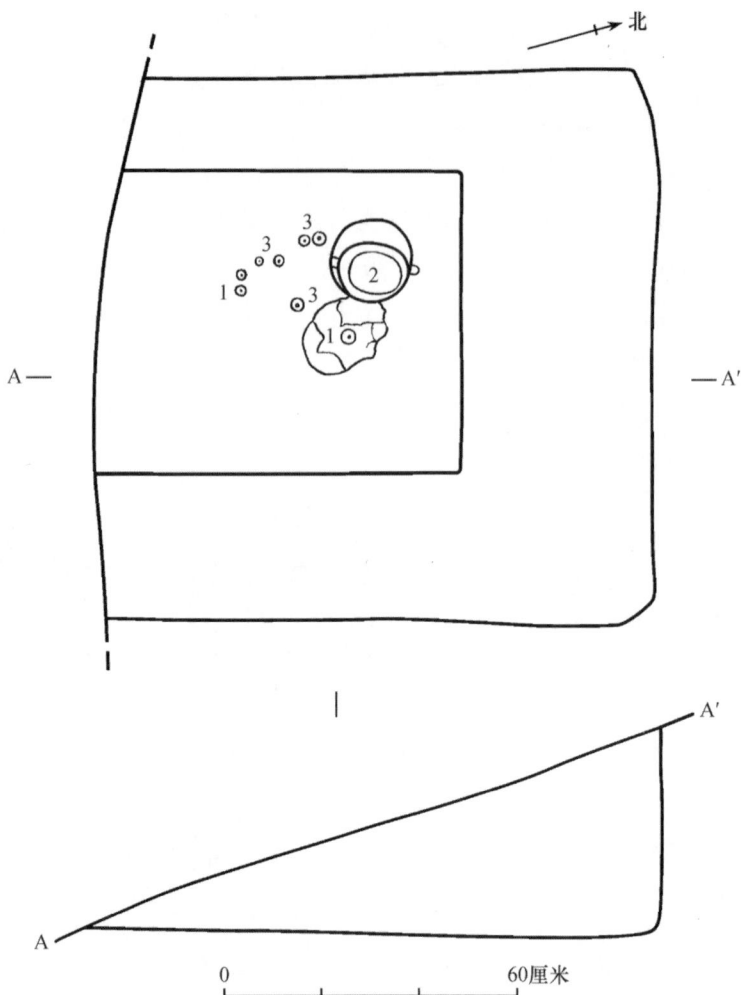

图四三　2000CFLⅡM24平、剖面图

1. 铜钱　2. 釉陶罐　3. 铁钱

3. 随葬品

共9件。1件釉陶罐出土于头骨右侧，3枚铜钱和5枚铁钱散落于头骨周围，铁钱锈蚀严重，钱文漫漶。

釉陶罐　2000CFLⅡM24：2，泥质灰陶，质较疏松。直口，方唇，唇内缘略内勾，直领，鼓肩，肩部有双系，宽而薄，斜弧腹，平底略外凸。口部外侧和肩部施釉，釉色青黄泛褐。素面。口径13、腹径17.6、底径9.7、高16.8厘米（图四四，1；图版四〇，5）。

铜钱

□□元宝　2000CFLⅡM24：1-1，圆形方孔。钱体较厚重，内、外郭轮廓明显，外缘较宽。锈蚀严重，四字钱文，"元宝"钱文较清，余二字较模糊。外径2.55、穿径0.7厘米（图四四，2；图版四〇，6）。

熙宁元宝　2000CFLⅡM24：1-2，圆形方孔。钱体较厚重，内、外郭轮廓明显，外缘较宽。外径2.7、穿径0.8厘米（图四四，3）。

咸平元宝　2000CFLⅡM24：1-3，圆形方孔。钱体较厚重，内、外郭轮廓明显，外缘较宽。外径2.9、穿径0.7厘米（图四四，4）。

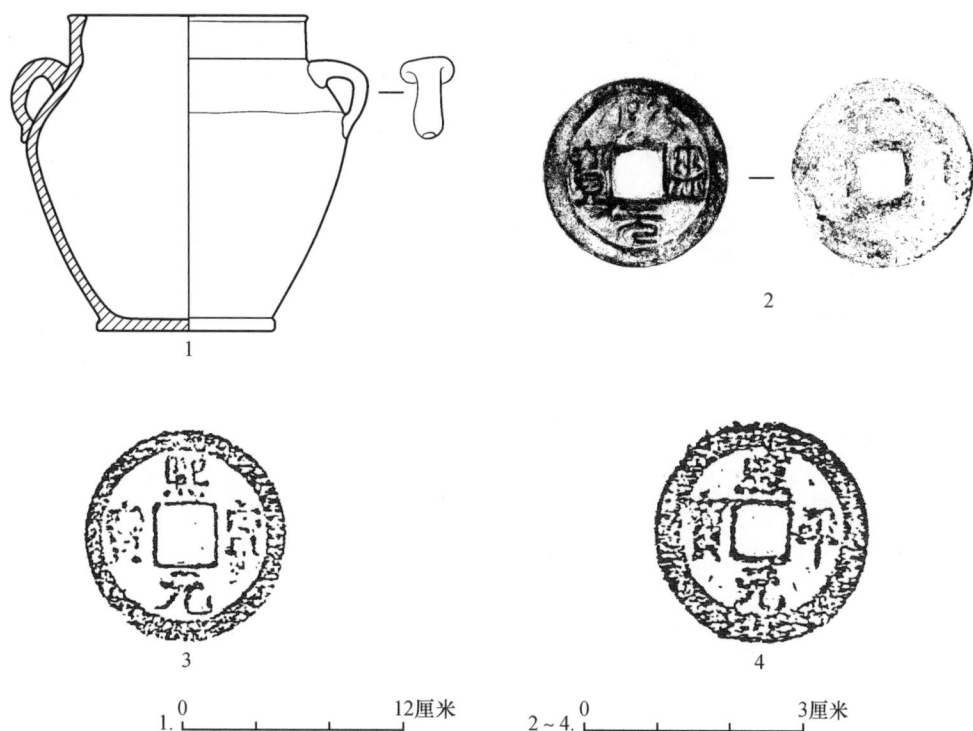

图四四　2000CFLⅡM24出土釉陶器、铜钱

1. 釉陶罐（2000CFLⅡM24：2）　2～4. 铜钱（2000CFLⅡM24：1-1、2000CFLⅡM24：1-2、2000CFLⅡM24：1-3）

2000CFLⅢM24

1. 位置与形制

位于2000CFLⅢ区北侧略偏西，T12中部略偏西。墓向350°。开口于第1层下，打破生土。墓全长1.95、宽0.57～0.63、深0.5～1.22米。墓中填土为灰褐色五花土，含少量碎石块，较硬（图四五）。

2. 葬具和人骨

葬具为木棺，长1.8、宽0.36～0.5、残高0.4米。木棺内发现1具人骨，仰身直肢，头北脚南。女性，年龄25±5岁。

3. 随葬品

共2件。1件釉陶罐、1件瓷碗，出土于头部北侧。

釉陶罐　2000CFLⅢM24：2，泥质灰褐陶。敛口，厚方唇，溜肩，肩部饰纵向双系，双系宽而薄，斜弧腹，其下内收，平底。上半部施酱釉，釉色青黄泛褐黑彩。素面。口径12、腹径15、底径7.2、高15.6厘米（图四六，1；图版四一，1）。

瓷碗　2000CFLⅢM24：1，敞口，尖唇，斜曲腹，小圈足。釉色青白泛黄，黄中隐绿，施釉不到底。口径11.8、底径3.2、高5.1厘米（图四六，2；图版四一，2）。

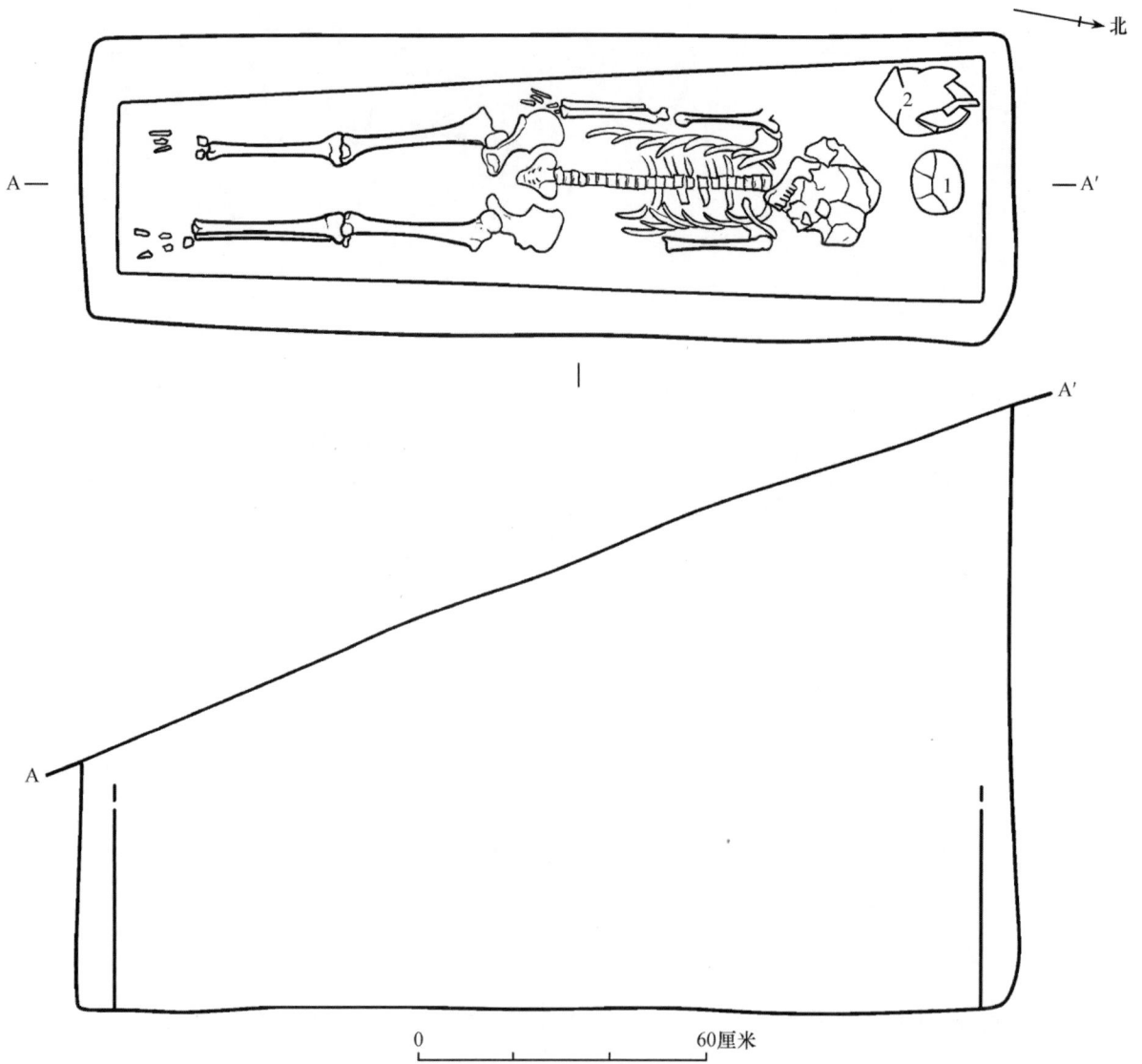

图四五　2000CFLⅢM24平、剖面图

1. 瓷碗　2. 釉陶罐

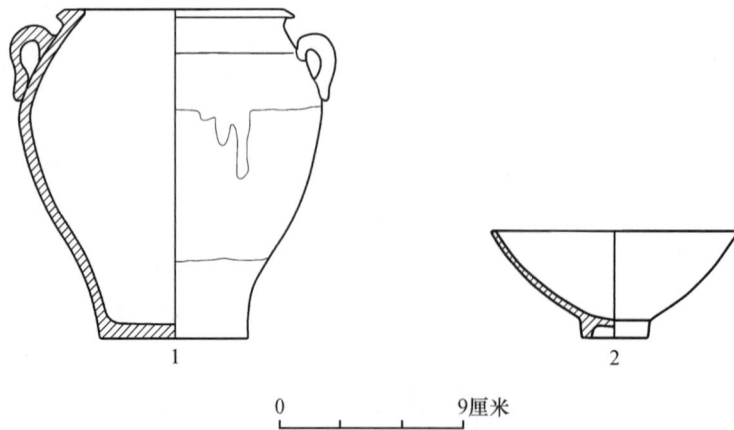

图四六　2000CFLⅢM24出土釉陶器、瓷器

1. 釉陶罐（2000CFLⅢM24∶2）　2. 瓷碗（2000CFLⅢM24∶1）

2000CFLⅢM48

1. 位置与形制

位于2000CFLⅢ区北侧中东部，T36西北部。墓向345°。开口于第3层下，打破生土。墓残长0.51、宽0.6、深0～0.3米。墓中填土为灰褐色五花土，较硬（图四七；图版九，2）。

2. 葬具和人骨

未发现葬具。仅发现部分头骨。墓主人葬式、性别和年龄不详。

3. 随葬品

共4件。1件釉陶罐、3件瓷碗，出土于墓圹北侧。

釉陶罐　2000CFLⅢM48：1，泥质灰陶，陶质粗糙疏松。直口，方唇，矮直领，溜肩，鼓腹，肩部饰横向对称双系耳，作拱桥形，平底，底缘外凸，底略内凹。上半部施酱釉，釉色青黄泛褐，施釉不到底，且多已脱落，下半部着白色化妆土，无釉。素面。口径9.2、腹径16.3、底径9.9、高16.5厘米（图四八，1；图版四一，3）。

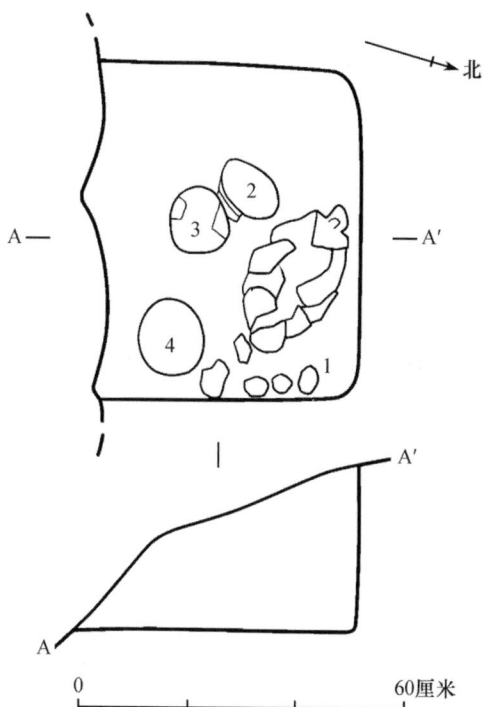

图四七　2000CFLⅢM48平、剖面图
1. 釉陶罐　2～4. 瓷碗

瓷碗　2000CFLⅢM48：3，敞口，尖圆唇，深斜曲腹，圈足，内底有一周叠烧后留下的微细砂粒。灰白胎，胎质薄而轻，施有一层化妆土。白釉，釉色白中泛黄，施釉不到底。素面。器表有数周线形制作痕迹。口径12.4、底径3.1、高4.6厘米（图四八，2；图版四一，4）。2000CFLⅢM48：2，敞口，斜折沿，方唇，浅斜曲腹，高圈足，碗心有叠烧留下的砂粒。灰白胎，胎质薄而轻，施一层化妆土。白釉，釉色白中泛土黄，施釉不到底。碗内饰土黄彩花草纹饰。口径16、底径6.4、高4.2厘米（图四八，3；图版四一，5）。2000CFLⅢM48：4，敞口，尖圆唇，斜曲腹，高圈足，挖足过肩，内底有一周叠烧后留下的微细砂粒。灰白胎质，薄而坚硬，施有一层化妆土。白釉，釉色白中泛黄，施釉不到底，釉层无光泽，较粗糙。口径13.9、底径6、高5.8厘米（图四八，4；图版四二，1）。

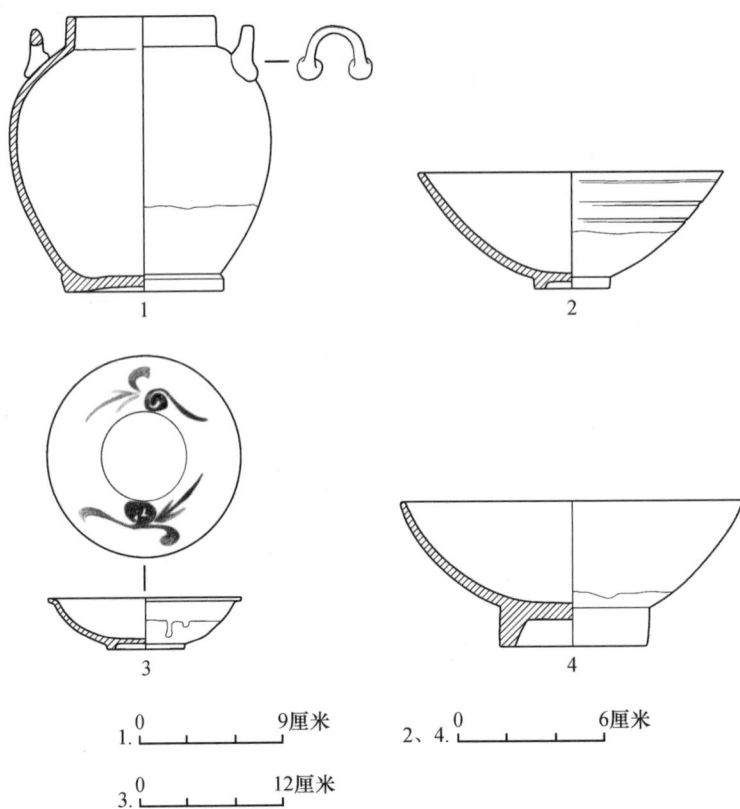

图四八　2000CFLⅢM48出土釉陶器、瓷器

1.釉陶罐（2000CFLⅢM48∶1）　2~4.瓷碗（2000CFLⅢM48∶3、2000CFLⅢM48∶2、2000CFLⅢM48∶4）

2001CFLⅠM7

1. 位置与形制

位于2001CFLⅠ区中部略偏东，T23西北部。墓向357°。开口于第2层下，打破生土。墓全长2.53、宽0.52~0.86、深0.02~2.2米。墓中填土为灰褐色五花土，较硬（图四九）。

2. 葬具和人骨

未见葬具和人骨。墓主人葬式、性别和年龄不详。

3. 随葬品

共6件。1件釉陶罐，出土于墓室北侧，3件瓷碗、1件釉陶四系罐、1件瓷杯，出土于墓室南侧。

釉陶罐　2001CFLⅠM7∶1，灰陶。直口，斜方唇，短颈，溜肩，腹最大径偏上，其下斜直内收，平底。黄白釉，施釉不到底。素面。口径7.7、腹径9、底径4.9、高7.4厘米（图五〇，1；图版四二，2）。

瓷碗　2001CFLⅠM7∶2，敞口，尖唇，斜直腹，假圈足。灰白色胎，细腻紧致。内、外施白釉，有细碎开片，底不施釉。碗心饰印花为"鸳鸟"图案。口径14、底径3.3、高5.2厘米（图五〇，2；图版四二，3）。2001CFLⅠM7∶3，敞口，尖唇，斜直腹，圈足，足墙较薄。

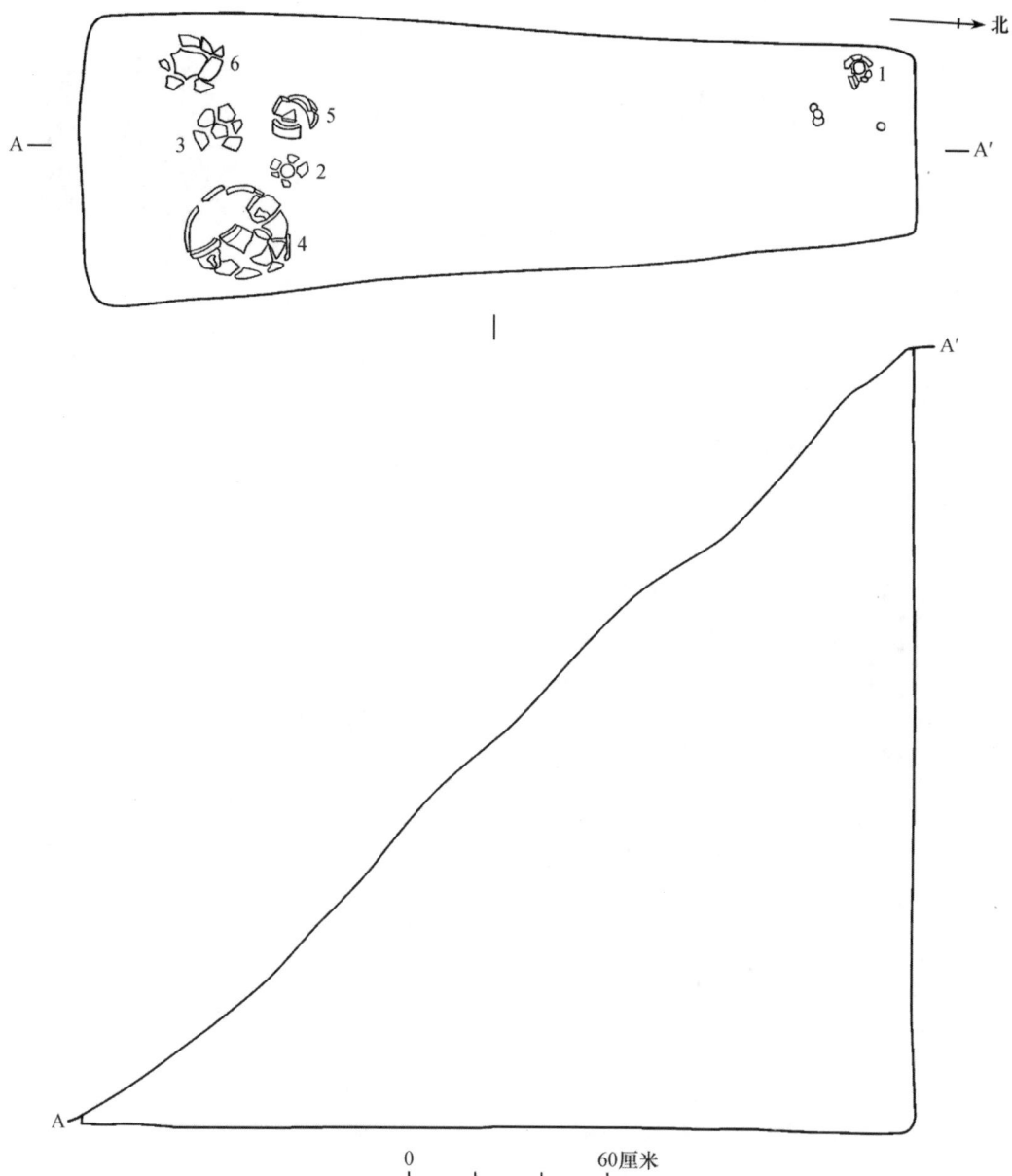

图四九 2001CFLⅠM7平、剖面图
1.釉陶罐 2、3、6.瓷碗 4.釉陶四系罐 5.瓷杯

灰白色胎，细腻紧致。内、外施白釉，有细碎开片，底不施釉。碗心饰叠云纹，中间饰两条鱼样纹饰。口径17.9、底径4.6、高6.2厘米（图五〇，3；图版四二，4）。2001CFLⅠM7：6，敞口，尖唇，斜直腹，矮圈足。白釉，釉色脱落，露出白色化妆土，足底不施釉。碗心有水波纹剔花图案，其间有一圆圈纹。口径16.7、底径4.8、高4.6厘米（图五〇，4；图版四三，1）。

釉陶四系罐 2001CFLⅠM7：4，深灰陶。敛口，方唇，口沿下有一圈凸棱，溜肩，肩部饰四个纵向泥条系耳，斜直腹，腹最大径偏上，底内凹。酱绿釉，施釉到肩下，下腹未施釉。素面。口径17.2、腹径22.6、底径12.8、高26.5厘米（图五〇，5；图版四二，5）。

瓷杯 2001CFLⅠM7：5，微侈口，斜方唇，斜直腹，下部略内收，假圈足，底略内凹，内底留有三个支钉痕。灰白色胎体，致密坚实。内、外施豆青釉，足底不施釉。素面。口径7.8、底径5、高4.9厘米（图五〇，6；图版四二，6）。

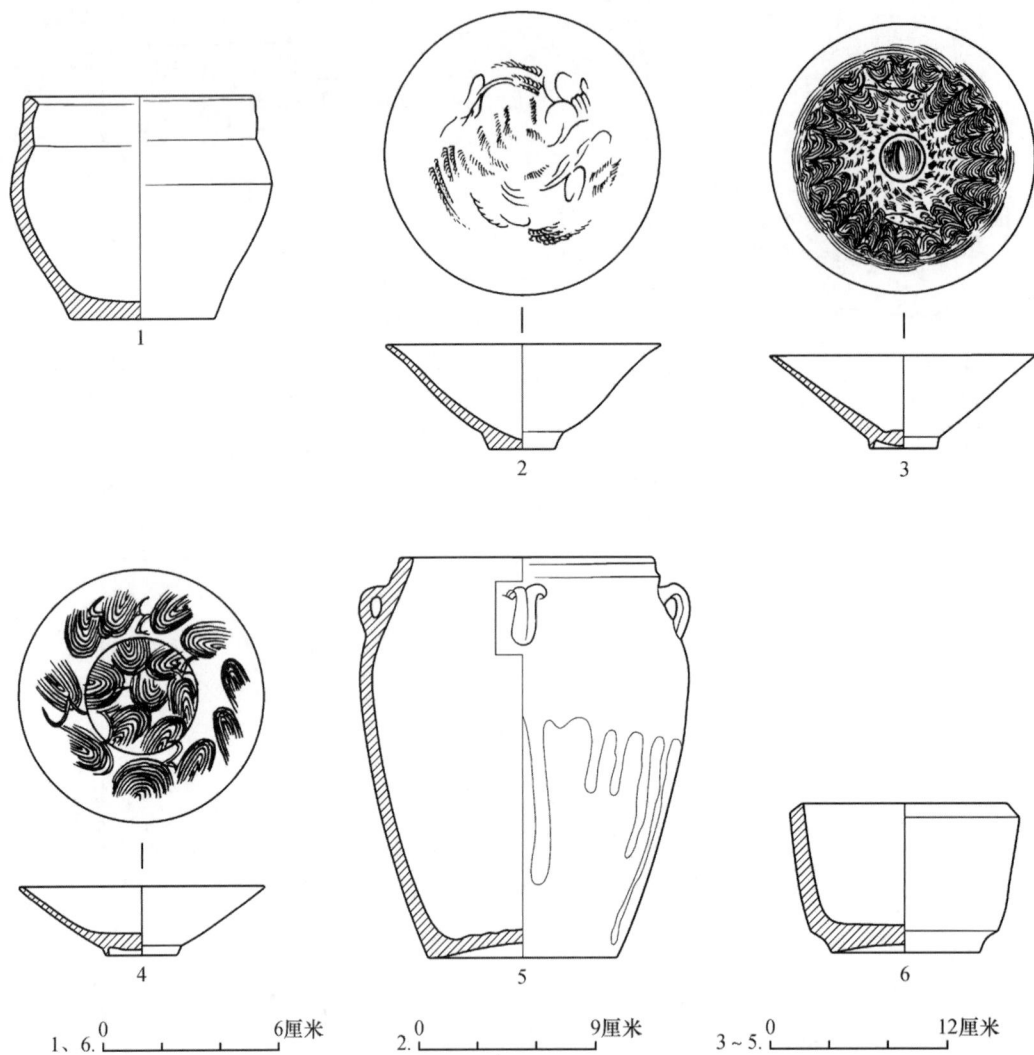

图五〇　2001CFL I M7出土釉陶器、瓷器

1. 釉陶罐（2001CFL I M7：1）　2~4. 瓷碗（2001CFL I M7：2、2001CFL I M7：3、2001CFL I M7：6）

5. 釉陶四系罐（2001CFL I M7：4）　6. 瓷杯（2001CFL I M7：5）

2001CFL II M27

1. 位置与形制

位于2001CFL II 区中部略偏西，T21西南部。墓向330°。开口于第3层下，打破生土。墓全长2、宽0.8、深0.03~1米。墓中填土为红褐、黄褐色混合土，含少量砾石，较硬（图五一）。

2. 葬具和人骨

未发现葬具。墓室内发现1具人骨，仰身直肢，头北脚南，左手放于盆骨上。男性，年龄25±5岁。

3. 随葬品

1件瓷碗，出土于墓圹西北角。

瓷碗 2001CFLⅡM27：1，敞口，圆唇，斜曲腹，高圈足，足墙外撇。灰白胎，胎体较粗。青釉，内、外施釉，釉质较浑浊。素面。口径14.4、底径5.8、高6.6厘米（图五二；图版四三，2）。

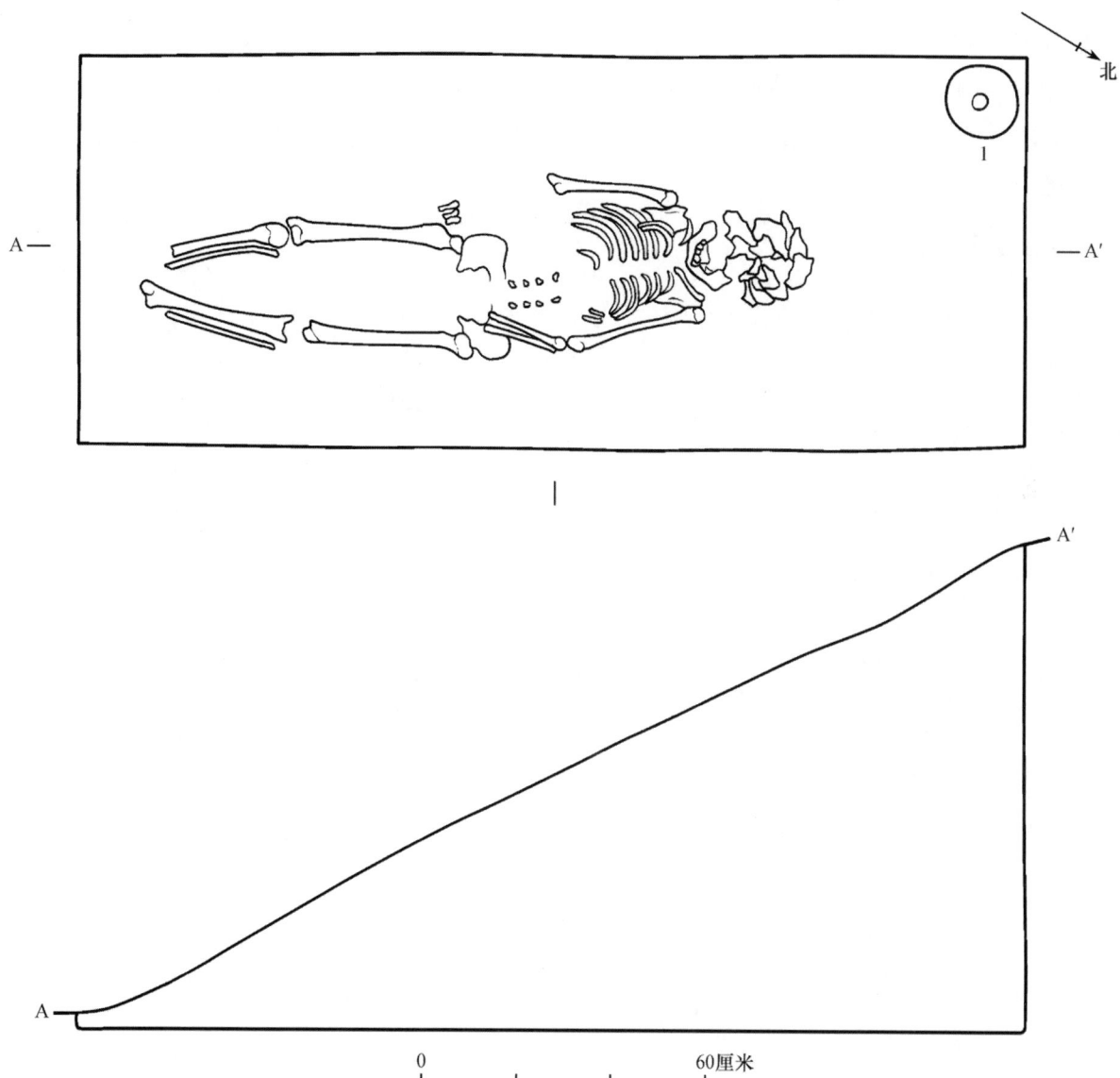

图五一 2001CFLⅡM27平、剖面图
1. 瓷碗

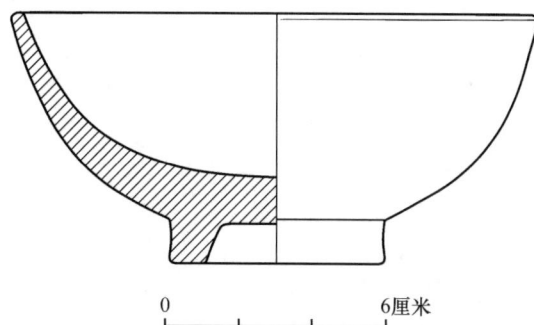

图五二 2001CFLⅡM27出土瓷碗（2001CFLⅡM27：1）

2001CFL Ⅱ M28

1. 位置与形制

位于2001CFL Ⅱ区南部略偏西，T19西北部。墓向340°。开口于第3层下，打破生土。墓全长1.91、宽0.61～0.79、深0.19～1米。墓中填土为红褐、黄褐色混合土，含少量砾石，较硬（图五三）。

2. 葬具和人骨

未发现葬具。墓圹内仅发现下肢骨。墓主人葬式、年龄和性别不详。

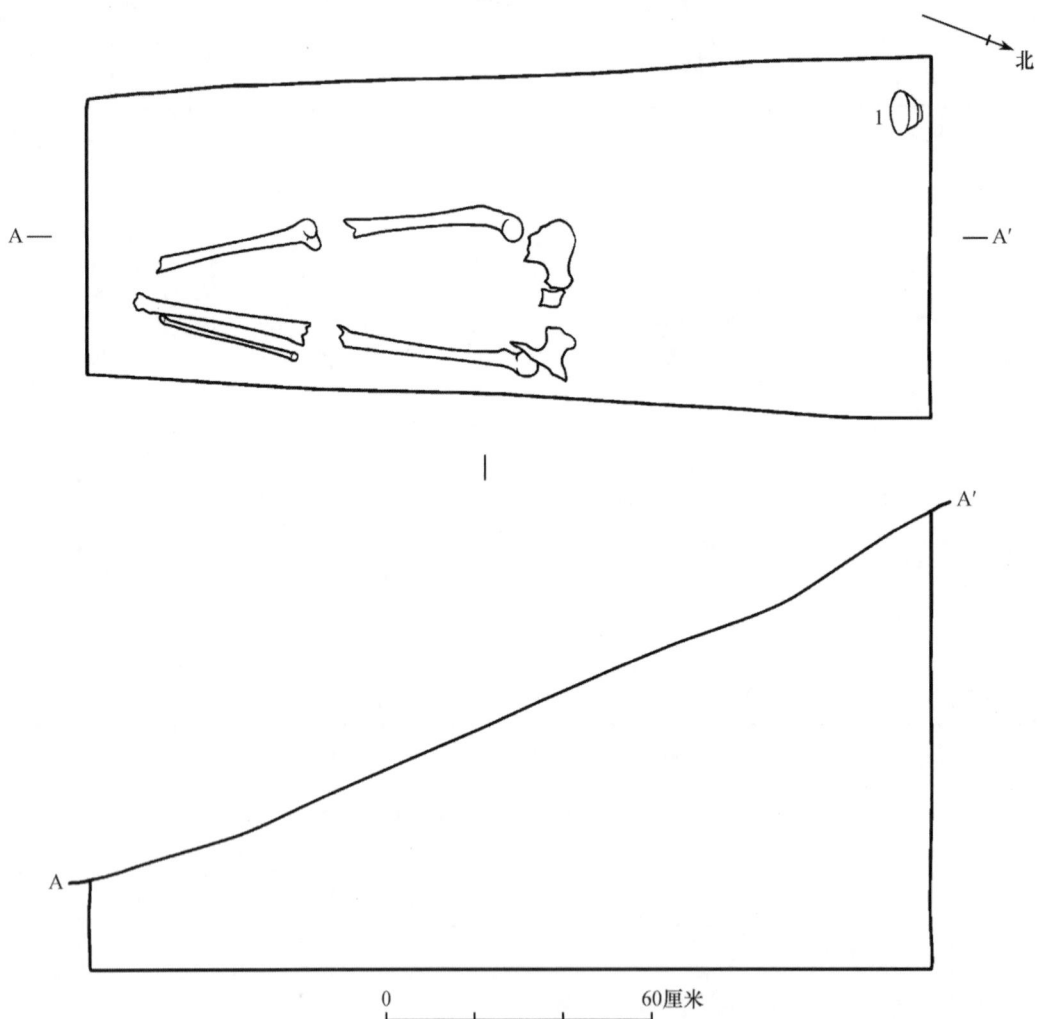

图五三　2001CFL Ⅱ M28平、剖面图
1. 瓷碗

3. 随葬品

1件瓷碗，出土于墓圹西北角。

瓷碗 2001CFLⅡM28：1，敞口，圆唇，折腹，高圈足，底中心略外凸。黄白胎，胎质较粗。青釉，内、外施釉，内有开砂圈，有细碎开片，足底不施釉。素面。口径12、底径5.1、高5.1厘米（图五四；图版四三，3）。

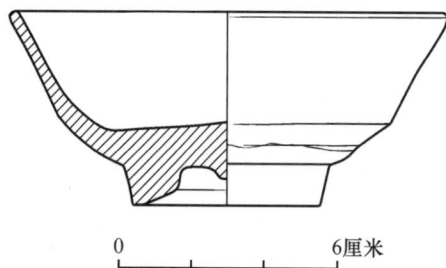

图五四 2001CFLⅡM28出土瓷碗
（2001CFLⅡM28：1）

2001CFLⅤM3

1. 位置与形制

位于2001CFLⅤ区中部偏西，T2西部略偏北。墓向0°。开口于第2层下，打破生土。墓全长2.22、宽0.63、深0.2～1米。墓中填土为红褐色土，含少量砾石，较软（图五五）。

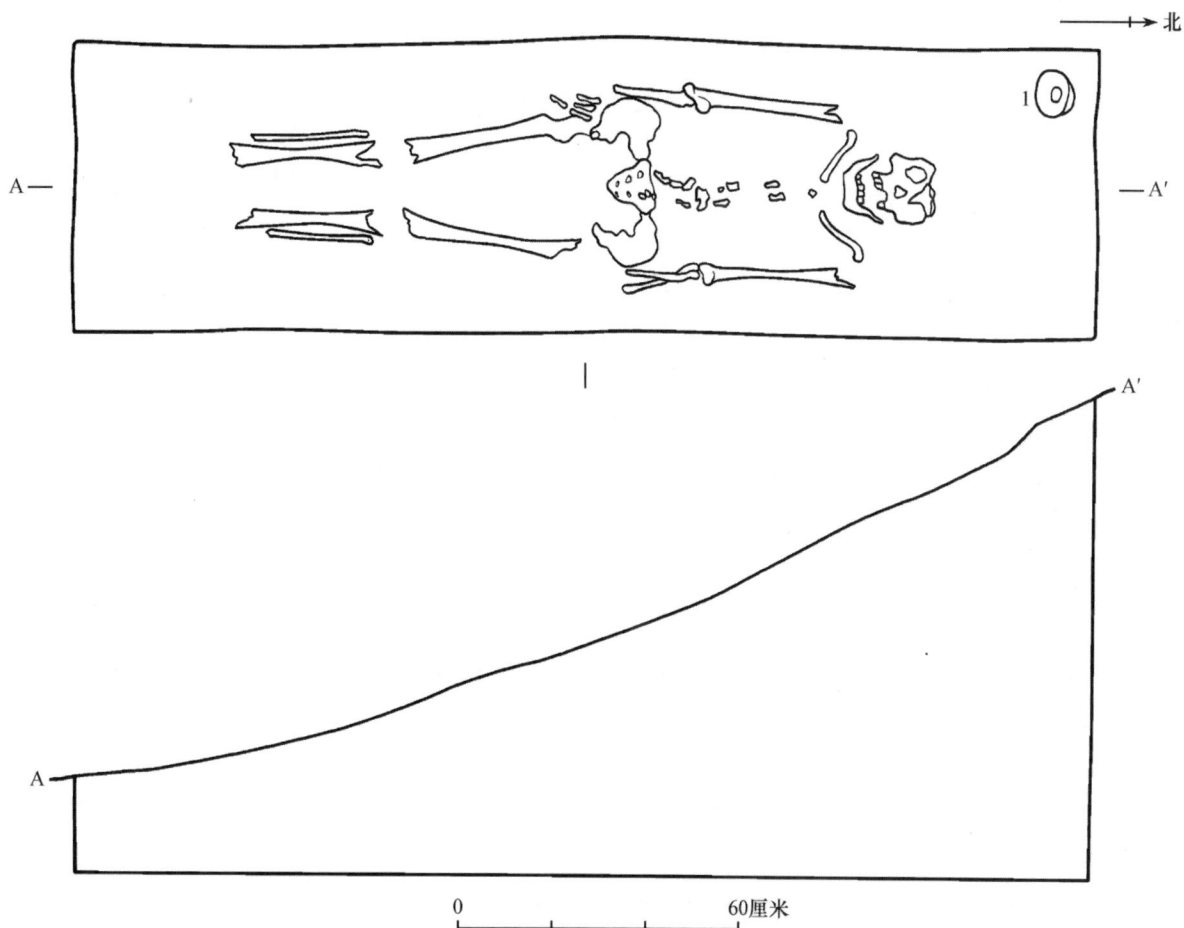

图五五 2001CFLⅤM3平、剖面图
1. 瓷碗

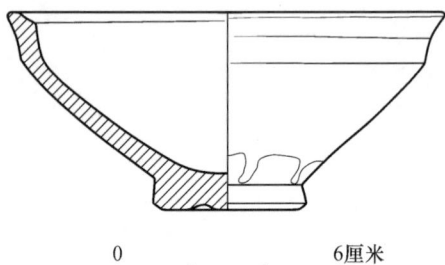

图五六　2001CFLⅤM3出土瓷碗
（2001CFLⅤM3：1）

2. 葬具和人骨

未发现葬具。墓圹内发现1具人骨，仰身直肢，头北脚南。男性，年龄35±5岁。

3. 随葬品

1件瓷碗，出土于墓室的西北角。

瓷碗　2001CFLⅤM3：1，敞口，尖唇，折腹，矮圈足，足墙外撇。白胎略发黄，胎质较粗。黑釉，内、外施釉，施釉不到底。素面。口径12、底径4.1、高5.2厘米（图五六；图版四三，4）。

二、带墓道墓葬

1座（2000CFLⅢM11）。

2000CFLⅢM11

1. 位置与形制

位于2000CFLⅢ区西北部，T3中部。墓向185°。开口于第1层下，打破生土。墓全长4.48、宽1.04~1.2、深0.82~2.88米，由墓道和墓室组成。墓道位于墓葬南部，竖井式，平面呈长方形，长1.6、宽1.04~1.14、深0.75~1.5米。墓室位于墓道北侧，墓室南部为封墙，由四层长方形条石和一层长方形砖块叠砌，宽1.17、厚0.16~0.24、高0.9米。墓室平面为长方形，长2.62、宽1.1~1.2、高1.6~2.88米。墓底为一层长方形砖块对缝平砌。墓中填土为灰褐色五花土，含少量砾石，较硬（图五七；图版一〇，1、2）。

2. 葬具和人骨

未发现葬具。墓室内发现少量散乱人骨。墓主人葬式、性别和年龄不详。

3. 随葬品

共25件。1件瓷碗出土于靠近墓室北壁，24枚铁钱（锈蚀严重，钱文漫漶），散落于墓室北部。

瓷碗　2000CFLⅢM11：1，敞口，尖圆唇，斜曲腹，矮圈足。胎色泛黄，胎质较疏松。酱釉，施釉不到底，釉层较粗糙，有流釉。素面。口径12、底径4.4、高4.5厘米（图五八；图版四三，5）。

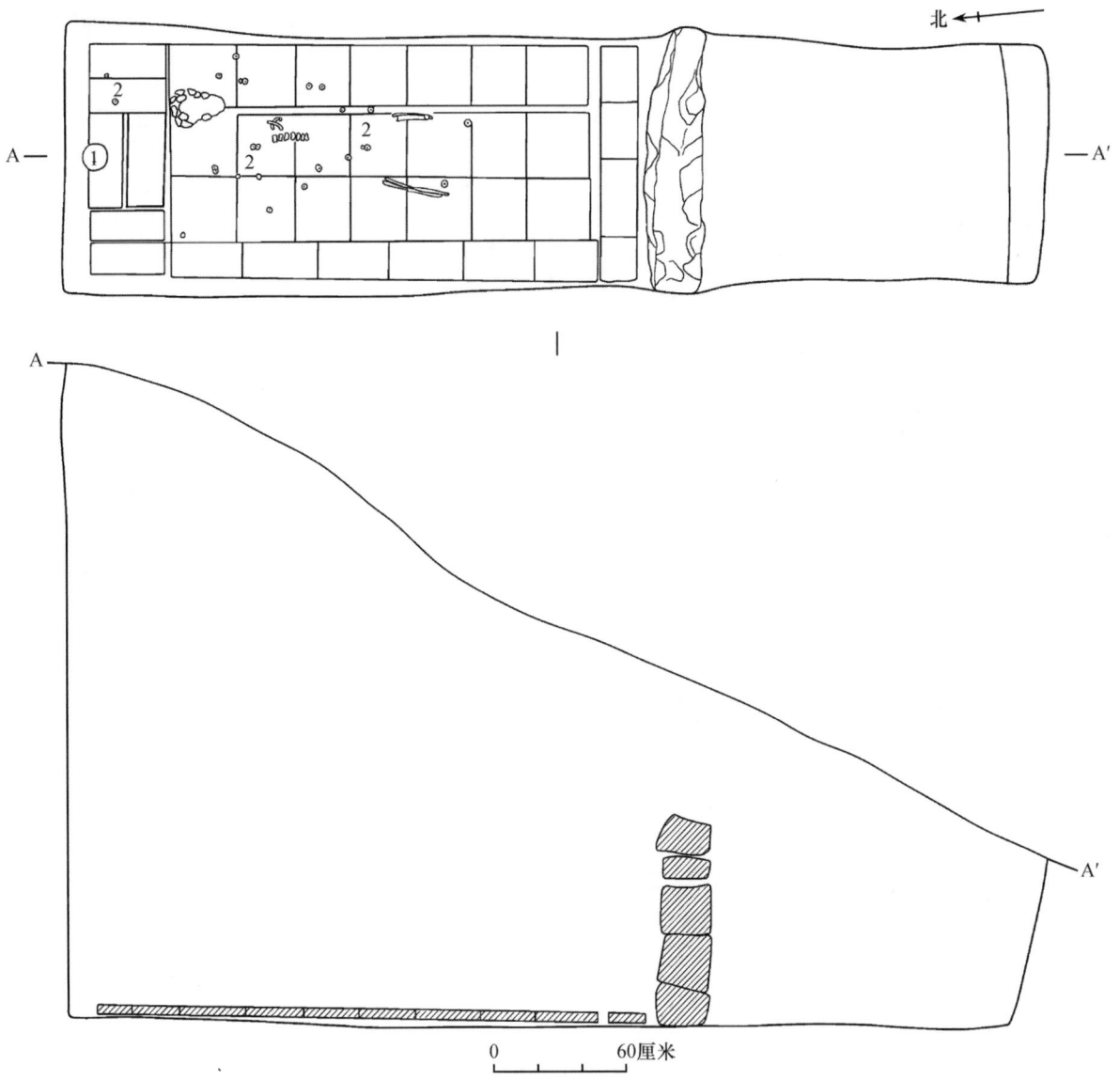

北

A — — A′

A

A′

0 ⎯⎯⎯⎯⎯ 60厘米

图五七　2000CFLⅢM11平、剖面图

1. 瓷碗　2. 铁钱

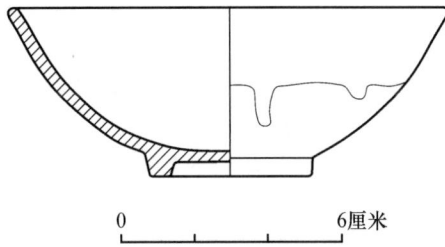

0 ⎯⎯⎯⎯⎯ 6厘米

图五八　2000CFLⅢM11出土瓷碗

（2000CFLⅢM11：1）

第六章　明清时期墓葬

共109座。分土坑墓和砖室墓两种类型。

一、土　坑　墓

共108座（2000CFLⅠM1、2000CFLⅠM8、2000CFLⅢM43、2000CFLⅣM5、2001CFLⅠM1、2001CFLⅡM7、2001CFLⅢM2、2001CFLⅤM2等）。均为长方形竖穴墓。

2000CFLⅠM1

1. 位置与形制

位于2000CFLⅠ区中部，T2中部偏南。墓向330°。开口于第1层下，打破第2层、M6和生土。墓全长1.77、宽0.52～0.61、深0.16～0.25米。墓中填土为黑褐色，夹少量沙粒，土质松软（图五九）。

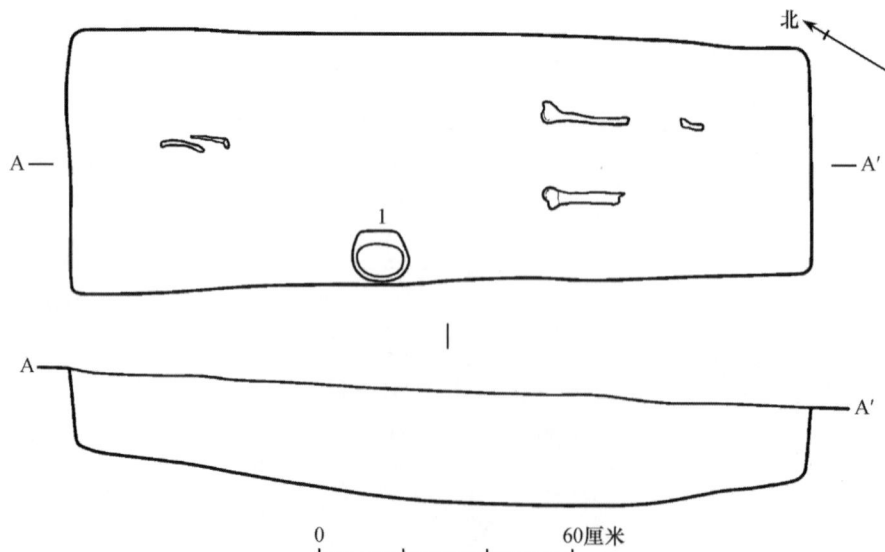

图五九　2000CFLⅠM1平、剖面图
1. 釉陶罐

2. 葬具和人骨

未发现葬具。仅发现少量肢骨。墓主人葬式、性别和年龄不详。

3. 随葬品

1件釉陶罐，放置于人骨腰部右侧。

釉陶罐　2000CFLⅠM1：1，褐陶，陶质较疏松。直口，平沿，方唇，束颈，折肩，深弧腹，假圈足。酱釉，施釉至下腹部，釉层无光泽。器表无纹饰。口径9.5、腹径12.4、底径6、高12.7厘米（图六〇；图版四四，1）。

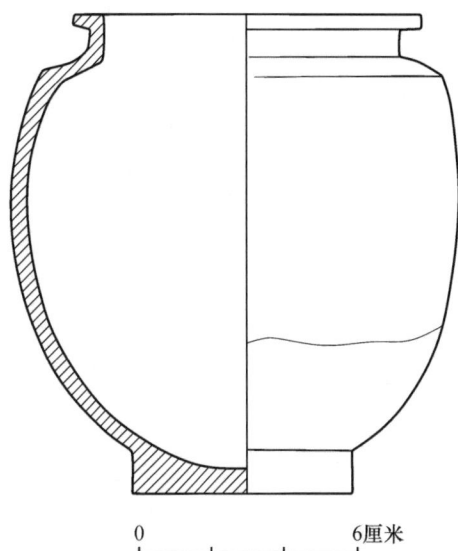

图六〇　2000CFLⅠM1出土釉陶罐
（2000CFLⅠM1：1）

2000CFLⅠM7

1. 位置与形制

位于2000CFLⅠ区中部，T2西南角延伸至T1。墓向330°。开口于第1层下，打破M14和生土。墓全长1.22、宽0.36、深0.1~0.17米。墓中填土为黑褐色，夹少量沙粒，土质松软（图六一）。

2. 葬具和人骨

未发现葬具。墓内发现1具人骨，仰身直肢，头向北，下肢骨下部残缺。女性，年龄10±5岁。

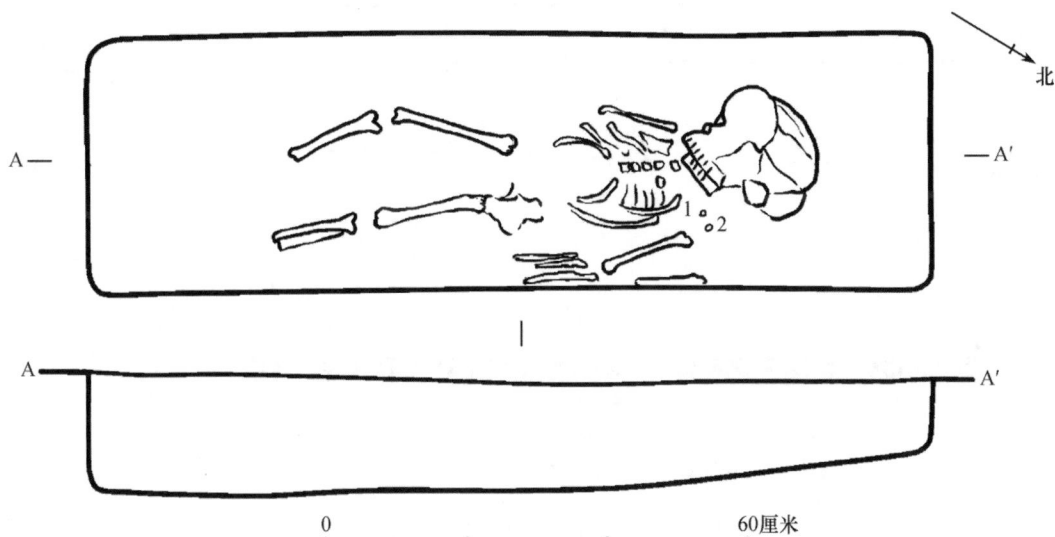

图六一　2000CFLⅠM7平、剖面图
1、2.铜扣

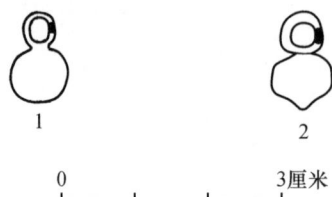

图六二　2000CFLⅠM7出土铜扣
1. 2000CFLⅠM7：1　2. 2000CFLⅠM7：2

3. 随葬品

共2件。均为铜扣，出土于墓主人头部左下侧。

铜扣　2000CFLⅠM7：1，整体呈球形，帽身呈圆形。上为环形穿线孔，下连球形纽。素面。长1.2、直径0.8厘米（图六二，1；图版四四，2）。2000CFLⅠM7：2，整体呈球形，帽身呈圆形。上为环形穿线孔，下连球形纽。素面。长1.3、直径0.8厘米（图六二，2；图版四四，3）。

2000CFLⅠM8

1. 位置与形制

位于2000CFLⅠ区南部，T1中部。墓向315°。开口于第1层下，打破第2层、M13和生土。墓全长2.13、宽0.72～0.85、深0.43～0.48米。墓中填土为黑褐色，夹少量沙粒，土质松软（图六三）。

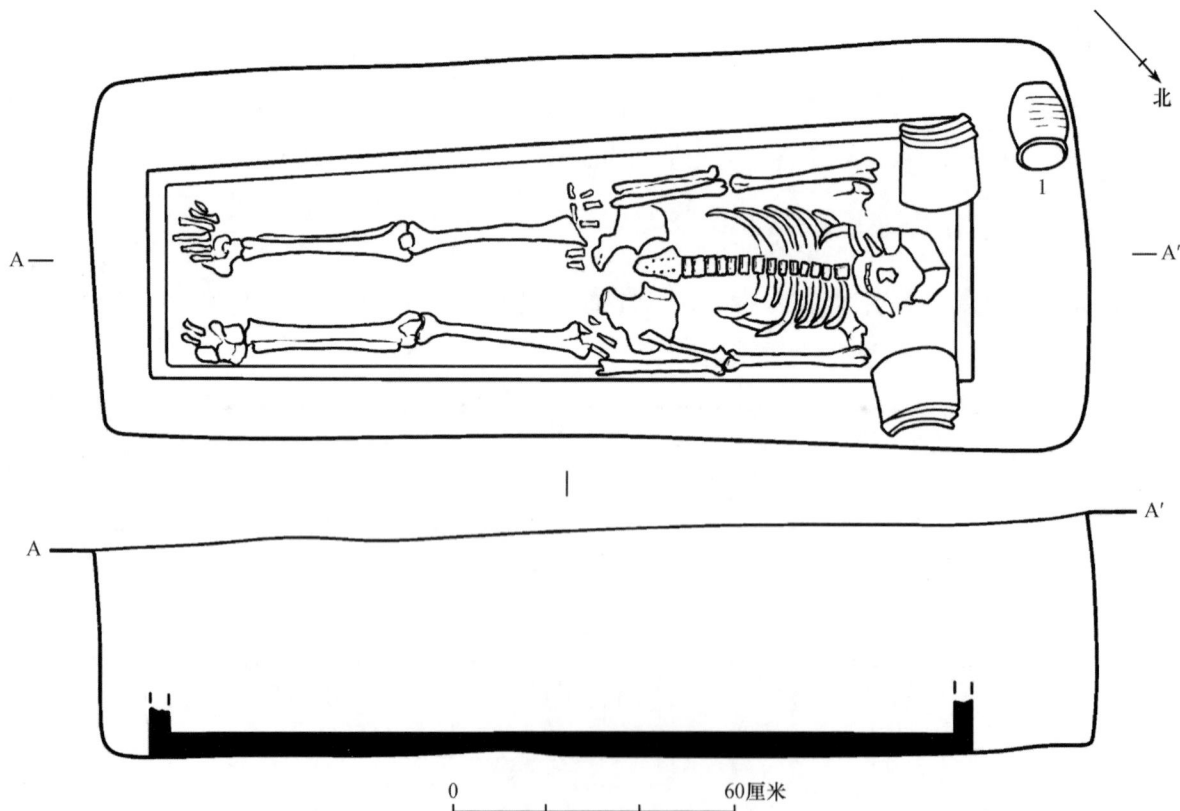

图六三　2000CFLⅠM8平、剖面图
1. 釉陶罐

2. 葬具和人骨

葬具为木棺，长1.75、宽0.43～0.55、厚0.04、残高0.11米，棺木上有漆皮，棺底铺白灰。棺内发现1具人骨，仰身直肢，头北脚南。头左、右两侧各放置3件叠砌板瓦。男性，年龄45±5岁。

3. 随葬品

1件釉陶罐，放置于墓圹内西北角。

釉陶罐　2000CFLⅠM8：1，夹砂灰陶，陶质较疏松。微侈口，尖唇，唇下有一周凸棱，束颈，斜肩，鼓腹，底内凹。酱釉，施釉不均匀，釉层粗糙。通体饰凹弦纹。口径8.9、最大腹径15.3、底径9.3、高16.8厘米（图六四；图版四四，4）。

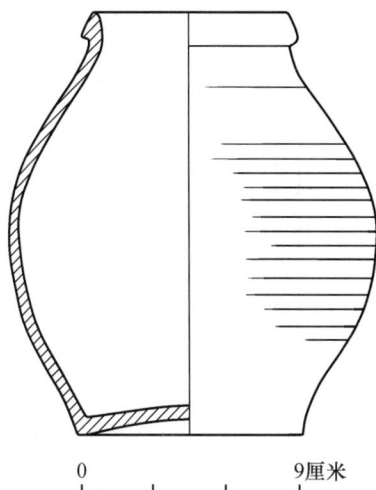

图六四　2000CFLⅠM8出土釉陶罐
（2000CFLⅠM8：1）

2000CFLⅠM9

1. 位置与形制

位于2000CFLⅠ区东南部，T1东部。墓向315°。开口于第1层下，打破第2层和生土。墓全长1.79、宽0.55～0.65、深0.46～0.49米。墓中填土为黑褐色，夹少量沙粒，土质松软（图六五）。

2. 葬具和人骨

葬具为木棺，长1.55、宽0.45～0.5、残高0.12米。棺内发现1具人骨，仰身直肢，头北脚南。女性，年龄40±5岁。

3. 随葬品

共2件。均为瓷碗，出土于墓主人头顶部棺外右上角。

瓷碗　2000CFLⅠM9：1，敞口，尖唇，斜曲腹，圈足略外撇，足墙较厚，挖足过肩，沙底，采用覆烧工艺，有芒口。胎色发黄，胎质较粗糙。影青釉，施釉不到底，釉层较厚重，光泽度高，局部有烧制时产生的气孔，釉面有开片。素面。口径13.7、底径6.3、高5.5厘米（图六六，1；图版四四，5）。2000CFLⅠM9：2，敞口，尖唇，斜曲腹，圈足，沙底，采用覆烧工艺，有芒口。胎白，胎质较粗糙。影青釉，施釉不到底，釉层较厚重，光泽度高，局部有烧制时产生的气孔。素面。口径14.4、底径6.9、高5.2厘米（图六六，2；图版四四，6）。

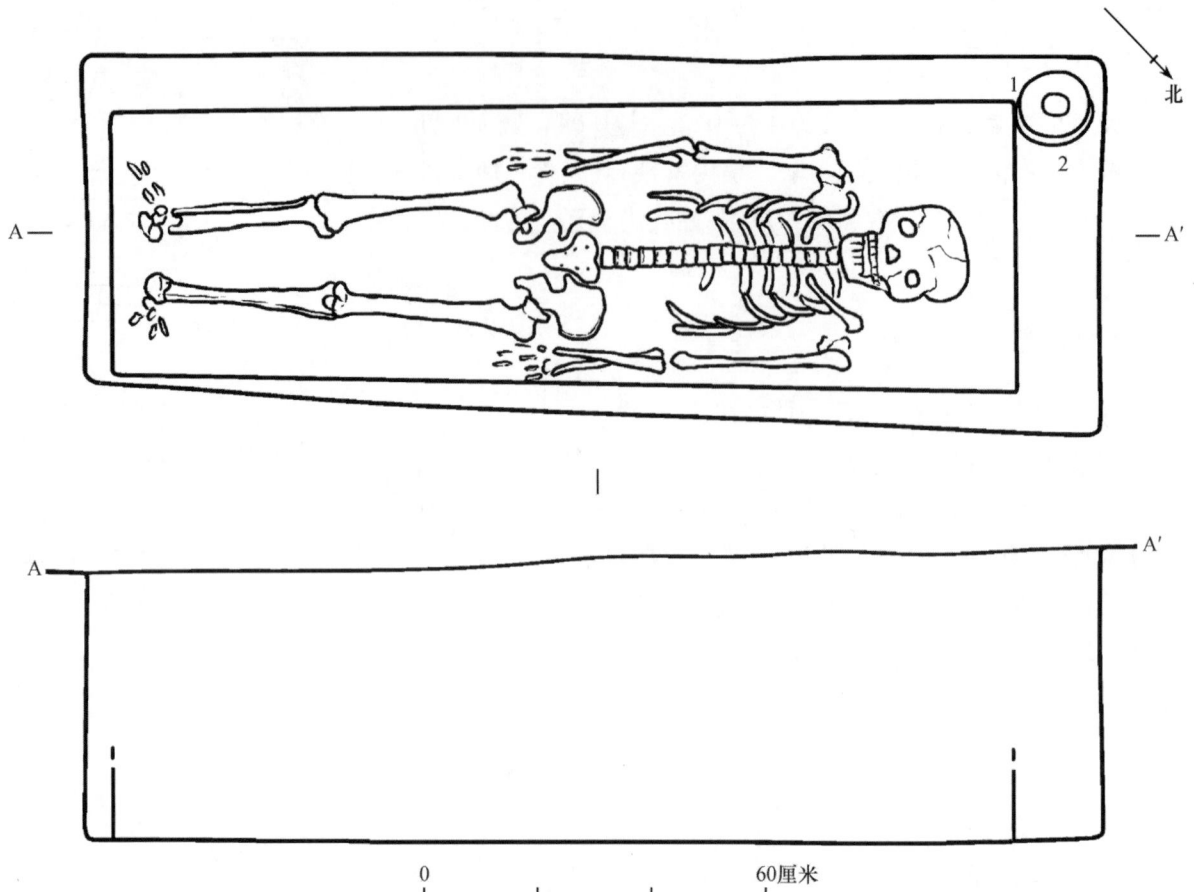

图六五　2000CFLⅠM9平、剖面图
1、2.瓷碗

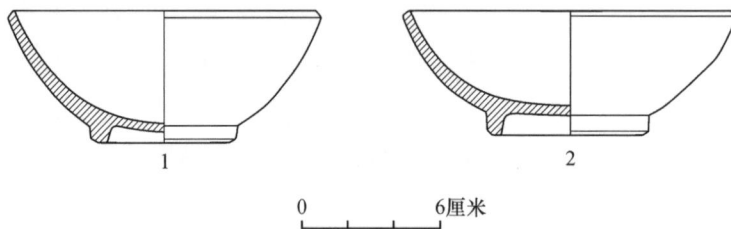

图六六　2000CFLⅠM9出土瓷碗
1. 2000CFLⅠM9：1　2. 2000CFLⅠM9：2

2000CFLⅠM10

1. 位置与形制

位于2000CFLⅠ区西南部，T1西南部。墓向325°。开口于第1层下，打破第2层和生土。墓全长1.71、宽0.56～0.6、深0.2～0.3米。墓中填土为黑褐色，夹少量沙粒，土质松软（图六七）。

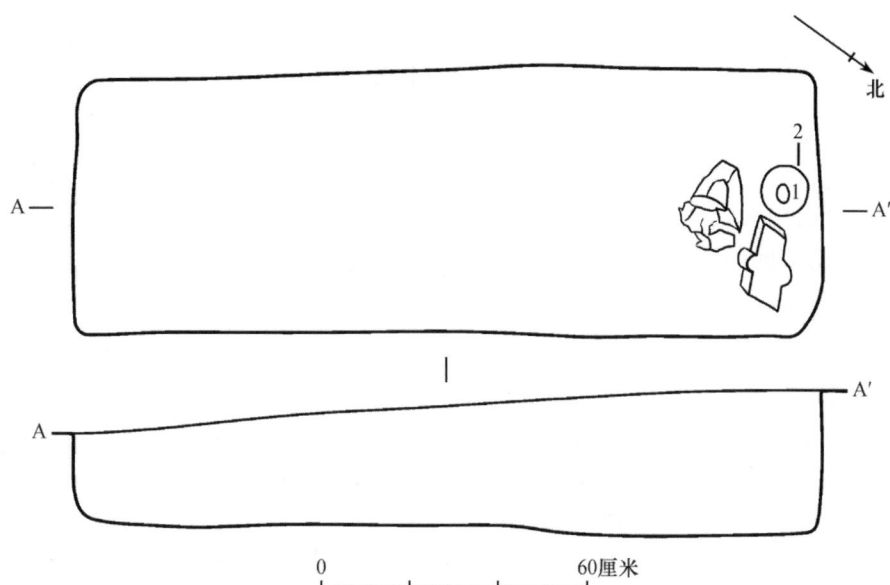

图六七　2000CFLⅠM10平、剖面图
1、2.瓷碗

2. 葬具和人骨

未发现葬具。墓内北部仅存头骨残片，头骨下垫1件砖块和1件石块。墓主人葬式、性别和年龄不详。

3. 随葬品

共2件。均为瓷碗，相扣置于墓主人头骨顶部。

瓷碗　2000CFLⅠM10：1，敞口，圆唇，曲腹，圈足，足墙较厚，沙底，采用覆烧工艺，有芒口。胎色发黄，胎质较粗糙。影青釉，施釉不到底，釉层较厚重，光泽度高，局部有烧制时产生的气孔，釉面有细微开片。素面。口径12.1、底径5.7、高6.9厘米（图六八，1；图版四五，1）。2000CFLⅠM10：2，敞口，圆唇，深曲腹，圈足，足端外缘斜削，沙底，采用覆烧工艺，有芒口。胎色发黄，胎质较粗糙。影青釉，施釉不到底，釉层均匀，较厚重，光泽度高，局部有烧制时产生的气孔。素面。口径10.7、底径4.8、高6.1厘米（图六八，2；图版四五，2）。

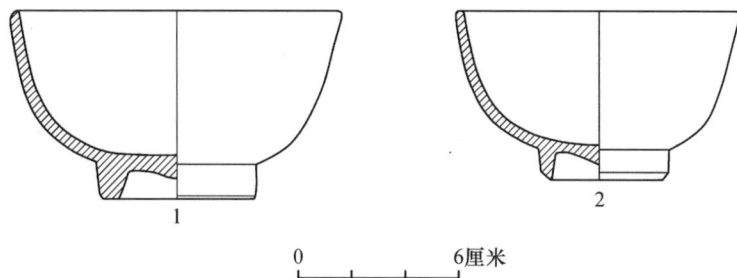

图六八　2000CFLⅠM10出土瓷碗
1. 2000CFLⅠM10：1　2. 2000CFLⅠM10：2

2000CFLⅠM11

1. 位置与形制

位于2000CFLⅠ区西南部，T1西南部延伸至扩方。墓向335°。开口于第1层下，打破第2层、M12和生土。墓全长2.02、宽0.57、深0.57米。墓中填土为黑褐色，夹少量沙粒，土质松软（图六九）。

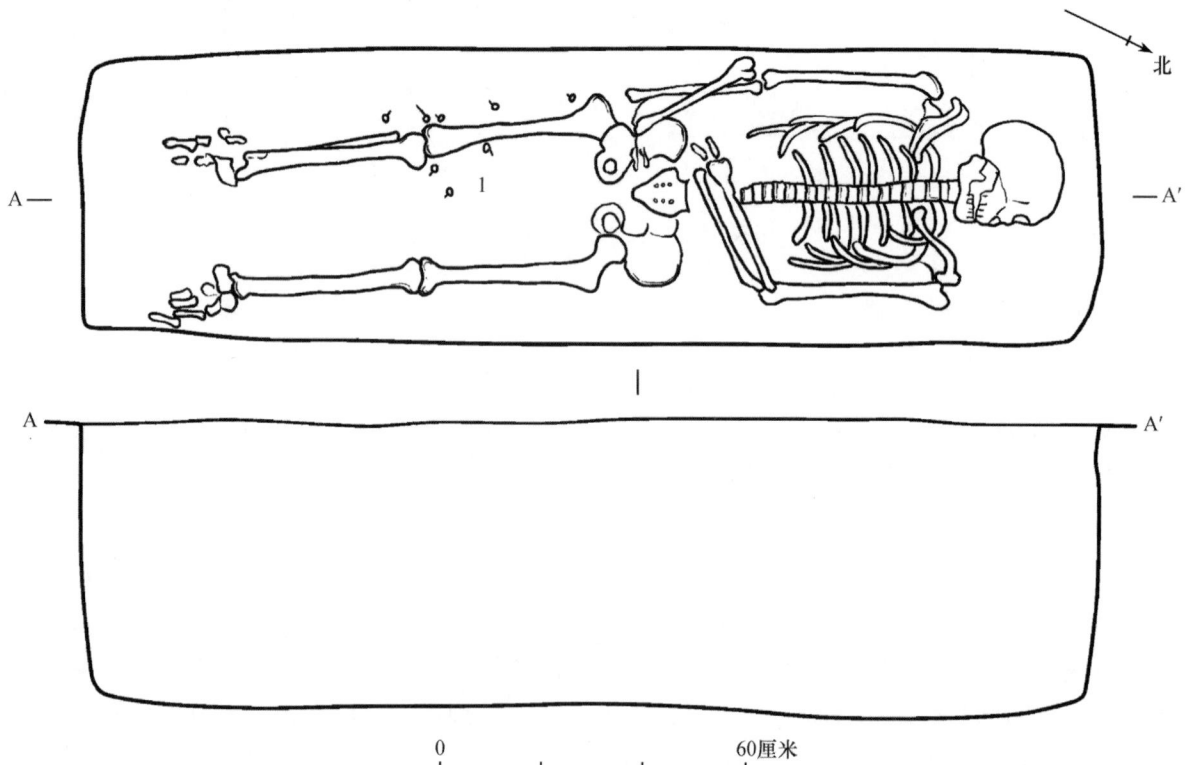

图六九　2000CFLⅠM11平、剖面图
1. 铜扣

图七〇　2000CFLⅠM11出土铜扣
（2000CFLⅠM11：1-1）

2. 葬具和人骨

未发现葬具。墓内发现1具人骨，仰身直肢，头北脚南，左手在腰部，右手在骨盆之上。男性，年龄50±5岁。

3. 随葬品

共8件。均为铜扣，其中5件散落于人骨右下肢外侧，3件散落于内侧。

铜扣　2000CFLⅠM11：1-1，整体呈球形，帽身呈圆形。上为环形穿线孔，下连球形纽。素面。长1.5、直径1厘米（图七〇；图版四五，3）。

2000CFLⅠM12

1. 位置与形制

位于2000CFLⅠ区西南部，T1西部延伸至扩方。墓向2°。开口于第1层下，南端被M11打破，打破第2层、M14和生土。墓全长2.7、宽0.8～0.85、深0.15～0.41米。墓中填土为黑褐色，夹少量沙粒，土质松软（图七一）。

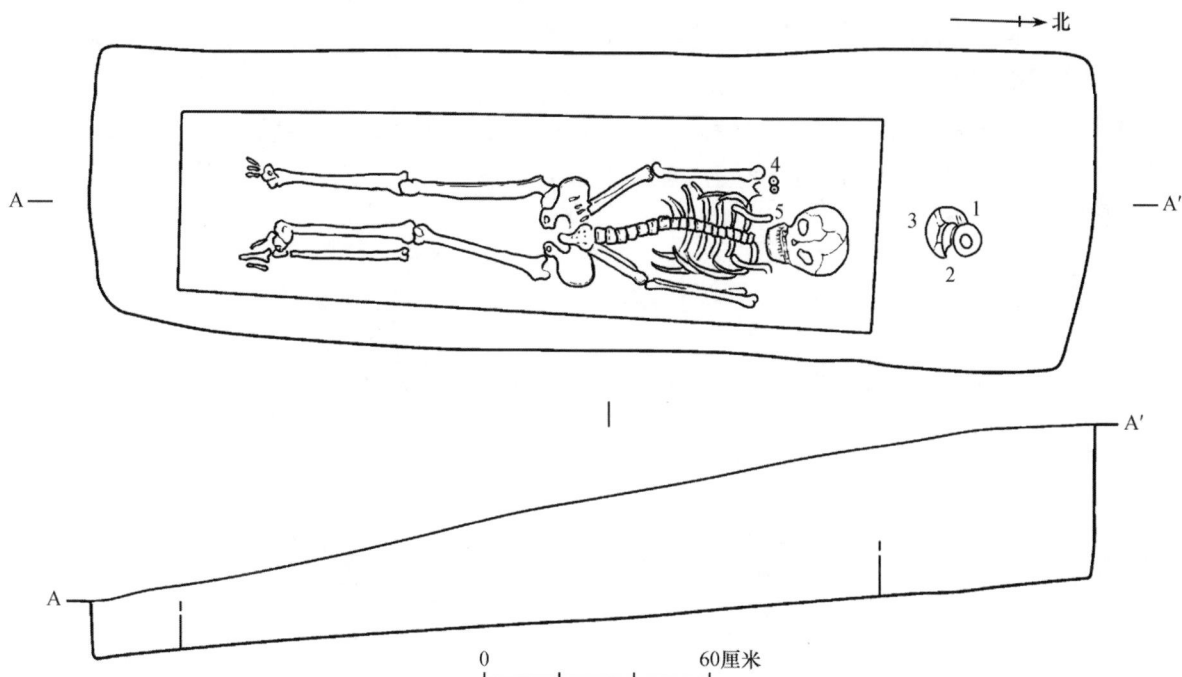

图七一　2000CFLⅠM12平、剖面图
1、2.瓷碗　3.陶罐　4.玉珠　5.铜扣

2. 葬具和人骨

葬具为木棺，长1.87、宽0.46～0.55、残高约0.1米。棺内发现1具人骨，仰身直肢，头北脚南，双手相覆置于骨盆之上。男性，年龄35±5岁。

3. 随葬品

共6件。其中2件瓷碗、1件陶罐出土于墓主人头顶之上的棺外，瓷碗相扣，置于罐上，2件玉珠、1件铜扣出土于右肩部。

瓷碗　2000CFLⅠM12：1，侈口，方唇，曲腹，圈足，足墙较厚，足端外缘斜削，碗心有叠烧留下的砂粒。灰白胎，胎质薄而轻。着一层化妆土，施釉不到底。碗外饰青花花卉，又似团形火焰，内底有浅色双线圈，中间一草书"福"字。口径12.9、底径4.6、高5.8厘米（图七二，1；图版四六，1）。2000CFLⅠM12：2，侈口，尖圆唇，深曲腹，圈足。胎色发黄，胎质薄而轻。施釉到底，釉层薄且均匀，光泽度强，透明度较高。口沿处饰双线圆圈，内填青花图案，外壁饰青花花卉图案，内底部有浅色双线圆圈，与口沿处双圈纹饰间填有青花花草纹，碗内双圈纹中饰一菊花纹样。口径14.1、底径5.6、高7厘米（图七二，2；图版四六，2）。

陶罐　2000CFLⅠM12：3，夹砂灰陶。侈口，圆唇，颈微束，溜肩，肩部饰桥形执手，相对的一面将口沿捏制成短流，两侧各有一纵向条形系，长鼓腹，平底。通体饰弦纹。口径10.9、腹径17、底径6.1、高20.8厘米（图七二，3；图版四五，4）。

玉珠　2000CFLⅠM12：4-1，乳白色瓜形。整体略呈算珠形，外饰瓜棱。中间贯通一圆孔。表面光滑。腹径1.3、孔径0.4、高1.2厘米（图七二，4；图版四六，3）。2000CFLⅠM12：4-2，灰白色。整体呈圆台形，上小下大。中间贯通一圆孔。直径0.8、孔径0.25、高0.8厘米（图七二，5；图版四六，4）。

铜扣　2000CFLⅠM12：5，整体呈球形，帽身呈圆形。上为环形穿线孔，下连球形纽，腹下部微折。素面。长1.1、直径0.7厘米（图七二，6；图版四五，5）。

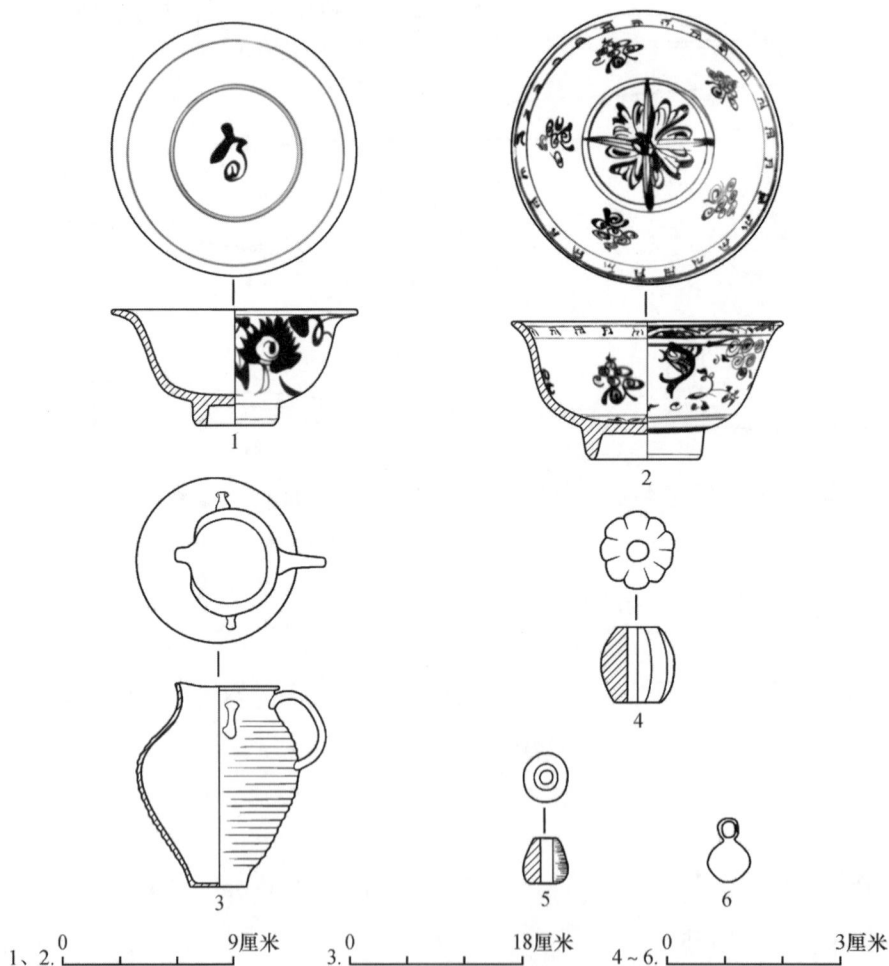

图七二　2000CFLⅠM12出土瓷器、陶器、玉器、铜器

1、2.瓷碗（2000CFLⅠM12：1、2000CFLⅠM12：2）　3.陶罐（2000CFLⅠM12：3）　4、5.玉珠（2000CFLⅠM12：4-1、2000CFLⅠM12：4-2）　6.铜扣（2000CFLⅠM12：5）

2000CFLⅠM13

1. 位置与形制

位于2000CFLⅠ区南部，T1中部。墓向320°。开口于第2层下，被M8和G1打破，打破第3层和生土。墓全长2.35、宽0.63~0.68、深0.33~0.64米。墓中填土为黑褐色，夹少量沙粒，土质松软（图七三；图版一一，1）。

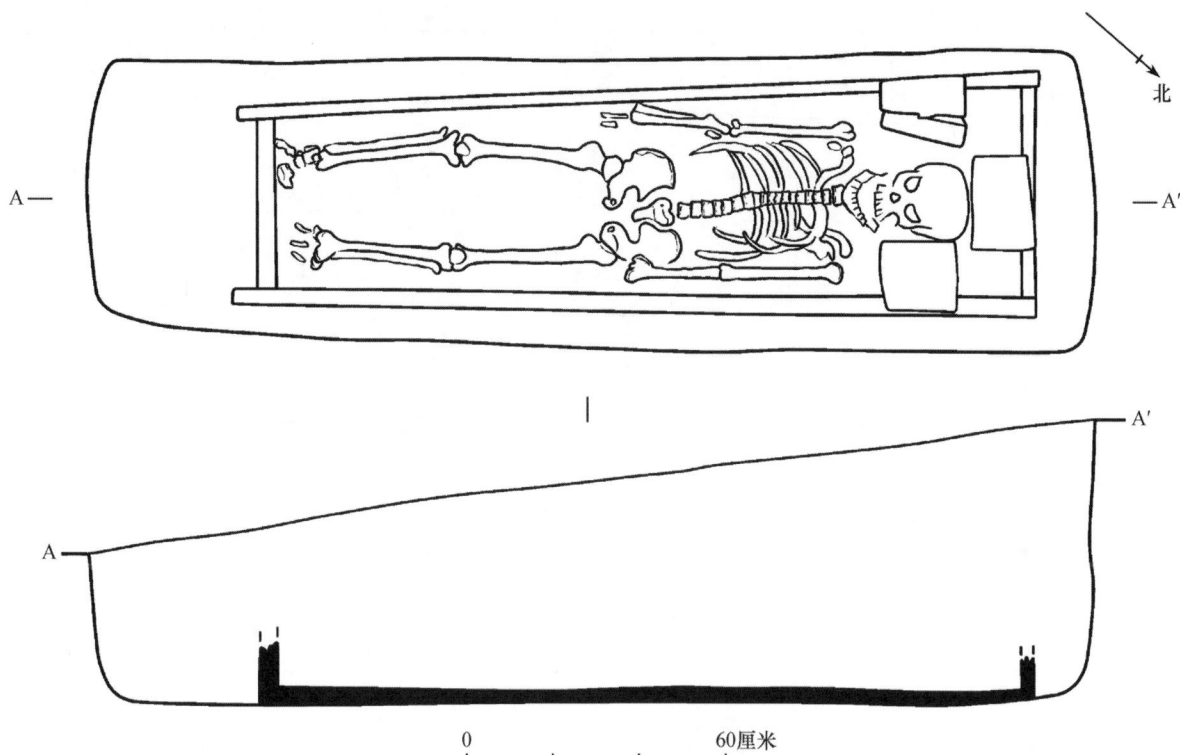

图七三　2000CFLⅠM13平、剖面图

2. 葬具和人骨

葬具为木棺，长1.82、宽0.45~0.55、厚0.04、残高约0.14米。棺内发现1具人骨，仰身直肢，头北脚南，在头顶、左右侧各放置有1件板瓦。男性，年龄30±5岁。

3. 随葬品

1件水晶环，发现于填土内。

水晶环　2000CFLⅠM13:01，扁圆环状，内侧较薄，外缘平直。质地通透明亮，透明度较高，器表光滑平整。外径2、内径0.7厘米（图七四；图版四五，6）。

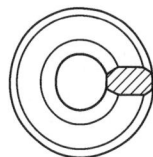

图七四　2000CFLⅠM13出土水晶环
（2000CFLⅠM13:01）

2000CFLⅡM2

1. 位置与形制

位于2000CFLⅡ区东南部，T1与T2交界处。墓向20°。开口于第2层下，打破M6、M12和生土。墓全长1.97、宽0.88、深0.57～0.8米。墓中填土为灰褐色五花土，较硬（图七五）。

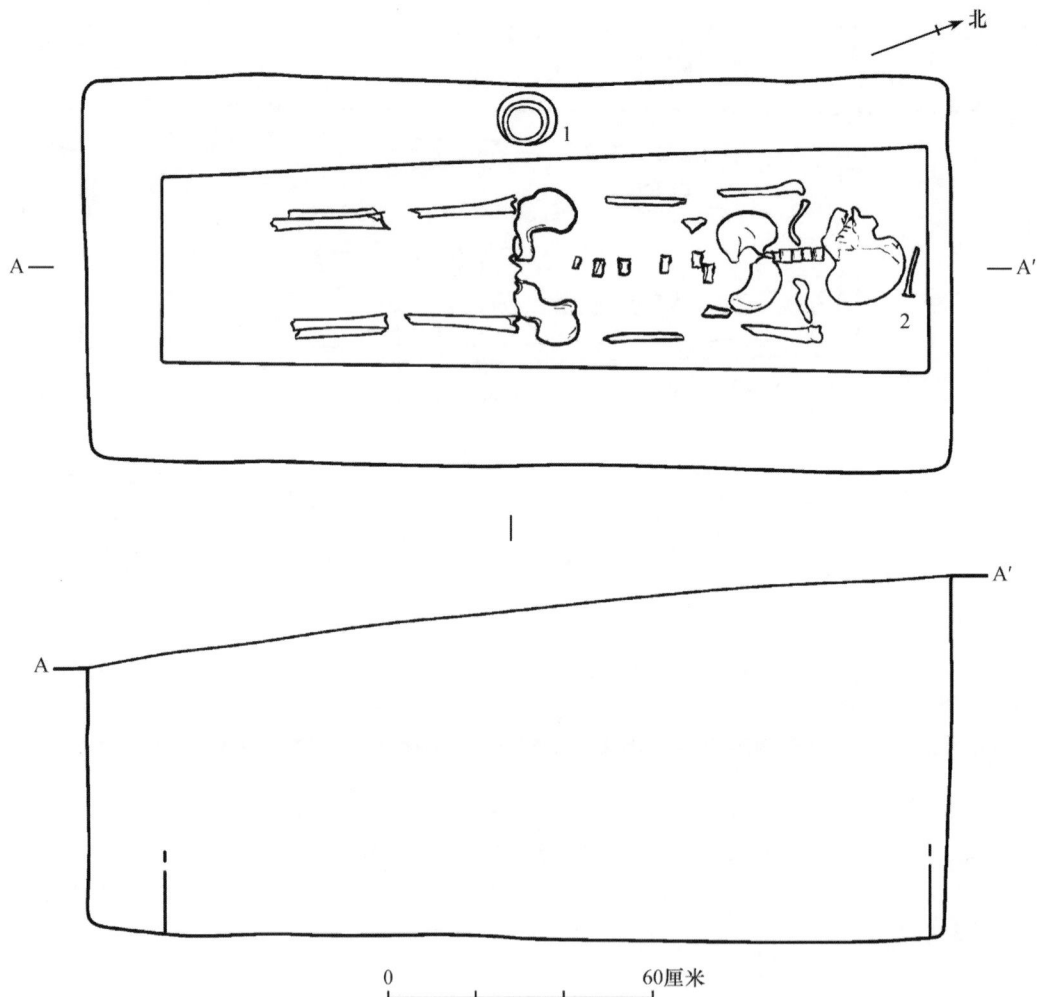

图七五　2000CFLⅡM2平、剖面图
1. 釉陶罐　2. 铜簪

2. 葬具和人骨

葬具为木棺，长1.75、宽0.42～0.51、残高0.12米，棺底铺一层草木灰。棺内发现1具人骨，仰身直肢，头向北，下肢骨下部残缺。墓主人性别、年龄不详。

3. 随葬品

共2件。1件釉陶罐放置在墓主人右侧中部棺外与墓圹之间，1件铜簪出土于头顶一侧（棺内）。

釉陶罐　2000CFLⅡM2：1，夹砂灰褐陶，陶质粗糙。敛口，斜折沿，圆唇，束颈，溜肩，微鼓腹，底略内凹。釉色青而泛绿，绿中隐黄，施釉不到底，有流釉现象。素面。口径10.3、腹径12、底径9.1、高12.9厘米（图七六，1；图版四七，1）。

铜簪　2000CFLⅡM2：2，整体呈细长圆锥状。首部似伞状，其上雕莲花，簪身横截面呈圆形，尖锐。簪身布满铜锈。长12.8、直径0.49厘米（图七六，2；图版四七，2）。

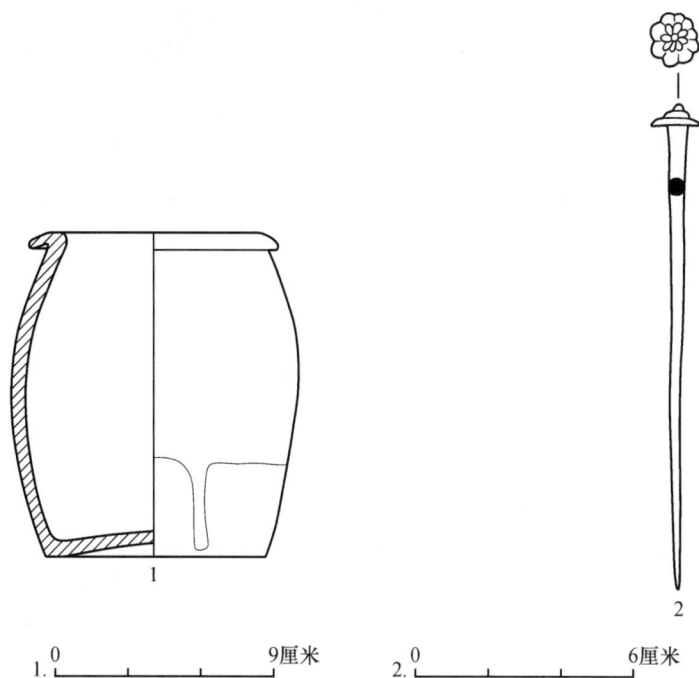

图七六　2000CFLⅡM2出土釉陶器、铜器
1. 釉陶罐（2000CFLⅡM2：1）　　2. 铜簪（2000CFLⅡM2：2）

2000CFLⅡM3

1. 位置与形制

位于2000CFLⅡ区东南部，T2东北部。墓向16°。开口于第1层下，打破第2层和生土。墓全长1.34、宽0.49～0.52、深0.34～0.66米。墓圹西壁南距北壁0.8米处，向外掏挖一壁龛，拱形顶，底宽0.25、高0.26、进深0.14米。墓中填土为灰褐色五花土，较硬（图七七）。

2. 葬具和人骨

葬具为木棺，长1.19、宽0.38、残高0.1米。棺内发现1具人骨，仰身直肢，头北脚南。女性，年龄10±5岁。

3. 随葬品

1件瓷壶，放置于墓主人头部右侧壁龛内。

瓷壶　2000CFLⅡM3：1，微敛口，方唇，鼓肩，肩部提梁及流均残断，斜曲腹，圈足内敛，足墙较厚。胎色发黄，胎质坚硬。施釉不到底，釉层薄，光泽度不高。腹外饰青花缠枝花卉图案。口径7.8、腹径14.9、底径8.2、高15.5厘米（图七八；图版四七，3）。

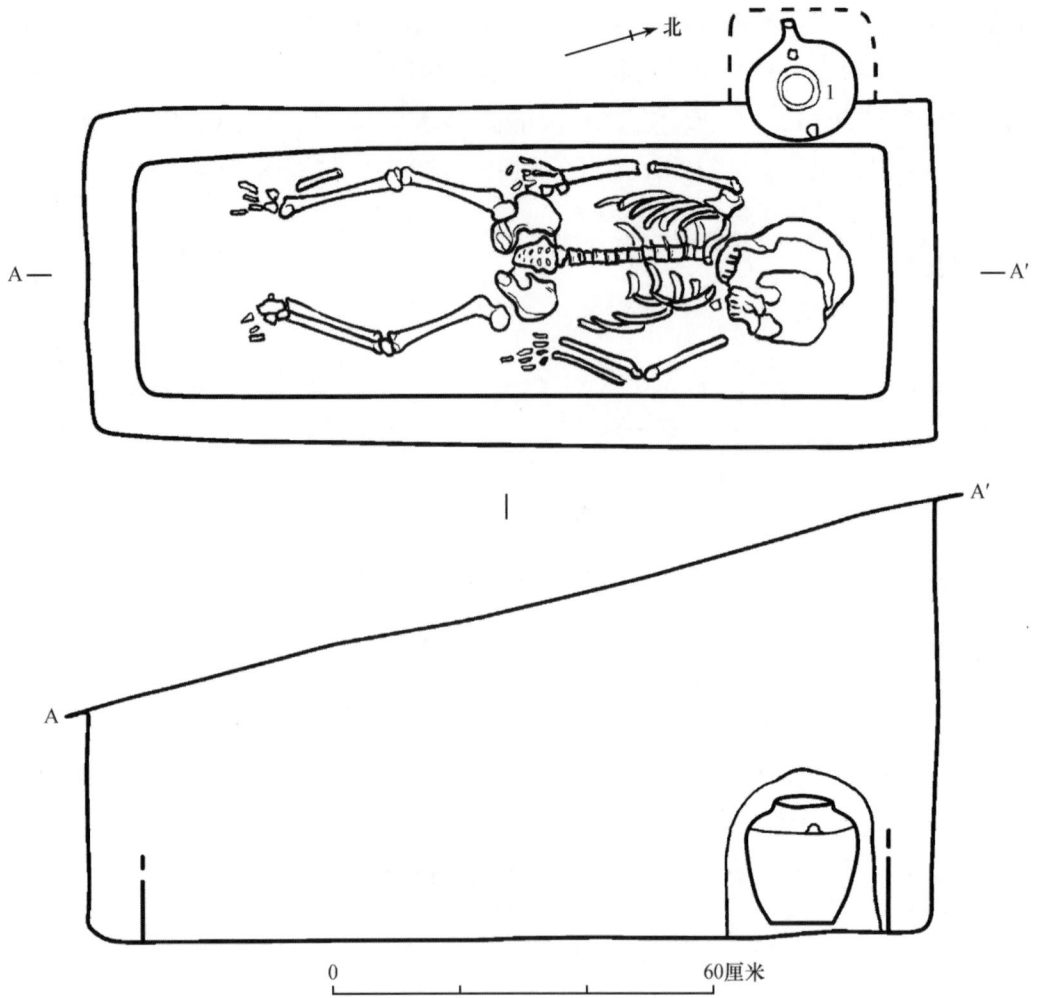

图七七　　2000CFLⅡM3平、剖面图

1. 瓷壶

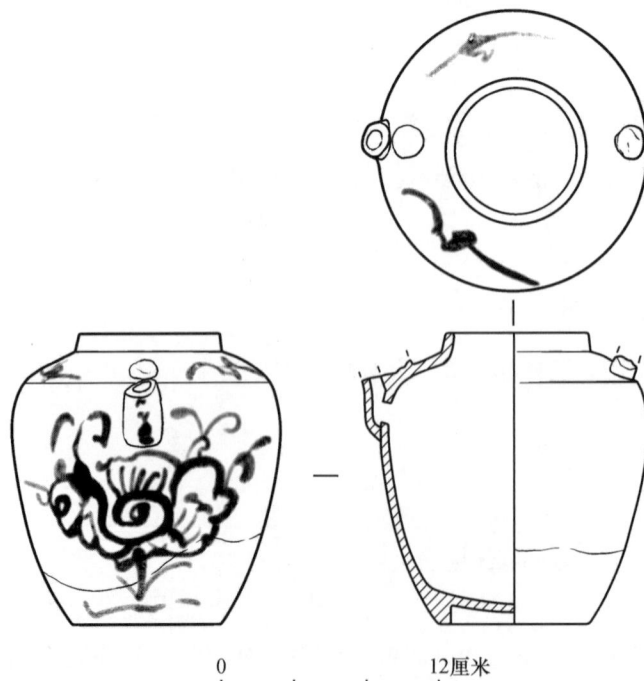

图七八　　2000CFLⅡM3出土瓷壶（2000CFLⅡM3∶1）

2000CFLⅡM5

1. 位置与形制

位于2000CFLⅡ区中部偏东南，T3西部延伸至T9东隔梁。墓向16°。开口于第1层下，打破第2层和生土。墓全长2.02、宽0.46~0.53、深0.27~0.54米。墓中填土为灰褐色五花土，较硬（图七九）。

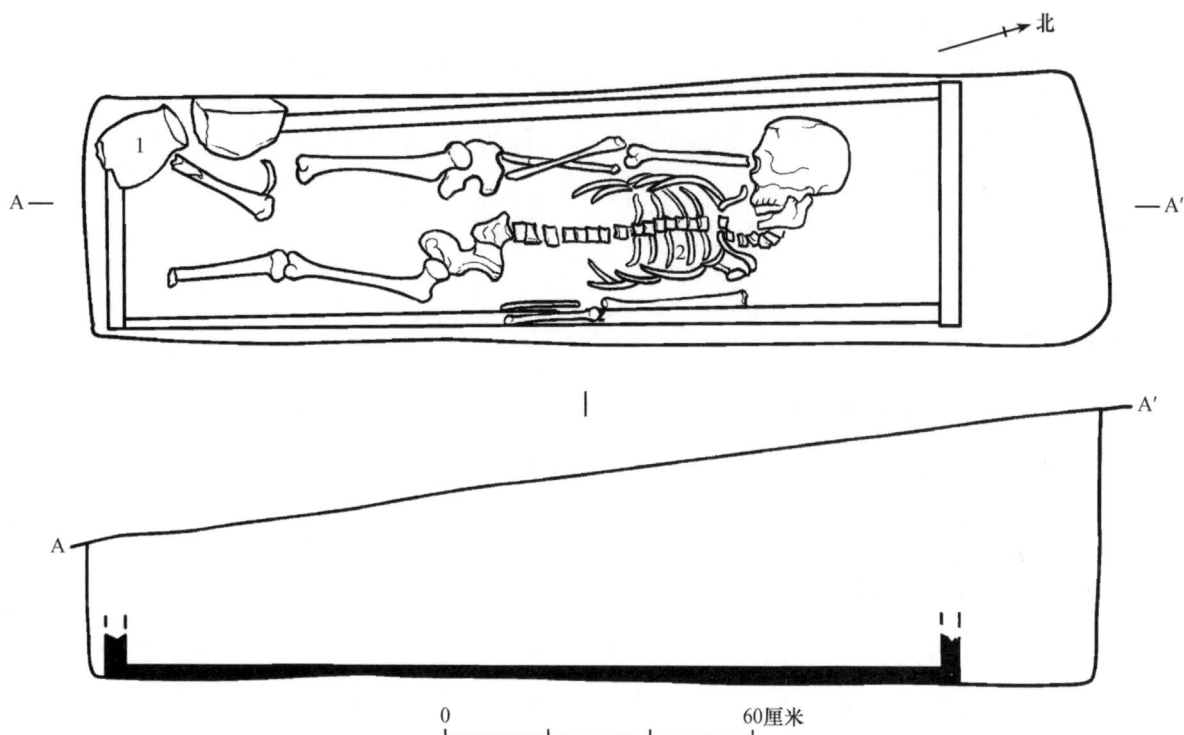

图七九　2000CFLⅡM5平、剖面图
1. 釉陶罐　2. 铜钱

2. 葬具和人骨

葬具为木棺，长1.68、宽0.46、残高0.06、棺板厚0.04米，棺底铺草木灰。棺内发现1具人骨，仰身直肢，头北脚南。男性，年龄55±5岁。

3. 随葬品

共26件。1件釉陶罐出土于墓圹西南角，25枚铜钱散落在人骨之下。

釉陶罐　2000CFLⅡM5：1，夹砂灰陶。腹部和底部残片，斜弧腹，下内收为小平底。罐上半部表层施黄绿釉，已残。素面。底径9.6、残高17.7厘米（图八〇，1；图版四七，4）。

铜钱　2000CFLⅡM5：2-1，圆形方孔。钱体较轻薄，内、外郭轮廓不明显，钱文锈蚀不清。直径1.9、穿径0.57厘米（图八〇，2；图版四七，5）。

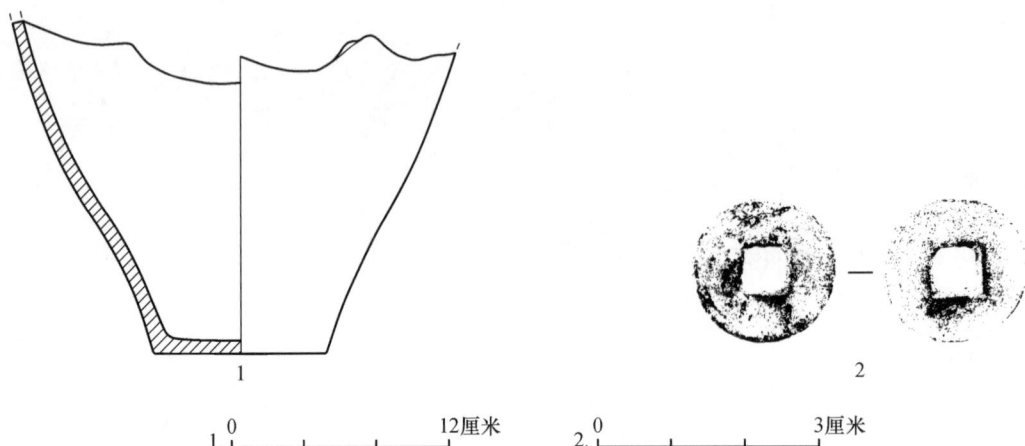

图八〇　2000CFLⅡM5出土陶器、铜器
1. 釉陶罐（2000CFLⅡM5：1）　2. 铜钱（2000CFLⅡM5：2-1）

2000CFLⅡM7

1. 位置与形制

位于2000CFLⅡ区中部偏西北，T15北部。墓向9°。开口于第1层下，打破第2层、M16和生土。墓葬南端被扰坑打破，残长1.14、宽0.84、深1.1米。墓中填土为灰褐色五花土，较硬（图八一；图版一一，2）。

2. 葬具和人骨

葬具为木棺，残长0.7、宽0.53、厚0.01厘米。棺内发现1具人骨，保存较差，仅存部分头骨，头向北，头骨右侧出土1件板瓦，棺底铺白灰。墓主人葬式、性别和年龄不详。

3. 随葬品

共6件。1件陶罐、2件瓷碗、1件陶仓自西至东出土于木棺北侧与墓圹之间，1件银牌饰、1件铜扣出土于墓主人头骨上下两侧。

陶罐　2000CFLⅡM7：1，泥质灰陶。直口，平沿外展，方圆唇，束颈，溜肩，腹最大径偏上，长斜腹，平底略内凹。素面。口径9.2、腹径14.7、底径8.5、高15厘米（图八二，1；图版四七，6）。

瓷碗　2000CFLⅡM7：2，侈口，圆唇，曲腹，圈足，足墙内缘斜削。白胎，胎质薄且坚硬。白色釉，釉层较厚重，光泽度不高，局部有烧制时产生的气孔。素面。口径14.9、底径5.6、高6.9厘米（图八二，2；图版四八，1）。2000CFLⅡM7：3，侈口，尖唇，曲腹，圈足。白胎，胎质薄而轻。施釉不到底，釉层薄且均匀，光泽度不高，釉层有细微开片。口沿内壁饰双线圈纹，碗外壁饰青花写意狮子四组，狮子下有云纹，碗内底部有双线圈纹，中心饰一写意狮子。口径14.9、底径6、高6.7厘米（图八二，3；图版四八，3）。

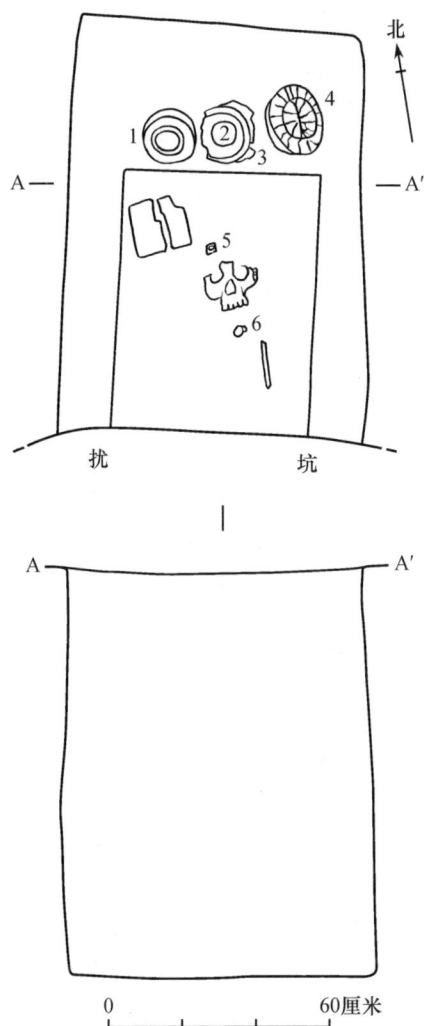

图八一　2000CFLⅡM7平、剖面图

1. 陶罐　2、3. 瓷碗　4. 陶仓　5. 银牌饰　6. 铜扣

　　陶仓　2000CFLⅡM7：4，泥质灰陶。由器身和器盖两部分组成，器盖作屋顶状子口；器身母口承盖，口微敛，方唇，折肩，斜弧腹，下部束身，台底。器盖饰有屋脊和瓦纹装饰，器身颈部饰瓦纹，近底饰一周附加堆纹。子口径6.4、母口径8.5、腹径16、底径10.2、高30厘米（图八二，4；图版四八，4）。

　　银牌饰　2000CFLⅡM7：5，局部残。扁薄，平面呈方形。中间饰一朵五瓣梅花，梅花四周錾刻交错席纹，外夹两周方框。长1.3、宽1.3厘米（图八二，5）。

　　铜扣　2000CFLⅡM7：6，整体呈球形，帽身呈圆形。上为环形穿线孔，下连球形纽。腹中部有一周浅沟槽。长2、直径1.2厘米（图八二，6；图版四八，2）。

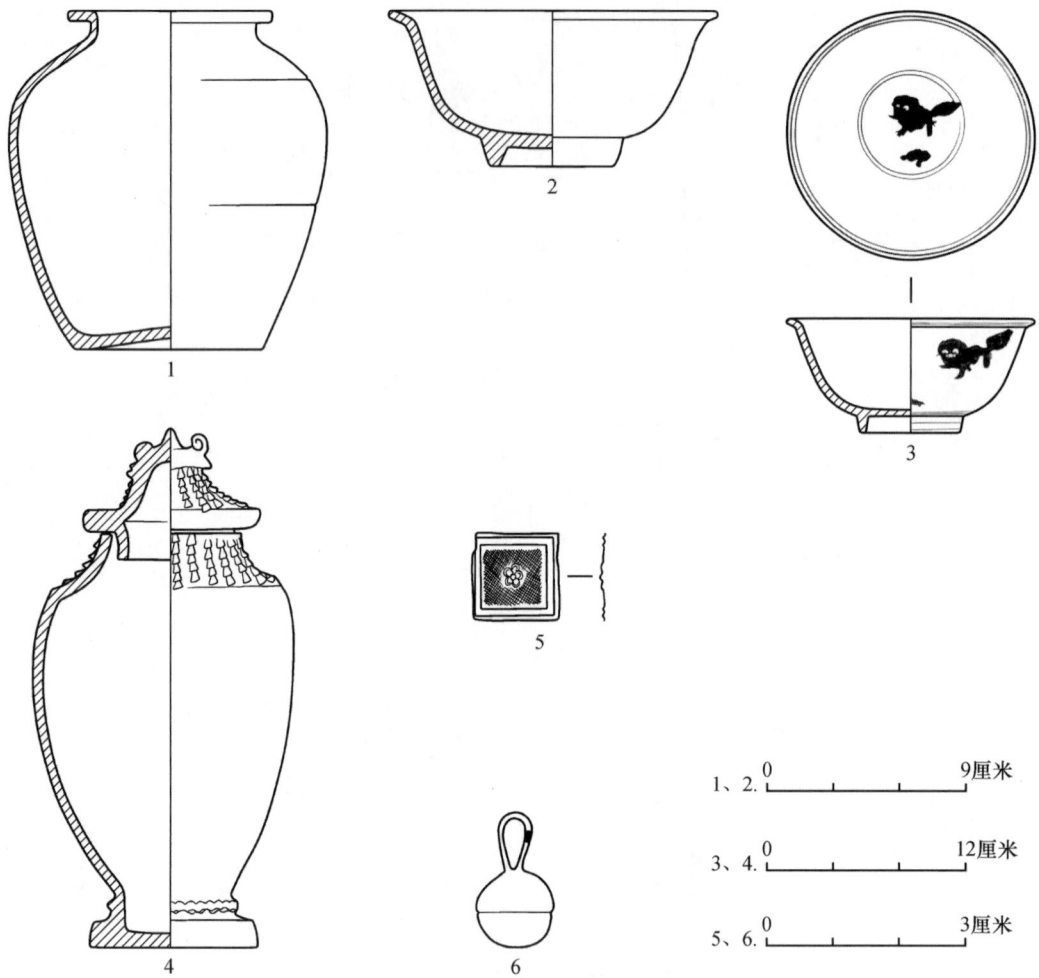

图八二　2000CFLⅡM7出土陶器、瓷器、银器、铜器

1.陶罐（2000CFLⅡM7：1）　2、3.瓷碗（2000CFLⅡM7：2、2000CFLⅡM7：3）　4.陶仓（2000CFLⅡM7：4）
5.银牌饰（2000CFLⅡM7：5）　6.铜扣（2000CFLⅡM7：6）

2000CFLⅡM9

1. 位置与形制

位于2000CFLⅡ区东南部，T1、T2、T7交界处。墓向20°。开口于第1层下，打破第2层和生土。墓葬南端被扰坑打破，残长1.83、宽0.78、深0.2～0.28米。墓中填土为灰褐色五花土，较硬（图八三）。

2. 葬具和人骨

葬具为木棺，残长1.44、宽0.54米。棺内发现1具人骨，仰身直肢，头向北，头骨已偏离至左侧胸部。女性，年龄25±5岁。

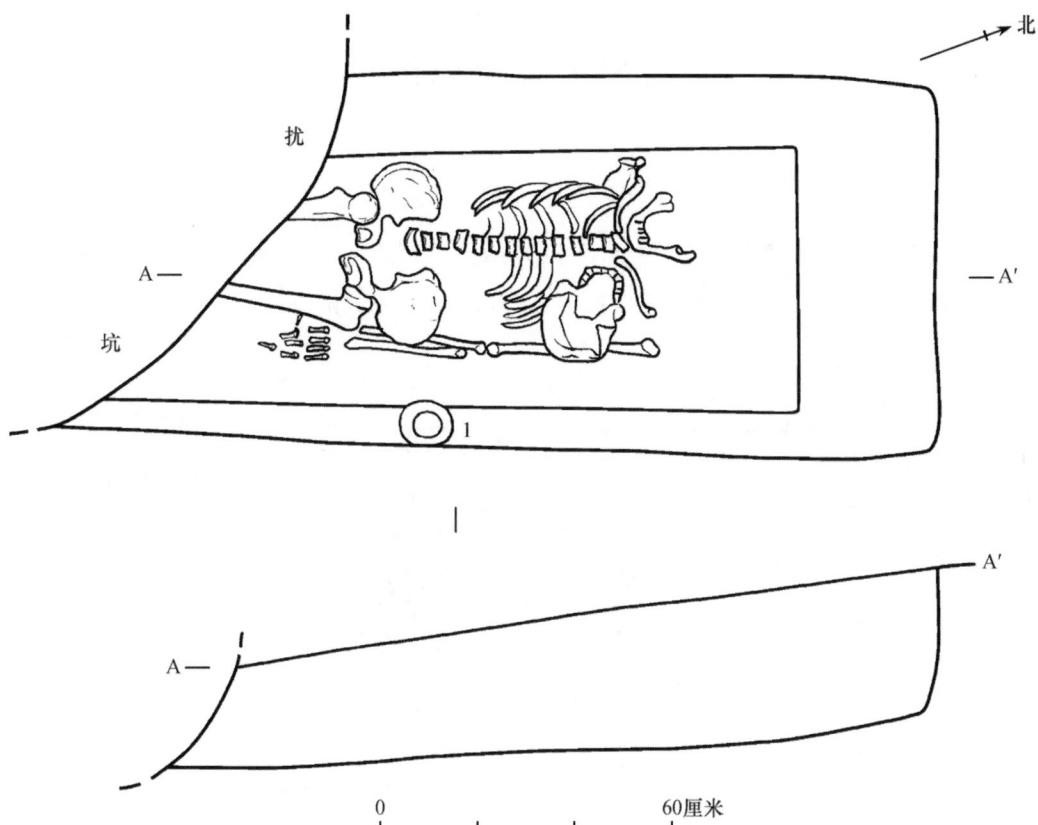

图八三　2000CFLⅡM9平、剖面图
1. 瓷罐

3. 随葬品

1件瓷罐，放置于墓圹东壁中部和木棺之间。

瓷罐　2000CFLⅡM9：1，侈口，圆唇，束颈，溜肩，鼓腹，底部不平，略内凹。红褐胎，胎体厚重，胎质较疏松。上半部施青黄釉，施釉不到底，釉层薄且粗糙。素面。口径9.7、腹径13.5、底径9.9、高13.1厘米（图八四；图版五〇，1）。

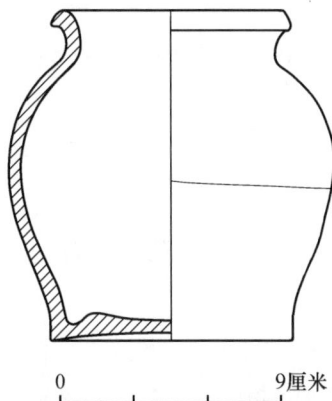

图八四　2000CFLⅡM9出土瓷罐（2000CFLⅡM9：1）

2000CFLⅡM10

1. 位置与形制

位于2000CFLⅡ区东南部，T2西北部延伸至T8。墓向18°。开口于第1层下，打破第2层和生土。墓全长2.06、宽0.54～0.76、深0.08～0.28米。墓中填土为灰褐色五花土，较硬（图八五）。

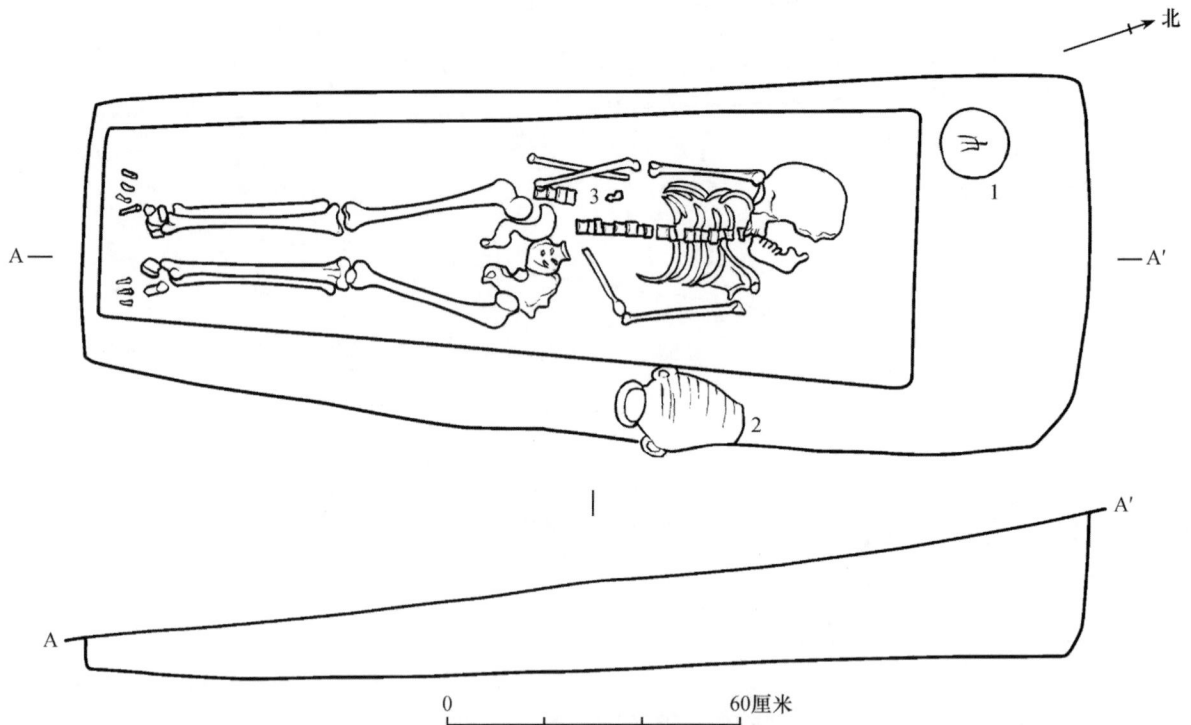

图八五　2000CFLⅡM10平、剖面图
1.瓷碗　2.釉陶罐　3.铁权

2. 葬具和人骨

葬具为木棺，残长1.6、宽0.38～0.56米。棺内发现1具人骨，仰身直肢，头北脚南。人骨保存较差，墓主人性别、年龄不详。

3. 随葬品

共3件。1件瓷碗放置于墓圹西北角，1件釉陶罐放置在墓圹东壁中部和木棺之间，1件铁权出土于墓主人腰部右侧。

釉陶罐　2000CFLⅡM10∶2，夹砂灰褐陶，陶质较疏松。侈口，斜折沿，圆唇，束颈，长斜肩，肩部对称有纵向一对泥条系，鼓腹，平底。上半部施土黄釉，施釉不到底，流釉严重。器表周身饰凹弦纹。口径9.8、腹径16、底径5.9、高20.7厘米（图八六，1；图版四九，2）。

瓷碗　2000CFLⅡM10∶1，敞口，尖圆唇，曲腹，圈足。白胎，胎质薄而轻。施釉薄且均匀，光泽度高，釉层有细微开片，碗底有叠烧刮掉底部釉层的痕迹。口部饰圆圈纹，外饰青花写意团花云图案，碗内中间有浅色双线圆圈，圆心有一"氘"字。口径14.3、底径5.5、高6.8厘米（图八六，2；图版四九，1）。

铁权　2000CFLⅡM10：3，整体呈亚腰形，平底，长方形系部上有一圆形穿孔，系部上有明显的两边合范痕迹。高9.9、最大径6.5厘米（图八六，3；图版四九，3）。

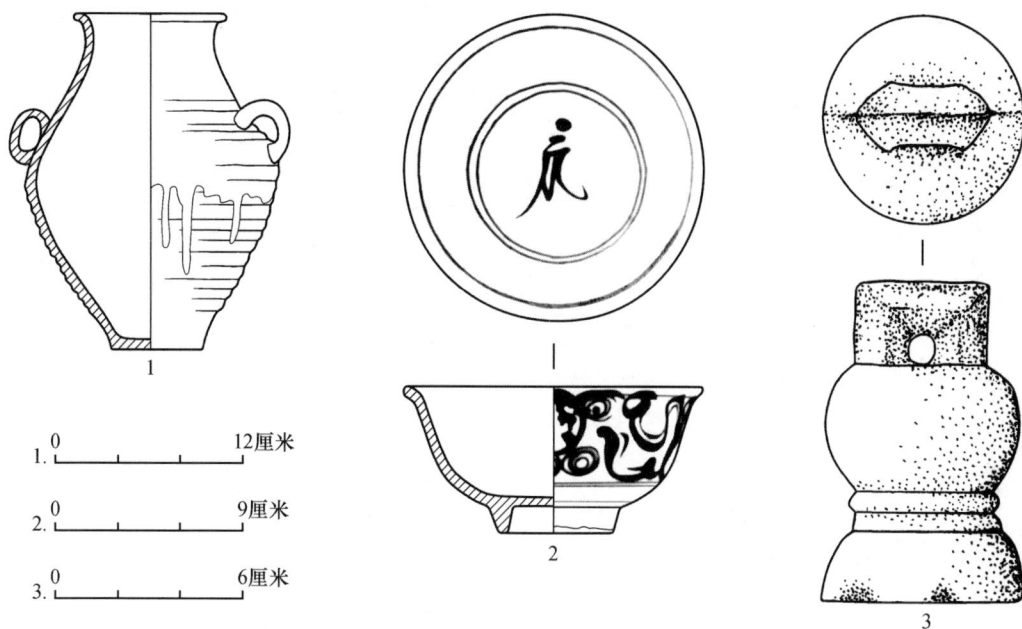

图八六　2000CFLⅡM10出土釉陶器、瓷器、铁器

1.釉陶罐（2000CFLⅡM10：2）　2.瓷碗（2000CFLⅡM10：1）　3.铁权（2000CFLⅡM10：3）

2000CFLⅡM12

1. 位置与形制

位于2000CFLⅡ区东南部，T1中部偏北。墓向20°。开口于第2层下，打破生土。被M1、M2打破，墓全长2.01、宽0.6～0.64、深0.32～0.4米。墓中填土为灰褐色五花土，较硬（图八七；图版一二，1）。

2. 葬具和人骨

未发现葬具。墓内发现1具人骨，仰身直肢，头北脚南，双手放于骨盆之上。男性，年龄65±5岁。

3. 随葬品

1件蚌扣，放置于墓主人右肩部。

蚌扣　2000CFLⅡM12：1，银白色，整体呈圆饼形，由蚌壳磨制而成。中间有四个圆形穿孔，用于穿线，外缘一周凸起，表面较光滑。直径1.4、孔径0.1、厚0.3厘米（图八八；图版五〇，2）。

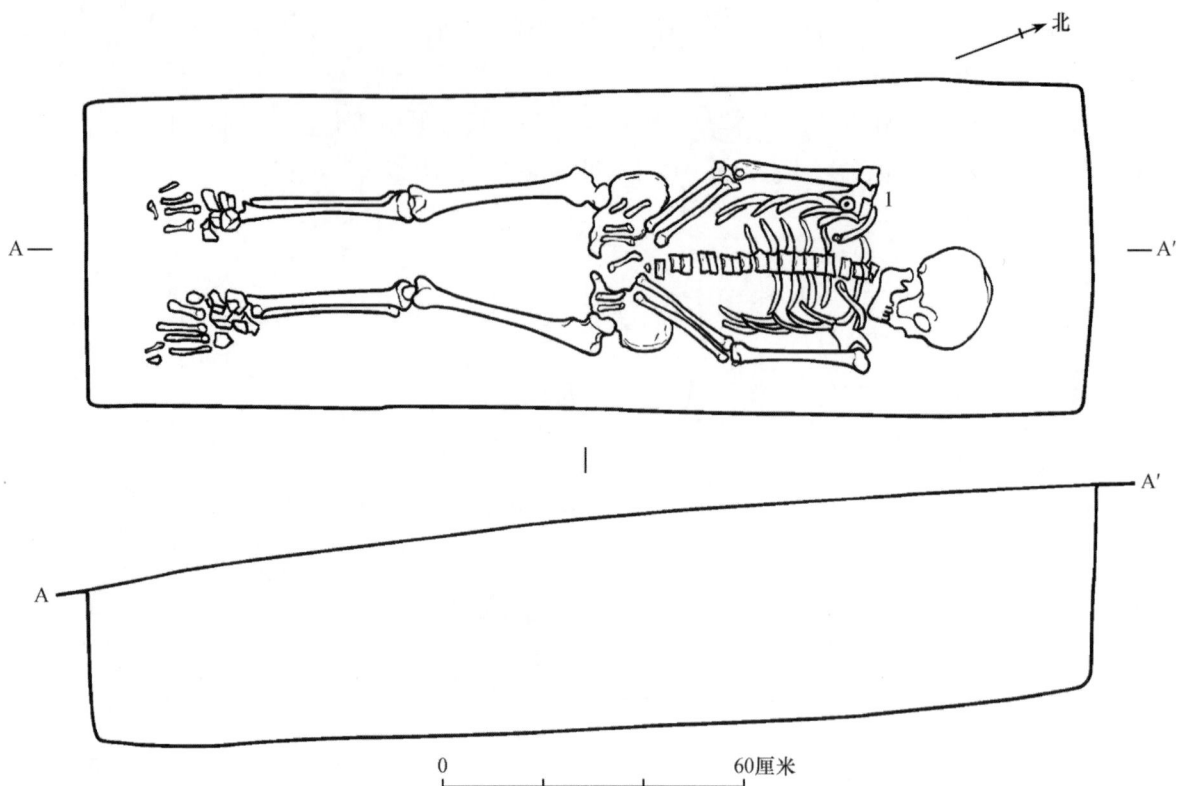

图八七　2000CFLⅡM12平、剖面图
1.蚌扣

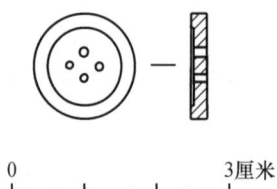

图八八　2000CFLⅡM12出土蚌扣（2000CFLⅡM12：1）

2000CFLⅡM13

1. 位置与形制

位于2000CFLⅡ区西北部，T19南部。墓向35°。开口于第1层下，打破第2层和生土。墓葬南部残缺，残长1.36、宽0.92、深0.68米。墓圹北部留有白灰痕迹。墓中填土为灰褐色五花土，较硬（图八九；图版一二，2）。

2. 葬具和人骨

葬具为木棺，残长1.22、宽0.68、残高0.5、厚0.03～0.06米。棺内发现1具人骨，仰身直肢，头向北，在头骨顶部南北纵轴方向，叠摞14件板瓦，在其东、西两侧，各叠摞4件板瓦，其中2件板瓦叠摞相扣，人骨下铺白灰。男性，年龄45±5岁。

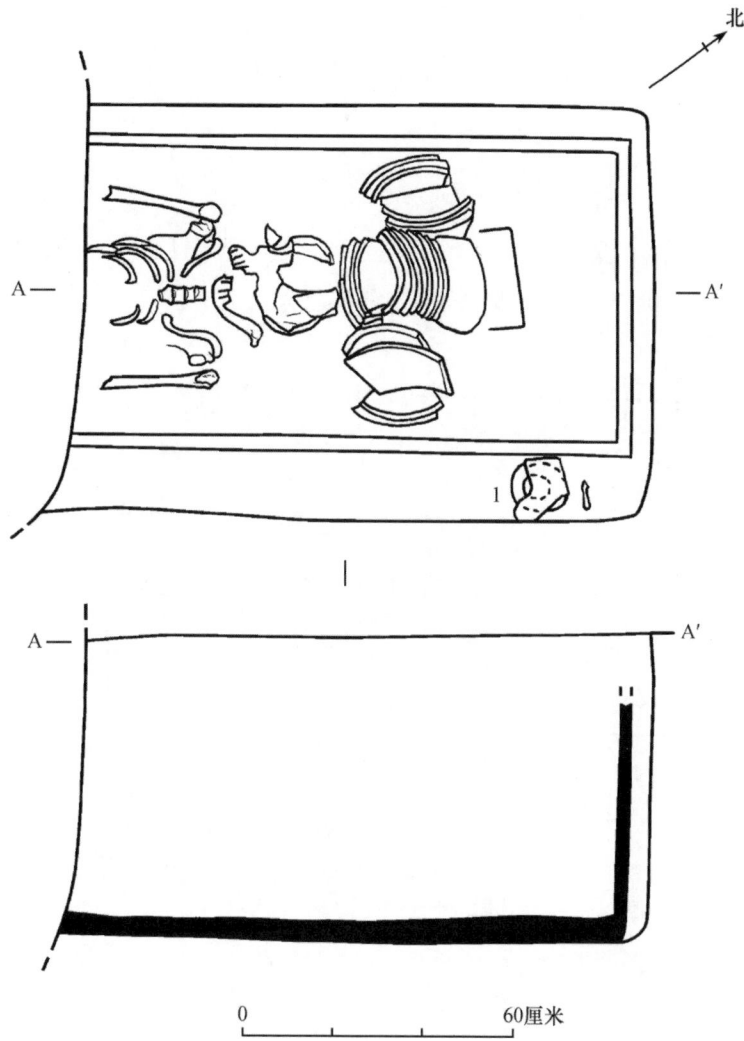

图八九　2000CFLⅡM13平、剖面图
1. 瓷罐

3. 随葬品

1件瓷罐，放置棺外墓圹东北角，口部盖一残砖块。

瓷罐　2000CFLⅡM13：1，敛口，平沿外展，尖圆唇，束颈，斜肩，鼓腹，底略内凹。黄褐色胎。釉色青中泛绿，绿中隐黄，凹槽内釉厚而色深，弦脊上釉薄而色浅，施釉不到底。通体饰凹弦纹。口径9.9、腹径15.3、底径10.7、高14.9厘米（图九〇）。

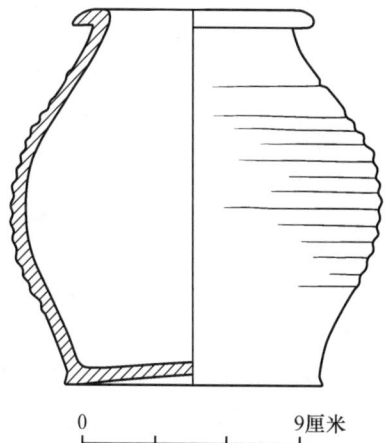

图九〇　2000CFLⅡM13出土瓷罐
（2000CFLⅡM13：1）

2000CFLⅡM14

1. 位置与形制

位于2000CFLⅡ区西北部，T19东北部。墓向5°。开口于第1层下，打破M21和生土。墓全长2.62、宽0.86~0.92、深0.66~1.08米。墓中填土为灰褐色五花土，较硬（图九一；图版一三，1）。

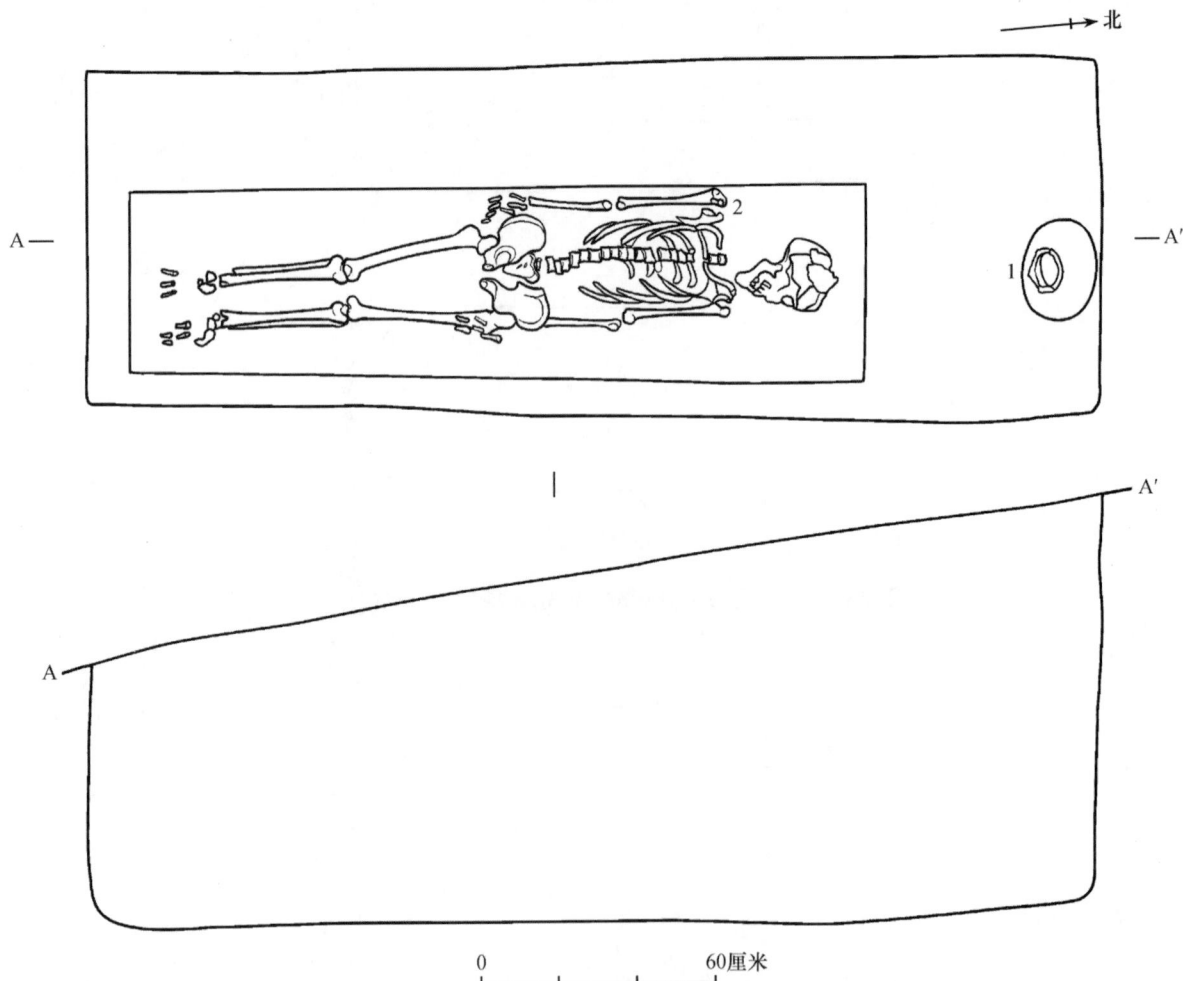

图九一　2000CFLⅡM14平、剖面图
1. 釉陶罐　2. 铜环

2. 葬具和人骨

葬具为木棺，长1.9、宽0.45~0.5米。棺内发现1具人骨，仰身直肢，头北脚南。男性，年龄40±5岁。

3. 随葬品

共2件。1件釉陶罐放置于棺外墓室北端，1件铜环出土于墓主人右肩之下。

釉陶罐　2000CFLⅡM14：1，夹砂灰陶，陶质较疏松。侈口，圆唇，颈微束，广肩，圆鼓腹，小平底。上半部施土黄釉，略泛绿，施釉不到底，流釉严重。器表饰凹弦纹。口径11、腹径25.2、底径5.9、高25厘米（图九二，1；图版五○，3）。

铜环 2000CFLⅡM14：2，整体呈圆环状。横截面呈圆形。器表有锈蚀。外径1.2、内径0.8厘米（图九二，2；图版五○，4）。

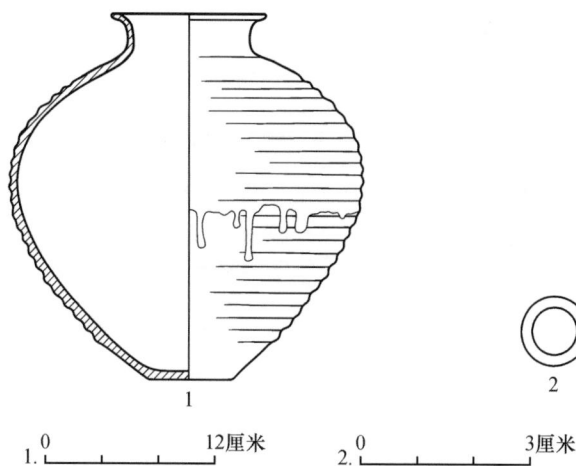

图九二 2000CFLⅡM14出土釉陶器、铜器
1. 釉陶罐（2000CFLⅡM14：1） 2. 铜环（2000CFLⅡM14：2）

2000CFLⅡM15

1. 位置与形制

位于2000CFLⅡ区中东部，T3、T4交界处，墓向40°。开口于第3层下，打破生土。墓全长2、宽0.68、深0.28～0.46米。墓中填土为灰褐色五花土，较硬（图九三）。

2. 葬具和人骨

葬具为木棺，长1.87、宽0.46～0.52米。棺内发现1具人骨，仰身直肢，头北脚南。男性，年龄20±5岁。

3. 随葬品

1件釉陶罐，放置在墓圹东壁中部和木棺之间，口部盖一石板。

釉陶罐 2000CFLⅡM15：1，泥质褐陶。微敛口，卷沿外撇，尖圆唇，束颈，微鼓腹，底略内凹。器表施青黄釉，施釉不到底。素面。口径11.5、腹径11.7、底径9.6、高12.7厘米（图九四；图版五○，5）。

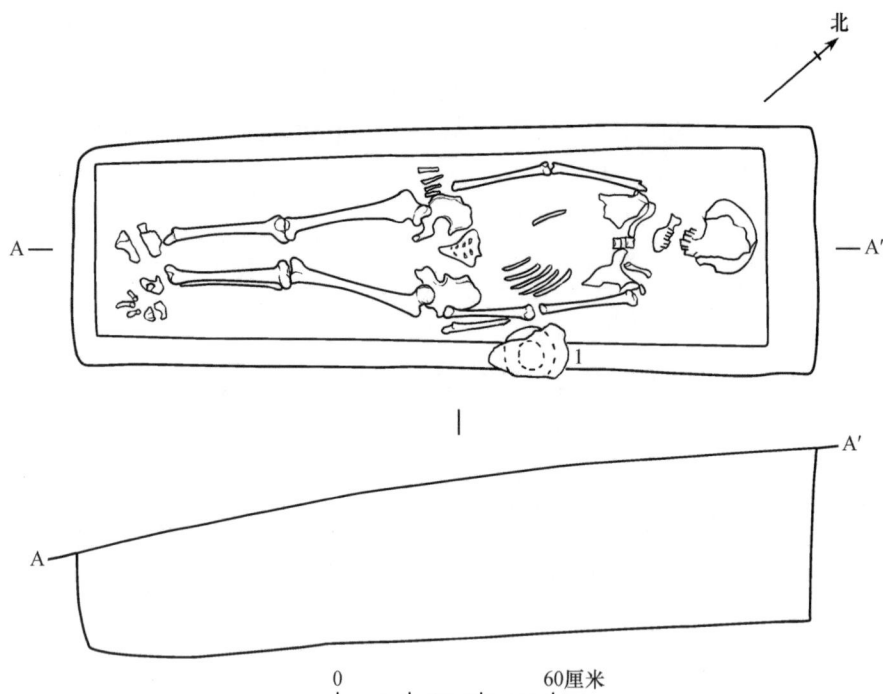

图九三　2000CFLⅡM15平、剖面图
1. 釉陶罐

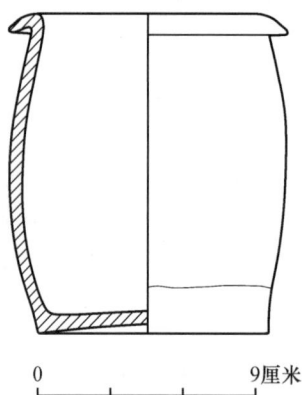

图九四　2000CFLⅡM15出土釉陶罐（2000CFLⅡM15：1）

2000CFLⅡM17

1. 位置与形制

位于2000CFLⅡ区西北部，T16西南部。墓向10°。开口于第1层下，打破生土。墓全长2.2、宽0.61～0.82、深0.16～0.96米。墓中填土为灰褐色五花土，较硬（图九五；图版一三，2）。

2. 葬具和人骨

葬具为木棺，长1.97、宽0.36～0.56、高0.3米。棺内发现1具人骨，仰身直肢，头北脚南，墓底铺草木灰。女性，年龄60±5岁。

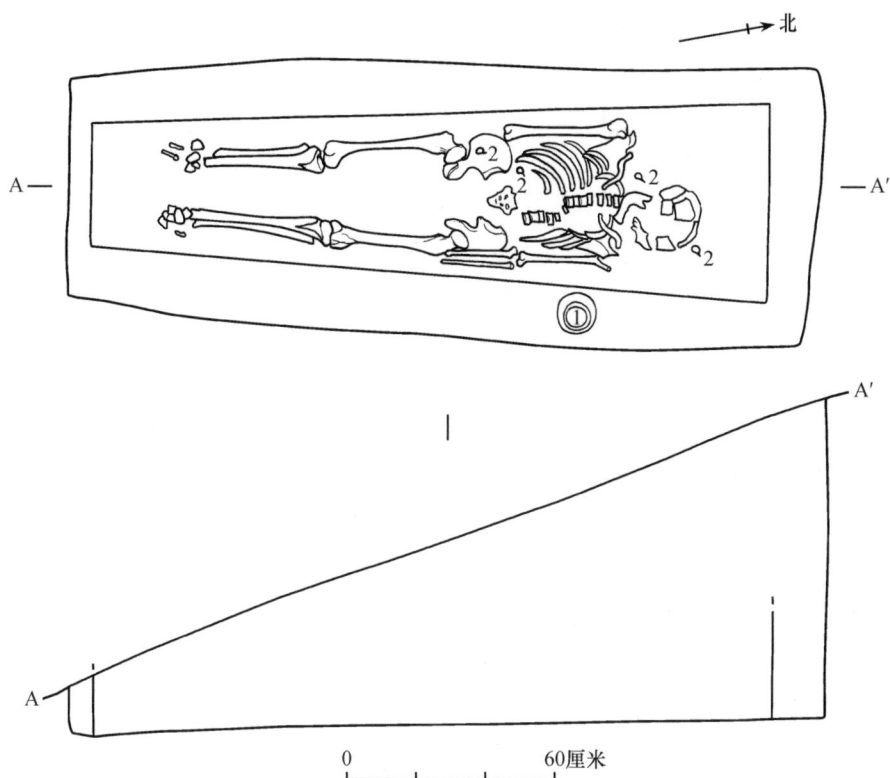

图九五　2000CFLⅡM17平、剖面图

1. 瓷罐　2. 铜扣

3. 随葬品

共5件。1件瓷罐放置在棺外东侧，4件铜扣散落在墓主人下腹部及头骨周围。

瓷罐　2000CFLⅡM17：1，侈口，尖圆唇，束颈，溜肩，微鼓腹，平底。褐胎，胎体厚重，胎质较疏松。酱釉，施釉不到底，釉层薄且粗糙。素面。口径6.5、腹径10.2、底径8、高13.3厘米（图九六，1；图版五〇，6）。

铜扣　2000CFLⅡM17：2-1，整体呈球形，帽身呈圆形，上为环形穿线孔，下连球形纽。器表略有锈蚀。长2、直径1.4厘米（图九六，2；图版五一，1）。

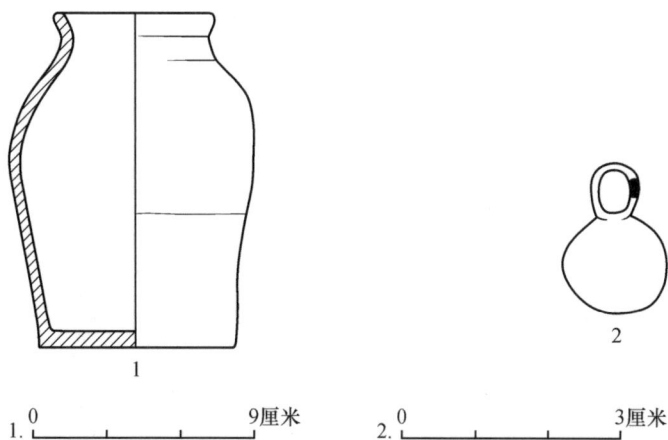

图九六　2000CFLⅡM17出土瓷器、铜器

1. 瓷罐（2000CFLⅡM17：1）　2. 铜扣（2000CFLⅡM17：2-1）

2000CFLⅡM19

1. 位置与形制

位于2000CFLⅡ区西北部，T16西北部。墓向355°。开口于第1层下，打破M21和生土。墓全长2、宽0.64、深0.03～0.96米。墓中填土为灰褐色五花土，较硬（图九七；图版一四，1）。

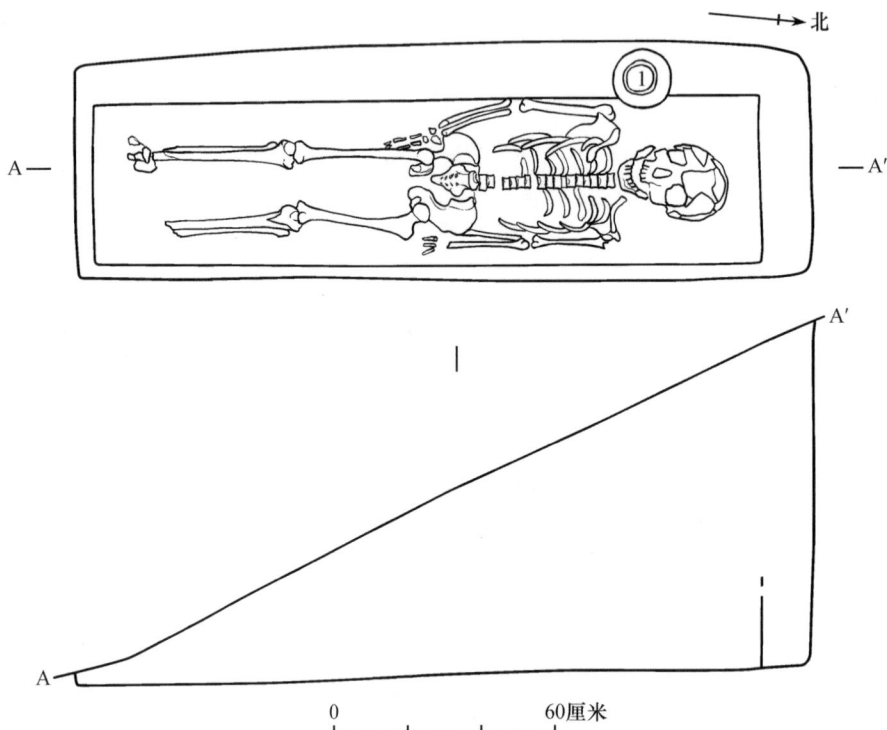

图九七　2000CFLⅡM19平、剖面图
1. 瓷罐

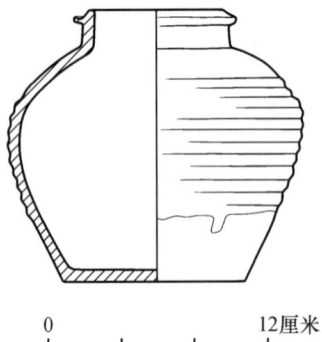

图九八　2000CFLⅡM19出土瓷罐
（2000CFLⅡM19：1）

2. 葬具和人骨

葬具为木棺，长1.82、宽0.44、残高0.2米。棺内发现1具人骨，仰身直肢，头北脚南。女性，年龄20±5岁。

3. 随葬品

1件瓷罐，出土于棺外西侧。

瓷罐　2000CFLⅡM19：1，直口，方唇，唇面有一周浅凹槽，唇下缘外侈，束颈，溜肩，鼓腹，平底。褐胎，胎体厚重，胎质较疏松。青绿釉，釉色略泛黄，施釉不到底。器表饰凹弦纹，多被釉层填平，显示出颜色深浅差异。口径8.8、腹径16、底径9.9、高14.4厘米（图九八；图版五一，2）。

2000CFL Ⅱ M20

1. 位置与形制

位于2000CFL Ⅱ区西北部，T16南部延伸至T15。墓向15°。开口于第1层下，打破M16和生土。墓全长2.16、宽0.72～0.78、深0.4～1.2米。墓圹东壁南距北壁0.55米，距墓底0.3米处，向外掏挖一壁龛，拱形顶，宽0.2、高0.3、进深0.14米。墓中填土为灰褐色五花土，较硬（图九九；图版一四，2）。

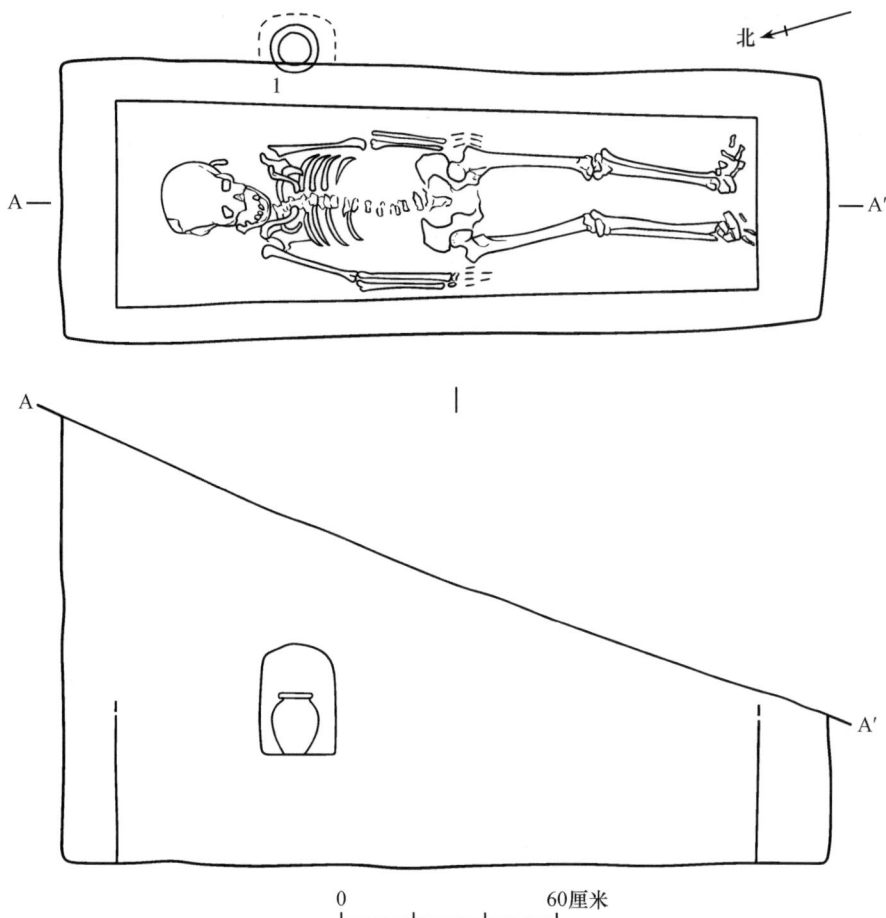

图九九　2000CFL Ⅱ M20平、剖面图
1. 瓷罐

2. 葬具和人骨

葬具为木棺，长1.8、宽0.47～0.56、残高0.4米，墓底铺草木灰。棺内发现1具人骨，仰身直肢，头北脚南，人骨下铺草木灰。男性，年龄53±5岁。

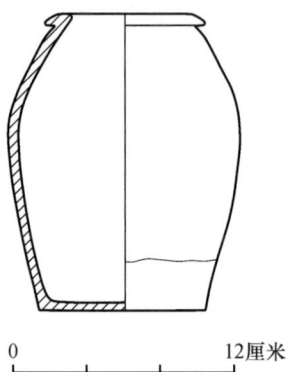

图一〇〇　2000CFLⅡM20出土瓷罐
（2000CFLⅡM20：1）

3. 随葬品

1件瓷罐，放置在墓室东壁龛内。

瓷罐　2000CFLⅡM20：1，敛口，窄平沿，尖圆唇，斜肩，微鼓腹，平底。褐胎，胎体厚重，胎质较疏松。釉色青中泛黄，施釉不到底，釉层薄且粗糙。素面。口径8.7、腹径12.6、底径9、高15.7厘米（图一〇〇；图版五一，3）。

2000CFLⅡM26

1. 位置与形制

位于2000CFLⅡ区北部，T13东北部。墓向0°。开口于第1层下，打破生土。墓葬南部被现代树坑破坏，残长1.36、宽0.66、深0.42~0.9米。墓中填土为灰褐色五花土，较硬（图一〇一；图版一五，1）。

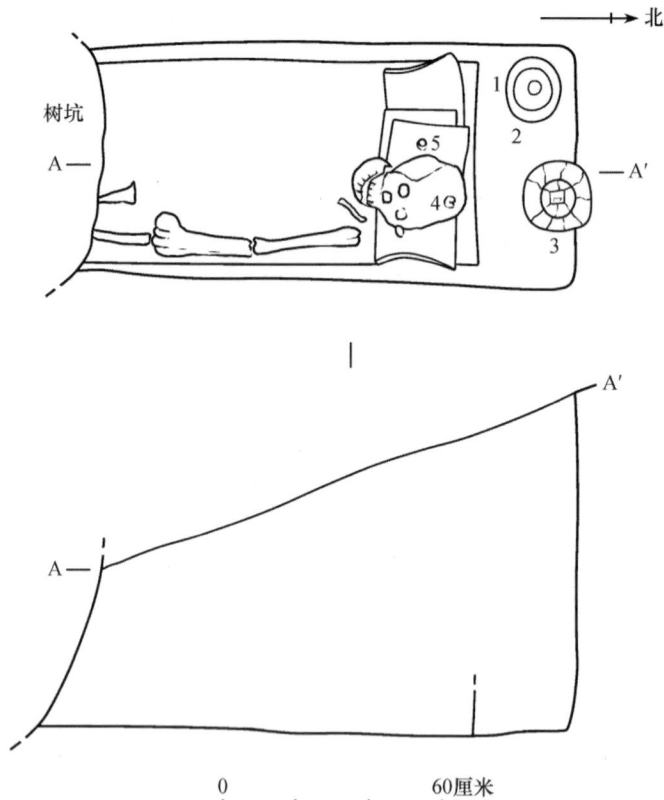

图一〇一　2000CFLⅡM26平、剖面图
1. 瓷碟　2. 瓷碗　3. 釉陶仓　4. 银牌饰　5. 蚌耳环

2. 葬具和人骨

葬具为木棺，残长1.1、宽0.57、残高0.1米。棺内发现1具人骨，仰身直肢，头向北，头下垫有3块板瓦。人骨保存较差，墓主人性别、年龄不详。

3. 随葬品

共5件。1件瓷碟、1件瓷碗、1件釉陶仓，自西至东出土于棺外北侧，1件银牌饰、1件蚌耳环出土于墓主人附近。

瓷碟　2000CFLⅡM26∶1，敞口，尖圆唇，浅斜曲腹，圈足。白胎，胎质薄而轻。施釉薄且均匀，光泽度高，碗底有叠烧时刮掉底部釉层的痕迹。口部饰圆圈纹，盘内中间有浅色双线圆圈纹，中间饰青花藻图案，酱紫彩鱼，鱼浅浮雕加刻划。口径11.8、底径4.5、高3.2厘米（图一〇二，1；图版五二，1）。

瓷碗　2000CFLⅡM26∶2，侈口，尖唇，斜直腹，下折曲收，圈足内敛，挖足过肩。白胎，胎质坚硬。白色釉，釉层薄且均匀，有细微开片。碗底饰一"福"字。口径14.8、底径5.9、高6.5厘米（图一〇二，2；图版五二，2）。

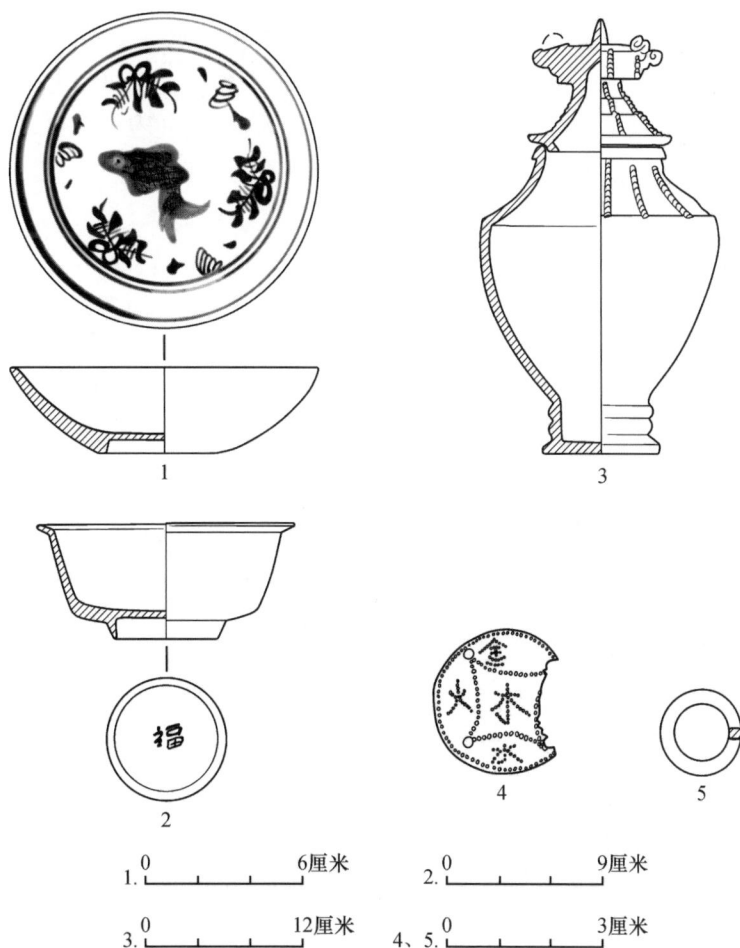

图一〇二　2000CFLⅡM26出土瓷器、釉陶器、银器、蚌器

1. 瓷碟（2000CFLⅡM26∶1）　2. 瓷碗（2000CFLⅡM26∶2）　3. 釉陶仓（2000CFLⅡM26∶3）

4. 银牌饰（2000CFLⅡM26∶4）　5. 蚌耳环（2000CFLⅡM26∶5）

釉陶仓　2000CFLⅡM26：3，泥质灰陶。由器身和器盖两部分组成，仿古建筑结构，器盖作屋顶状子口；器身母口承盖，尖圆唇，唇下有一周凸棱，颈微束，折肩，斜弧腹，下部束身，台底。黛青釉。器盖饰有屋脊、飞檐和瓦纹等装饰，器身颈部饰瓦纹，下腹部饰两周附加堆纹。母口径10.2、子口径8、腹径18.4、底径9、高32.4厘米（图一〇二，3；图版五一，4）。

银牌饰　2000CFLⅡM26：4，扁薄圆形。外缘饰一周珍珠状纹饰，中间饰珍珠状菱形纹，内刻"木"字，其外四边分别刻划"金、水、火、土"四字。直径2.6厘米（图一〇二，4；图版五二，3）。

蚌耳环　2000CFLⅡM26：5，利用蚌壳磨制而成，圆环形，横截面呈圆形，内缘较直，外缘曲。外径1.6、内径1.1厘米（图一〇二，5；图版五二，4）。

2000CFLⅡM27

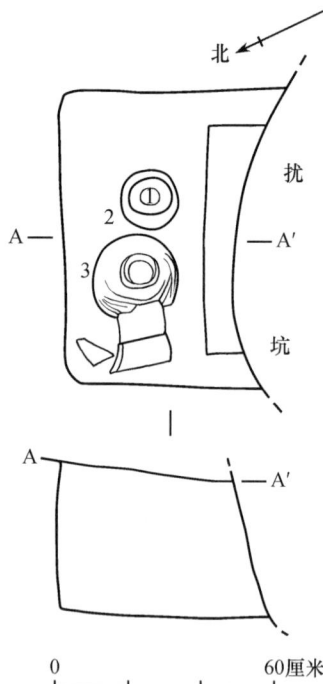

图一〇三　2000CFLⅡM27平、剖面图
1、2.瓷碗　3.釉陶罐

1. 位置与形制

位于2000CFLⅡ区东北部，T6西南部。墓向25°。开口于第2b层下，打破生土。墓葬南部被扰坑破坏，残长0.63、宽0.8、深0.42米。墓中填土为灰褐色五花土，较硬（图一〇三，图版一五，2）。

2. 葬具和人骨

葬具为木棺，残长0.14、宽0.6米，墓室底部发现一层白灰，厚0.03～0.06米。未发现人骨。墓主人葬式、性别和年龄不详。

3. 随葬品

共3件。2件瓷碗相扣、1件釉陶罐，出土于棺外墓室北侧，釉陶罐一侧有1件板瓦。

瓷碗　2000CFLⅡM27：1，侈口，尖圆唇，曲腹，圈足。灰白色胎，细腻坚致。施釉近底足，较光亮。外壁饰缠枝青花，足部饰双弦纹，口内饰一周弦纹，内底双弦纹内绘青花牡丹图案。口径12.2、底径4.3、高4.5厘米（图一〇四，1；图版五三，1）。2000CFLⅡM27：2，敞口，圆唇，曲腹，圈足微内敛，挖足过肩。白胎，胎质坚硬。白釉，釉层均匀，光泽度高。素面。口径14、底径4.8、高6.4厘米（图一〇四，2；图版五二，5）。

釉陶罐　2000CFLⅡM27：3，夹砂红褐胎，陶质较疏松。微侈口，斜方唇，束颈，广肩，圆鼓腹，腹最大径偏上，底略内凹。上半部施黄釉，施釉不到底，釉层薄且粗糙，有流釉。器内、外壁均饰凹弦纹。口径8.9、腹径24.4、底径10.5、高24.8厘米（图一〇四，3；图版五三，2）。

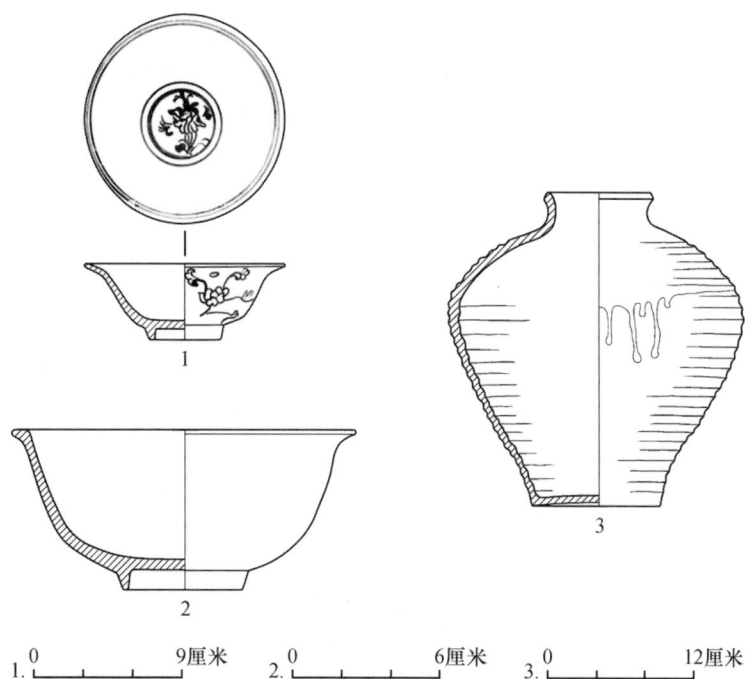

图一〇四　2000CFLⅡM27出土瓷器、釉陶器

1、2.瓷碗（2000CFLⅡM27：1、2000CFLⅡM27：2）　3.釉陶罐（2000CFLⅡM27：3）

2000CFLⅡM29

1. 位置与形制

位于2000CFLⅡ区东南部，T8东北部。墓向0°。开口于第2层下，打破生土。墓葬南部被扰坑打破，残长1.28、宽0.8、深0.24～0.5米。墓中填土为灰褐色五花土，较硬（图一〇五；图版一六，1）。

2. 葬具和人骨

葬具为木棺，残长0.8、宽0.5、残高0.3米。棺内仅存人骨胸部以上，头向北，头下垫有7块板瓦，棺板内侧留有白灰痕迹。墓主人性别、年龄不详。

3. 随葬品

共4件。1件釉陶罐、2件瓷碗相扣，出土于棺外墓室北侧，1件银簪出土于墓主人头骨附近。

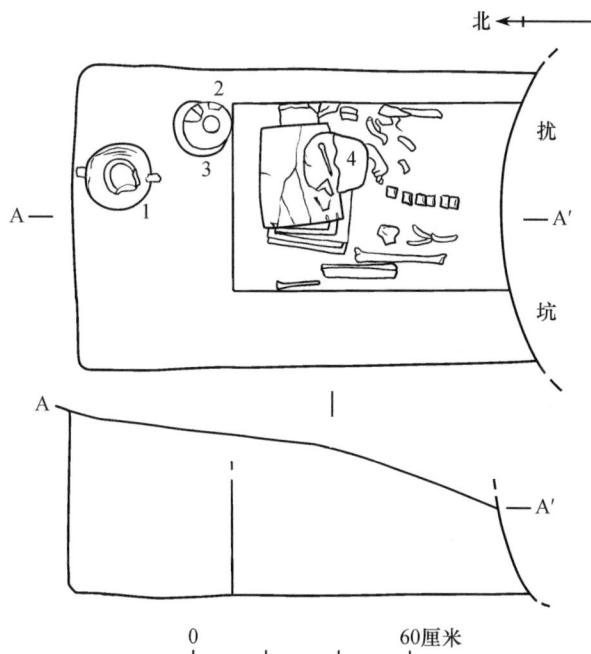

图一〇五　2000CFLⅡM29平、剖面图

1.釉陶罐　2、3.瓷碗　4.银簪

　　釉陶罐　2000CFLⅡM29：1，夹砂灰褐陶，陶质较疏松。侈口，圆唇，口部不平，颈微束，溜肩，鼓腹，肩部有纵向双泥条系，平底。器物上部施釉，釉色青中泛黄，有流釉，施釉不均匀，釉层粗糙。通体饰弦纹，中部最明显。口径10.8、腹径20、底径9、高24.8厘米（图一〇六，3；图版五三，3）。

　　瓷碗　2000CFLⅡM29：2，侈口，圆唇，曲腹，圈足微内敛。灰白胎，胎质薄而轻。施釉薄且均匀，光泽度强，透明度较高，有细微开片。外壁饰三组青花草书文字，笔迹流畅，碗内底部也有一草书文字。口径13.8、底径5.5、高6.1厘米（图一〇六，1；图版五四，1）。2000CFLⅡM29：3，侈口，圆唇，沿略外翻，曲腹，圈足。灰白色胎。釉色鲜亮。外壁口沿下有青花草书四组单字"好"，内底中间草书一"青"字，笔迹流畅。口径14、底径5.2、高6.1厘米（图一〇六，2；图版五四，3）。

　　银簪　2000CFLⅡM29：4，银质两用簪。首端为掏耳勺，其下饰螺旋纹饰，尾端呈细长圆锥状，簪身横截面呈圆形，尾部尖锐。长9.7厘米（图一〇六，4；图版五四，4）。

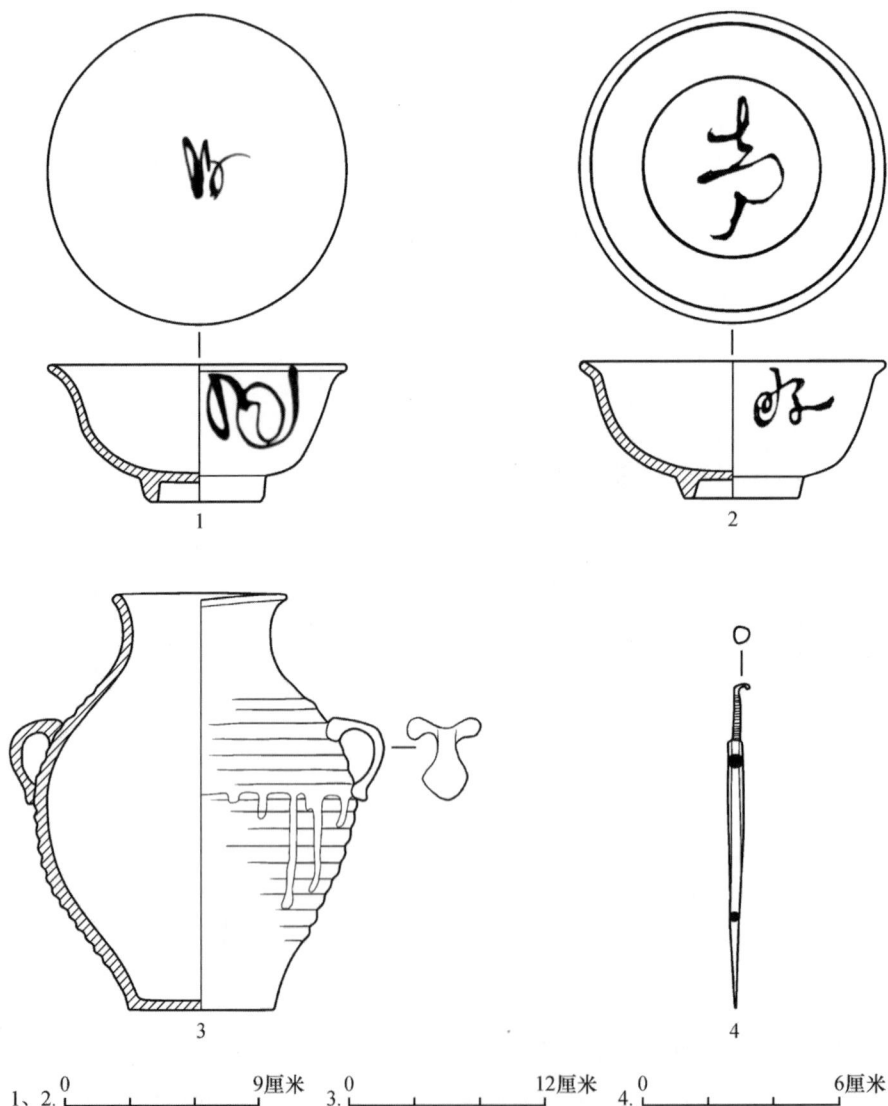

图一〇六　2000CFLⅡM29出土瓷器、釉陶器、银器

1、2.瓷碗（2000CFLⅡM29：2、2000CFLⅡM29：3）3.釉陶罐（2000CFLⅡM29：1）4.银簪（2000CFLⅡM29：4）

2000CFLⅢM1

1. 位置与形制

位于2000CFLⅢ区西北部，T2东南部。墓向354°。开口于第1层下，打破生土。墓葬南部被扰坑打破，残长1、宽0.74、深0～0.25米。墓中填土为灰褐色五花土，较硬（图一〇七；图版一六，2）。

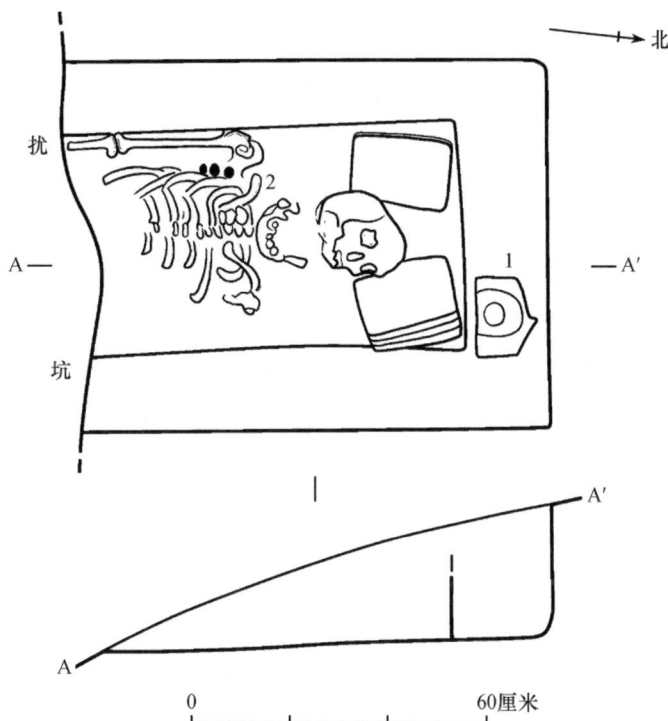

图一〇七　2000CFLⅢM1平、剖面图
1. 陶罐　2. 铜扣

2. 葬具和人骨

葬具为木棺，残长0.75、宽0.44、残高0～0.12米。棺内人骨仅存胸部以上，头向北，头骨两侧各有3块板瓦。墓主人性别、年龄不详。

3. 随葬品

共8件。1件陶罐放置于棺外墓室东北角，口部盖一残砖块，7件铜扣散落于墓主人右肩部附近。

陶罐　2000CFLⅢM1：1，夹砂灰陶。直口，方唇，矮领，束颈，溜肩，弧腹，腹最大径略偏上，平底略内凹。腹中部饰一周凹弦纹。口径9.7、腹径13.2、底径9.5、高11.6厘米（图一〇八，1；图版五四，2）。

铜扣　2000CFLⅢM1：2-1，整体呈球形，帽身呈圆形，上为环形穿线孔，下连球形纽。素面。长1.2、直径0.7厘米（图一〇八，2；图版五五，1）。

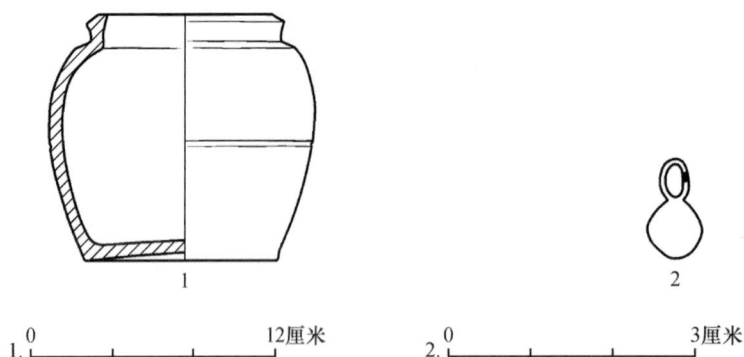

图一〇八　2000CFLⅢM1出土陶器、铜器

1. 陶罐（2000CFLⅢM1∶1）　2. 铜扣（2000CFLⅢM1∶2-1）

2000CFLⅢM3

1. 位置与形制

位于2000CFLⅢ区西北部，T2西南部向西延伸至扩方。墓向350°。开口于第1层下，打破生土。墓圹四壁斜直，口大底小，口长2.8、宽0.88～1.06米，底长2.31、宽0.64～0.85米，深0.84～1.6米。墓中填土为黄褐色五花土，较硬，含有少量碎骨和碎砖（图一〇九）。

2. 葬具和人骨

未发现葬具和人骨。墓主人葬式、性别和年龄不详。

3. 随葬品

共5件。1件瓷狗、1件狮式瓷小壶、2件陶铃、1件铜耳饰，出土于墓葬中部西侧的填土中。

瓷狗　2000CFLⅢM3∶01，瓷狗呈卧式，昂首，大耳，两目炯炯有神，作眺望状。白胎，质地坚硬。影青釉，釉色鲜亮，釉层有光泽，有细微开片。素面。长3.8、宽2.2、高3.9厘米（图一一〇，4；图版五五，2）。

狮式瓷小壶　2000CFLⅢM3∶02，狮式瓷壶，造型优美，张牙舞爪，怒目圆睁，卷尾为执，壶前中部为流。白胎，质地坚硬。影青釉，釉色鲜亮，釉层有光泽，有细微开片。素面。长6.4、宽2.6、高4.4厘米（图一一〇，5；图版五五，3）。

陶铃　2000CFLⅢM3∶03，泥质灰褐陶。主体呈球形，上有圆形短柄，柄上有圆形孔，球体中空，内有一小陶珠。素面。长4.7、直径3.6厘米（图一一〇，1；图版五五，4）。2000CFLⅢM3∶04，泥质灰褐陶。主体呈球形，上有圆形短柄，柄上偏下有圆形孔，球体中空，球体下部有一长方形缺口，内有一陶珠。素面。长4.9、直径3.6厘米（图一一〇，2；图版五五，5）。

铜耳饰　2000CFLⅢM3∶05，整体呈圆盘状，边缘整齐，中间有一大一小两个圆形孔，大孔居中，中间较厚，小孔位于边缘，器表略有锈蚀。直径3.8、孔径1.2厘米（图一一〇，3；图版五五，6）。

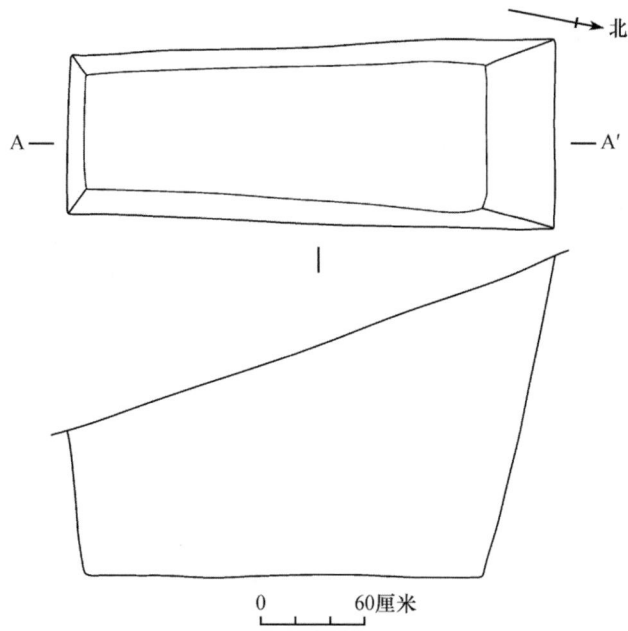

图一〇九　2000CFLⅢM3平、剖面图

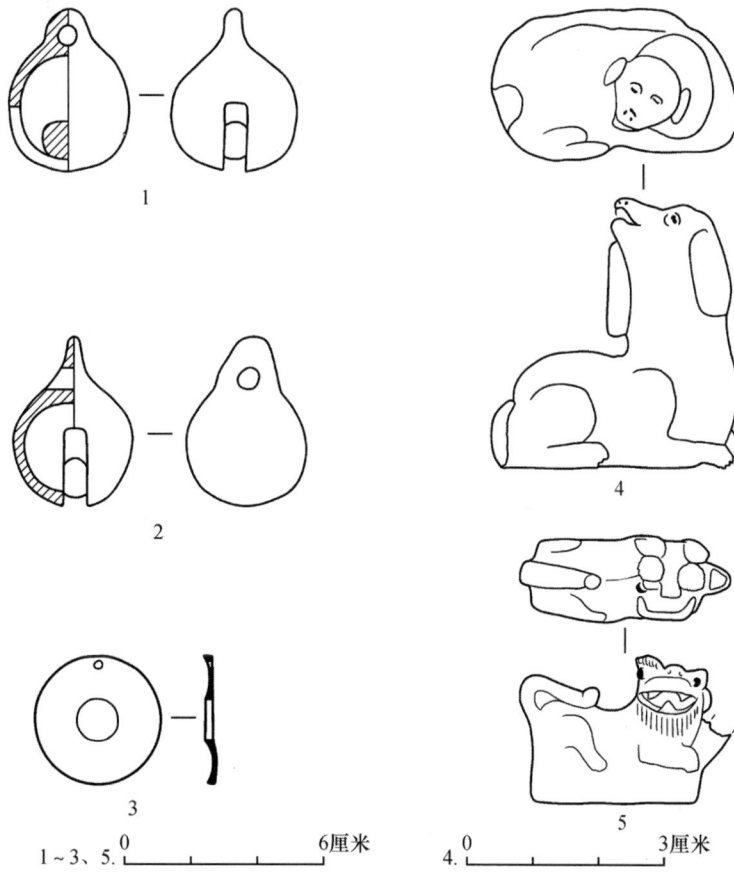

图一一〇　2000CFLⅢM3出土陶器、铜器、瓷器

1、2.陶铃（2000CFLⅢM3：03、2000CFLⅢM3：04）　3.铜耳饰（2000CFLⅢM3：05）　4.瓷狗（2000CFLⅢM3：01）

5.狮式瓷小壶（2000CFLⅢM3：02）

2000CFLⅢM4

1. 位置与形制

位于2000CFLⅢ区西南部，TG1中部偏西，延伸至扩方。墓向356°。开口于第1层下，打破生土。墓全长2.32、宽0.72～0.86、深0.4～1.12米。墓中填土为黄褐色五花土，较硬（图一一一；图版一七，1）。

2. 葬具和人骨

葬具为木棺，长1.97、宽0.52、残高0.1米。棺内发现1具人骨，仰身直肢，头北脚南，左手放在骨盆之上。男性，年龄55±5岁。

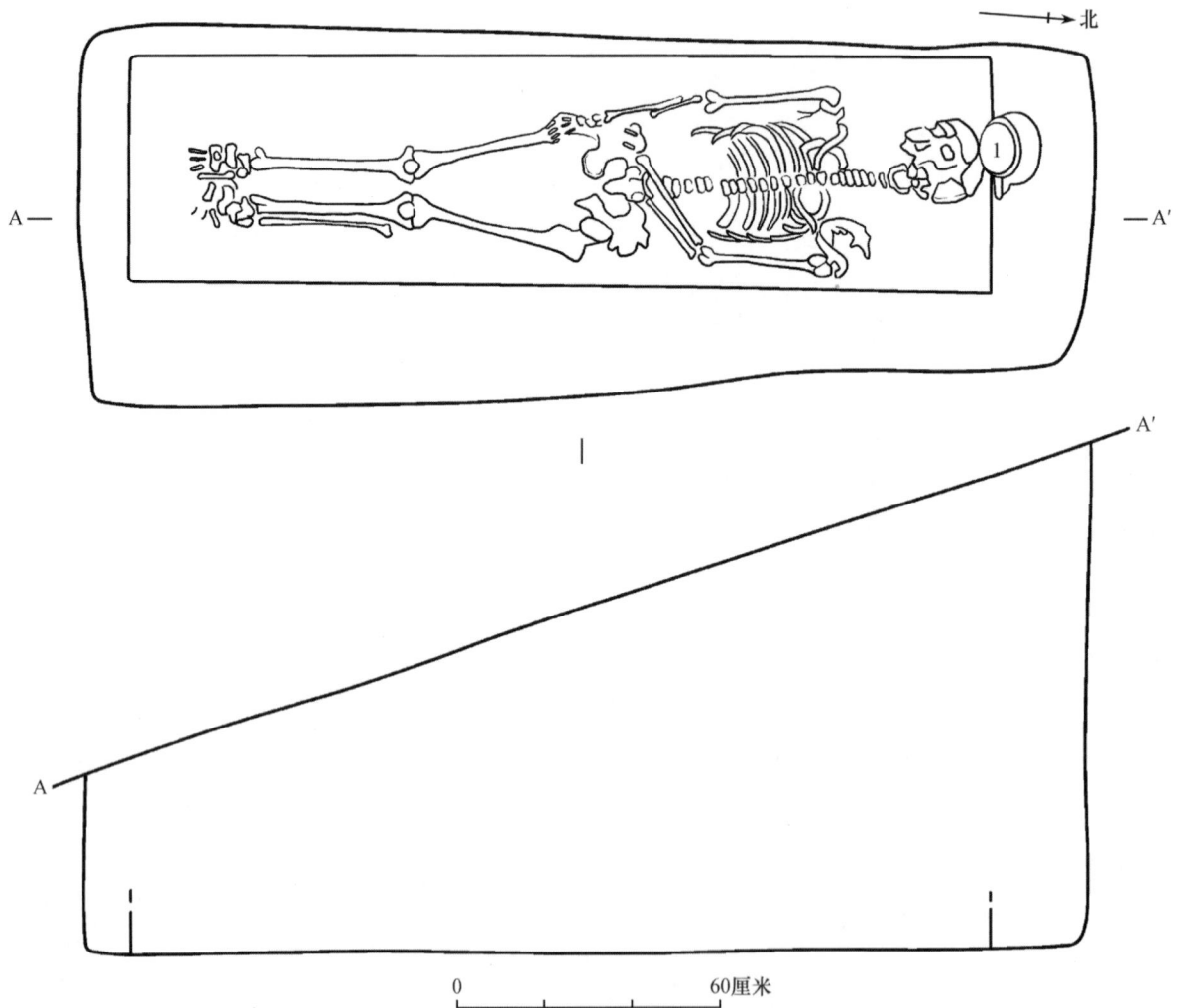

图一一一　2000CFLⅢM4平、剖面图

1. 釉陶罐

3. 随葬品

1件釉陶罐，出土于棺外北侧中部。

釉陶罐　2000CFLⅢM4：1，泥质灰陶，陶质较疏松，泥条盘筑而成。微敛口，方唇，鼓肩，肩上部有斜向上翘的半管状短流，肩部有泥条执手，残缺，斜弧腹，最大腹径略偏上，底微内凹。上半部施土黄釉，施釉不到底，流釉严重。素面。口径12、腹径15.4、底径7.6、高14.3厘米（图一一二；图版五六，1）。

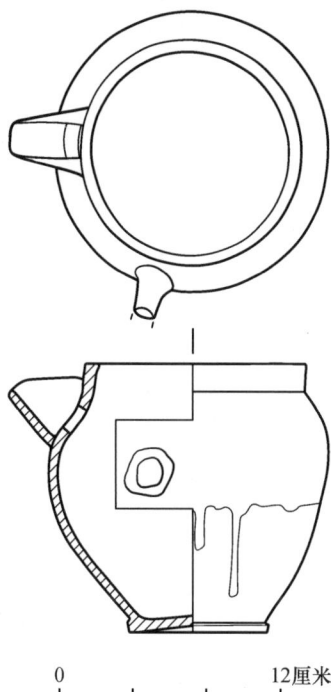

图一一二　2000CFLⅢM4出土釉陶罐（2000CFLⅢM4：1）

2000CFLⅢM5

1. 位置与形制

位于2000CFLⅢ区西南部，TG1东南部延伸至扩方。墓向348°。开口于第1层下，打破生土。墓全长2.32、宽0.77～1.08、深0.32～1.4米。墓中填土为灰褐色五花土，较硬（图一一三）。

2. 葬具和人骨

葬具为木棺，长1.75、宽0.44～0.48、残高0.09米。棺内发现1具人骨，仰身直肢，头北脚南，头骨两侧及底部各放置1件板瓦。男性，年龄55±5岁。

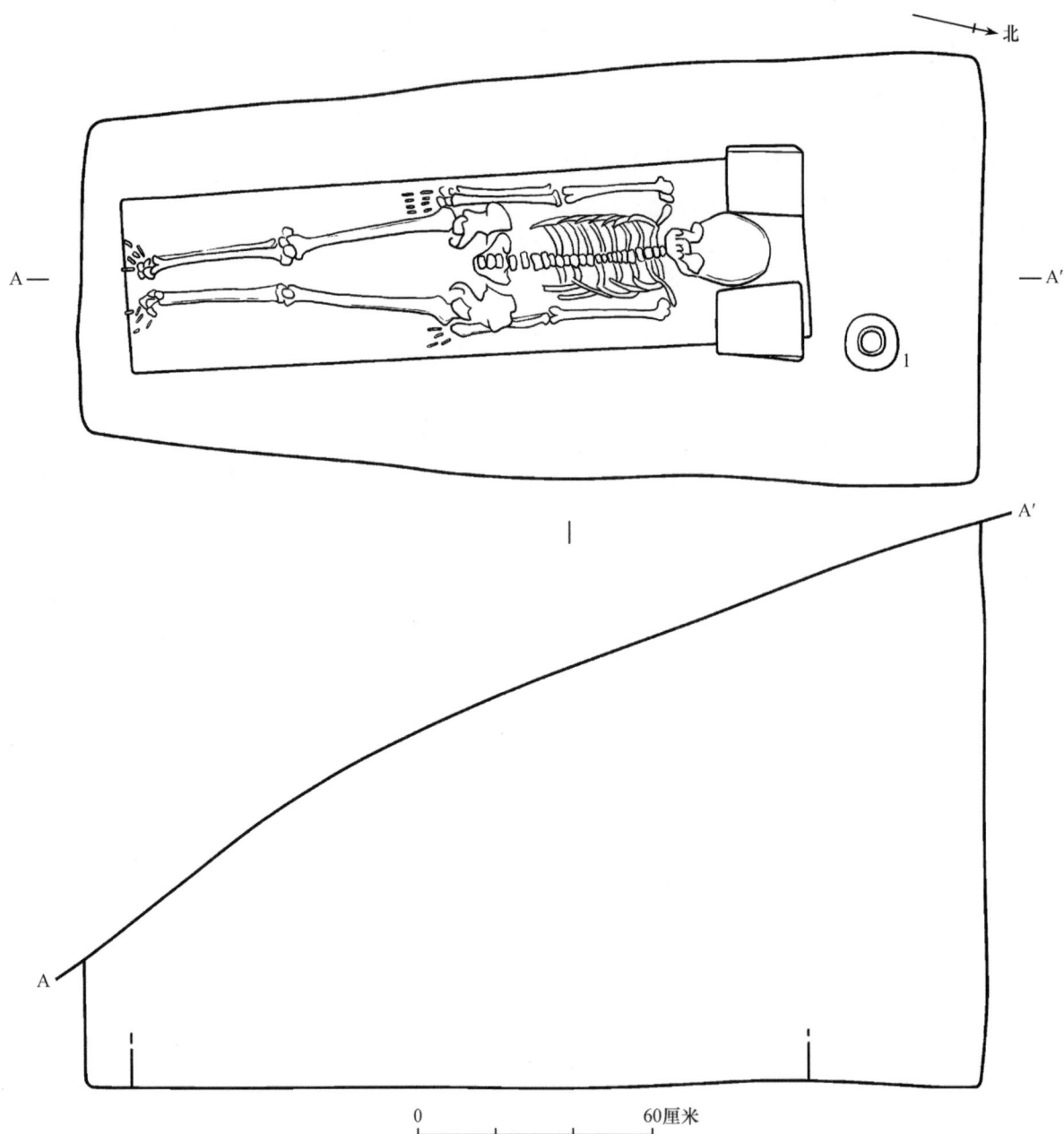

图一一三　2000CFLⅢM5平、剖面图
1. 釉陶罐

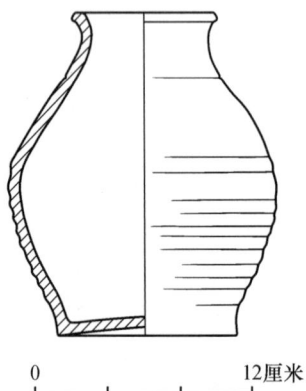

图一一四　2000CFLⅢM5出土釉陶罐（2000CFLⅢM5：1）

3. 随葬品

1件釉陶罐，出土于棺外东北角。

釉陶罐　2000CFLⅢM5：1，泥质灰陶。侈口，圆唇，斜肩，鼓腹，底略内凹。器表施青黄釉，施釉不到底。腹部饰凹弦纹。口径8、腹径15、底径9.8、高17.1厘米（图一一四；图版五六，3）。

2000CFLⅢM6

1. 位置与形制

位于2000CFLⅢ区西南部，TG1西部。墓向353°。开口于第1层下，打破生土。墓全长0.98、宽0.42、深0.38米。墓中填土为灰褐色五花土，较硬（图一一五；图版一七，2）。

2. 葬具和人骨

葬具为石棺，仅存底部及东、西两壁3块石板，均不甚规则，东侧石棺壁长0.83、高0.25~0.28、厚0.03~0.05米，西侧石棺壁长0.7、高0.3~0.35、厚0.03~0.05米，底部石棺壁长0.85、宽0.35、厚0.03~0.04米。石棺内发现1具人骨，保存较差。墓主人葬式、性别和年龄不详。

3. 随葬品

未发现随葬品。

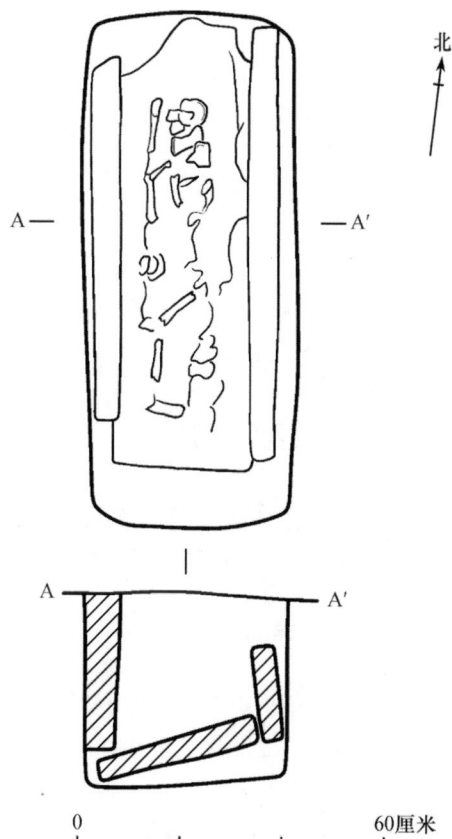

图一一五　2000CFLⅢM6平、剖面图

2000CFLⅢM10

1. 位置与形制

位于2000CFLⅢ区西北部，T4西南部。墓向341°。开口于第1层下，打破生土。墓葬南部被M9打破，残长0.72、宽0.4、深0～0.44米。墓中填土为灰褐色五花土，较硬（图一一六）。

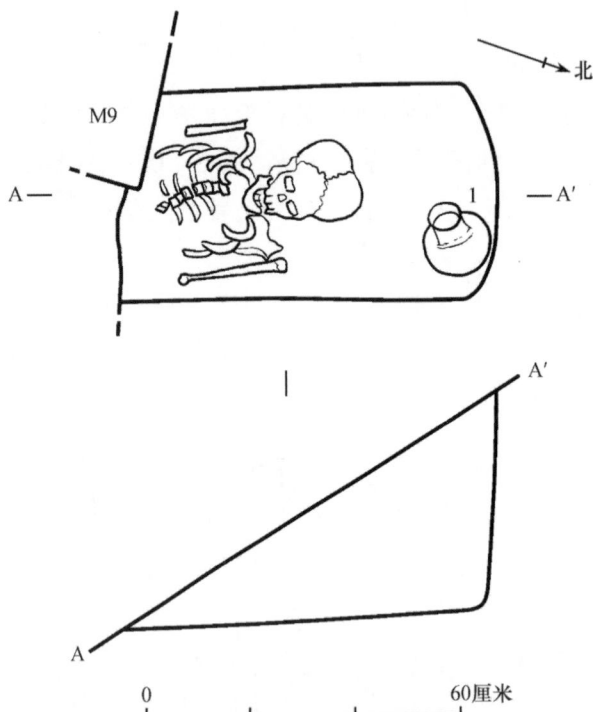

图一一六　2000CFLⅢM10平、剖面图
1. 瓷罐

2. 葬具和人骨

未发现葬具。墓圹内发现1具人骨仅存胸部以上部分，头向北。墓主人葬式、性别和年龄不详。

3. 随葬品

1件瓷罐，出土于墓室内东北角。

瓷罐　2000CFLⅢM10：1，微侈口，尖唇，唇下有一周凸棱，斜直颈，溜肩，鼓腹，底略内凹。胎体厚重，胎色泛黄，胎质较疏松。黑釉，施釉不到底，釉层有光泽。颈部饰凹弦纹。口径7.8、腹径13.1、底径8、高13.9厘米（图一一七；图版五六，2）。

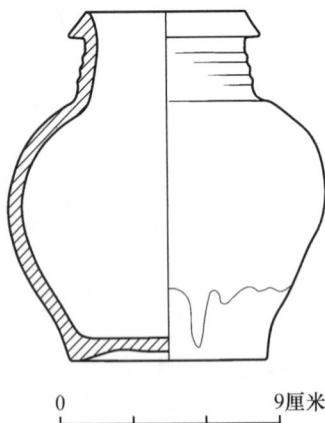

图一一七　2000CFLⅢM10出土瓷罐
（2000CFLⅢM10：1）

2000CFLⅢM12

1. 位置与形制

位于2000CFLⅢ区西南部，T3西南部延伸至扩方。墓向355°。开口于第1层下，打破生土。墓全长2.1、宽0.64～0.89、深0.82～1.62米。墓中填土为灰褐色五花土，较硬（图一一八；图版一八，1）。

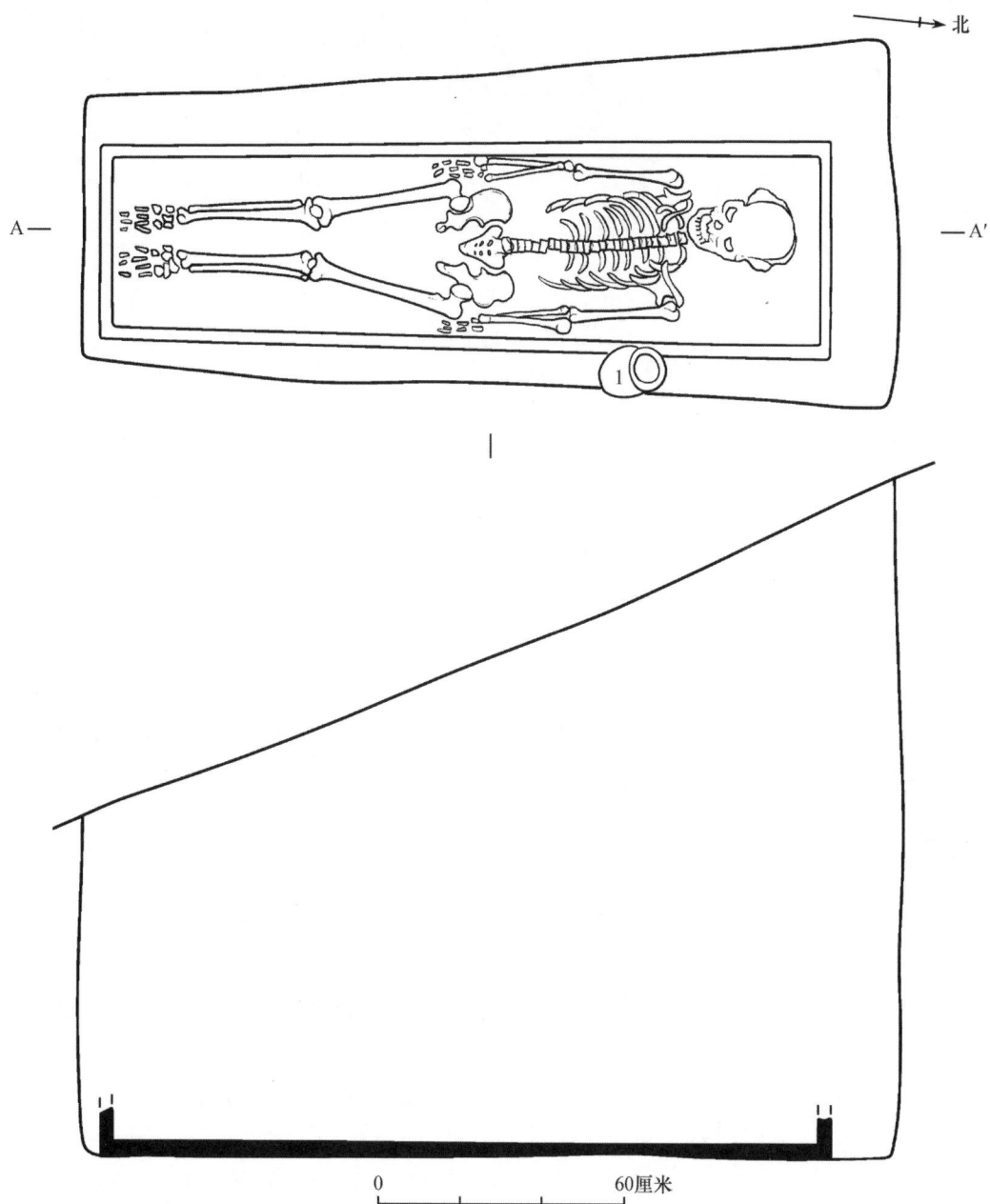

图一一八　2000CFLⅢM12平、剖面图

1. 釉陶罐

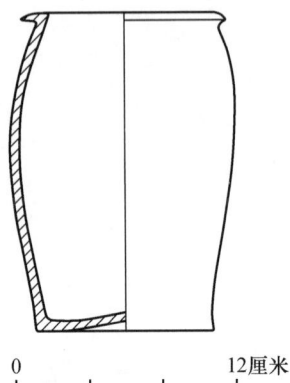

图一一九　2000CFLⅢM12出土釉陶罐
（2000CFLⅢM12：1）

2. 葬具和人骨

葬具为木棺，长1.8、宽0.46～0.52、残高0.12米、厚0.02～0.03米，棺底铺草木灰和白灰。棺内发现1具人骨，仰身直肢，头北脚南。男性，年龄20±5岁。

3. 随葬品

1件釉陶罐，放置于棺外东侧中部。

釉陶罐　2000CFLⅢM12：1，褐陶，陶质较疏松。敛口，斜折沿，尖唇，束颈，长腹微鼓，底微内凹。上半部施黄青釉，青中泛黄，黄中隐褐，施釉不到底，釉层较薄。素面。口径11、腹径12.4、底径9.7、高16.9厘米（图一一九；图版五六，4）。

2000CFLⅢM15

1. 位置与形制

位于2000CFLⅢ区北部偏西，T15西部。墓向0°。开口于第1层下，打破生土。墓全长2.13、宽0.68～0.74、深0.32～1.52米，墓底北壁向外延伸0.16米，北壁斜直。墓中填土为灰褐色五花土，较硬（图一二〇）。

2. 葬具和人骨

葬具为木棺，长1.91、宽0.57米，棺底铺草木灰。棺内发现1具人骨，仰身直肢，头北脚南，头部北侧、东西两侧各放置1件板瓦。女性，年龄60±5岁。

3. 随葬品

共2件。1件陶罐出土于墓室填土中，距墓底0.5米，口部盖一残砖块，1件铜环出土于墓主人右臂外侧。

陶罐　2000CFLⅢM15：1，泥质灰陶。敛口，平沿，溜肩，扁鼓腹，底内凹。腹部饰凹弦纹。口径10.7、腹径17.4、底径9.6、高12.8厘米（图一二一，1；图版五七，1）。

铜环　2000CFLⅢM15：2，整体圆环状，一部分残，由圆柱形铜丝盘制而成，横截面呈圆形。器表锈蚀。外径2.5、内径2厘米（图一二一，2；图版五七，5）。

北

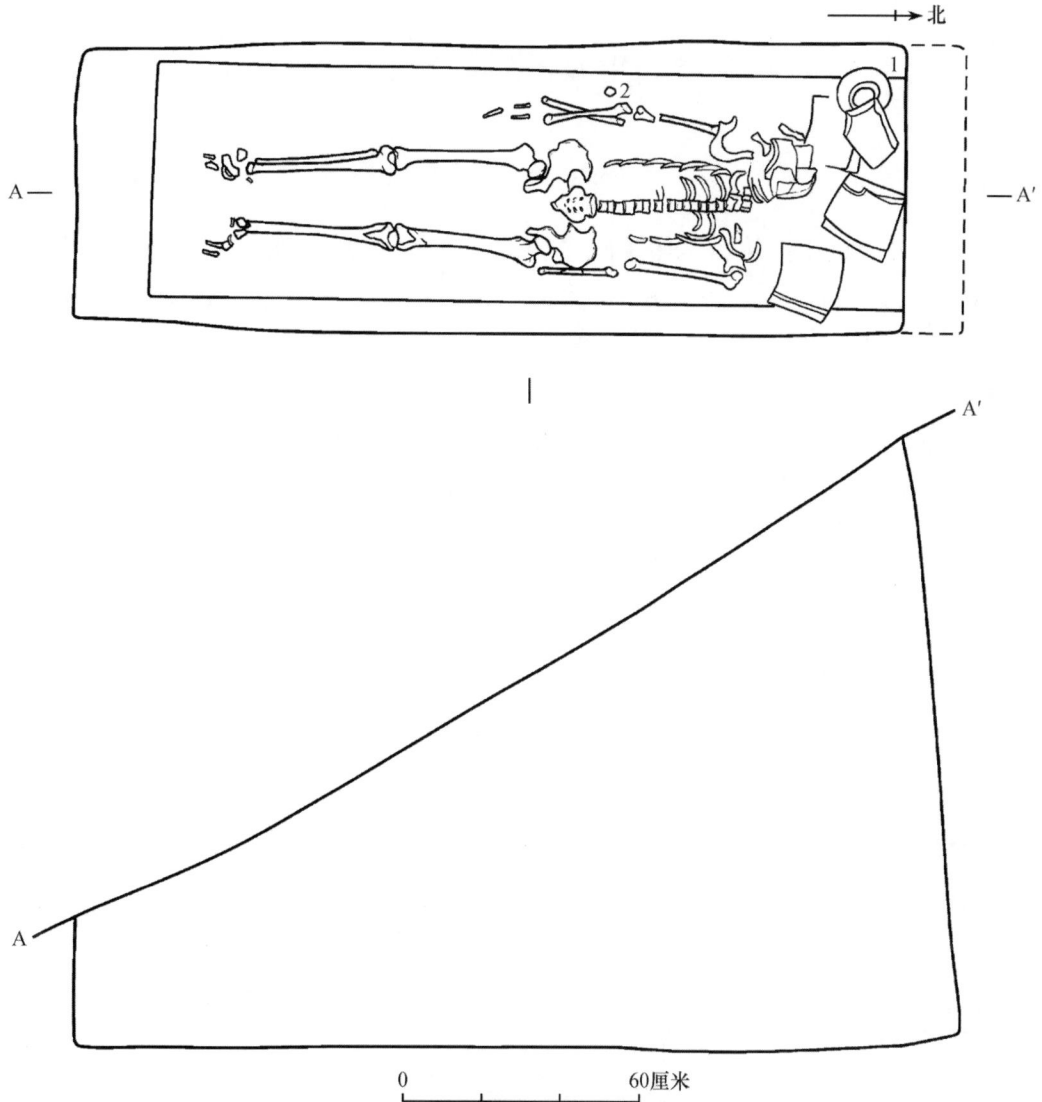

图一二〇　2000CFLⅢM15平、剖面图
1.陶罐　2.铜环

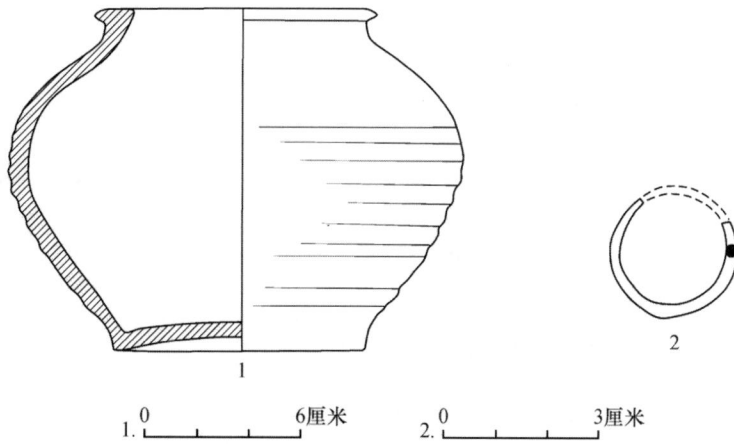

图一二一　2000CFLⅢM15出土陶器、铜器
1.陶罐（2000CFLⅢM15∶1）　2.铜环（2000CFLⅢM15∶2）

2000CFLⅢM18

1. 位置与形制

位于2000CFLⅢ区中部偏西，T9东南部。墓向345°。开口于第1层下，打破生土。墓葬南部被现代树坑打破，残长1.9、宽0.66～0.76、深0.07～0.72米。墓中填土为灰褐色五花土，较硬（图一二二；图版一八，2）。

2. 葬具和人骨

葬具为木棺，残长1.7、宽0.45～0.5米。棺内发现1具人骨，仰身直肢，头北脚南，头部北侧斜立叠摞6件板瓦。男性，年龄20±5岁。

3. 随葬品

1件釉陶罐，出土于棺外墓室东北角。

釉陶罐　2000CFLⅢM18：1，泥质红褐陶，陶质粗糙。微侈口，尖圆唇，唇下有一周凸

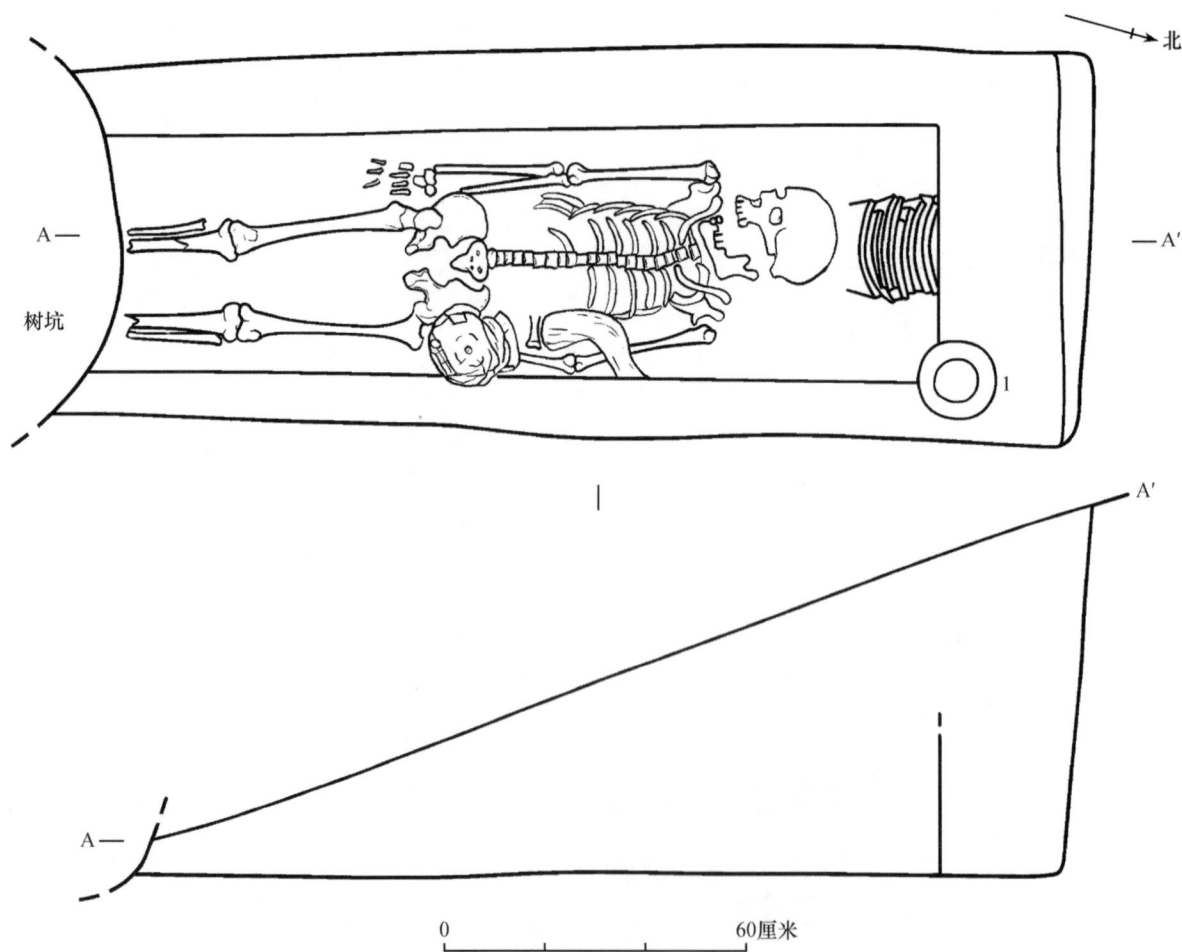

图一二二　2000CFLⅢM18平、剖面图
1. 釉陶罐

棱，束颈，斜肩，鼓腹，底略内凹。器表施酱釉，施釉不到底，有流釉。素面。口径9.6、腹径14.2、底径9.8、高15.6厘米（图一二三；图版五七，2）。

2000CFLⅢM21

1. 位置与形制

位于2000CFLⅢ区北侧中部略偏西，T12西南部。墓向350°。开口于第1层下，打破生土。墓圹口大底小，口长2.4、宽0.68~0.8米，底长2.2、宽0.6米，深0.47~1.31米。墓中填土为灰褐色五花土，较硬（图一二四；图版一九，1）。

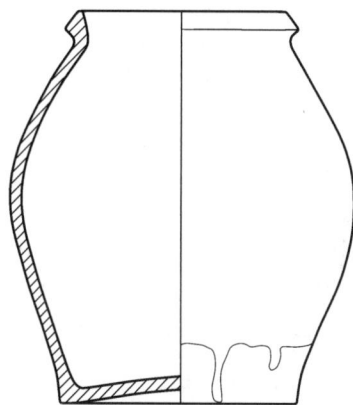

图一二三　2000CFLⅢM18出土釉陶罐
（2000CFLⅢM18：1）

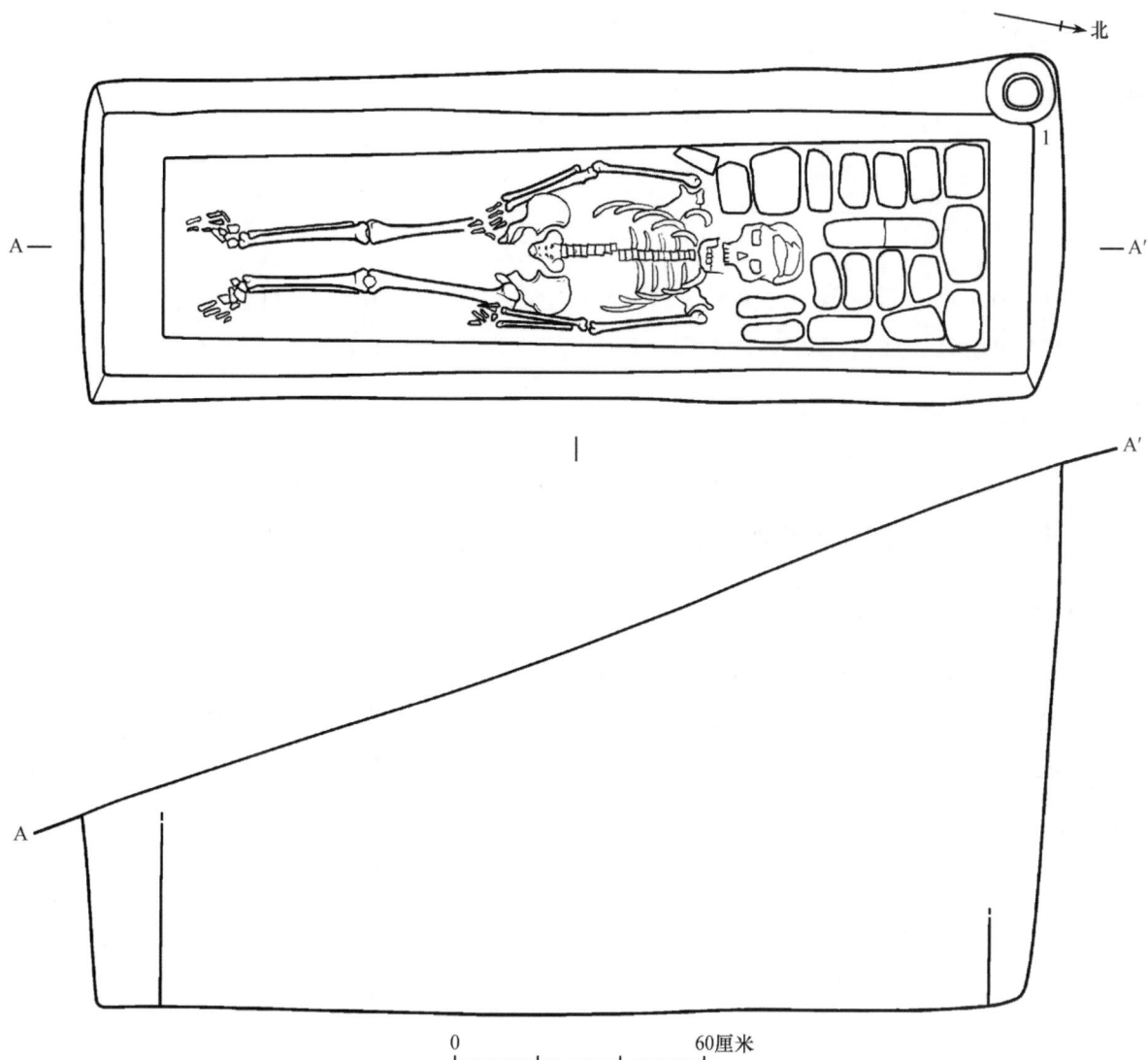

图一二四　2000CFLⅢM21平、剖面图
1. 瓷罐

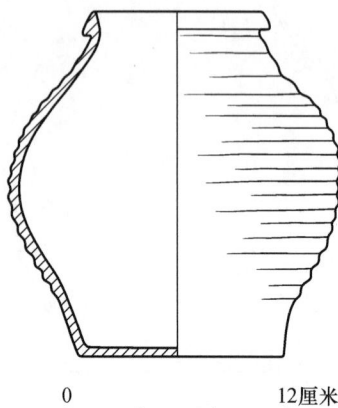

图一二五　2000CFLⅢM21出土瓷罐
（2000CFLⅢM21：1）

2. 葬具和人骨

葬具为木棺，长2、宽0.4～0.5米、残高0.18～0.44米。棺内发现1具人骨，仰身直肢，头北脚南，棺底铺白灰，头部周围用大量长条形白灰块填充固定。女性，年龄40±5岁。

3. 随葬品

1件瓷罐，放置于墓室西北角。

瓷罐　2000CFLⅢM21：1，微侈口，尖圆唇，唇下有一周凸棱，束颈，鼓腹，平底。胎体厚重，胎色泛黄，胎质较疏松。器表施青釉，釉色青中泛黄，施釉不到底。器表饰凹弦纹，内底有刮痕。口径10.2、底径11.1、腹径19、高18.3厘米（图一二五；图版五八，1）。

2000CFLⅢM22

1. 位置与形制

位于2000CFLⅢ区北侧中部偏西，T15中部偏西。墓向3°。开口于第1层下，打破生土。墓全长2.27、宽0.64～0.82、深0.3～1.52米。墓中填土为灰褐色五花土，较硬（图一二六）。

2. 葬具和人骨

葬具为木棺，长2、宽0.5～0.58、残高0.2～0.4米。棺内发现1具人骨，仰身直肢，头北脚南，棺底铺石灰，头部两侧和右肩一侧发现4件长条形石灰块。男性，年龄20±5岁。

3. 随葬品

1件陶罐，出土于棺外墓室西北角，口部盖一残砖块。

陶罐　2000CFLⅢM22：1，泥质灰褐陶。直口，平折沿，圆唇，鼓肩，斜弧腹，腹最大径偏上，底略内凹。腹部饰凹弦纹。口径10.6、腹径22.3、底径11.2、高18厘米（图一二七；图版五七，3）。

北

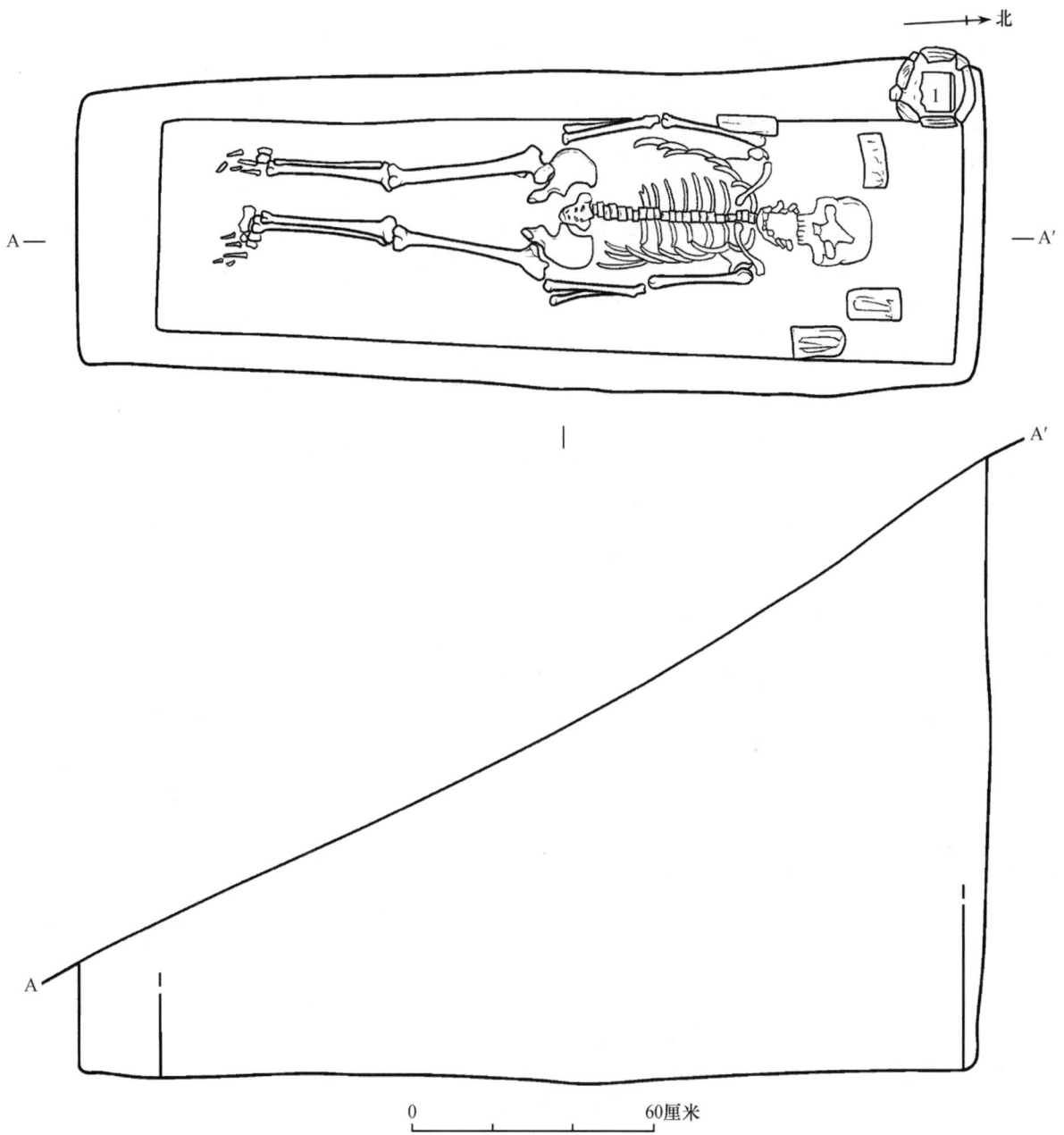

图一二六　2000CFLⅢM22平、剖面图

1. 陶罐

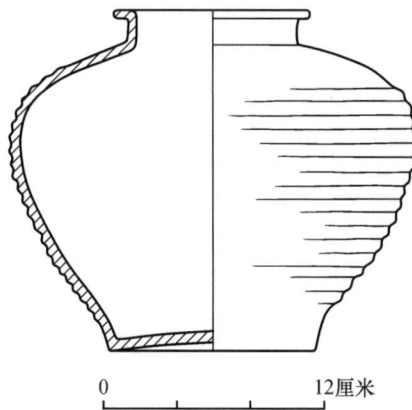

图一二七　2000CFLⅢM22出土陶罐（2000CFLⅢM22：1）

2000CFLⅢM25

1. 位置与形制

位于2000CFLⅢ区南部偏东，T24西部。墓向335°。开口于第1层下，打破生土。墓葬南部被现代树坑打破，残长1.68、宽0.64～0.72、深0.38～1.03米。墓中填土为灰褐色五花土，较硬（图一二八）。

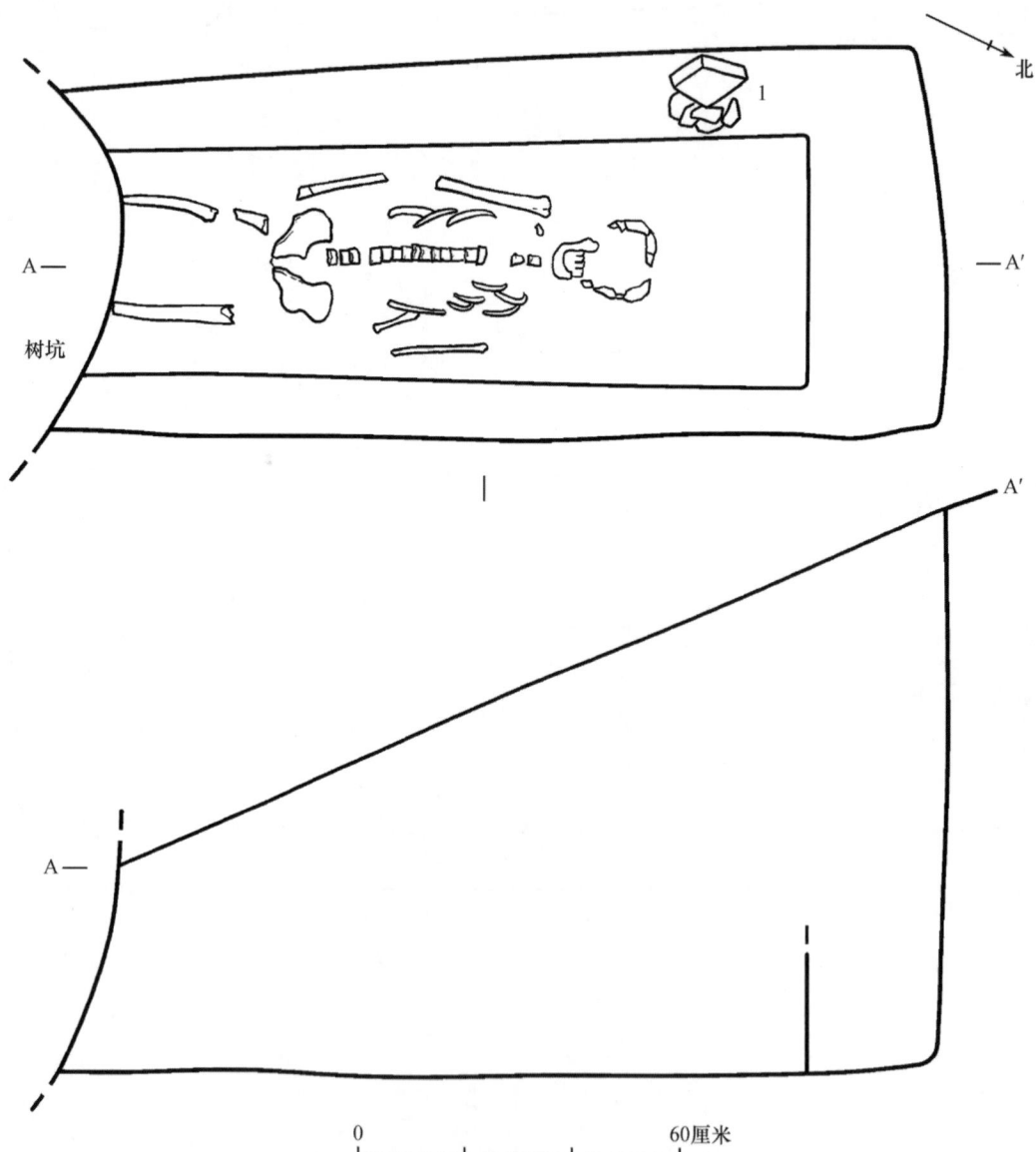

图一二八　2000CFLⅢM25平、剖面图
1. 陶罐

2. 葬具和人骨

葬具为木棺，残长1.36、宽0.4~0.46、残高0.2米。木棺内发现1具人骨，仰身直肢，头向北，棺底铺草木灰。女性，年龄20±5岁。

3. 随葬品

1件陶罐，出土于棺外墓室西北部。

陶罐 2000CFLⅢM25：1，泥质红陶。直口，斜方唇，鼓肩，长斜直腹，平底。肩上部饰连环方曲折纹。口径8.6、腹径15.2、底径10、高16.1厘米（图一二九；图版五八，2）。

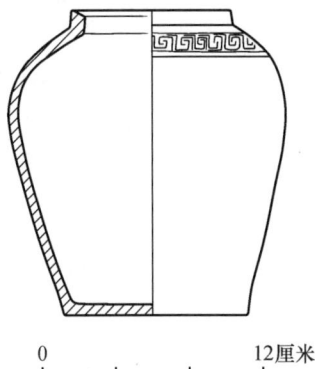

图一二九 2000CFLⅢM25出土陶罐（2000CFLⅢM25：1）

2000CFLⅢM27

1. 位置与形制

位于2000CFLⅢ区北侧中部，T19东北部。墓向15°。开口于第1层下，打破生土。墓全长2.06、宽0.67~0.72、深0.51~0.8米。墓中填土为灰褐色五花土，较硬（图一三〇）。

2. 葬具和人骨

葬具为木棺，长1.8、宽0.35~0.51米。木棺内发现1具人骨，仰身直肢，头北脚南。女性，年龄60±5岁。

3. 随葬品

1件瓷罐，出土于棺外墓室中部，口部盖1件石块。

瓷罐 2000CFLⅢM27：1，口微侈，圆唇，溜肩，微鼓腹，平底。褐胎，胎质粗糙疏松。施青釉，釉色青黄泛绿，施釉不到底。素面。口径8.9、腹径12.1、底径8.5、高13.3厘米（图一三一；图版五七，4）。

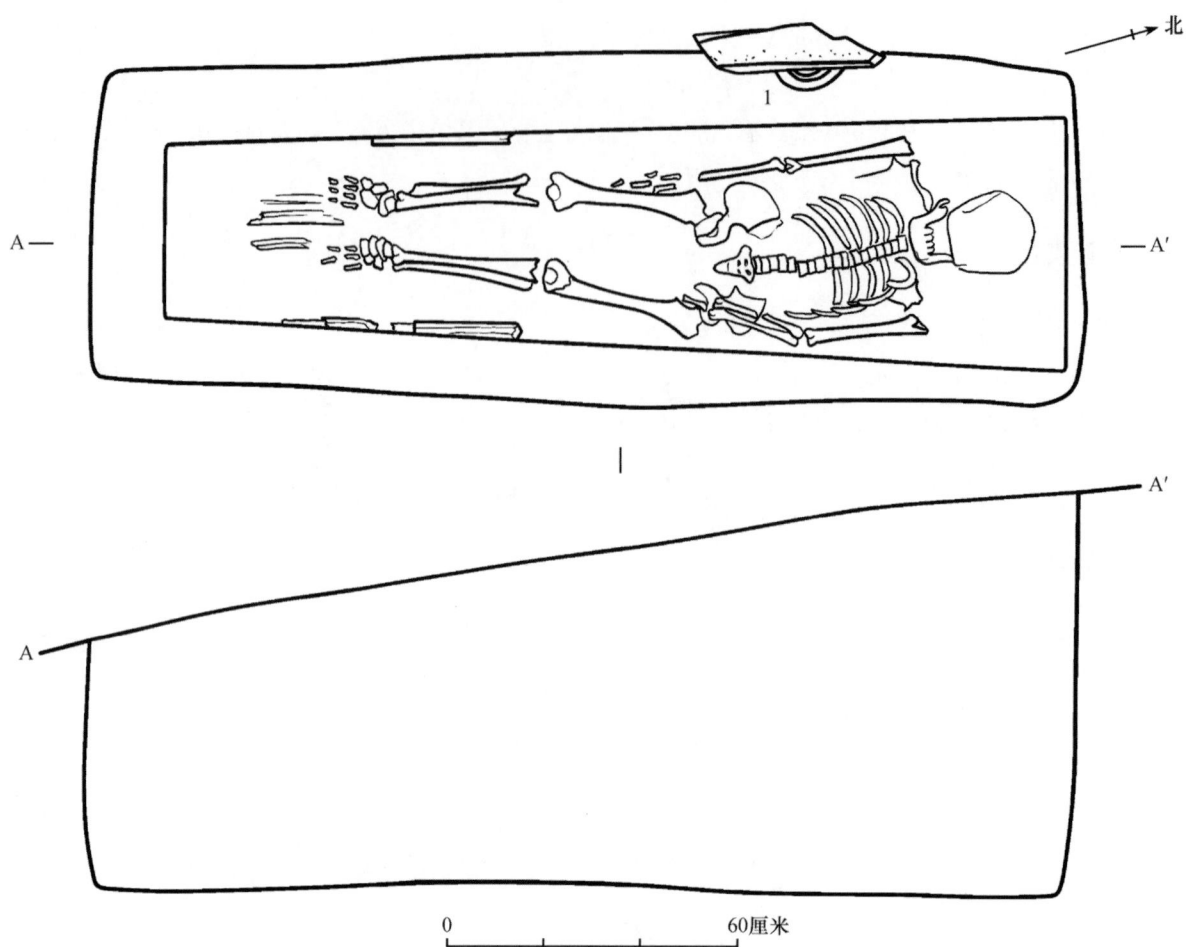

北

A —　　　　　　　　　　　　　　　　　　　　　— A′

0　　　　　　　　　　　　60厘米

图一三〇　2000CFLⅢM27平、剖面图
1. 瓷罐

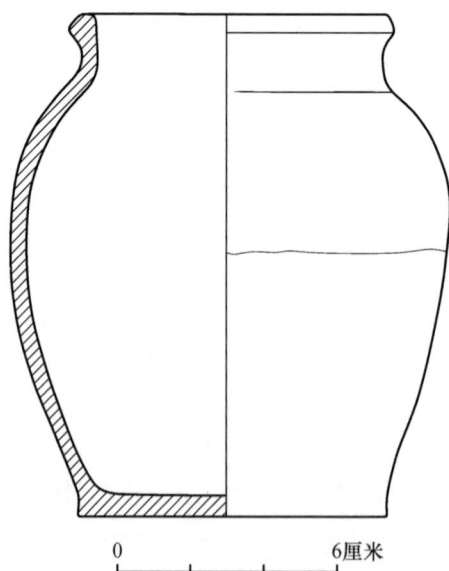

0　　　　　　　6厘米

图一三一　2000CFLⅢM27出土瓷罐（2000CFLⅢM27：1）

2000CFL Ⅲ M30

1. 位置与形制

位于2000CFL Ⅲ 区中部偏西，T11中部偏西。墓向0°。开口于第1层下，打破生土。墓圹北壁外弧，墓全长2.5、宽0.82～1.02、深0.51～1.5米。墓中填土为黄褐色五花土，较软（图一三二）。

2. 葬具和人骨

葬具为木棺，长2.08、宽0.56～0.7米。木棺内发现1具人骨，仰身直肢，头北脚南。女性，年龄20±5岁。

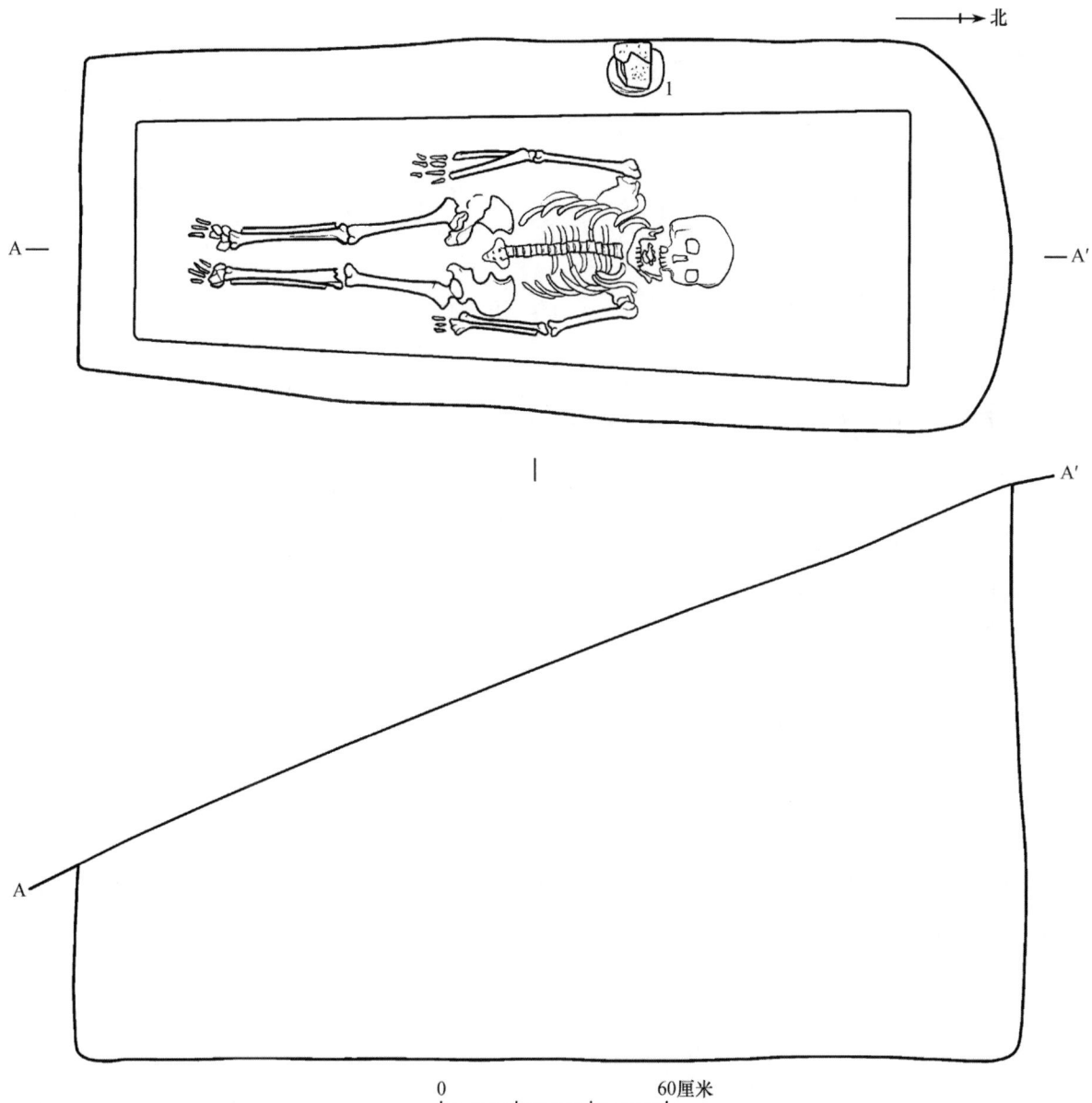

图一三二　2000CFL Ⅲ M30平、剖面图

1. 瓷罐

3. 随葬品

1件瓷罐，出土于棺外墓室西侧中部。

瓷罐　2000CFLⅢM30：1，敛口，窄沿，尖圆唇，束颈，溜肩，鼓腹，底略内凹。褐胎，胎质粗糙疏松。施青釉，釉色青黄泛绿，施釉不到底，有流釉。素面。口径12.4、腹径15.4、底径11.2、高18.3厘米（图一三三；图版五八，3）。

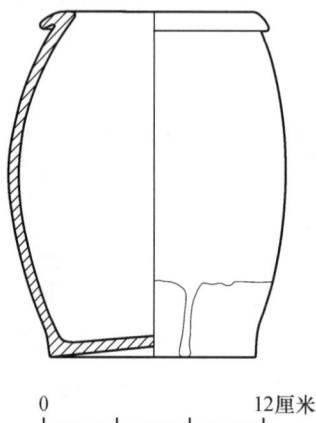

0　　　　　　　　12厘米

图一三三　2000CFLⅢM30出土瓷罐（2000CFLⅢM30：1）

2000CFLⅢM31

1. 位置与形制

位于2000CFLⅢ区中部偏西，T14中部偏西南。墓向20°。开口于第1层下，打破生土。墓全长2.13、宽0.7～0.84、深0.62～1.62米。墓中填土为灰褐色五花土，较硬（图一三四）。

2. 葬具和人骨

葬具为木棺，长1.92、宽0.51～0.57米。木棺内发现1具人骨，仰身直肢，头北脚南。男性，年龄20±5岁。

3. 随葬品

1件瓷罐，出土于棺外东侧墓室中部。

瓷罐　2000CFLⅢM31：1，敛口，折沿，圆唇，束颈，溜肩，微鼓腹，平底。褐胎，胎质粗糙疏松。施青釉，釉色青黄泛绿，施釉不到底。素面。口径11.5、腹径13.6、底径9.8、高16厘米（图一三五；图版五八，4）。

北

A —　　　　　　　　　　　　　— A′

1

|

A′

A

0　　　　　　　　　60厘米

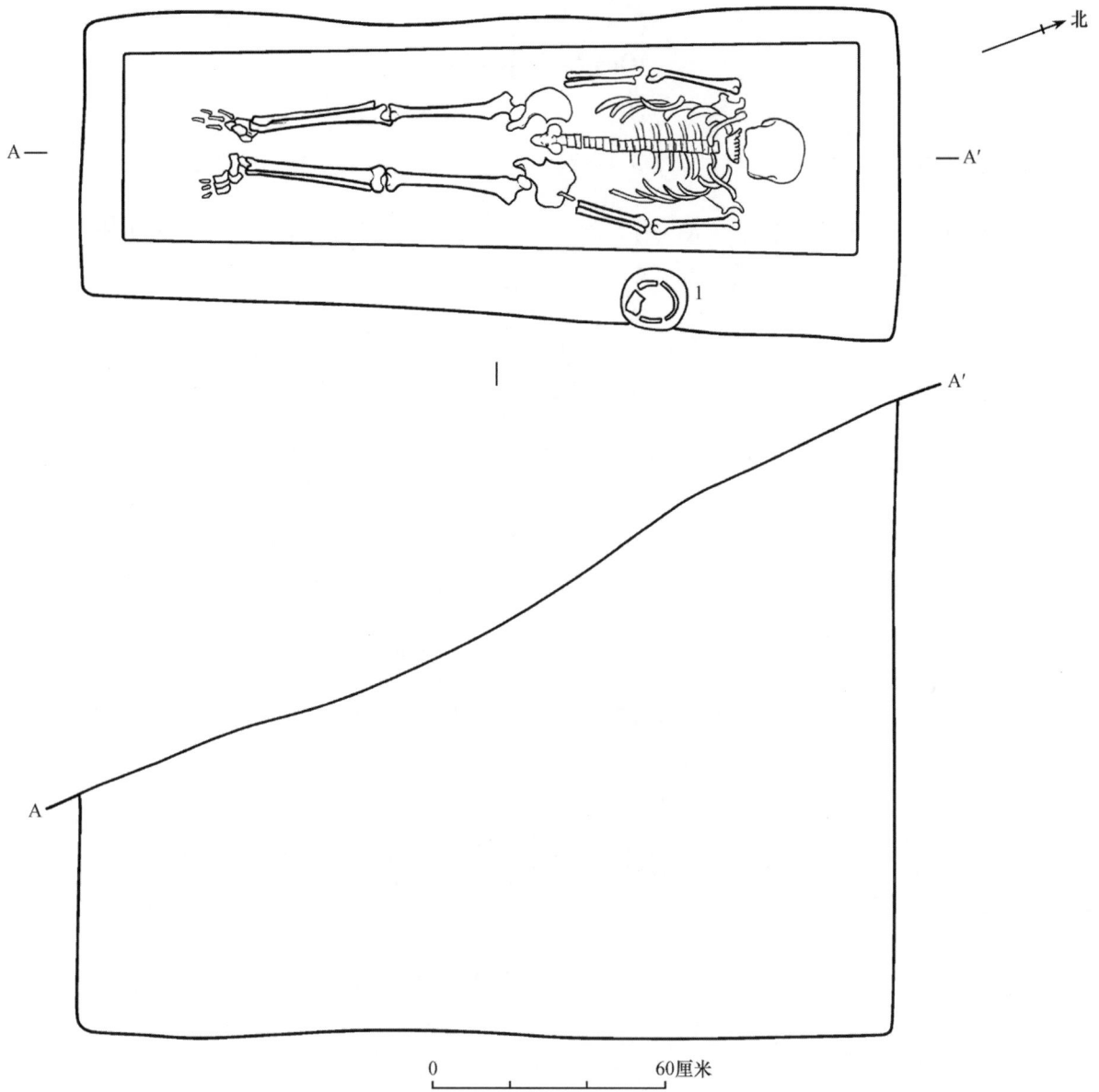

图一三四　2000CFLⅢM31平、剖面图
1. 瓷罐

0　　　　　　9厘米

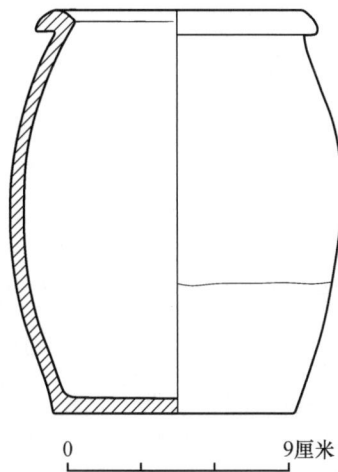

图一三五　2000CFLⅢM31出土瓷罐（2000CFLⅢM31：1）

2000CFLⅢM32

1. 位置与形制

位于2000CFLⅢ区东南部，T30东北部。墓向335°。开口于第1层下，打破生土。墓葬南部被现代树坑打破，残长1.8、宽0.9、深0.16～0.84米。墓中填土为灰褐色五花土，较硬（图一三六）。

2. 葬具和人骨

葬具为木棺，长1.55、宽0.54～0.63、残高0.46米。木棺内发现1具人骨，仰身直肢，头向北。墓主人性别、年龄不详。

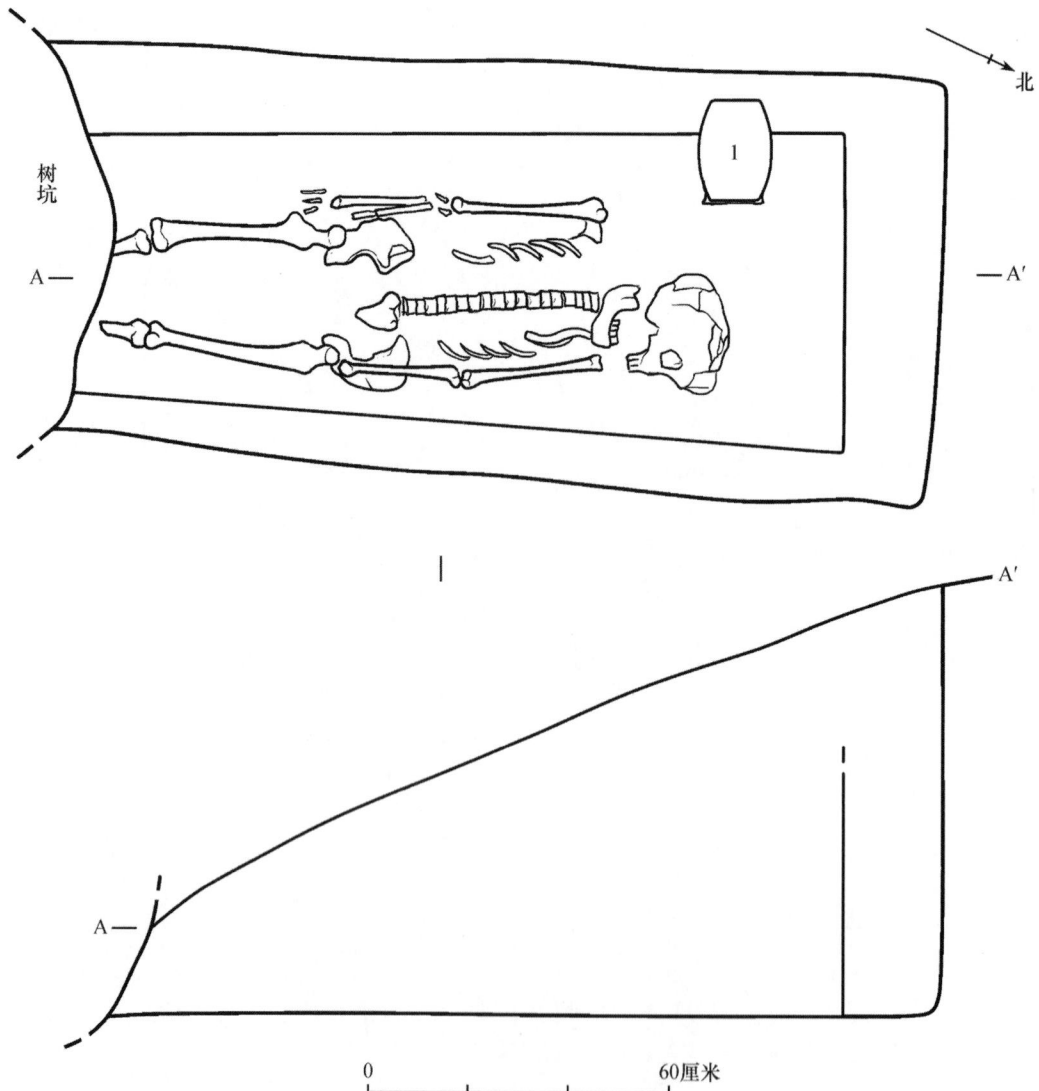

图一三六　2000CFLⅢM32平、剖面图

1. 釉陶罐

3. 随葬品

1件釉陶罐，出土于墓圹西北部填土，底距墓底0.32米。

釉陶罐 2000CFLⅢM32：1，泥质红褐陶，陶质粗糙疏松。侈口，方唇，束颈，溜肩，微鼓腹，平底。施青釉，釉色青黄泛褐，施釉不到底。腹中部饰一周凹弦纹。口径11.3、腹径15.5、底径10.2、高16.8厘米（图一三七；图版五九，3）。

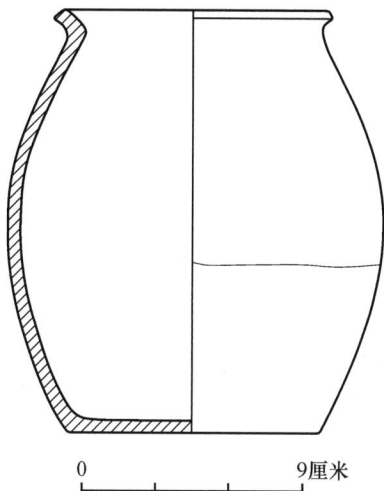

0   9厘米

图一三七 2000CFLⅢM32出土釉陶罐（2000CFLⅢM32：1）

2000CFLⅢM34

1. 位置与形制

位于2000CFLⅢ区中部偏东，T26中部偏北。墓向3°。开口于第1层下，打破生土。墓全长2.24、宽0.6~0.72、深0.7~1.1米。墓中填土为黄褐色五花土，较软（图一三八）。

2. 葬具和人骨

葬具为木棺，长2、宽0.48、残高0.4米。木棺内发现1具人骨，仰身直肢，头北脚南。女性，年龄50±5岁。

3. 随葬品

1件瓷罐，放置于在棺外墓室西北部，上盖一残砖块。

瓷罐 2000CFLⅢM34：1，敛口，宽平沿，方唇，束颈，溜肩，鼓腹，大平底。褐胎，胎质粗糙疏松。施青釉，釉色青黄泛褐，施釉不到底。素面。口径9.5、腹径12、底径8.8、高12.3厘米（图一三九；图版五九，1）。

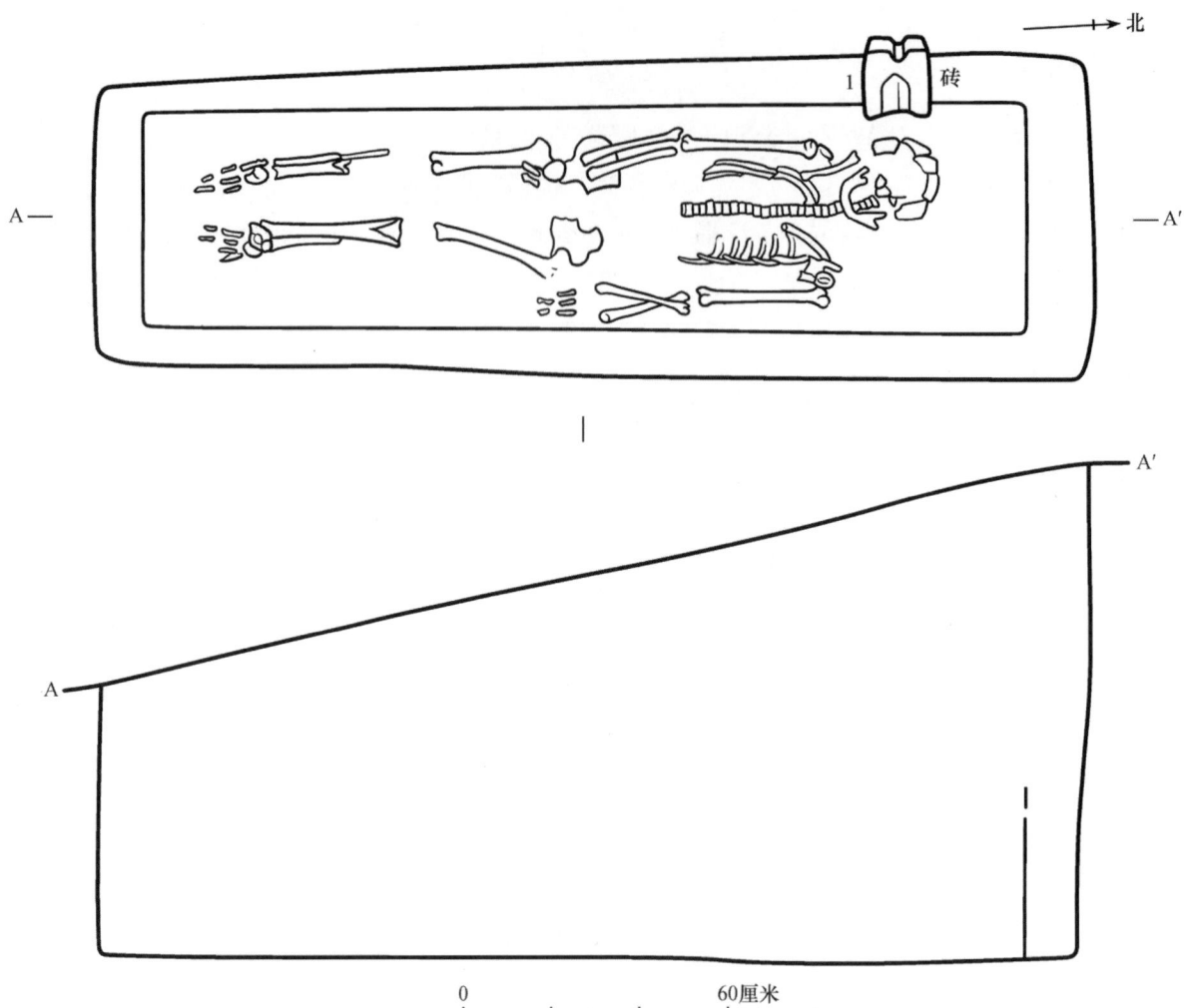

图一三八　2000CFLⅢM34平、剖面图
1. 瓷罐

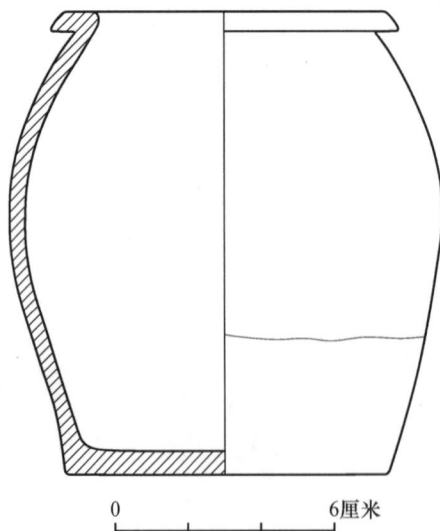

图一三九　2000CFLⅢM34出土瓷罐（2000CFLⅢM34∶1）

2000CFLⅢM35

1. 位置与形制

位于2000CFLⅢ区北部偏东，T26西北角延伸至T23、T27内。墓向344°。开口于第1层下，打破生土。墓全长2.14、宽0.72~0.98、深0.62~1.02米。墓中填土为黄褐色五花土，较软（图一四〇）。

2. 葬具和人骨

葬具为木棺，长1.92、宽0.46~0.51、残高0.12米。木棺内发现1具人骨，仰身直肢，头北脚南。女性，年龄20±5岁。

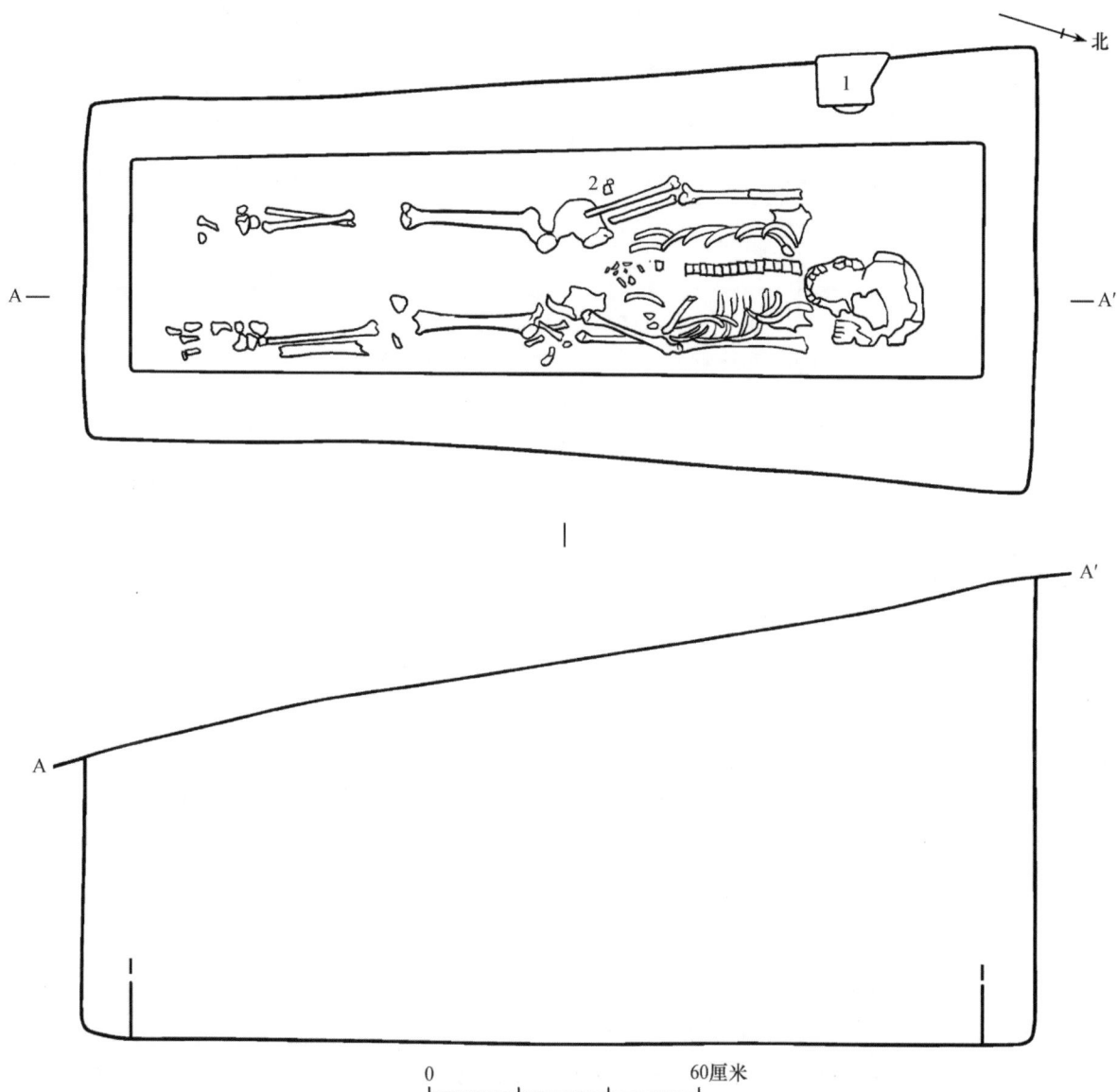

图一四〇　2000CFLⅢM35平、剖面图
1. 瓷罐　2. 铜扣

3. 随葬品

共3件。1件瓷罐出土于棺外墓室西北部，2件铜扣散落于墓主人盆骨右侧附近。

瓷罐　2000CFLⅢM35：1，敛口，窄沿外展，方唇，束颈，溜肩，鼓腹，平底略内凹。胎色泛黄，胎体厚重，胎质较疏松。器表施青釉，釉色青中泛黄，施釉不到底。腹中部饰一周凹弦纹，内底有刮痕。口径11、腹径13、底径9.5、高15厘米（图一四一，1；图版五九，4）。

铜扣　2000CFLⅢM35：2-1，整体呈球形，上为圆环形穿线孔，下连球形纽。其上饰瓜棱纹。器表锈蚀严重。长2、直径1.4厘米（图一四一，2；图版五九，2）。

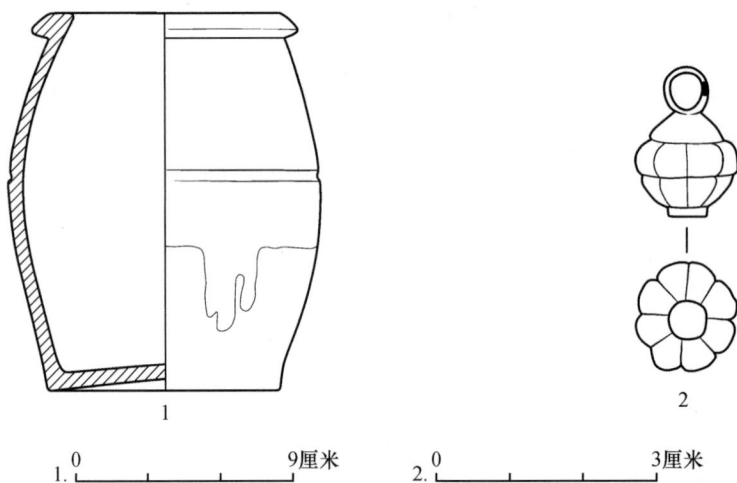

图一四一　2000CFLⅢM35出土瓷器、铜器

1. 瓷罐（2000CFLⅢM35：1）　2. 铜扣（2000CFLⅢM35：2-1）

2000CFLⅢM36

1. 位置与形制

位于2000CFLⅢ区中部略偏西南，T13中部偏北。墓向5°。开口于第2层下，打破生土。墓全长2.95、宽0.6~0.84、深0.7~1.8米。墓中填土为黄褐色五花土，较软（图一四二；图版一九，2）。

2. 葬具和人骨

葬具为木棺，长1.76、宽0.48米。木棺内发现1具人骨，仰身直肢，头北脚南。女性，年龄20±5岁。

3. 随葬品

1件瓷罐，出土于棺外墓室西北部。

瓷罐　2000CFLⅢM36：1，敛口，窄沿外展，圆唇，束颈，溜肩，鼓腹，下腹内弧，平底。褐胎，胎质粗糙疏松。施青釉，釉色青黄泛绿，施釉不到底。腹中部饰一周弦纹。口径13.4、腹径16.7、底径9.5、高17厘米（图一四三；图版六〇，3）。

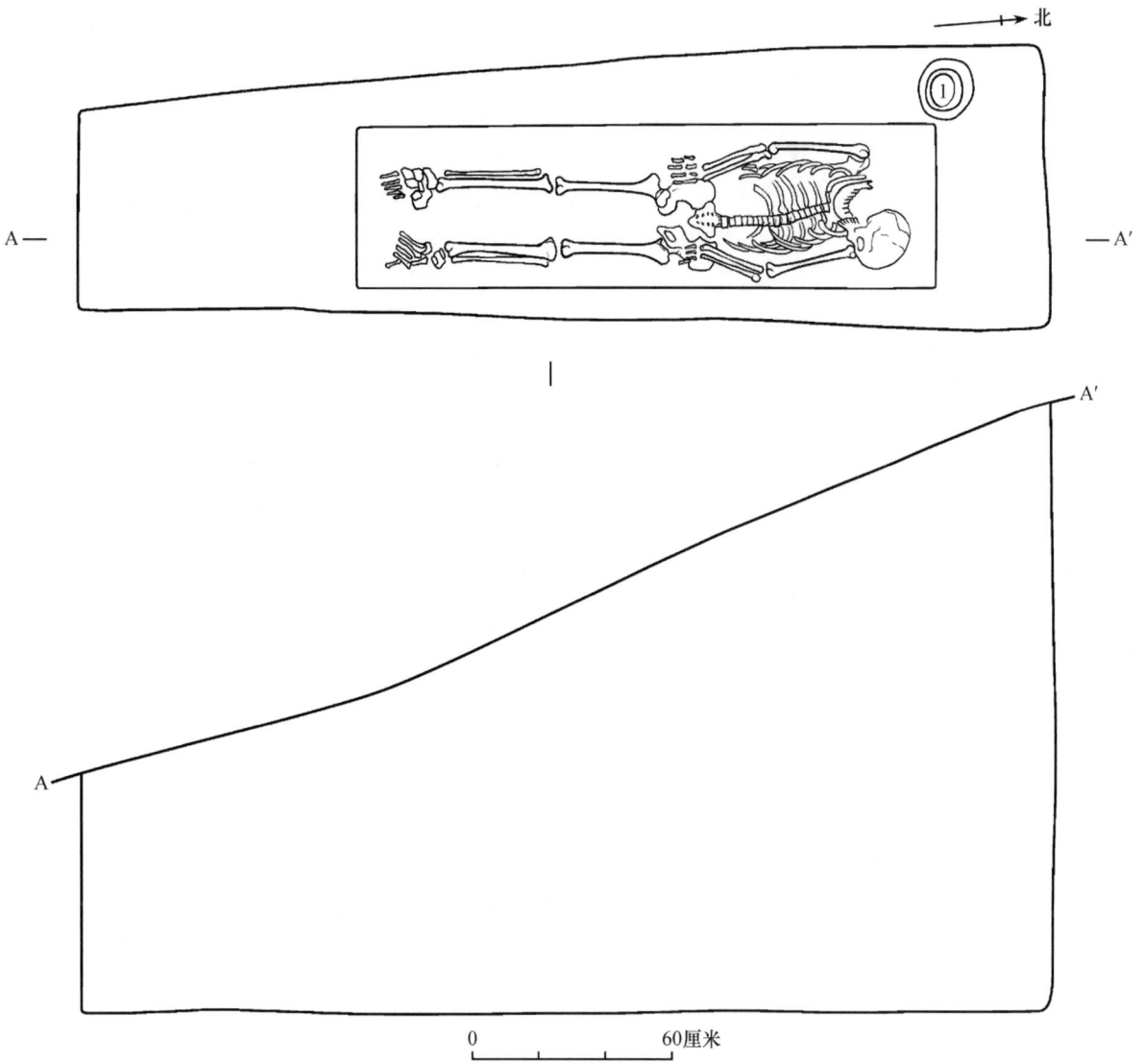

图一四二　2000CFLⅢM36平、剖面图

1. 瓷罐

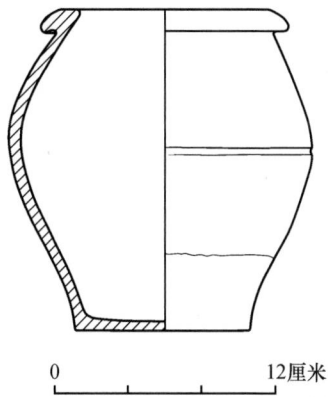

图一四三　2000CFLⅢM36出土瓷罐（2000CFLⅢM36：1）

2000CFLⅢM37

1. 位置与形制

位于2000CFLⅢ区中部略偏西南，T13西北部延伸至T14。墓向4°。开口于第2层下，打破生土。墓全长3.14、宽0.92～1.22、深0.48～1.89米。墓中填土为黄褐色五花土，较硬（图一四四）。

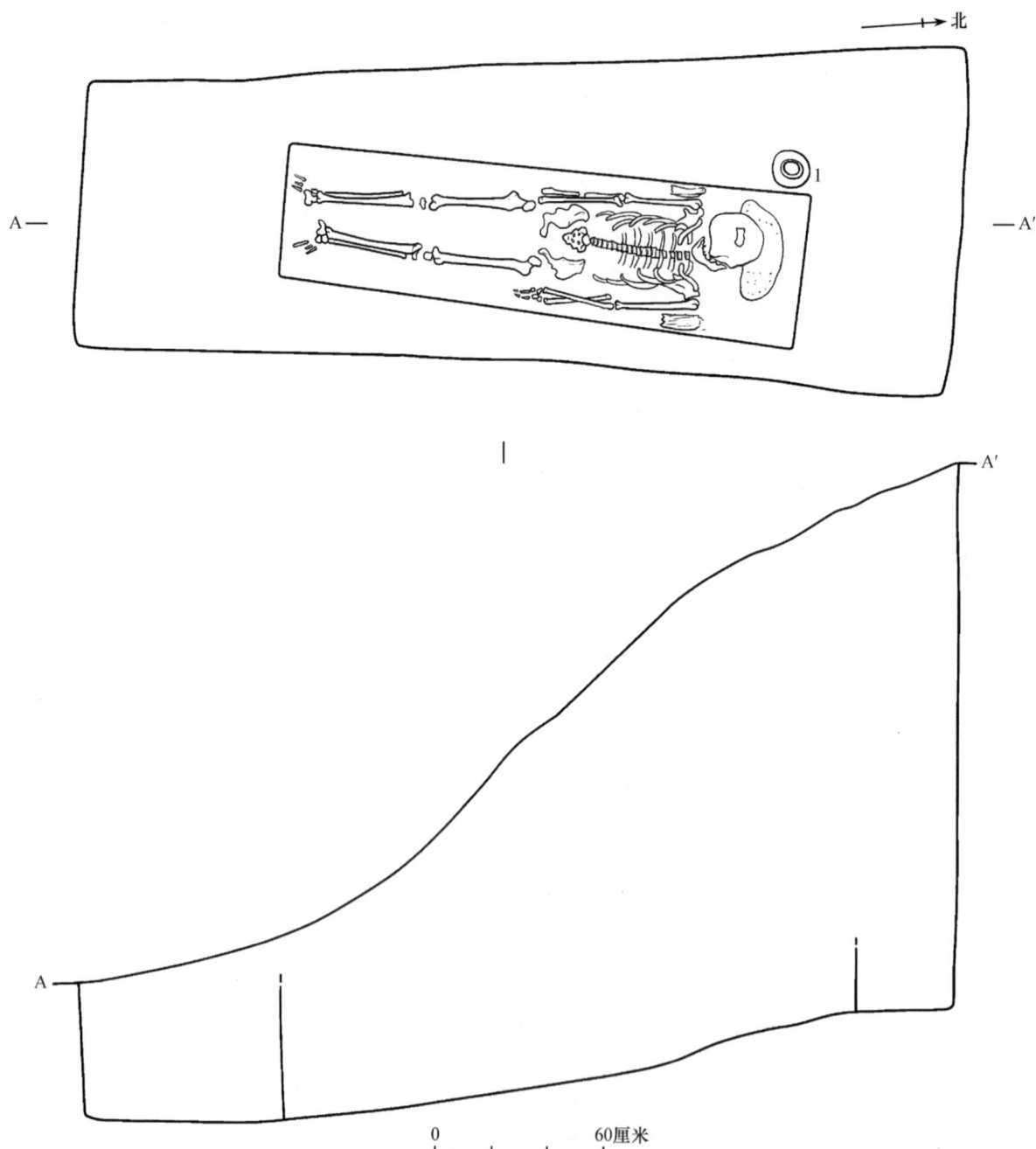

图一四四　2000CFLⅢM37平、剖面图

1. 瓷罐

2. 葬具和人骨

葬具为木棺，长1.87、宽0.46～0.54、残高0.22～0.46米。木棺内发现1具人骨，仰身直肢，头北脚南，头骨下为1件半月形石板。女性，年龄20±5岁。

3. 随葬品

1件瓷罐，出土于棺外墓室西北部。

瓷罐　2000CFLⅢM37：1，敞口，斜折沿，尖圆唇，束颈，溜肩，鼓腹，大平底，底内凹。褐胎，胎质粗糙疏松。施青釉，釉色青黄泛绿，施釉不到底。素面。口径9.3、腹径12.5、底径9.8、高11.7厘米（图一四五；图版六〇，1）。

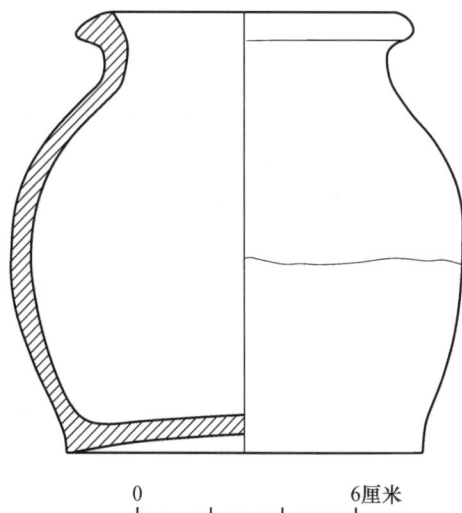

图一四五　2000CFLⅢM37出土瓷罐（2000CFLⅢM37：1）

2000CFLⅢM38

1. 位置与形制

位于2000CFLⅢ区北部略偏东，T27北部延伸至扩方。墓向0°。开口于第1层下，打破生土。墓全长2.44、宽0.8～0.85、深0.46～1.24米。墓中填土为黄褐色五花土，较硬（图一四六；图版二〇，1）。

2. 葬具和人骨

葬具为木棺，长2.27、宽0.52～0.56、残高0.2米。木棺内发现1具人骨，仰身直肢，头北脚南，人骨下铺白灰。男性，年龄25±5岁。

3. 随葬品

1件瓷罐，出土于棺外墓室西北部，口部盖一残砖块。

瓷罐　2000CFLⅢM38：1，敛口，斜折沿，尖唇，束颈，溜肩，鼓腹，底内凹。灰褐胎，胎质粗糙疏松。施青釉，釉色青黄泛褐，釉层有光泽，施釉不到底。腹中部饰弦纹。口径13.4、腹径17.5、底径11.8、高19厘米（图一四七；图版六〇，4）。

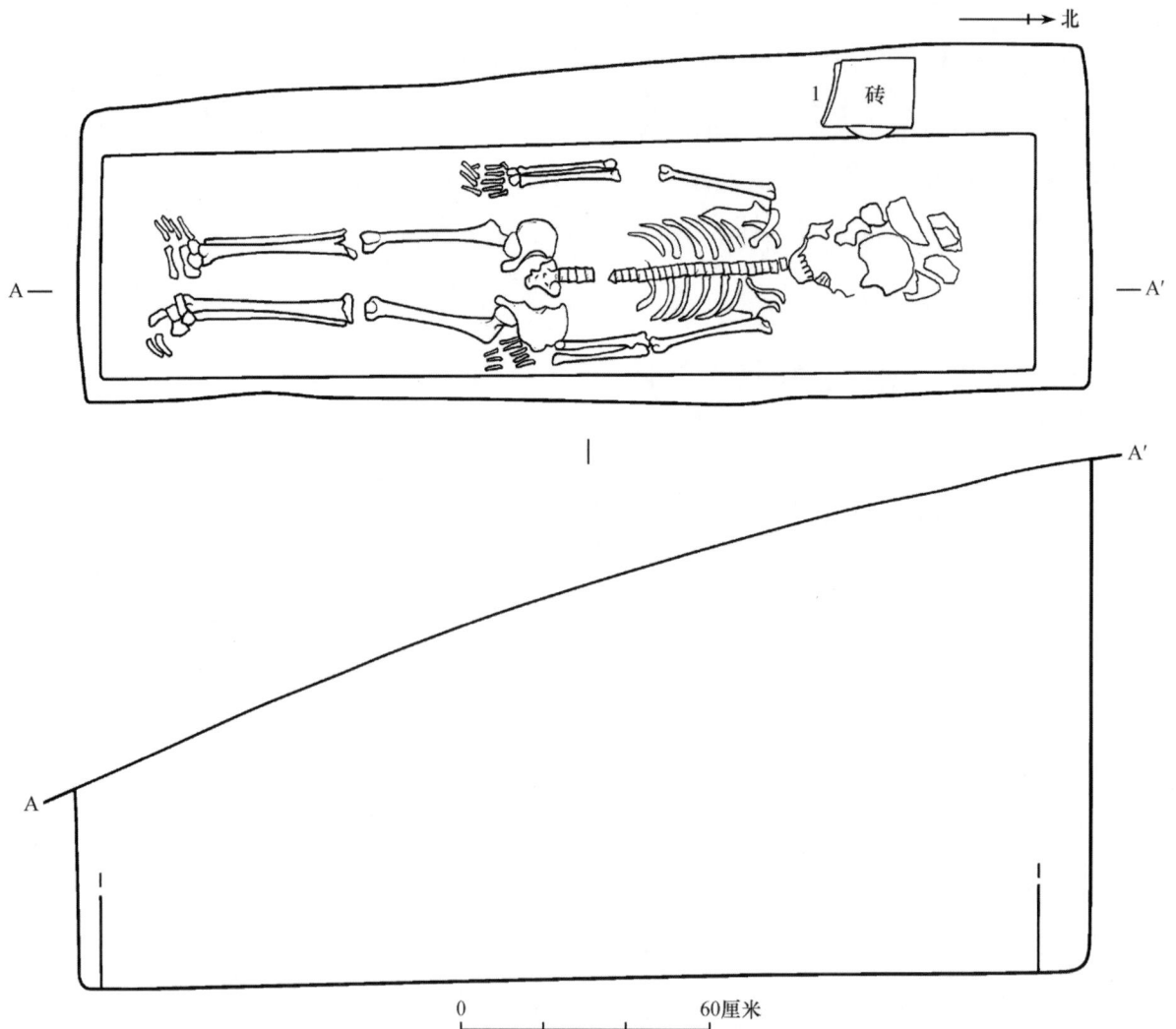

图一四六　2000CFLⅢM38平、剖面图
1. 瓷罐

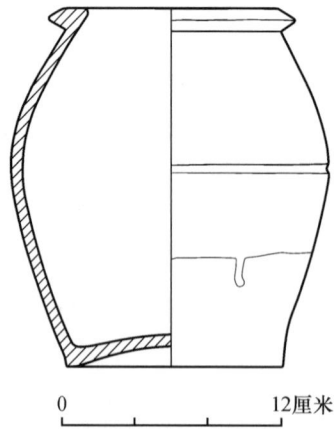

图一四七　2000CFLⅢM38出土瓷罐（2000CFLⅢM38：1）

2000CFLⅢM41

1. 位置与形制

位于2000CFLⅢ区北部，T23西部延伸至T19。墓向352°。开口于第1层下，打破生土。墓全长2.4、宽0.69~0.83、深0.41~1.11米。墓中填土为黄褐色五花土，较硬（图一四八；图版二〇，2）。

2. 葬具和人骨

葬具为木棺，长2、宽0.5~0.54、残高0.2米。木棺内发现1具人骨，仰身直肢，头北脚南，人骨下铺草木灰。女性，年龄20±5岁。

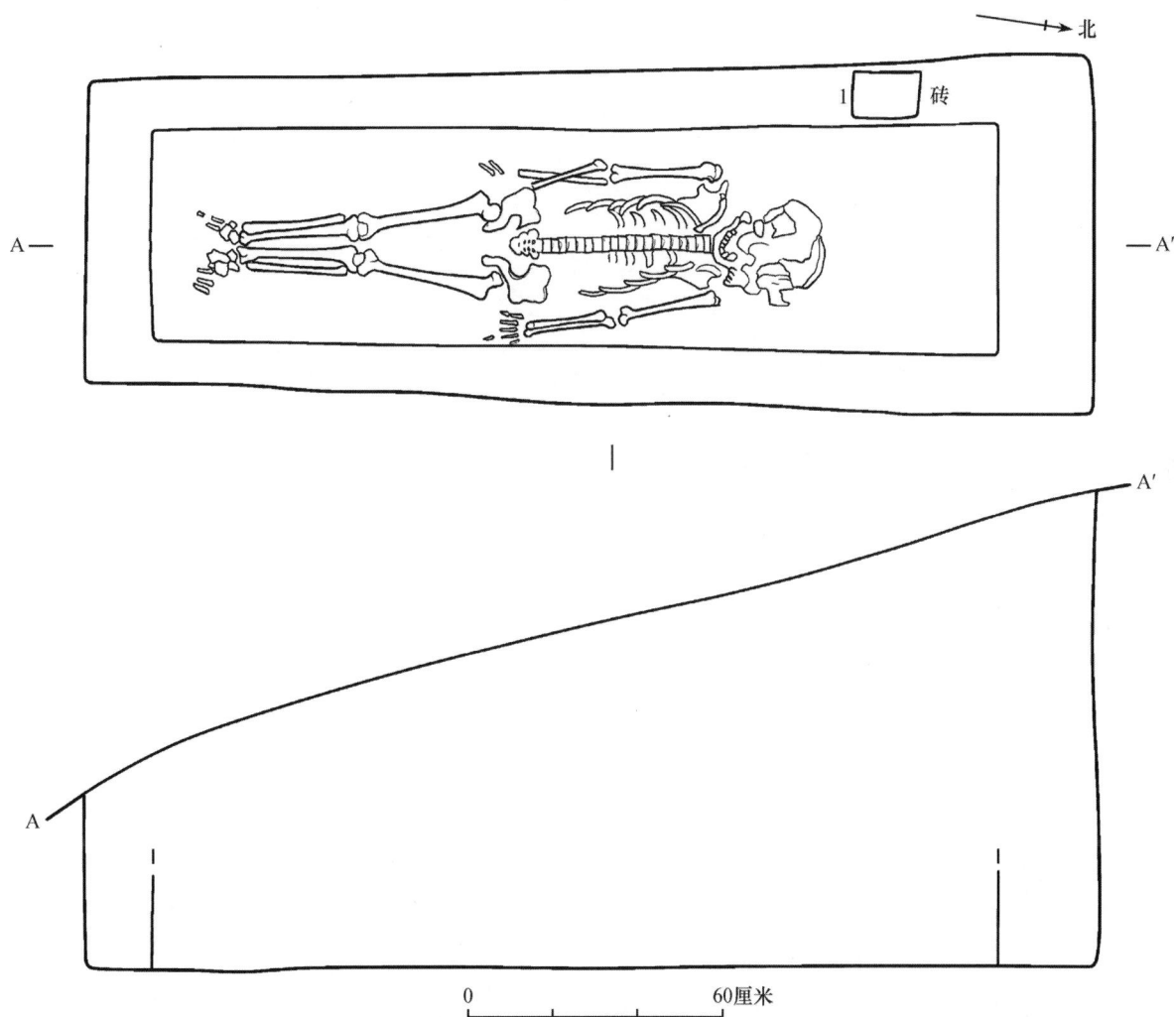

图一四八 2000CFLⅢM41平、剖面图
1. 瓷罐

3. 随葬品

1件瓷罐，出土于棺外墓室西北部，口部盖一残砖块。

瓷罐　2000CFLⅢM41：1，敛口，斜折沿，尖圆唇，微束颈，长弧腹，底略内凹。褐胎夹砂，胎质粗糙疏松。施青釉，釉色青黄泛绿，施釉不到底，釉层粗糙。素面。口径11.3、腹径14.1、底径11.8、高16.7厘米（图一四九；图版六一，3）。

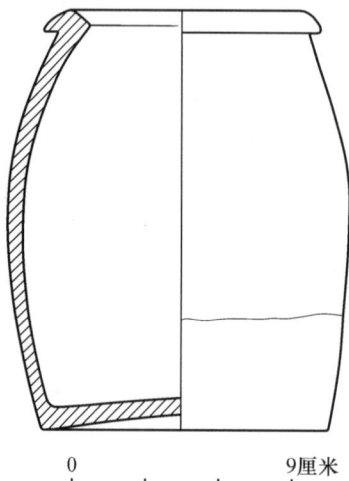

图一四九　2000CFLⅢM41出土瓷罐（2000CFLⅢM41：1）

2000CFLⅢM43

1. 位置与形制

位于2000CFLⅢ区北部，T23中部偏东。墓向357°。开口于第1层下，打破生土。墓全长2.48、宽0.78～0.94、深1～1.5米。墓中填土为黄褐色五花土，较硬（图一五〇；图版二一，1）。

2. 葬具和人骨

葬具为木棺，长1.92、宽0.53～0.58、残高0.21米。木棺内发现1具人骨，仰身直肢，头北脚南。女性，年龄40±5岁。

3. 随葬品

1件瓷罐，出土于棺外墓室西北角。

瓷罐　2000CFLⅢM43：1，敛口，窄沿外展，尖唇，束颈，斜肩，鼓腹，底内凹。灰褐胎，胎质粗糙疏松。施青釉，釉色青黄泛绿，施釉不到底。腹部饰凹弦纹。口径8.4、腹径11.6、底径8.1、高13.7厘米（图一五一；图版六〇，2）。

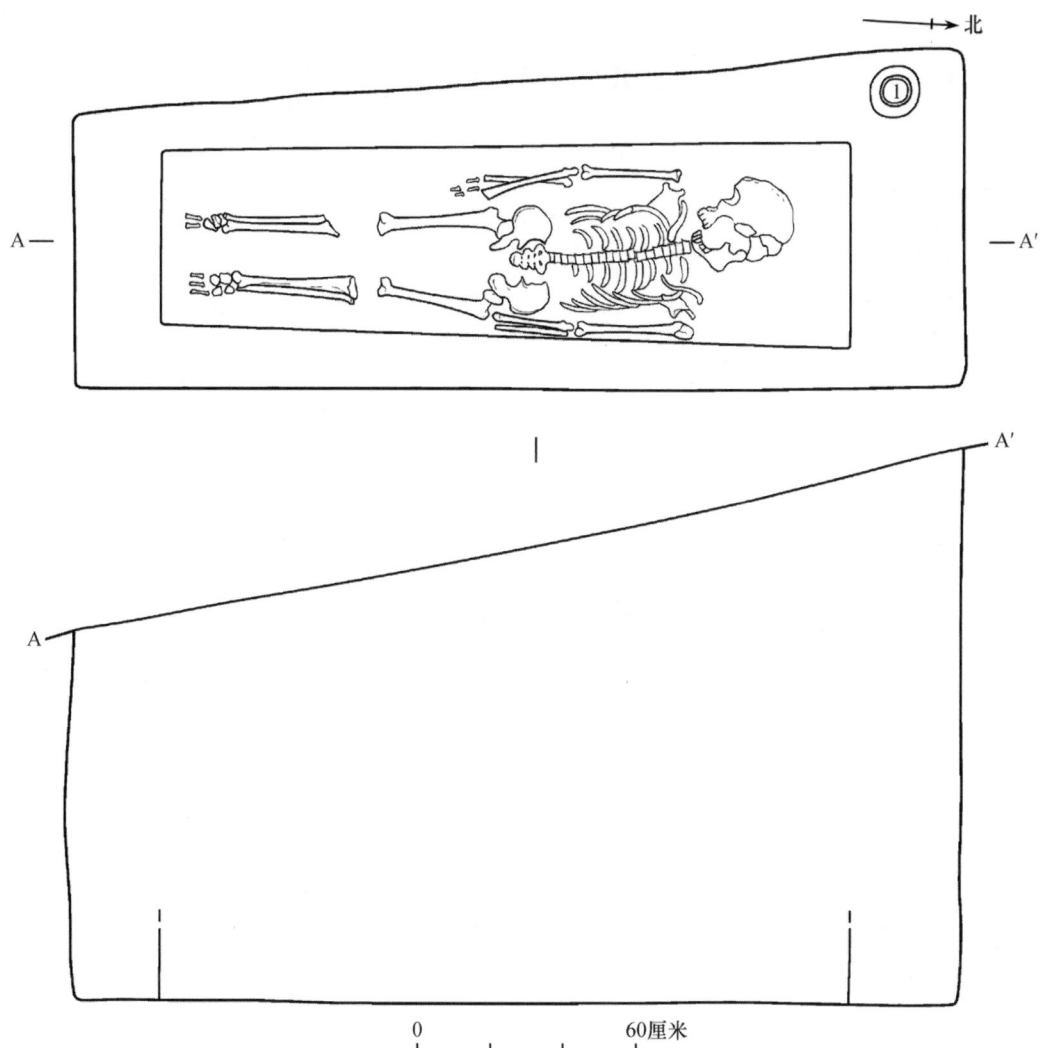

图一五○　2000CFLⅢM43平、剖面图
1. 瓷罐

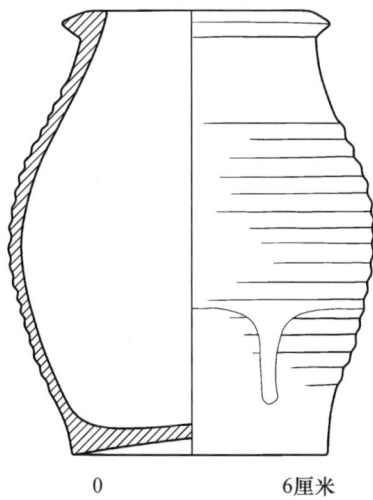

图一五一　2000CFLⅢM43出土瓷罐
（2000CFLⅢM43∶1）

2000CFLⅢM44

1. 位置与形制

位于2000CFLⅢ区东南部，T7中部偏东。墓向0°。开口于第1层下，打破生土。墓葬南部被现代树坑破坏，残长0.76、宽0.31～0.36、深0～0.26米。墓中填土为灰褐色五花土，松软（图一五二）。

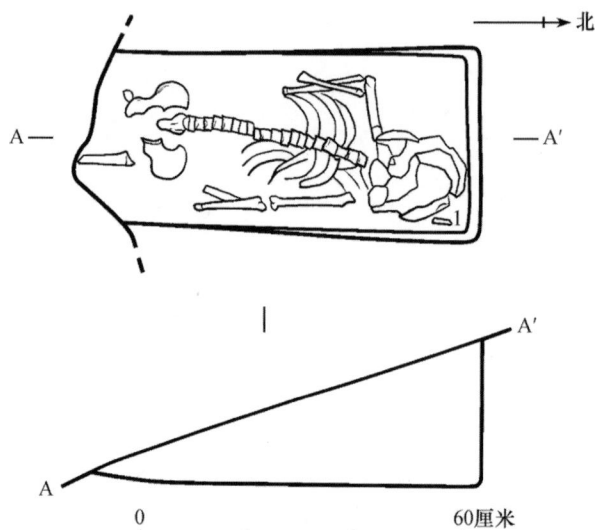

图一五二　2000CFLⅢM44平、剖面图
1. 骨饰件

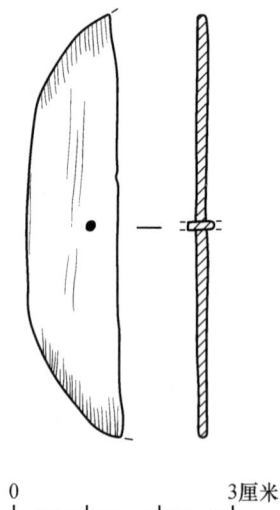

图一五三　2000CFLⅢM44出土骨饰件
（2000CFLⅢM44：1）

2. 葬具和人骨

葬具为木棺，残长0.7、宽0.3～0.32米。木棺内发现1具人骨，下肢及以下不存，仰身直肢，头向北。墓主人性别、年龄不详。

3. 随葬品

1件骨饰件，出土于墓主人头骨左侧附近。

骨饰件　2000CFLⅢM44：1，用兽骨加工而成，整体扁平，仅存局部，中间嵌有一铁钉。表面较粗糙。残长5.6、残宽1.3厘米（图一五三；图版六一，1）。

2000CFLⅢM46

1. 位置与形制

位于2000CFLⅢ区南部，T20西南部。墓向0°。开口于第1层下，打破生土。墓葬南部被破坏，残长0.74、宽0.56、深0～0.4米。墓中填土为灰褐色五花土，松软（图一五四）。

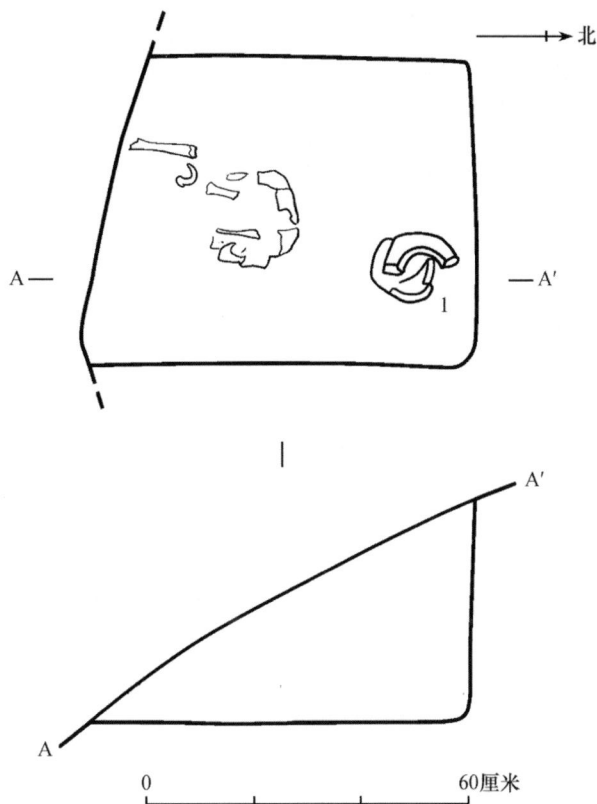

图一五四　2000CFLⅢM46平、剖面图
1. 陶罐

2. 葬具和人骨

未发现葬具，仅发现头骨和部分上肢骨，头向北。墓主人葬式、年龄和性别不详。

3. 随葬品

1件陶罐，出土于墓室东北角。

陶罐　2000CFLⅢM46：1，泥质灰褐陶。敛口，方唇，斜肩，肩部饰纵向双系，为泥条贴塑，长腹微鼓，下腹斜收，平底。上半部施黑彩，下半部裸露陶胎。素面。口径12.2、腹径13.9、底径6.1、高16.5厘米（图一五五；图版六一，2）。

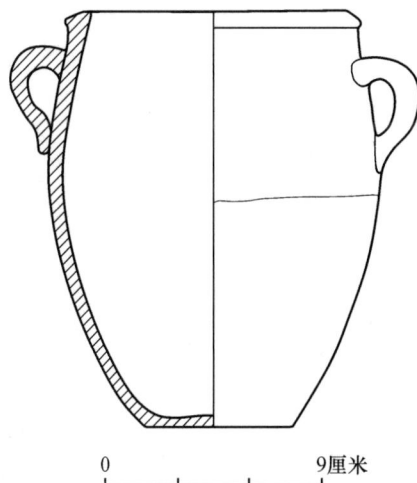

图一五五　2000CFLⅢM46出土陶罐
（2000CFLⅢM46：1）

2000CFLⅢM49

1. 位置与形制

位于2000CFLⅢ区东南部，T28中部。墓向0°。开口于第3层下，打破生土。墓葬南部被破坏，残长1.91、宽0.54~0.7、深0~0.62米。墓中填土为灰褐色五花土，松软（图一五六）。

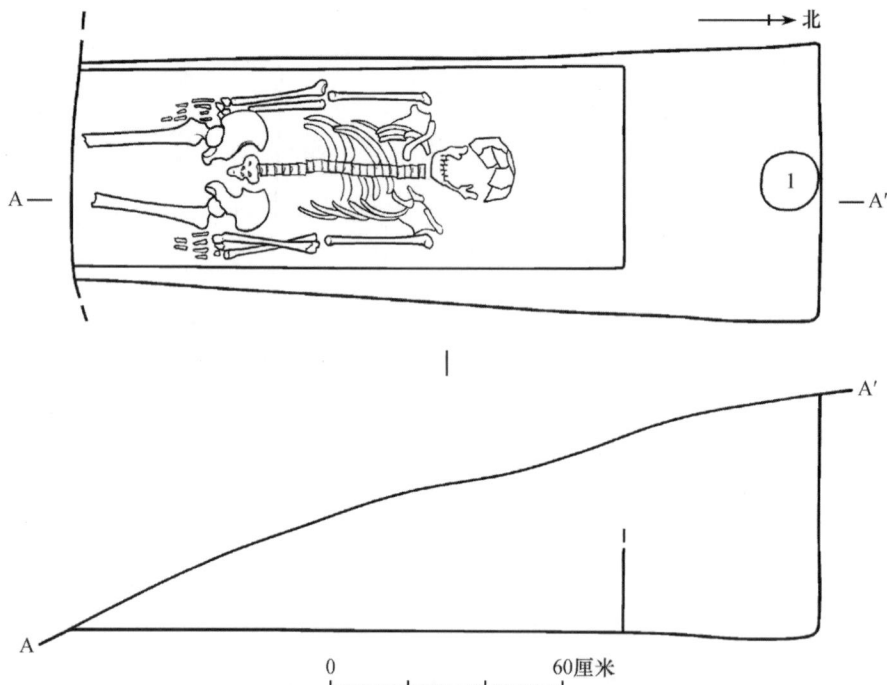

图一五六　2000CFLⅢM49平、剖面图
1. 瓷碗

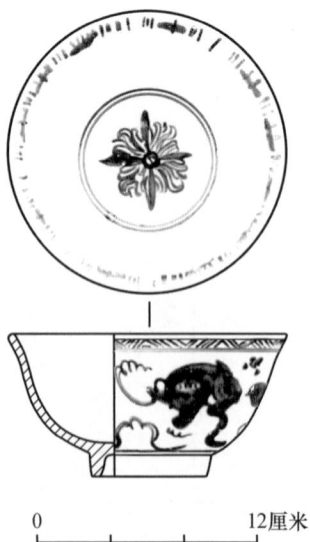

图一五七　2000CFLⅢM49出土瓷碗
（2000CFLⅢM49：1）

2. 葬具和人骨

葬具为木棺，残长1.4、宽0.5、残高0.2米。木棺内发现1具人骨，仰身直肢，头向北。女性，年龄20±5岁。

3. 随葬品

1件瓷碗，出土于棺外墓室北部。

瓷碗　2000CFLⅢM49：1，侈口，圆唇，曲腹，圈足，足墙内缘斜削。灰白胎，细腻紧致。施釉近底足，光洁润亮。内、外皆饰有青花图案，外饰花卉彩飘带及大象图案，内沿处以深浅不同色彩画出花边，内底有两周弦纹，中间绘一四出花朵。口径15.2、底径6.2、高7.5厘米（图一五七；图版六二；1）。

2000CFLⅢM50

1. 位置与形制

位于2000CFLⅢ区东部偏北，T38东北部。墓向351°。开口于第3层下，打破生土。墓全长2.48、宽0.63~0.76、深0.12~1.04米。墓中填土为灰褐色五花土，较硬（图一五八；图版二一，2）。

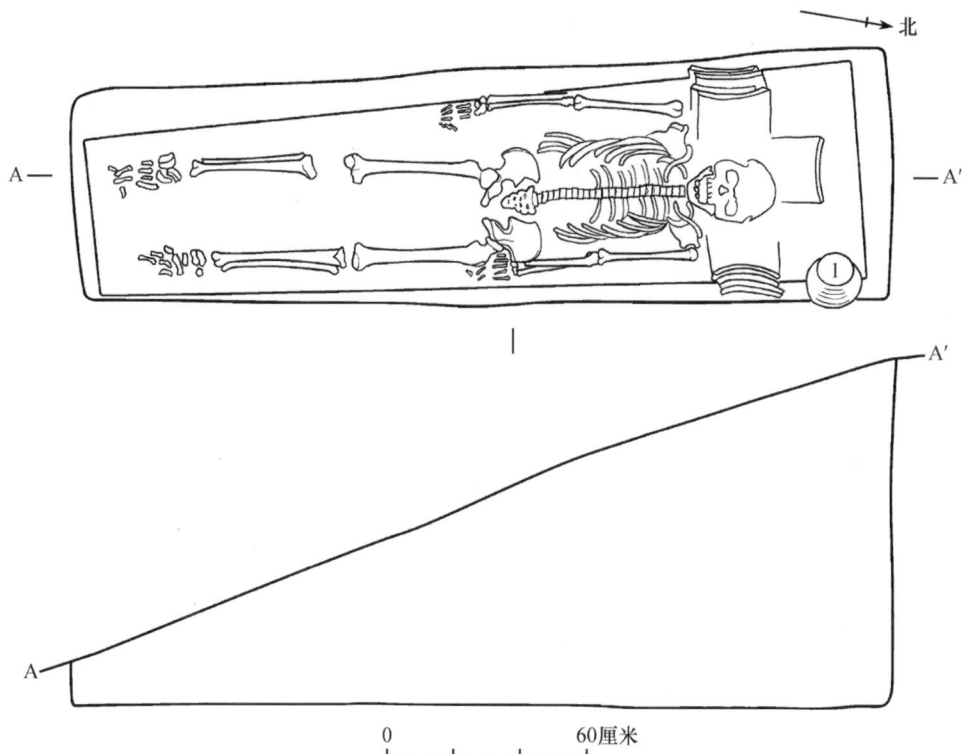

图一五八　2000CFLⅢM50平、剖面图
1.釉陶罐

2. 葬具和人骨

葬具为木棺，长2.33、宽0.45~0.63米。木棺内发现1具人骨，仰身直肢，头北脚南，头部东西两侧各叠摞4件板瓦，北侧放置1件板瓦，棺板内侧残留白灰痕迹。男性，年龄20±5岁。

3. 随葬品

1件釉陶罐，出土于棺外墓室东北角。

釉陶罐　2000CFLⅢM50∶1，泥质灰褐陶，陶质粗糙疏松。微敛口，尖圆唇，唇下有一周凸棱，溜肩，鼓腹，下腹斜收，大平底，底略内凹。施酱釉，釉层大多脱落。腹饰凹弦纹。口径10.8、腹径18、底径11.8、高18.2厘米（图一五九；图版六一，4）。

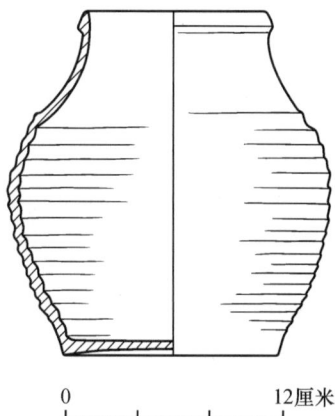

图一五九　2000CFLⅢM50出土釉陶罐
（2000CFLⅢM50∶1）

2000CFLⅣM1

1. 位置与形制

位于2000CFLⅣ区西部，T1中部偏西。墓向0°。开口于第1层下，打破M2和生土。墓全长2.26、宽0.7～0.85、深0.5～1.19米。墓中填土为灰褐色五花土，较硬（图一六〇）。

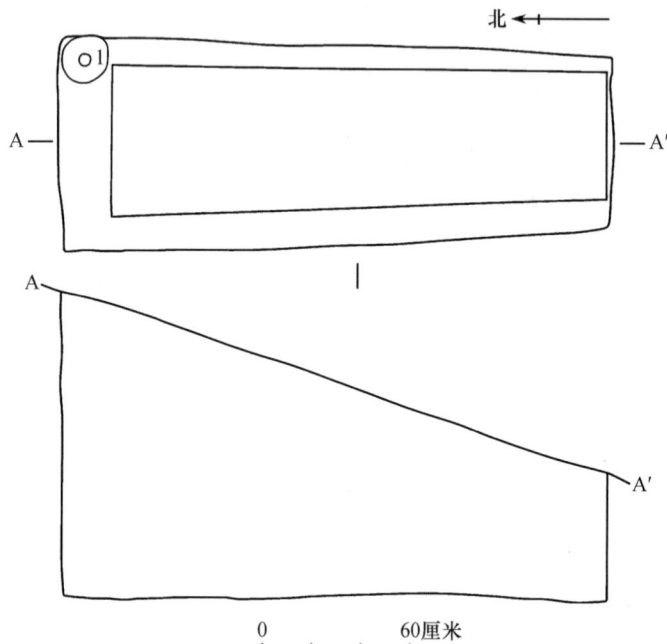

图一六〇　2000CFLⅣM1平、剖面图
1. 瓷碗

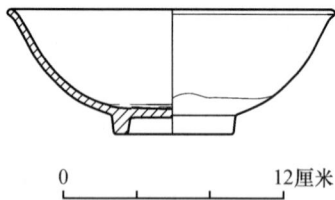

图一六一　2000CFLⅣM1出土瓷碗
（2000CFLⅣM1∶1）

2. 葬具和人骨

葬具为木棺，长2.01、宽0.5～0.6米，棺内铺草木灰。未发现人骨。墓主人葬式、性别和年龄不详。

3. 随葬品

1件瓷碗，出土棺外于墓室东北角。

瓷碗　2000CFLⅣM1∶1，敞口，圆唇，浅腹斜曲，圈足。黄白胎，胎质较疏松。内、外皆施黑釉，外釉不到底，内壁底部有一周釉被刮去。素面。口径17.9、底径6.6、高6.6厘米（图一六一；图版六三，1）。

2000CFLⅣM3

1. 位置与形制

位于2000CFLⅣ区中部，T2西南部。墓向310°。开口于第1层下，打破生土。墓葬南部被破坏，残长1.87、宽0.68、深0.4～0.84米。墓中填土为灰褐色五花土，较硬（图一六二）。

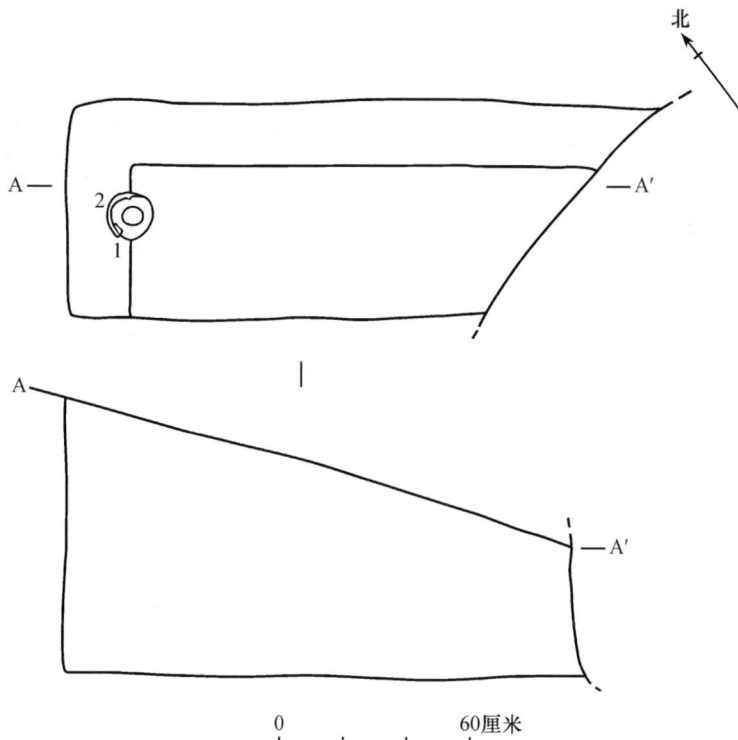

图一六二　2000CFLⅣM3平、剖面图
1、2.瓷碗

2. 葬具和人骨

葬具为木棺，残长1.5、宽0.46米。未发现人骨。墓主人葬式、性别和年龄不详。

3. 随葬品

共2件。均为瓷碗，2件对扣，出土于棺外在墓室北侧。

瓷碗　2000CFLⅣM3：1，侈口，圆唇，唇部显红宝石色，曲腹，圈足，足墙外缘斜削。灰白胎，细腻坚致。施釉不到足底，光洁润亮。外饰青花祥云图案，内沿处一道浅蓝色线，心处一道深色青花线，中心书一黑色"福"字。口径14.6、底径5.6、高6.1厘米（图一六三，1；图版六二，2）。2000CFLⅣM3：2，侈口，圆唇，唇部显红宝石色，曲腹，圈足。灰白胎，细腻坚致。施釉光洁润亮，圈足着地处无釉。外以青花饰祥云图案，内沿处有二道浅纹，内底二道浅纹，中间青花饰菊花图案。口径14.6、底径6.4、高6.6厘米（图一六三，2；图版六二，3）。

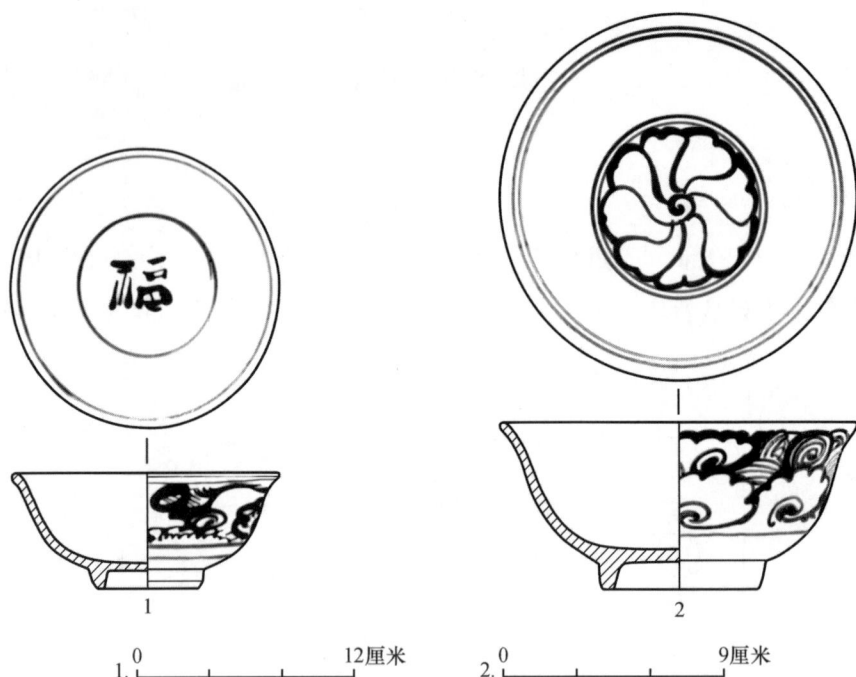

图一六三　2000CFLⅣM3出土瓷碗
1. 2000CFLⅣM3∶1　2. 2000CFLⅣM3∶2

2000CFLⅣM4

1. 位置与形制

位于2000CFLⅣ区北部，T2东北部。墓向335°。开口于第1层下，打破生土。墓葬南部被扰坑打破，残长1.75、宽0.64~0.9、深0.13~0.5米。墓中填土为灰褐色五花土，较硬（图一六四；图版二二，1）。

2. 葬具和人骨

葬具为木棺，残长1.54、宽0.44~0.51、残高0.1、厚0.04米，棺内铺草木灰。木棺内发现1具人骨，仰身直肢，头向北。女性，年龄20±5岁。

3. 随葬品

共2件。均为瓷碗，2件对扣，出土棺外于墓室西北角。

瓷碗　2000CFLⅣM4∶1，敞口，圆唇，曲腹，圈足。黄白胎，细腻坚致。通体施釉近底足。内、外皆饰有青花图案，外饰排列有序的枝叶，内心饰点状图案。口径14、底径5.1、高5.9厘米（图一六五，1；图版六三，3）。2000CFLⅣM4∶2，侈口，斜折沿，圆唇，曲腹，圈足。黄白胎，细腻坚致。通体施釉近底足，较为光洁。内、外皆绘青花图案，图案内容不明，高处之图似云，其旁如鸟而无翼，其下有点有圈，似落花落叶，内心处一团形图案。口径14、底径6.4、高6厘米（图一六五，2；图版六三，4）。

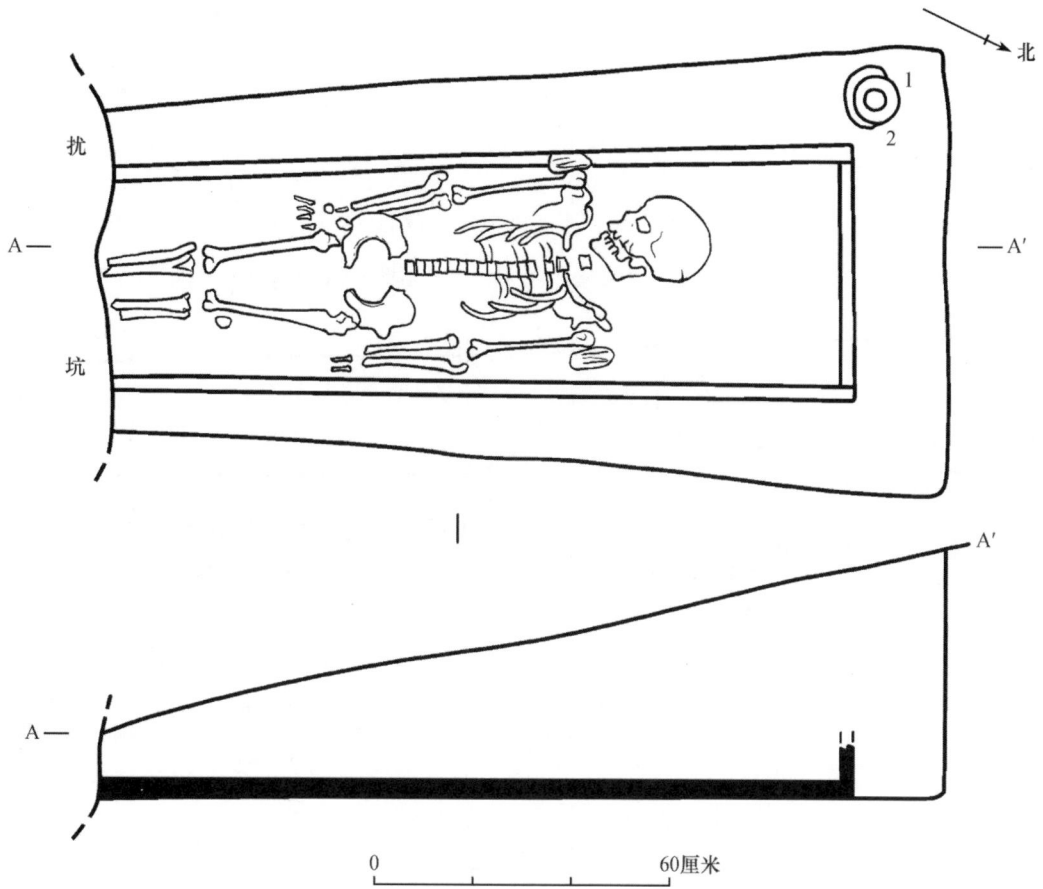

图一六四　2000CFLⅣM4平、剖面图

1、2.瓷碗

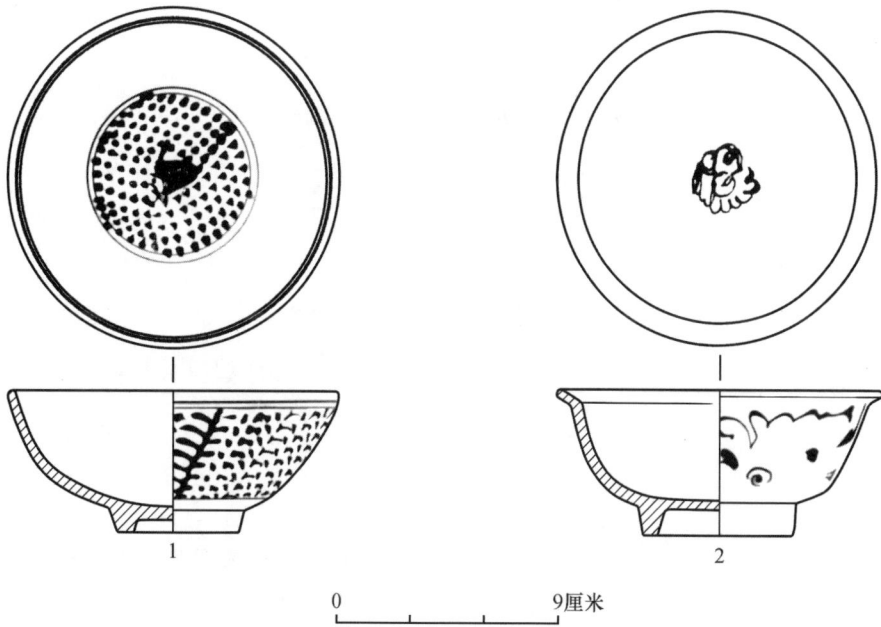

图一六五　2000CFLⅣM4出土瓷碗

1.2000CFLⅣM4：1　2.2000CFLⅣM4：2

2000CFLⅣM5

1. 位置与形制

位于2000CFLⅣ区东北部，T3东北部。墓向358°。开口于第1层下，打破生土。墓全长2.23、宽0.66~0.8、深0.14~0.6米。墓中填土为灰褐色五花土，较硬（图一六六；图版二二，2）。

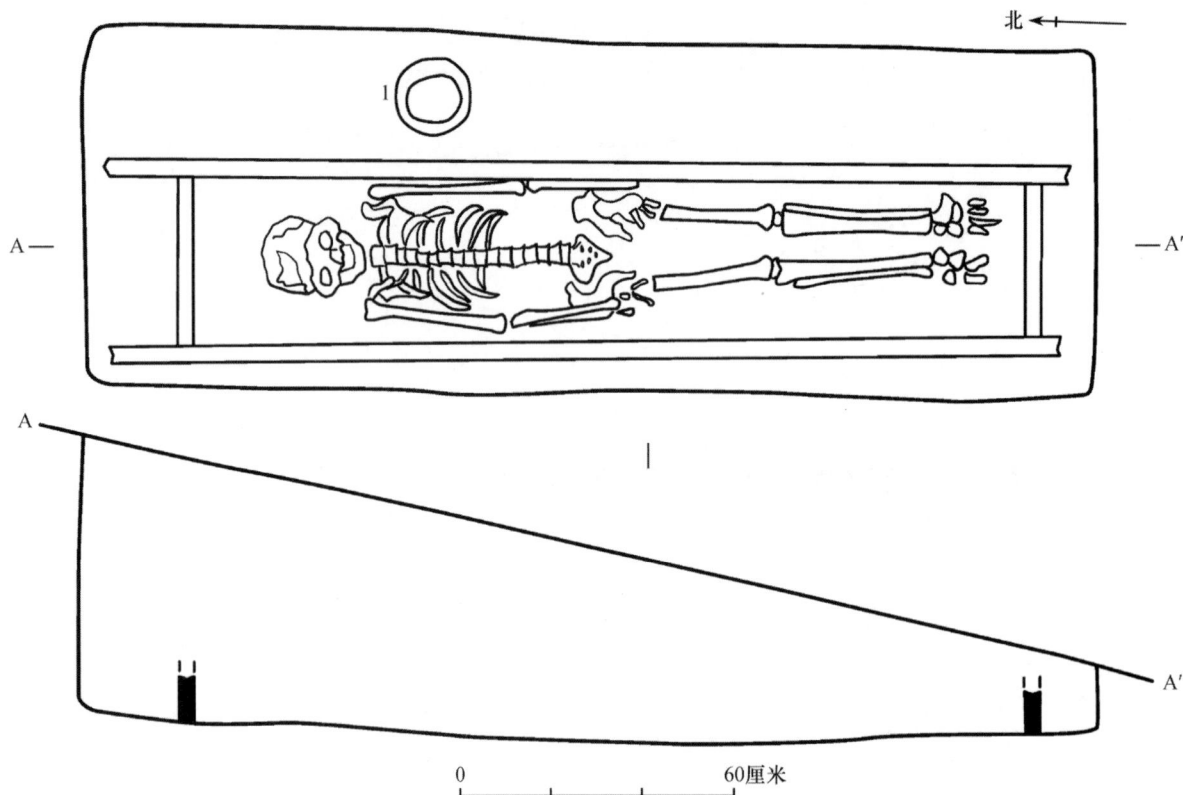

图一六六　2000CFLⅣM5平、剖面图
1. 釉陶罐

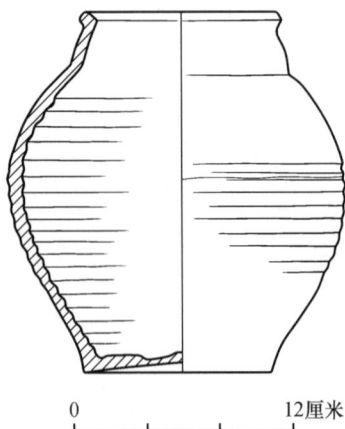

图一六七　2000CFLⅣM5出土釉陶罐
（2000CFLⅣM5：1）

2. 葬具和人骨

葬具为木棺，长1.92、宽0.4~0.44、残高0.1、棺板厚0.05米，棺内铺草木灰。棺内发现1具人骨，仰身直肢，头北脚南。女性，年龄65±5岁。

3. 随葬品

1件釉陶罐，出土于棺外墓室东北部。

釉陶罐　2000CFLⅣM5：1，黄褐陶。敛口，斜折沿，方唇，矮斜领，溜肩，鼓腹，下腹斜收，平底略内凹。黑褐釉，施釉不到底。腹中部饰数周凹弦纹。口径11、腹径18.6、底径10.2、高19.5厘米（图一六七；图版六三，2）。

2000CFLⅤM1

1. 位置与形制

位于2000CFLⅤ区中部偏西，T5西部。墓向359°。开口于第1层下，打破生土。墓全长2.42、宽0.56~0.69、深0.04~0.7米。墓中填土为灰褐色五花土，较硬（图一六八；图版二三，1）。

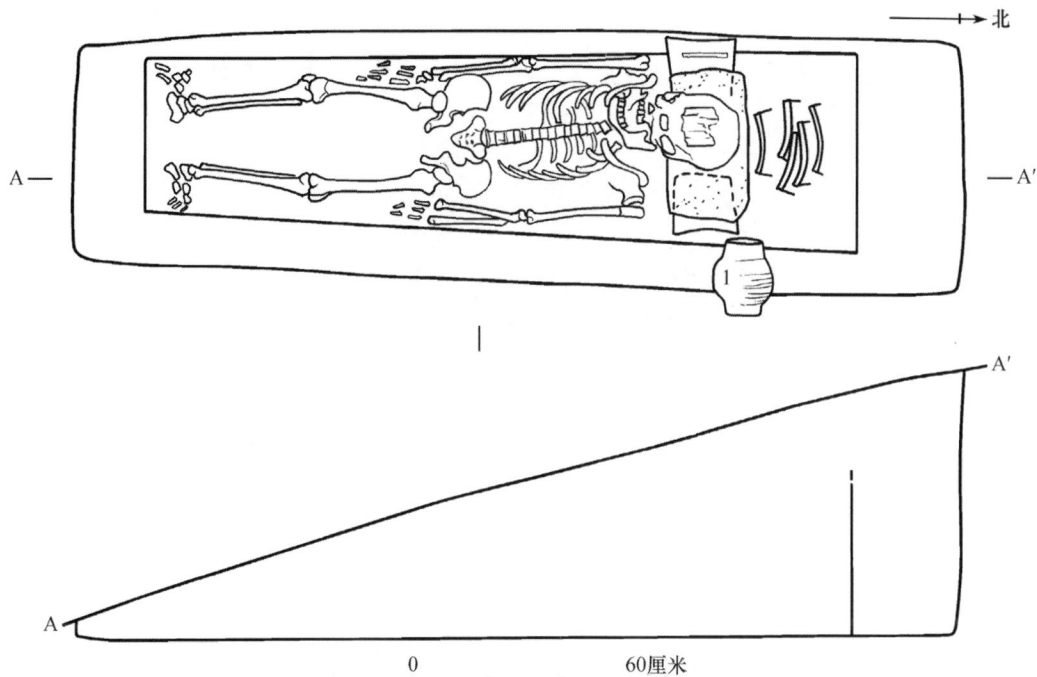

图一六八 2000CFLⅤM1平、剖面图
1. 瓷罐

2. 葬具和人骨

葬具为木棺，长1.9、宽0.49~0.52、残高0.4米。木棺内发现1具人骨，仰身直肢，头北脚南，头骨下为1件长条形石板，石板下东、西两侧各放置1件板瓦，头骨北侧斜立叠摞5件板瓦。男性，年龄25±5岁。

3. 随葬品

1件瓷罐，出土于墓葬西部填土中部。

瓷罐 2000CFLⅤM1：1，微侈口，尖唇，唇下有一周凸棱，矮直领，溜肩，鼓腹，大平底，底微凹。黄胎。釉色青中泛绿，釉未至底。通体饰凹弦纹。口径9.2、腹径18.4、底径13、高20.4厘米（图一六九；图版六四，5）。

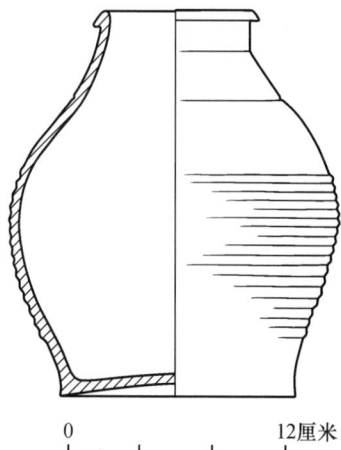

图一六九 2000CFLⅤM1出土瓷罐
（2000CFLⅤM1：1）

2000CFLⅤM2

1. 位置与形制

位于2000CFLⅤ区中部偏西，T6北部。墓向15°。开口于第1层下，打破生土。墓全长2.39、宽0.7～0.88、深0.24～0.85米。墓中填土为灰褐色五花土，较硬（图一七〇；图版二三，2）。

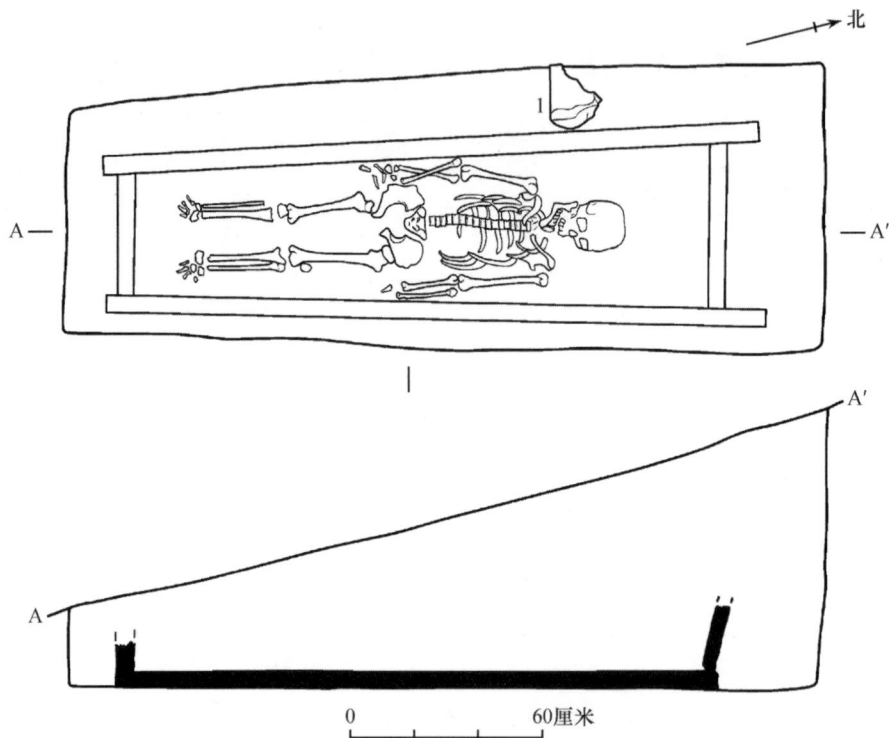

图一七〇　2000CFLⅤM2平、剖面图

1. 釉陶罐

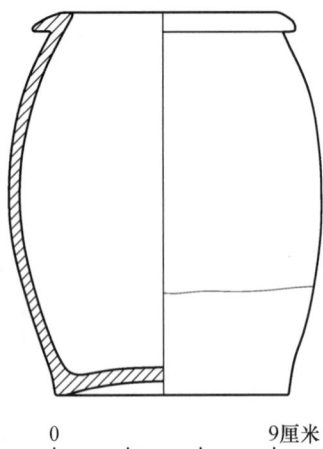

图一七一　2000CFLⅤM2出土釉陶罐
（2000CFLⅤM2：1）

2. 葬具和人骨

葬具为木棺，长1.82、宽0.48～0.62、残高0.26、棺板厚0.05米。木棺内发现1具人骨，仰身直肢，头北脚南。女性，年龄20±5岁。

3. 随葬品

1件釉陶罐，出土于墓葬西部填土中部，罐口部盖1件砖块。

釉陶罐　2000CFLⅤM2：1，褐陶。敛口，宽折沿，尖唇，束颈，斜肩，鼓腹，底内凹。酱青釉，釉色青中泛黄，施釉不到底。素面。口径10.7、腹径13、底径9.5、高15.2厘米（图一七一；图版六四，1）。

2000CFLⅤM3

1. 位置与形制

位于2000CFLⅤ区中部偏西，T6中部。墓向358°。开口于第1层下，打破生土。墓葬南部被破坏，残长0.76、宽0.39~0.43、深0~0.42米。墓中填土为灰褐色五花土，较硬（图一七二）。

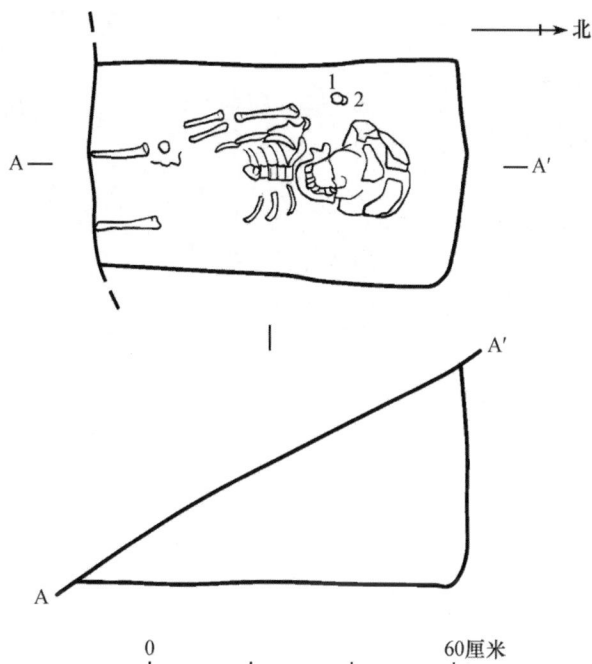

图一七二 2000CFLⅤM3平、剖面图
1、2.铜扣

2. 葬具和人骨

未发现葬具。墓圹内人骨下肢以下不存，头向北。墓主人葬式、性别和年龄不详。

3. 随葬品

共2件。均为铜扣，散落于头部右侧附近。

铜扣 2000CFLⅤM3：1，上部为环形线圈，中有一圆孔，下连球形纽。锈蚀严重。长1.7、直径1.2厘米（图一七三，1；图版六四，2）。2000CFLⅤM3：2，扁平圆形，纽扣后有一鼻形圆环，中有一圆穿。正面饰一船形花纹，上有一人似在划桨。直径1.2、环径0.4厘米（图一七三，2；图版六四，3）。

图一七三 2000CFLⅤM3出土铜扣
1. 2000CFLⅤM3：1 2. 2000CFLⅤM3：2

2000CFLⅤM4

1. 位置与形制

位于2000CFLⅤ区中部，T8西北部。墓向310°。开口于第1层下，打破生土。墓长2.22、宽0.66～0.79、深0.1～1.01米。墓中填土为灰褐色五花土，较硬（图一七四）。

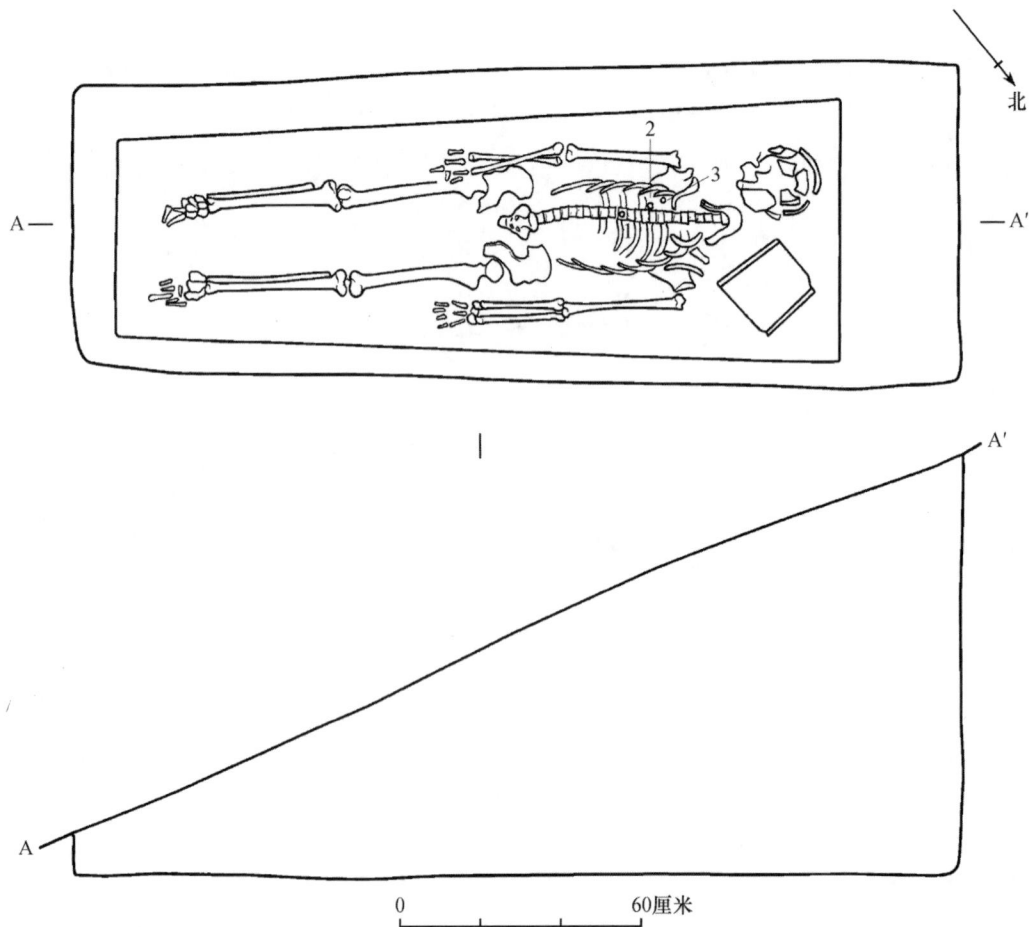

图一七四　2000CFLⅤM4平、剖面图

1～3. 铜扣

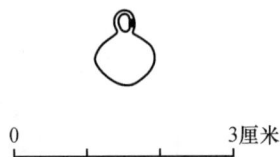

图一七五　2000CFLⅤM4出土铜扣

（2000CFLⅤM4∶1）

2. 葬具和人骨

葬具为木棺，长1.81、宽0.47～0.64米。木棺内发现1具人骨，仰身直肢，头北脚南，左肩附近放置1件板瓦。女性，年龄20±5岁。

3. 随葬品

共3件。均为铜扣，散落于墓主人胸部附近。

铜扣　2000CFLⅤM4∶1，上部为环形线圈，中有一圆孔，下部连球形纽。锈蚀严重。长1、直径0.8厘米（图一七五；图版六四，4）。

2000CFLⅤM5

1. 位置与形制

位于2000CFLⅤ区中部偏东，T13西南部延伸至T11。墓向340°。开口于第1层下，打破生土。墓葬南部被破坏，残长0.74、宽0.72、深0～0.4米。墓中填土为灰褐色五花土，较硬（图一七六）。

2. 葬具和人骨

未发现葬具，仅发现部分人骨。墓主人葬式、性别和年龄不详。

3. 随葬品

共2件。1件釉陶罐出土于墓室东北角，1件铜扣出土在左上肢骨附近。

釉陶罐　2000CFLⅤM5：1，泥质灰陶。侈口，尖唇，唇下有一周凸棱，束颈，斜肩，微鼓腹，大平底，底内凹。酱黄釉，外饰釉大部分均已脱落。颈部与腹部饰凹弦纹。口径8、腹径12.7、底径9、高14厘米（图一七七，1；图版六五，1）。

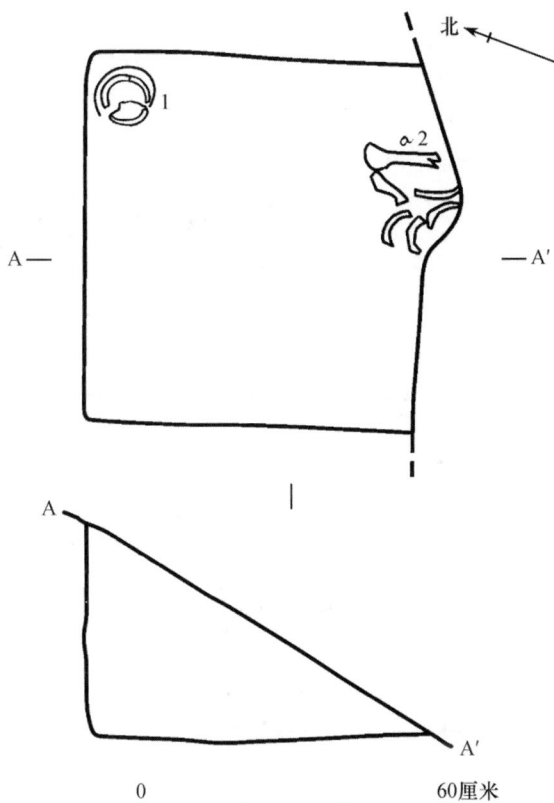

图一七六　2000CFLⅤM5平、剖面图
1. 釉陶罐　2. 铜扣

铜扣　2000CFLⅤM5：2，上部线圈为圆环形，中有一线孔，下部是球形纽，中腰鼓腹处微折。锈蚀严重。长1.2、直径0.8厘米（图一七七，2；图版六五，2）。

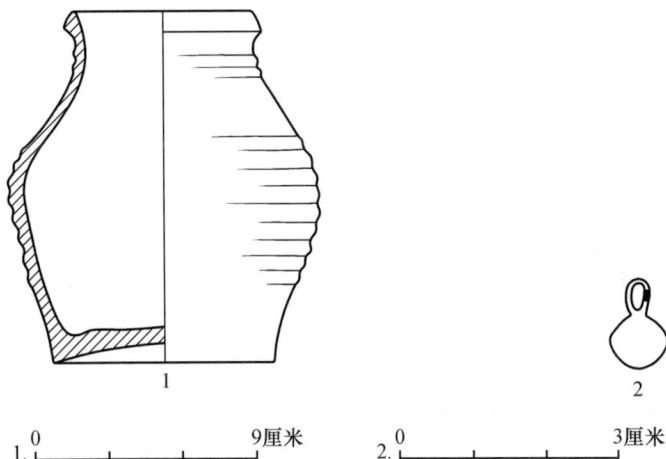

图一七七　2000CFLⅤM5出土釉陶器、铜器
1. 釉陶罐（2000CFLⅤM5：1）　2. 铜扣（2000CFLⅤM5：2）

2000CFL Ⅴ M8

1. 位置与形制

位于2000CFL Ⅴ区中部，T8东部。墓向11°。开口于第1层下，打破生土。墓全长2.04、宽0.63～0.73、深0.15～1.19米。墓中填土为灰褐色五花土，较硬（图一七八）。

2. 葬具和人骨

葬具为木棺，长1.8、宽0.43～0.56米。木棺内发现1具人骨，仰身直肢，头北脚南，头骨东、西两侧各放置2件板瓦。女性，年龄20±5岁。

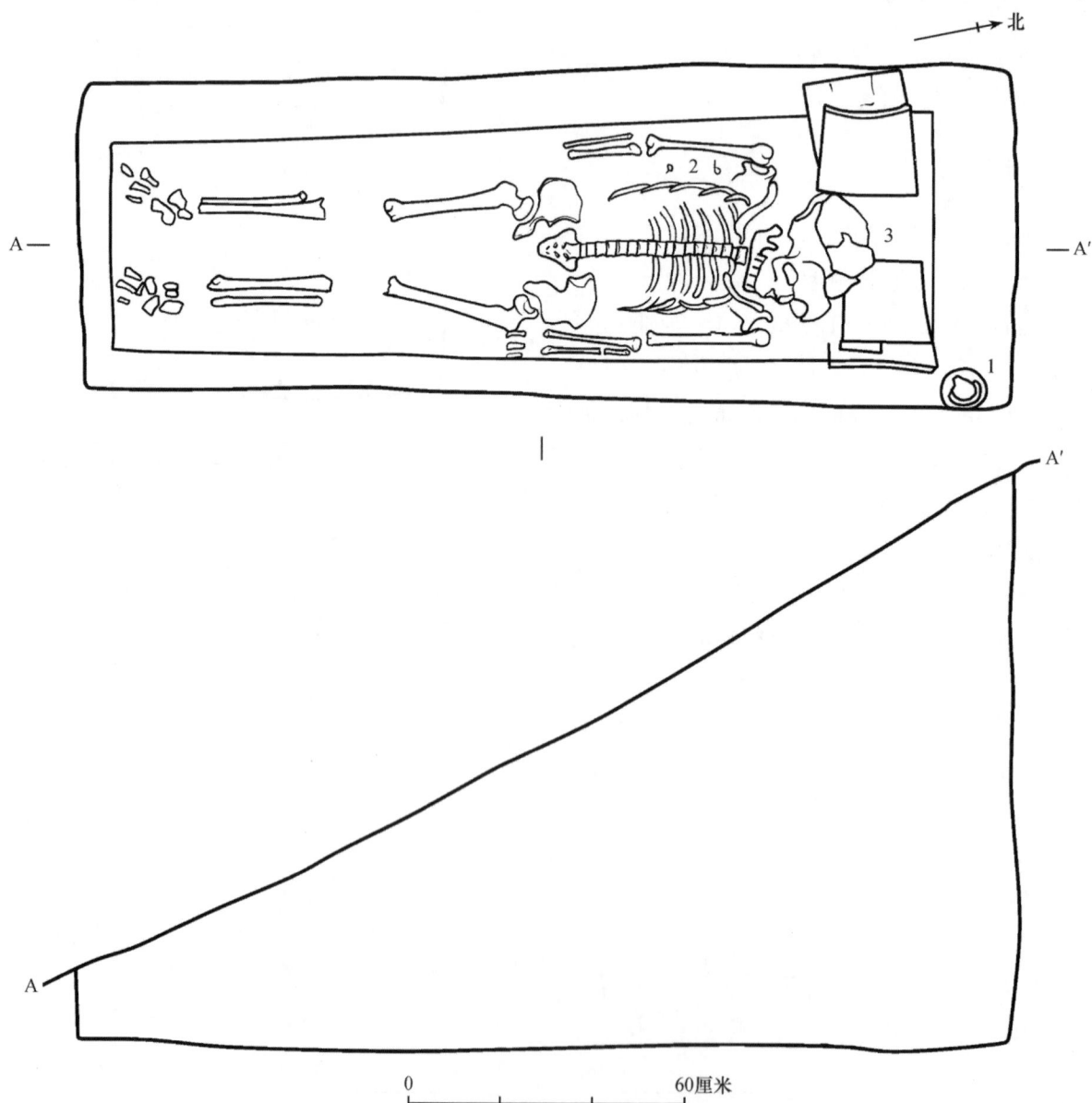

图一七八　2000CFL Ⅴ M8平、剖面图
1. 陶罐　2. 铜扣　3. 铜钱

3. 随葬品

共5件。1件陶罐出土于棺外墓室东北角，2件铜扣出土于墓主人右上臂内侧，2枚铜钱散落于头骨附近。

陶罐　2000CFLⅤM8：1，泥质红陶。侈口，圆唇，束颈，溜肩，鼓腹，腹一侧附纵向单环状柄，扁而宽，口部与柄对称处有一呈三角状短流，平底。素面。口径7.9、腹径9.9、底径5.6、高10厘米（图一七九，1；图版六五，3）。

铜扣　2000CFLⅤM8：2-1，上部为环状线圈，下部为悬胆形纽。锈蚀严重。长1.1、直径0.6厘米（图一七九，2；图版六五，4）。

铜钱　2000CFLⅤM8：3-1，乾隆通宝，有郭，背铸有满文。铸造精良，钱文清晰。直径2.5、内径0.55厘米（图一七九，3；图版六五，5）。

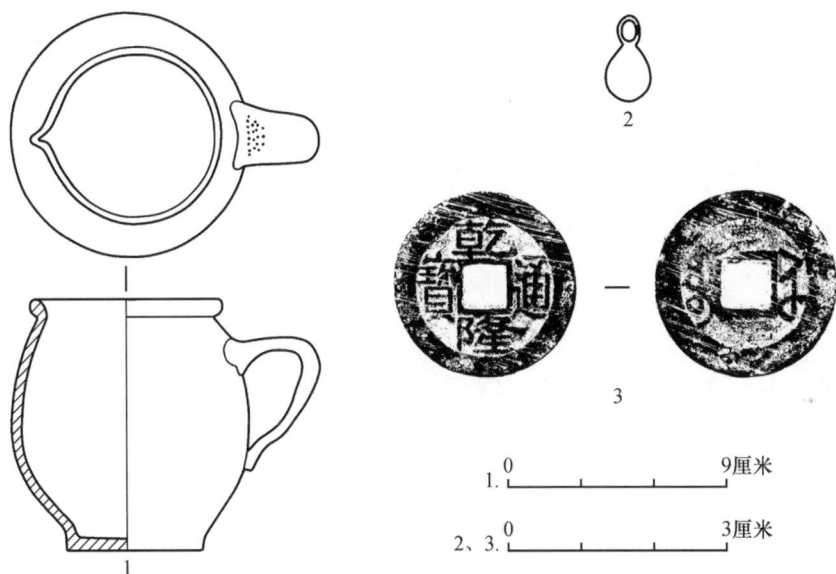

图一七九　2000CFLⅤM8出土陶器、铜器

1. 陶罐（2000CFLⅤM8：1）　2. 铜扣（2000CFLⅤM8：2-1）　3. 铜钱（2000CFLⅤM8：3-1）

2000CFLⅤM9

1. 位置与形制

位于2000CFLⅤ区中部，T15东北部。墓向339°。开口于第1层下，打破生土。墓葬南部被破坏，残长2.44、宽0.6～0.65、深0～0.59米。墓中填土为灰褐色五花土，较硬（图一八〇；图版二四，1）。

2. 葬具和人骨

葬具为木棺，残长1.8、宽0.48～0.5米。木棺内发现1具人骨，仰身直肢，头向北，头骨东、西两侧各放置1件板瓦。女性，年龄20±5岁。

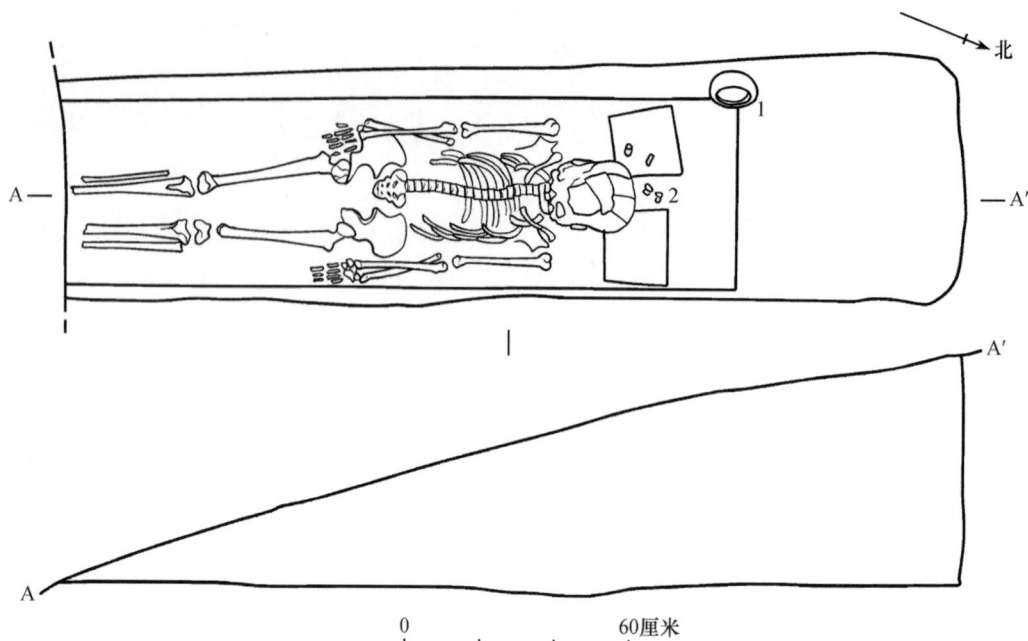

图一八○　2000CFLⅤM9平、剖面图
1. 釉陶罐　2. 铜扣

3. 随葬品

共5件。1件釉陶罐出土于棺外西北角，4件铜扣散落于头顶附近。

釉陶罐　2000CFLⅤM9：1，褐陶。微侈口，尖唇，唇下有一周凸棱，微束颈，溜肩，鼓腹，下腹内收，大平底，底内凹，内底凸凹不平。黄绿釉，施釉不到底。腹中部饰凹弦纹。口径8、腹径11.8、底径8.4、高12.1厘米（图一八一，1；图版六五，6）。

铜扣　2000CFLⅤM9：2-1，上为环形线圈，下连球形纽。锈蚀严重。长1.2、直径0.8厘米（图一八一，2；图版六六，1）。

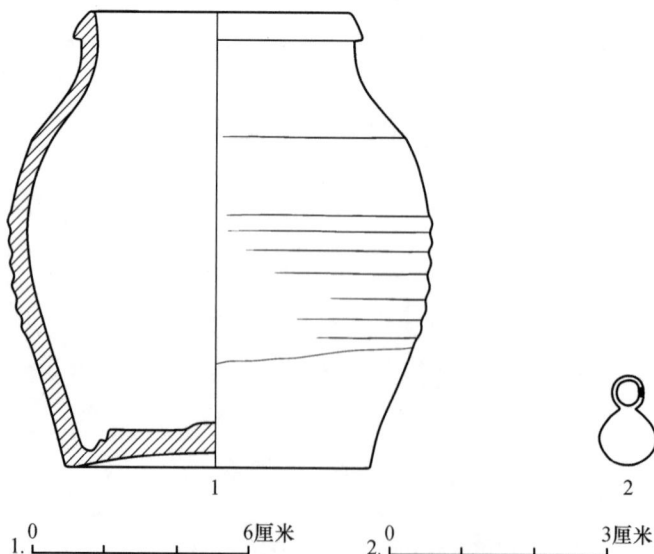

图一八一　2000CFLⅤM9出土釉陶器、铜器
1. 釉陶罐（2000CFLⅤM9：1）　2. 铜扣（2000CFLⅤM9：2-1）

2000CFLⅤM13

1. 位置与形制

位于2000CFLⅤ区中部，T20东部。墓向353°。开口于第1层下，打破生土。墓全长1.96、宽0.7～0.77、深0.13～0.94米。墓中填土为灰褐色五花土，较硬（图一八二）。

2. 葬具和人骨

未发现葬具。人骨为仰身直肢，头北脚南，右手放置于盆骨之上。女性，年龄25±5岁。

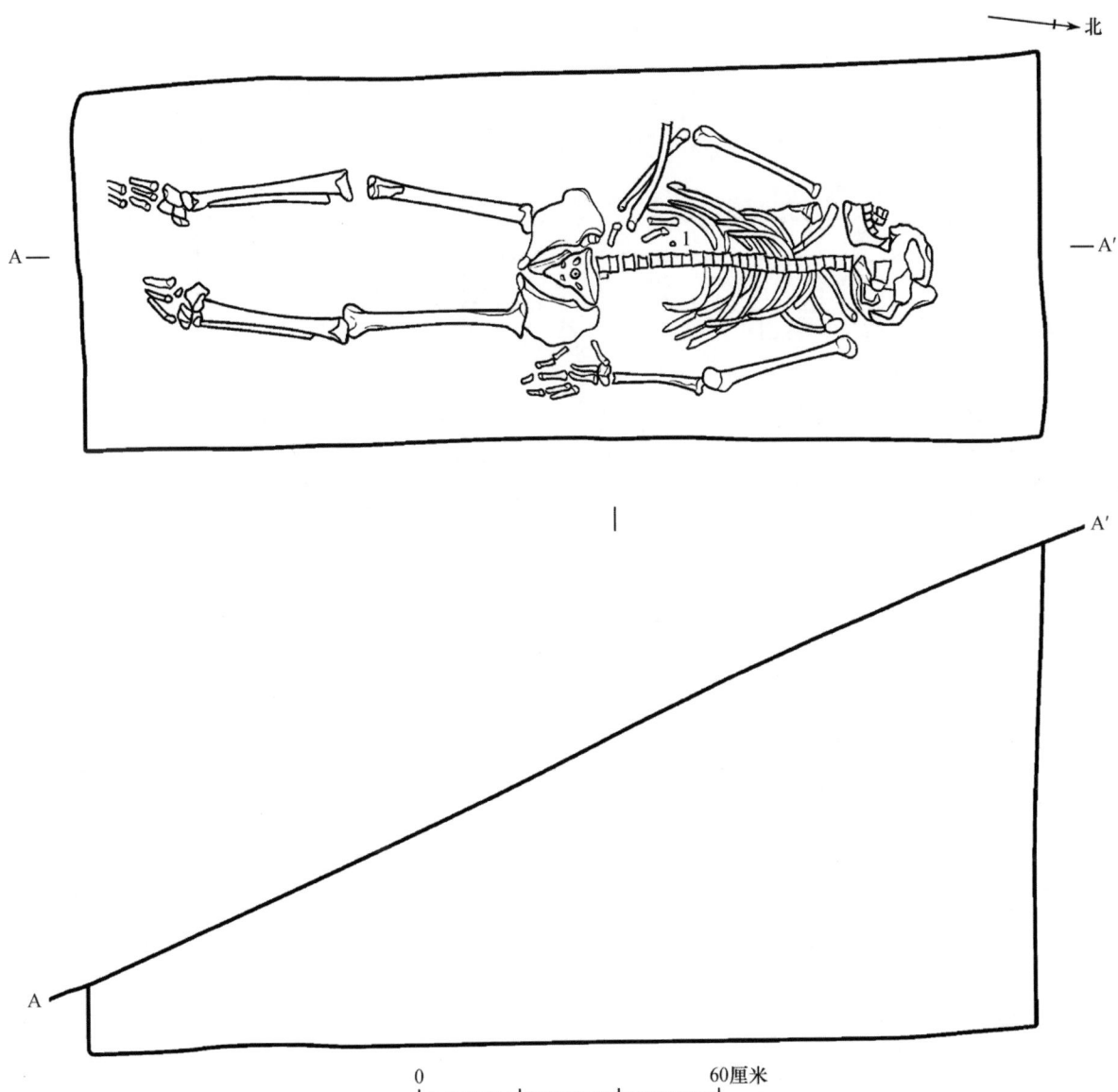

图一八二　2000CFLⅤM13平、剖面图

1. 瓷扣

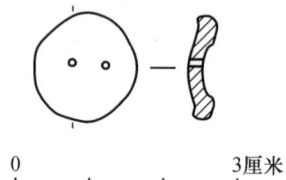

图一八三　2000CFLⅤM13出土瓷扣
（2000CFLⅤM13∶1）

3. 随葬品

1件瓷扣，出土于墓主人腹部附近。

瓷扣　2000CFLⅤM13∶1，平面呈圆形，外弧内凹，中心设2个圆孔，大小相同。白瓷。直径1.4、孔径0.1厘米（图一八三；图版六六，2）。

2000CFLⅤM14

1. 位置与形制

位于2000CFLⅤ区偏东南，T17东南延伸至T16。墓向0°。开口于第1层下，打破生土。墓全长2.11、宽0.63、深0.59~1.21米。墓中填土为灰褐色五花土，较硬（图一八四；图版二四，2）。

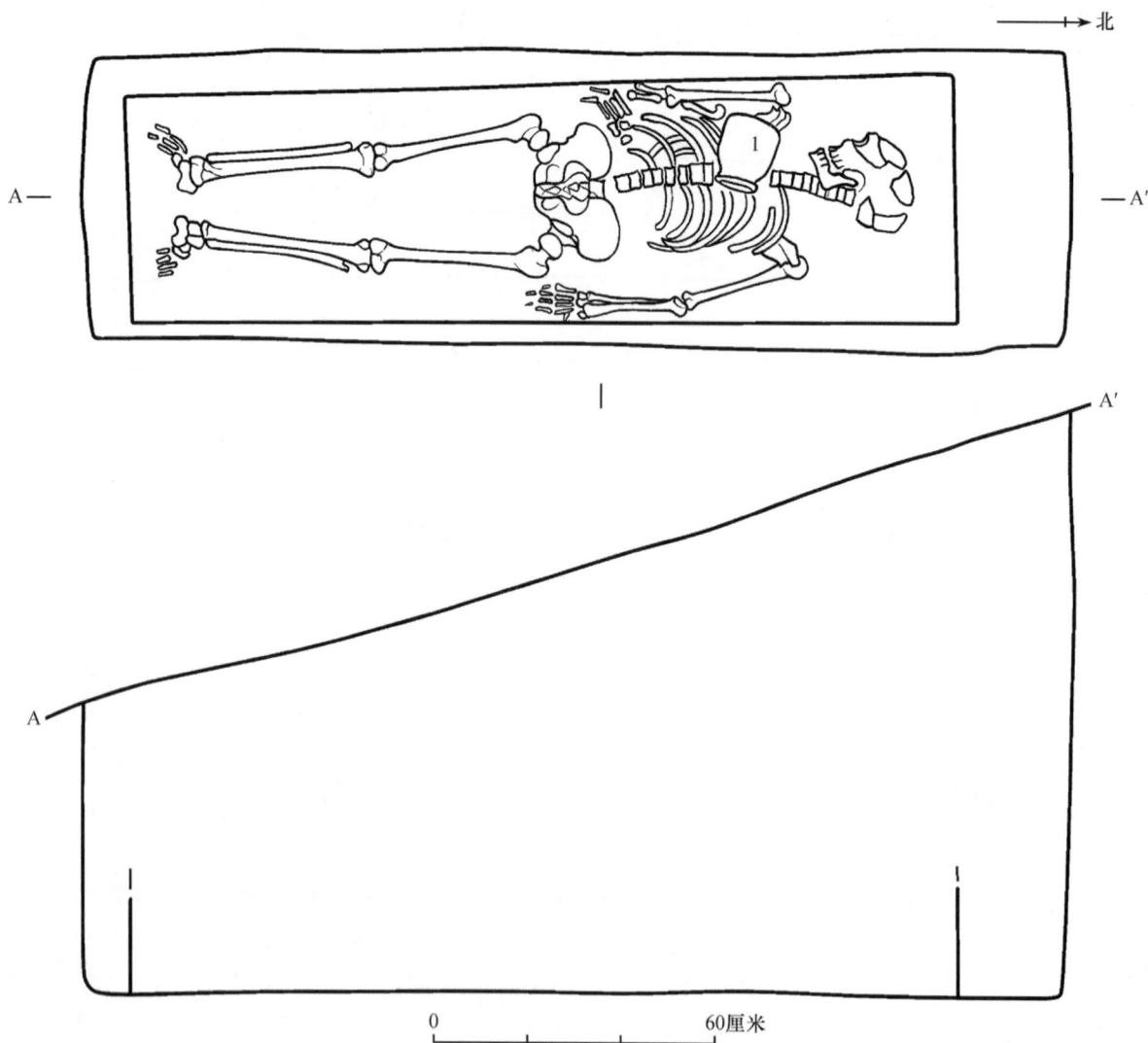

图一八四　2000CFLⅤM14平、剖面图
1.釉陶罐

2. 葬具和人骨

葬具为木棺，长1.76、宽0.46~0.51、残高0.2米。木棺内发现1具人骨，仰身直肢，头北脚南，棺底铺白灰。女性，年龄25±5岁。

3. 随葬品

1件釉陶罐，出土于墓葬中部填土中。

釉陶罐 2000CFLⅤM14∶1，泥质灰陶。敛口，斜折沿，方唇，束颈，长斜肩，微鼓腹，大平底，底略内凹。酱黄釉，施釉不到底。腹下部饰两周凹弦纹。口径10.2、腹径13.1、底径12.5、高13.6厘米（图一八五；图版六六，3）。

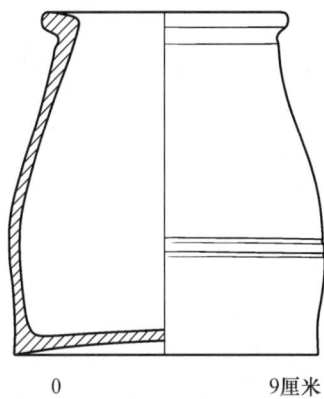

图一八五 2000CFLⅤM14出土釉陶罐
（2000CFLⅤM14∶1）

2000CFLⅤM15

1. 位置与形制

位于2000CFLⅤ区西部，T1西南部。墓向0°。开口于第1层下，打破生土。墓葬南部被破坏，残长2.31、宽0.64~0.8、深0~0.56米。墓中填土为灰褐色五花土，较硬（图一八六）。

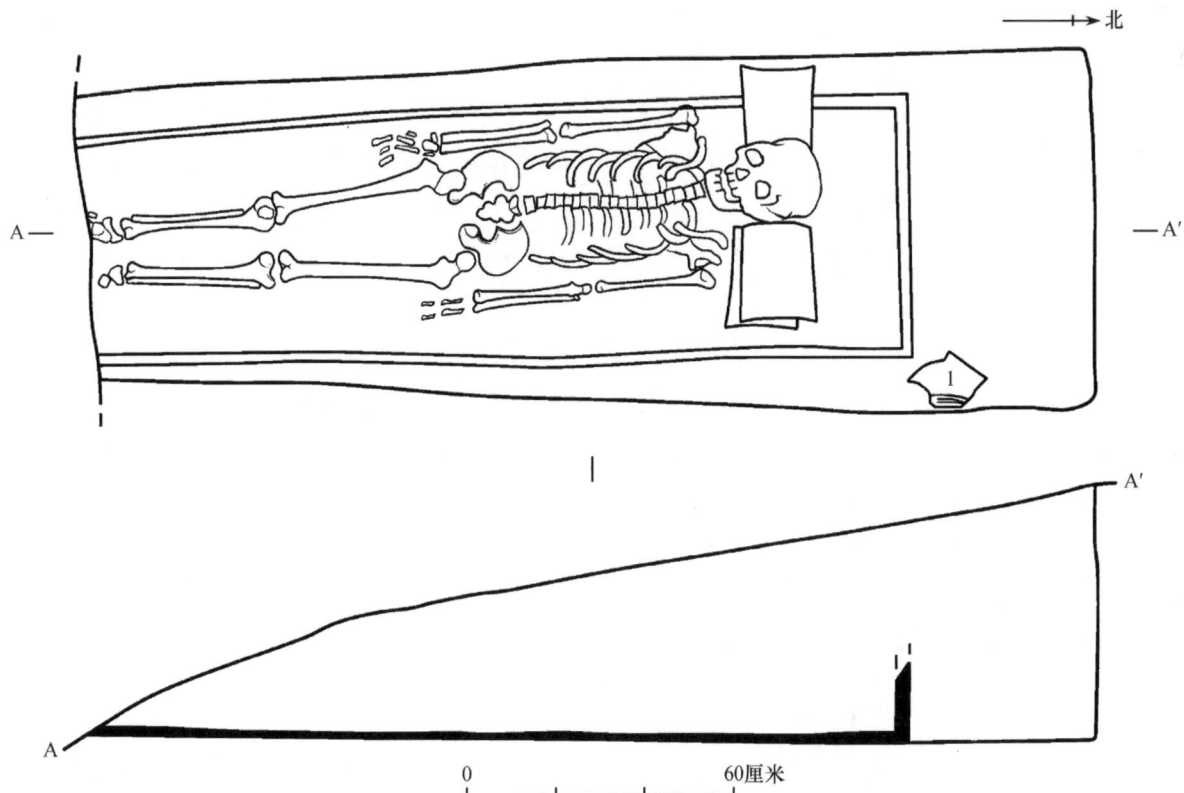

图一八六 2000CFLⅤM15平、剖面图
1. 釉陶罐

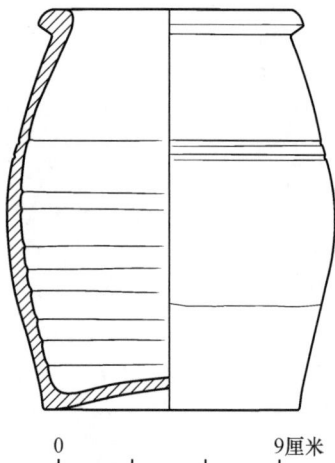

图一八七　2000CFLⅤM15出土釉陶罐
（2000CFLⅤM15∶1）

2. 葬具和人骨

葬具为木棺，残长1.85、宽0.5~0.6、高0.15、棺板厚0.03~0.05米。人骨为仰身直肢，头北脚南，头部西侧放置1件板瓦，东侧放置2件叠摞板瓦。女性，年龄25±5岁。

3. 随葬品

1件釉陶罐，出土于棺外东北角，口部盖一石块。

釉陶罐　2000CFLⅤM15∶1，灰陶。敛口，厚圆唇，斜肩，弧腹，底内凹。姜黄釉，施釉不到底。腹上部饰两周凹弦纹，内壁饰凹弦纹。口径10.8、腹径13.6、底径10.4、高15.9厘米（图一八七；图版六六，4）。

2000CFLⅤM16

1. 位置与形制

位于2000CFLⅤ区西部，T2东部。墓向10°。开口于第1层下，打破生土。墓葬南部被破坏，残长1.89、宽0.58~0.7、深0.23~0.51米。墓中填土为灰褐色五花土，较硬（图一八八；图版二五，1）。

2. 葬具和人骨

葬具为木棺，残长1.53、宽0.4~0.46、残高0.1米。木棺内发现1具人骨，仰身直肢，头向北。男性，年龄50±5岁。

3. 随葬品

共2件。1件瓷碗和1件釉陶罐相扣，出土于棺外西北角。

瓷碗　2000CFLⅤM16∶1，敞口，尖唇，斜曲腹，圈足，足墙内敛。灰白胎，细腻坚致。施釉光洁润亮。碗内饰花叶牡丹，外饰缠枝花，口沿外、底部各饰弦纹二道。口径13.2、底径4.6、高4.8厘米（图一八九，1；图版六七，1）。

釉陶罐　2000CFLⅤM16∶2，红褐陶。微侈口，圆唇，口部呈椭圆形，微束颈，折肩，弧腹，近底内收，平底，底部粘有窑渣。器表满釉。素面。口径9.1、腹径16.4、底径8.4、高21.4厘米（图一八九，2；图版六七，2）。

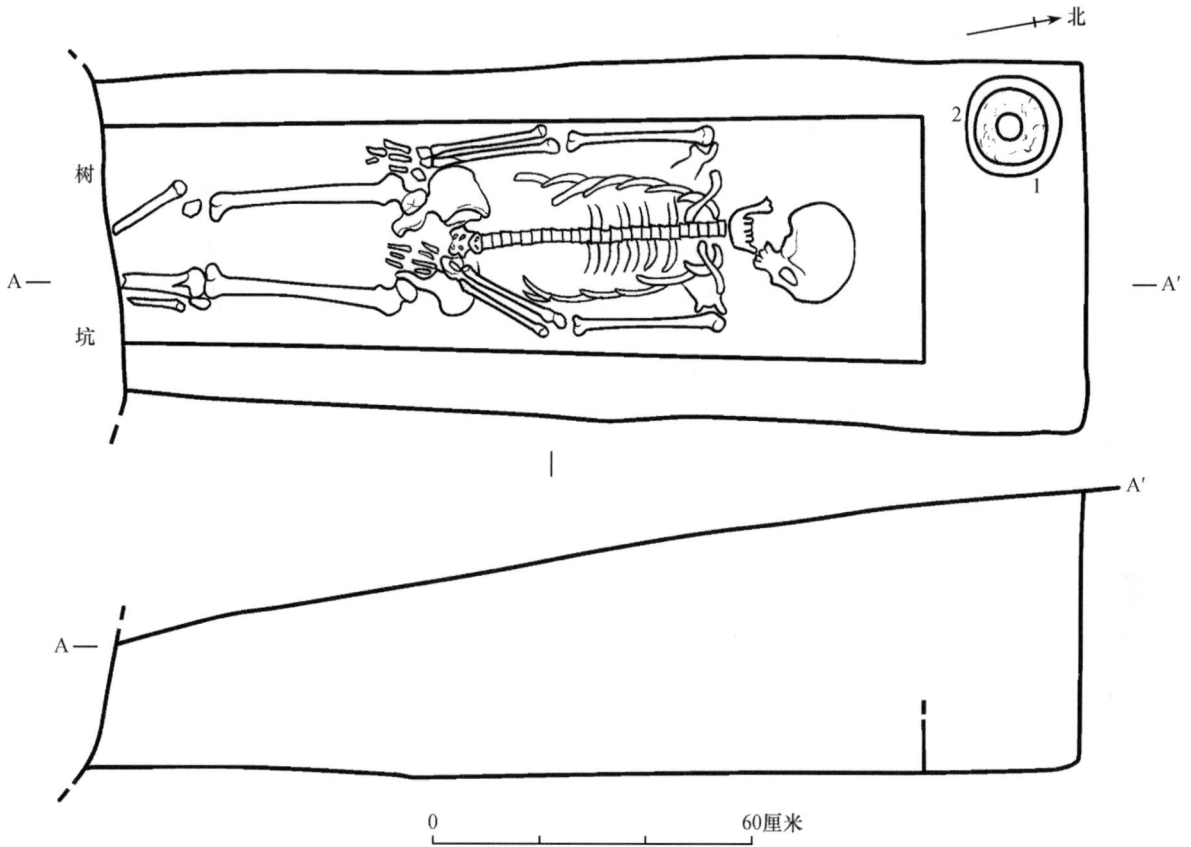

图一八八　2000CFLⅤM16平、剖面图

1.瓷碗　2.釉陶罐

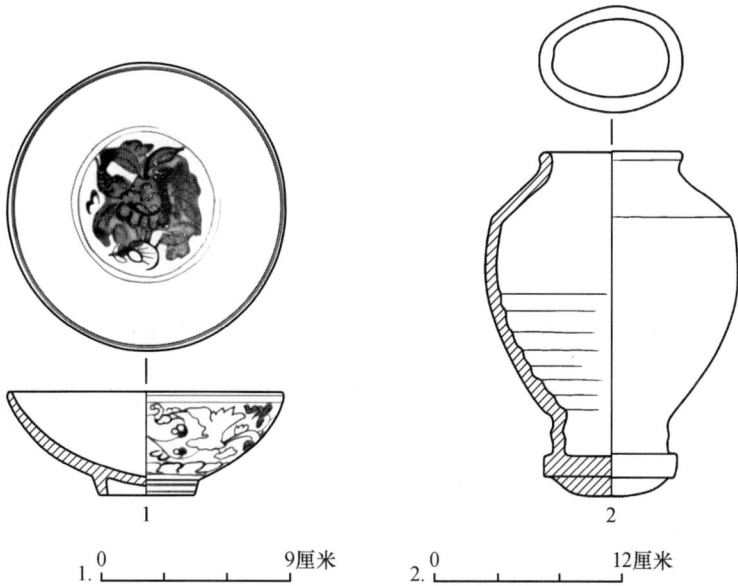

图一八九　2000CFLⅤM16出土瓷器、釉陶器

1.瓷碗（2000CFLⅤM16∶1）　2.釉陶罐（2000CFLⅤM16∶2）

2000CFL Ⅴ M19

1. 位置与形制

位于2000CFLⅤ区东南，T19西南部。墓向335°。开口于第1层下，打破生土。墓全长2.43、宽0.64～0.88、深0.19～1.37米。墓中填土为灰褐色五花土，较硬（图一九〇；图版二五，2）。

2. 葬具和人骨

葬具为木棺，长1.98、宽0.43、高0.15～0.34米。木棺内发现1具人骨，仰身直肢，头北脚南，人骨下铺草木灰。女性，年龄20±5岁。

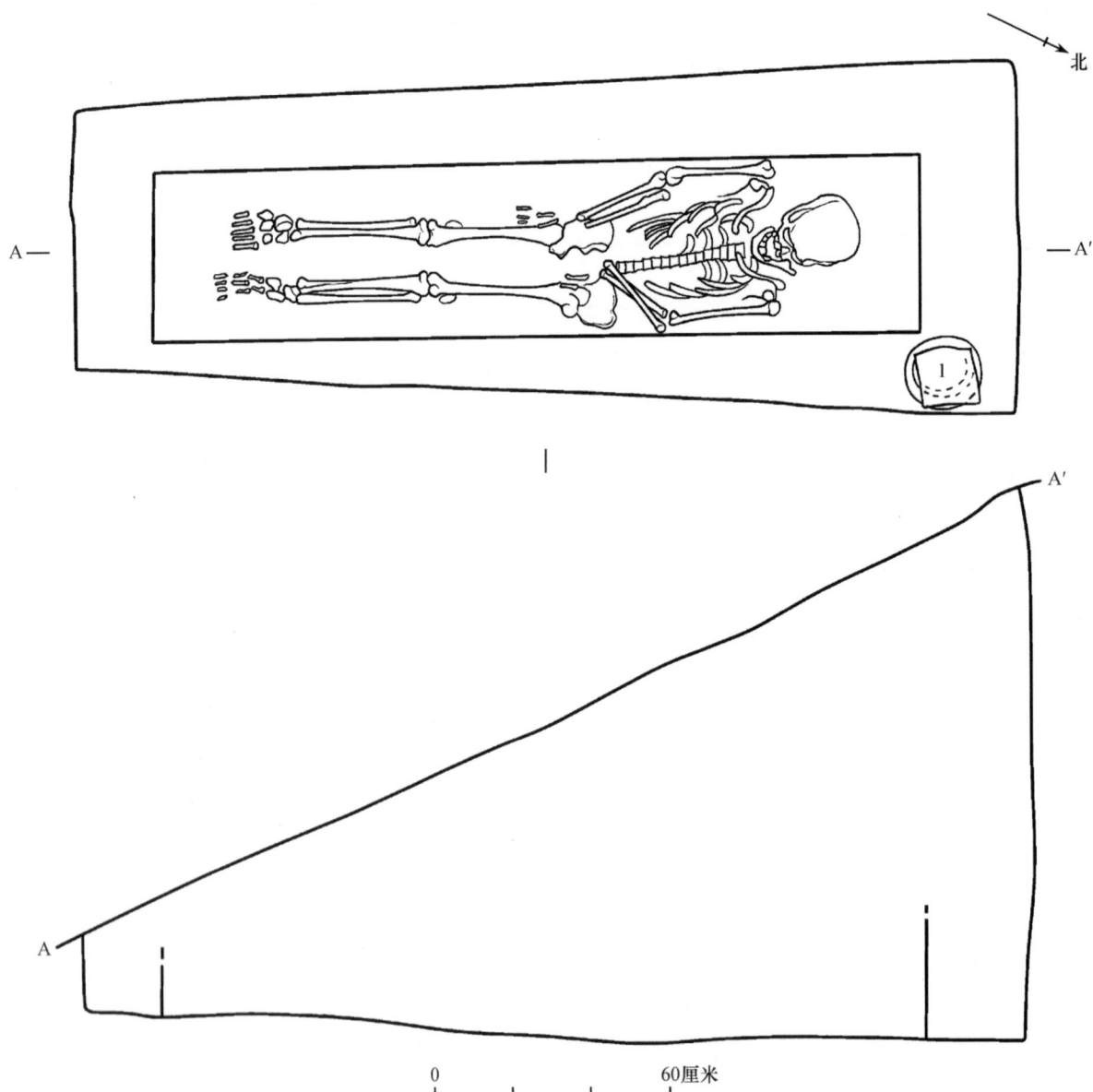

图一九〇　2000CFLⅤM19平、剖面图

1.釉陶罐

3. 随葬品

1件釉陶罐，出土于棺外东北角，口部盖1件菱形花纹残砖块。

釉陶罐 2000CFLⅤM19：1，褐陶。敛口，宽沿斜抹，尖唇，短颈微束，鼓腹，底内凹。青釉，火候较高，釉色青而泛绿，釉未至底。上腹部饰二周凹弦纹。口径15.8、腹径19.5、底径14.5、高17.5厘米（图一九一；图版六六，5）。

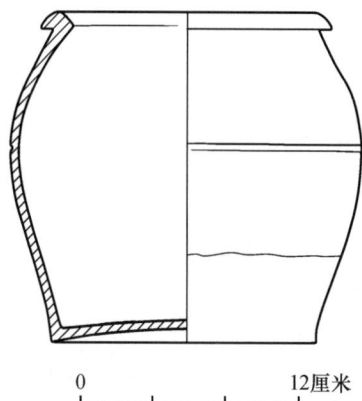

图一九一 2000CFLⅤM19出土釉陶罐
（2000CFLⅤM19：1）

2001CFLⅠM1

1. 位置与形制

位于2001CFLⅠ区中部偏南，T17西北部。墓向347°。开口于第1层下，打破生土。墓葬南部被破坏，残长1、宽0.85、深0.14~0.4米。墓中填土为红褐色五花土，含小砾石（图一九二）。

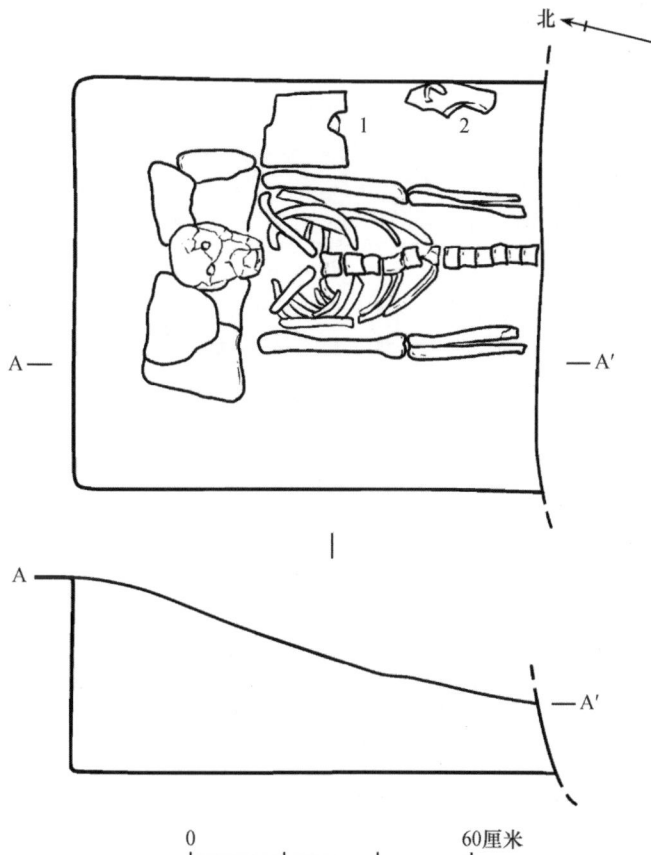

图一九二 2001CFLⅠM1平、剖面图
1、2. 釉陶罐

2. 葬具和人骨

未发现葬具。人骨腹部以下缺失，仰身直肢，头向北，头部东、西两侧各放置1件长方形白灰块。女性，年龄35±5岁。

3. 随葬品

共2件。均为釉陶罐，出土于墓主人左侧。

釉陶罐　2001CFLⅠM1：1，褐陶。侈口，平折沿，尖圆唇，束颈，溜肩，鼓腹，平底内凹。豆绿釉，施釉不到底。颈部饰二周凸弦纹，腹部有数周轮制痕迹。口径11.9、腹径16.4、底径11.9、高17.9厘米（图一九三，1；图版六八，1）。2001CFLⅠM1：2，灰陶。侈口，圆唇，口沿外有一圈凸棱，斜折领，束颈，溜肩，肩部饰对称纵向泥条系耳，鼓腹，下腹内收，底部出棱，平底略内凹。豆绿釉，施釉不到底，釉色脱落。素面。口径8.8、腹径13.9、底径8.2、高16.7厘米（图一九三，2；图版六八，2）。

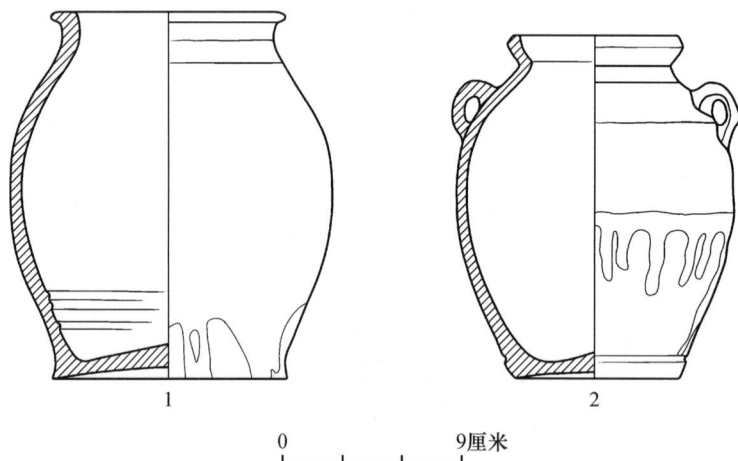

图一九三　2001CFLⅠM1出土釉陶罐
1. 2001CFLⅠM1：1　2. 2001CFLⅠM1：2

2001CFLⅠM2

1. 位置与形制

位于2001CFLⅠ区中部偏南，T17中部略偏北。墓向345°。开口于第1层下，打破生土。墓葬南部被破坏，残长0.64、宽0.56、深0.16~0.31米。墓中填土为红褐色五花土，含小砾石（图一九四）。

2. 葬具和人骨

未发现葬具。人骨胸部以下缺失，头向北，墓主人葬式、性别和年龄不详。

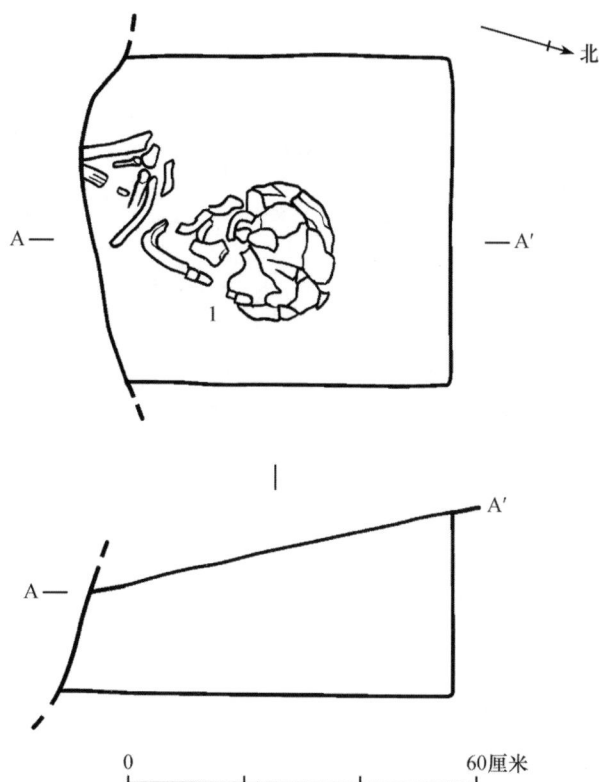

图一九四　2001CFLⅠM2平、剖面图
1. 铜耳环

3. 随葬品

共2件，均为铜耳环，出土于墓主人头部左侧附近。

铜耳环　2001CFLⅠM2∶1-1，整体呈圆环状，横截面呈圆形。锈蚀严重。外径1.7、内径1.4厘米（图一九五；图版六八，3）。

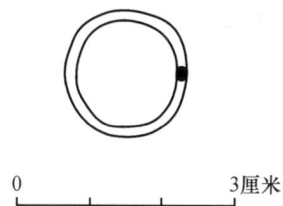

图一九五　2001CFLⅠM2出土铜耳环
（2001CFLⅠM2∶1-1）

2001CFLⅠM3

1. 位置与形制

位于2001CFLⅠ区中部偏南，T17东南部。墓向345°。开口于第1层下，向下打破生土。墓全长2.2、宽0.5~0.8、深0.28~1.01米。墓中填土为红褐、黑褐色五花土，含小砾石（图一九六；图版二六，1）。

2. 葬具和人骨

葬具为木棺，长2.04、宽0.38~0.56米。木棺内发现1具人骨，仰身直肢，头北脚南，头骨北侧纵向放置两排叠摞板瓦，西侧9件，东侧8件，共17件。女性，年龄35±5岁。

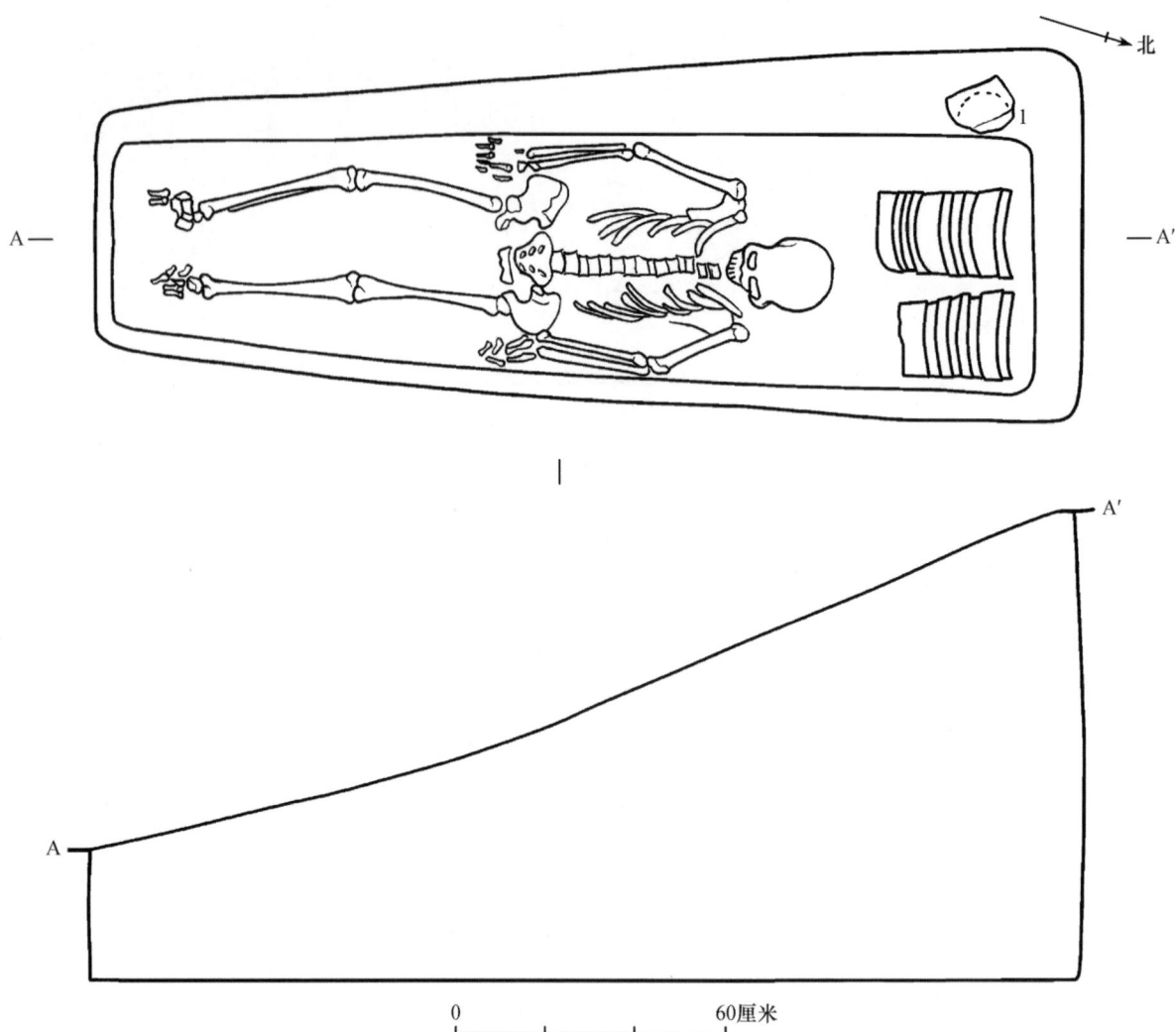

图一九六　2001CFLⅠM3平、剖面图
1. 瓷罐

3. 随葬品

共2件。1件瓷罐，出土于棺外墓室西北角，口部盖1件石板，1枚铜帽花，发现于墓葬填土中。

铜帽花　2001CFLⅠM3：01，整体呈不规则片状，微曲，顶端有一椭圆形孔，下端有一小圆孔，帽花外凸，中空。锈蚀严重。长2.3、宽1.8厘米（图一九七，2；图版六八，4）。

瓷罐　2001CFLⅠM3：1，口微敛，窄沿外展，方唇，斜直领，溜肩，微鼓腹，大平底，底内凹。灰褐色胎。姜黄釉，施釉不到底。腹部饰凸棱纹。口径8.9、腹径13.6、底径9.8、高14.9厘米（图一九七，1；图版六九，1）。

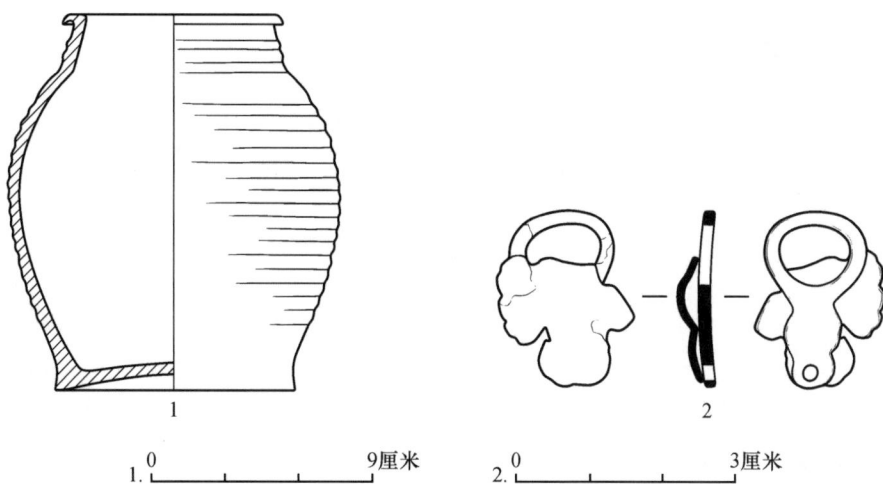

图一九七　2001CFLⅠM3出土瓷器、铜器

1. 瓷罐（2001CFLⅠM3：1）　2. 铜帽花（2001CFLⅠM3：01）

2001CFLⅠM5

1. 位置与形制

位于2001CFLⅠ区东部，T29西部。墓向357°。开口于第1层下，打破生土。墓全长1.7、宽0.42～0.62、深0.05～0.6米。墓中填土为红褐、黑褐色五花土，含小砾石（图一九八）。

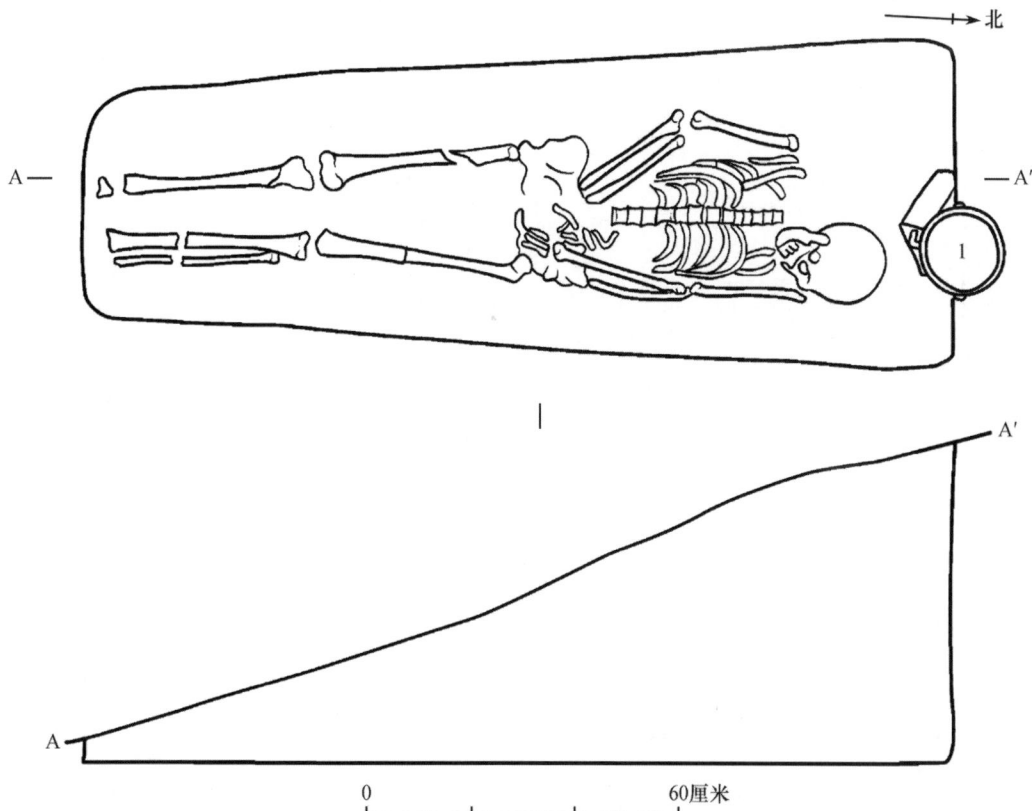

图一九八　2001CFLⅠM5平、剖面图

1. 瓷罐

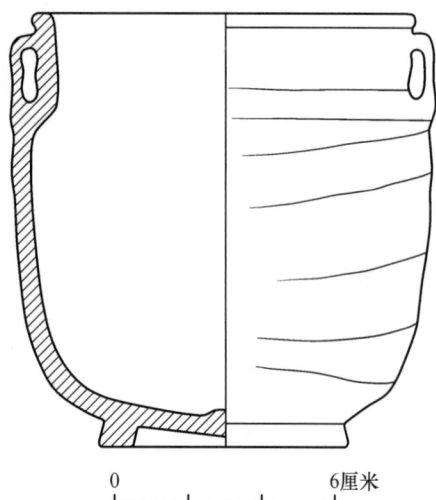

图一九九　2001CFLⅠM5出土瓷罐
（2001CFLⅠM5：1）

2. 葬具和人骨

未发现葬具。墓圹内发现1具人骨，仰身直肢，头北脚南。女性，年龄45±5岁。

3. 随葬品

1件瓷罐，放置于墓圹北壁外挖方台上，距墓底0.5米。

瓷罐　2001CFLⅠM5：1，微侈口，方唇，短颈，颈部饰对称纵向桥形饰耳，折肩，斜直腹，近底部曲收，矮圈足略外撇。灰白胎。内、外施黑釉，施釉不到底。腹部饰有数道凸弦纹，口径10.4、腹径11.5、底径6.8、高11.5厘米（图一九九；图版六九，2）。

2001CFLⅠM8

1. 位置与形制

位于2001CFLⅠ区中部偏东北，T21北部。墓向347°。开口于第2层下，打破生土。墓全长2.32、宽0.62～0.68、深0.03～0.66米。墓中填土为红褐、黄褐色五花土，含小砾石、砖块，较硬（图二〇〇；图版二七，1、2）。

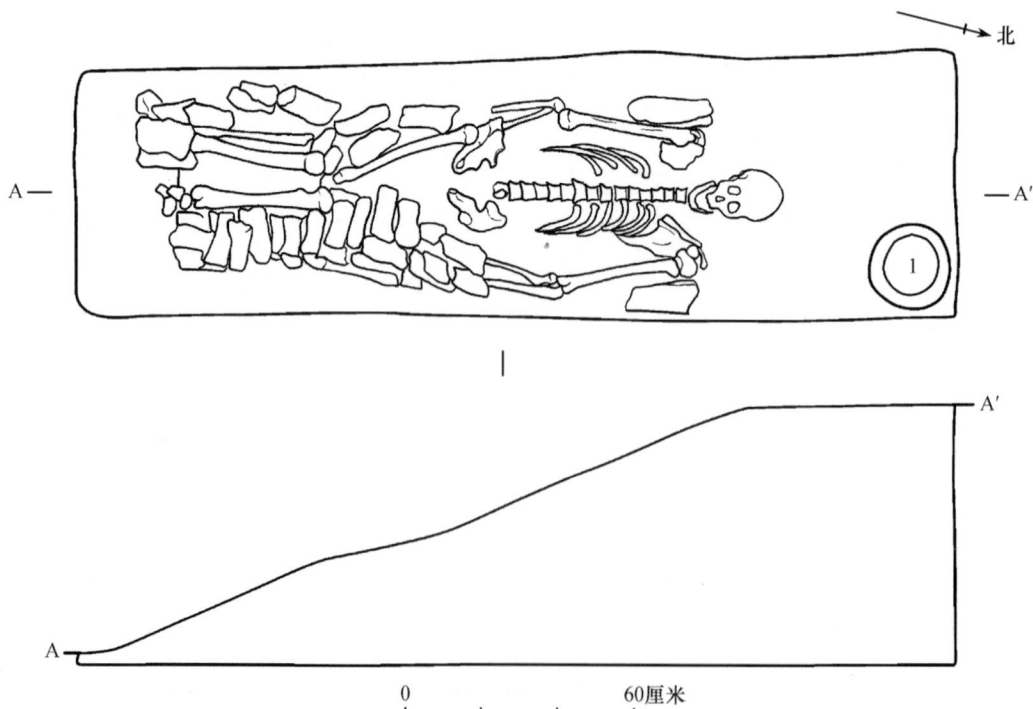

图二〇〇　2001CFLⅠM8平、剖面图
1.釉陶罐

2. 葬具和人骨

未发现葬具。人骨为仰身直肢，头北脚南，人骨四周横向或顺向摆放多件圆柱形白灰块，白灰块长约0.25~0.3、直径约0.08~0.12米，上残留布料包裹痕迹。男性，年龄50±5岁。

3. 随葬品

1件釉陶罐，出土于墓圹东北角。

釉陶罐　2001CFL I M8：1，红褐陶。微敛口，尖唇，口部外有一圈凸棱，微折肩，长腹微鼓，下腹近底内收，平底略内凹。酱绿釉，施釉不到底。素面。口径8、腹径11.2、底径7.5、高14厘米（图二〇一；图版六八，5）。

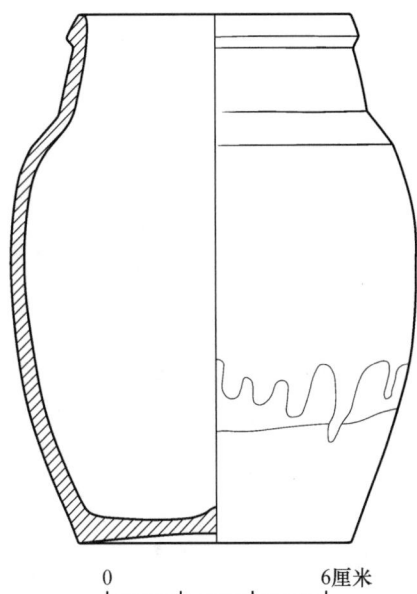

图二〇一　2001CFL I M8出土釉陶罐（2001CFL I M8：1）

2001CFL I M9

1. 位置与形制

位于2001CFL I 区东北部，T27中部偏东。墓向351°。开口于第3层下，打破生土。墓全长2.87、宽0.51~0.73、深0.24~1.26米。墓中填土为红褐、灰黄色胶黏土，含较多料姜石，较软（图二〇二）。

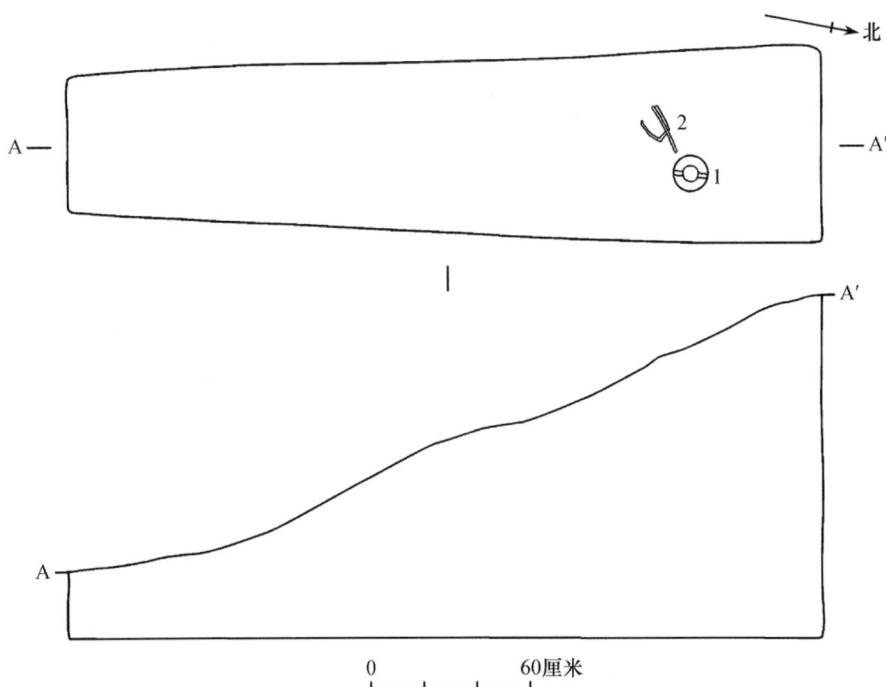

图二〇二　2001CFL I M9平、剖面图
1.釉陶罐　2.铜簪

2. 葬具和人骨

未发现葬具，人骨已腐朽成粉末状，墓主人葬式、性别和年龄不详。

3. 随葬品

共2件。1件釉陶罐出土于墓室北部，1件铜簪散落其附近。

釉陶罐　2001CFLⅠM9：1，褐陶。侈口，圆唇，口沿下有一圈凸棱，斜折领，溜肩，肩部饰对称纵向泥条系耳，鼓腹，下腹斜弧内收，近底部出棱，底略内凹。姜黄釉，施釉不到底。腹中部饰数周凹弦纹。口径11.2、腹径14.9、底径7.5、高16.5厘米（图二〇三，1；图版六九，3）。

铜簪　2001CFLⅠM9：2，双股钗，一股通直，一股弯曲变形。长8.4、直径0.3厘米（图二〇三，2；图版六九，5）。

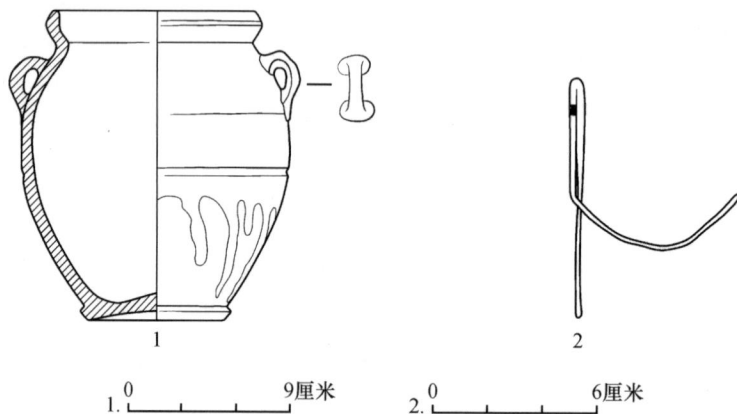

图二〇三　2001CFLⅠM9出土釉陶器、铜器
1. 釉陶罐（2001CFLⅠM9：1）　2. 铜簪（2001CFLⅠM9：2）

2001CFLⅠM10

1. 位置与形制

位于2001CFLⅠ区中部偏东北，T22西部。墓向350°。开口于第1层下，打破生土。墓全长2.07、宽0.88、深0.32~0.5米，墓中填土为灰褐、黑褐色五花土，含砂岩块、料姜石，较硬（图二〇四）。

2. 葬具和人骨

未发现葬具。墓圹内发现1具人骨，仰身直肢，头北脚南，头骨下放置3件板瓦。女性，年龄50±5岁。

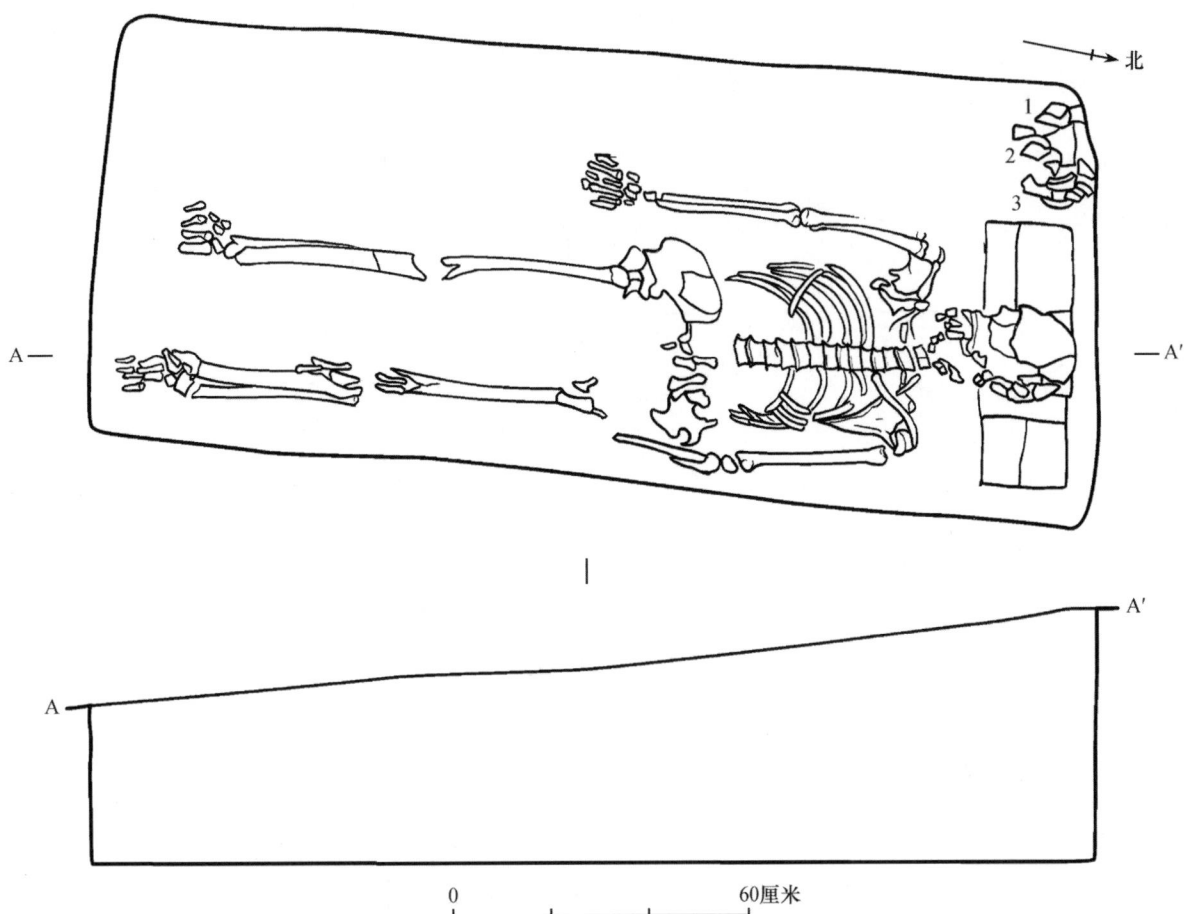

图二〇四　2001CFLⅠM10平、剖面图
1、2. 瓷碗　3. 陶罐

3. 随葬品

共3件。2件瓷碗、1件陶罐，自西至东出土于墓圹西北角。

瓷碗　2001CFLⅠM10：1，敞口，尖唇，斜曲腹，矮圈足。灰白色胎，细腻紧致。施釉不到足底，光洁润亮。碗心饰"正"字，口沿下饰一排青花斜向大雁状纹饰和六周点状纹饰。口径12.6、底径5.1、高4.3厘米（图二〇五，1；图版七〇，1）。2001CFLⅠM10：2，敞口，尖唇，斜曲腹，矮圈足。灰白色胎，细腻紧致。施釉不到足底，光洁润亮。碗心饰"正"字，内壁有数周青色弦纹，口沿下饰一排青花斜向大雁状纹饰和六周点状纹饰。口径12.5、底径5.2、高4.2厘米（图二〇五，2；图版七〇，2）。

陶罐　2001CFLⅠM10：3，泥质灰陶。直口，圆唇，矮领，圆肩，斜直腹，下腹斜收，底略内凹。肩部以下饰数周凹弦纹。口径8.7、腹径15.4、底径6.9、高16厘米（图二〇五，3；图版六九，4）。

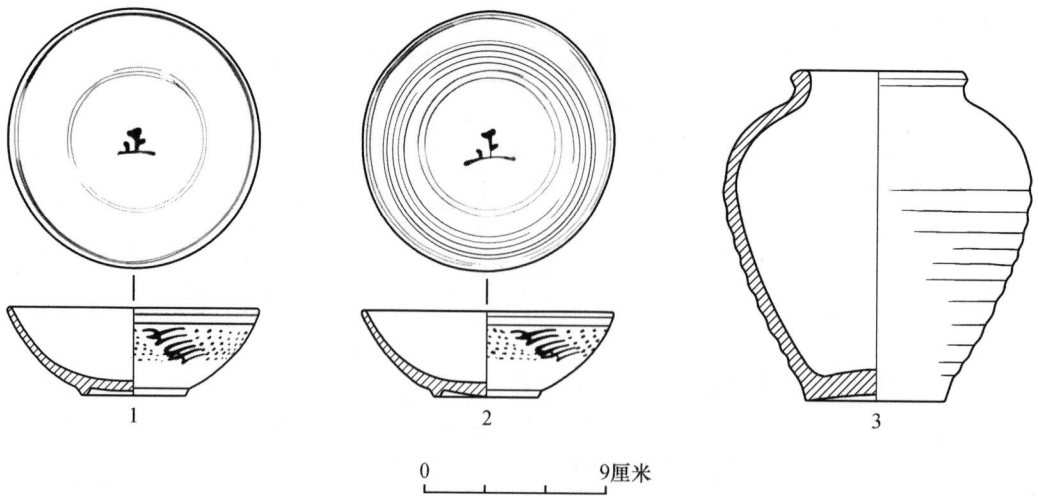

图二〇五　2001CFLⅠM10出土瓷器、陶器
1、2. 瓷碗（2001CFLⅠM10：1、2001CFLⅠM10：2）　3. 陶罐（2001CFLⅠM10：3）

2001CFLⅠM13

1. 位置与形制

位于2001CFLⅠ区东北，T26西部。墓向0°。开口于第1层下，打破生土。墓葬南部被破坏，残长0.71、宽0.61、深0～0.16米。墓中填土为灰色五花土，较硬（图二〇六）。

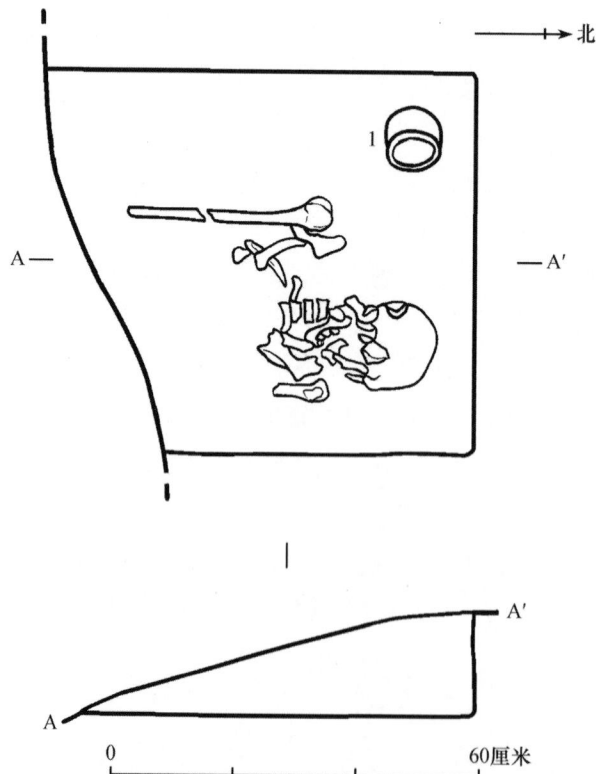

图二〇六　2001CFLⅠM13平、剖面图
1. 釉陶罐

2. 葬具和人骨

未发现葬具，人骨仅存头骨和部分胸骨，头向北。墓主人葬式、性别和年龄不详。

3. 随葬品

1件釉陶罐，出土于墓室西北角。

釉陶罐 2001CFLⅠM13：1，红褐陶。侈口，圆唇，束颈，溜肩，微鼓腹，下腹内收，内底中心较厚，平底。姜黄釉，内、外施釉，施釉不到底。素面。口径8.7、腹径11、底径7.6、高11.6厘米（图二〇七；图版七〇，3）。

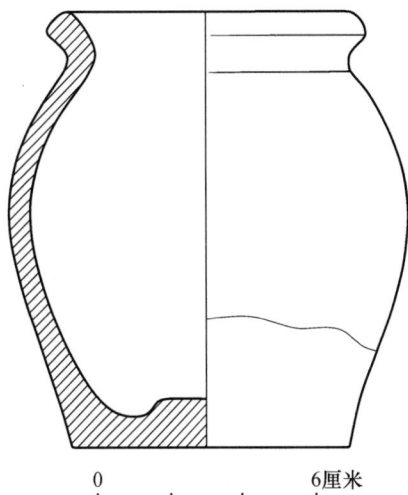

图二〇七 2001CFLⅠM13出土釉陶罐（2001CFLⅠM13：1）

2001CFLⅠM15

1. 位置与形制

位于2001CFLⅠ区东北部，T26中部。墓向0°。开口于第1层下，打破生土。墓葬南部被破坏，残长2、宽0.5～0.6、深0～0.6米。墓中填土为五花土（图二〇八；图版二六，2）。

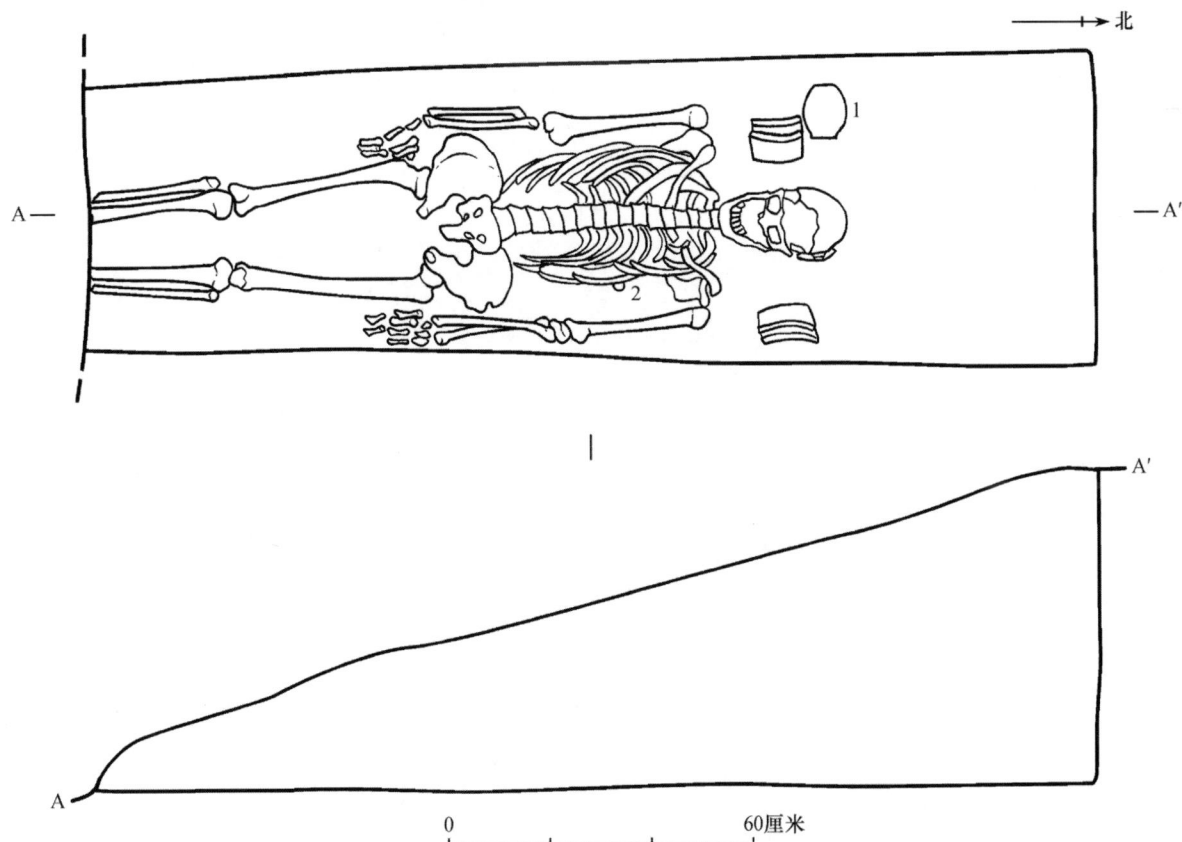

图二〇八 2001CFLⅠM15平、剖面图
1. 釉陶罐 2. 铜钱

2. 葬具和人骨

未发现葬具。墓圹内发现1具人骨，仰身直肢，头向北，头骨东、西两侧各放置2块板瓦。女性，年龄60±5岁。

3. 随葬品

共2件。1件釉陶罐，出土于墓主人头骨右侧，靠近板瓦附近，1枚铜钱，出土于胸部左侧。

釉陶罐　2001CFLⅠM15：1，褐陶。微侈口，圆唇，束颈，溜肩，鼓腹，大平底。酱釉，施釉不到底。腹部饰数周凸弦纹。口径9.1、腹径13.5、底径9.5、高14.8厘米（图二〇九，1；图版七〇，4）。

铜钱　2001CFLⅠM15：2，嘉庆通宝，有郭。锈蚀严重。直径2.5、穿径0.58厘米（图二〇九，2；图版七一，1）。

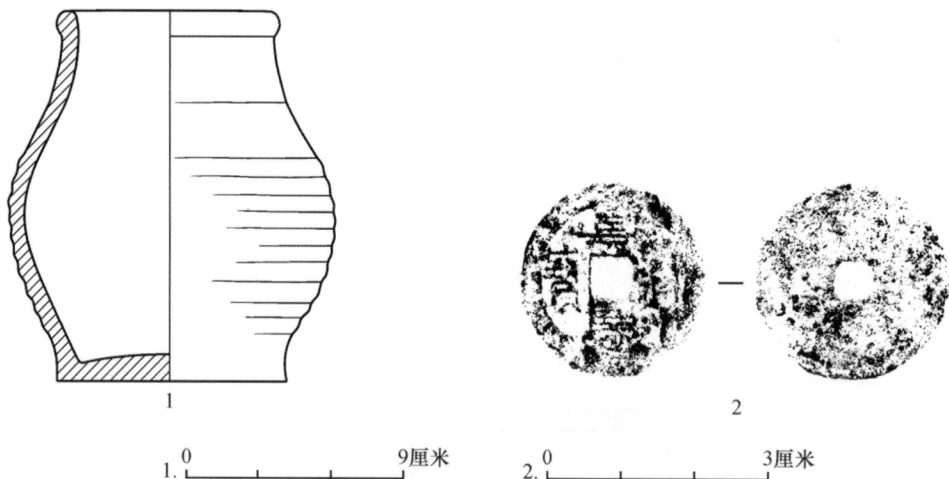

图二〇九　2001CFLⅠM15出土釉陶器、铜器
1. 釉陶罐（2001CFLⅠM15：1）　2. 铜钱（2001CFLⅠM15：2）

2001CFLⅠM19

1. 位置与形制

位于2001CFLⅠ区中部，T16西北部。墓向0°。开口于第1层下，打破生土。墓全长2.47、宽0.61～0.87、深0.13～0.8米。墓中填土为红褐色、灰色五花土，含小砾石、石灰颗粒（图二一〇）。

2. 葬具和人骨

未发现葬具。人骨已成粉末状。墓主人葬式、性别和年龄不详。

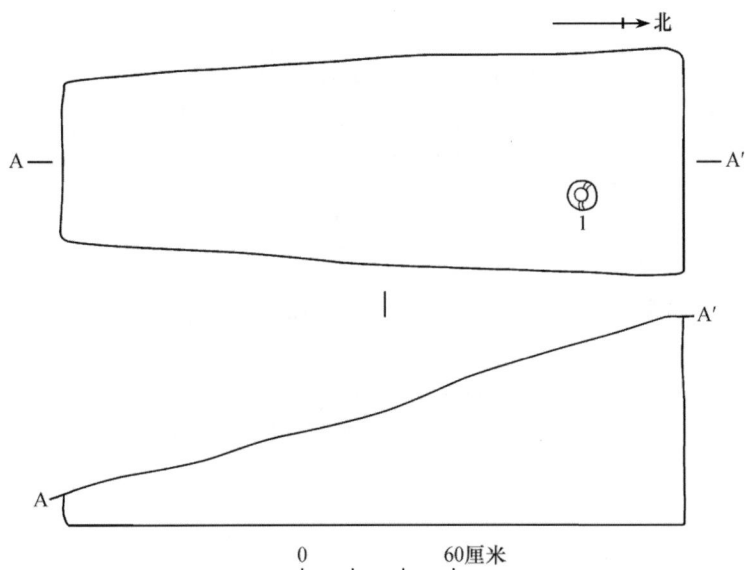

图二一〇　2001CFLⅠM19平、剖面图
1. 釉陶罐

3. 随葬品

1件釉陶罐，出土于墓室东北部。

釉陶罐　2001CFLⅠM19：1，灰陶。微侈口，圆唇，束颈，斜肩，肩部饰对称纵向泥条系耳，长弧腹，底略内凹。姜黄釉，施釉不到底。腹上部饰有四周凸弦纹。口径8.8、腹径13.1、底径6.5、高16.4厘米（图二一一；图版七一，5）。

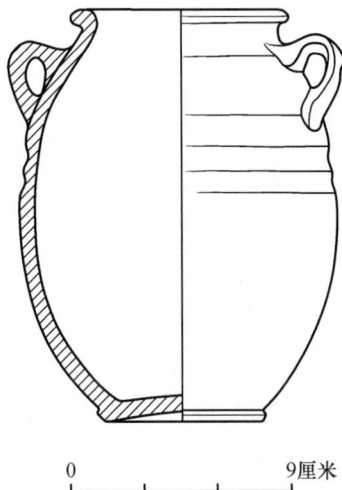

图二一一　2001CFLⅠM19出土釉陶罐（2001CFLⅠM19：1）

2001CFL I M20

1. 位置与形制

位于2001CFL I 区中部，T14东北部。墓向353°。开口于第1层下，打破生土。墓全长2.81、宽0.72、深0.15~1.21米。墓中填土为红褐、黑褐色五花土，含小砾石（图二一二）。

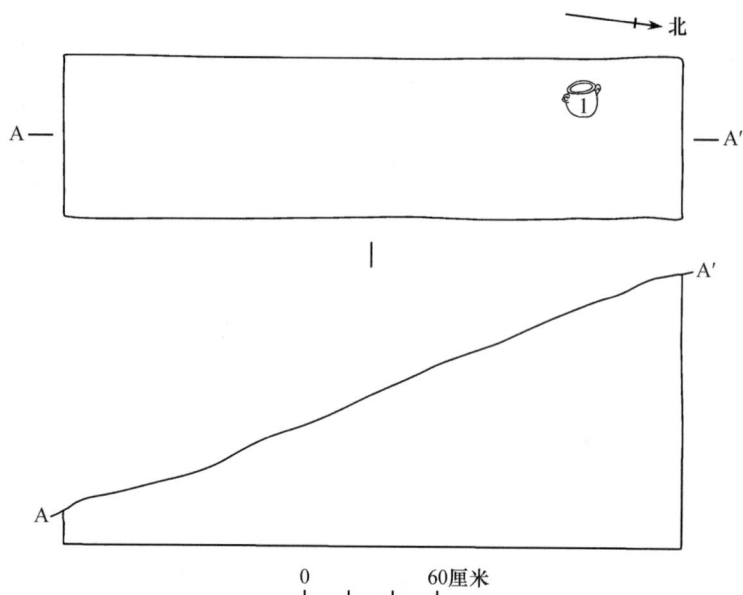

图二一二　2001CFL I M20平、剖面图
1. 釉陶罐

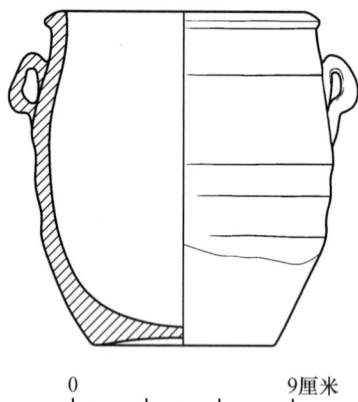

图二一三　2001CFL I M20出土釉陶罐
（2001CFL I M20：1）

2. 葬具和人骨

未发现葬具。人骨已成粉末状。墓主人葬式、性别和年龄不详。

3. 随葬品

1件釉陶罐，出土于墓室西北部。

釉陶罐　2001CFL I M20：1，灰褐陶。直口，圆唇，唇外缘外侈，口沿下有一周凸棱，长筒腹，上腹部饰一对纵向泥条系耳，平底略内凹。饰白色化妆土至下腹部，釉色脱落。腹部饰三周凸棱纹。口径11.2、腹径12.5、底径7.4、高13.2厘米（图二一三；图版七一，2）。

2001CFLⅠM21

1. 位置与形制

位于2001CFLⅠ区西部，T3西部。墓向0°。开口于第1层下，打破生土。墓葬南部被破坏，残长2.02、宽0.48~0.61、深0~0.6米。墓中填土为五花土（图二一四）。

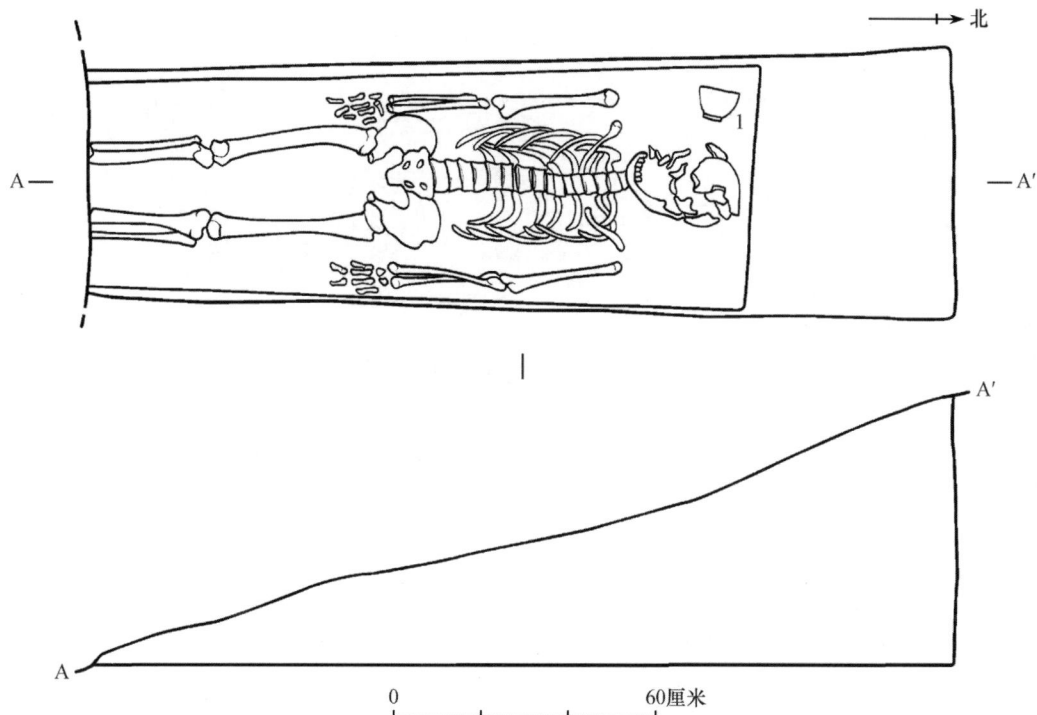

图二一四　2001CFLⅠM21平、剖面图
1. 瓷碗

2. 葬具和人骨

葬具为木棺，残长1.5、宽0.46~0.54米。木棺内发现1具人骨，仰身直肢，头向北。女性，年龄30±5岁。

3. 随葬品

1件瓷碗，出土于棺内西北角。

瓷碗　2001CFLⅠM21：1，敞口，尖唇，斜曲腹，矮圈足，足略外撇足墙较薄，挖足过肩。灰白色胎体，致密紧实。内、外施釉，略有光泽，足底不施釉。外壁口沿下饰一圈飞鸟状青花纹饰，内、外壁口沿下及内壁中部均饰两圈青色弦纹。口径10.1、底径5.2、高5.7厘米（图二一五；图版七一，3）。

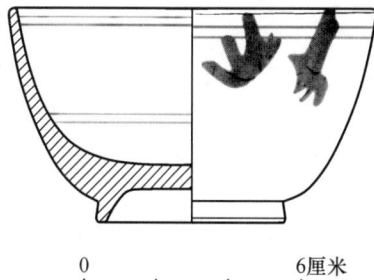

图二一五　2001CFLⅠM21出土瓷碗
（2001CFLⅠM21：1）

2001CFLⅠM23

1. 位置与形制

位于2001CFLⅠ区中部，T9东北部。墓向349°。开口于第1层下，打破生土。墓葬南部被破坏，残长1.8、宽0.63、深0～0.75米。墓中填土为红褐、灰褐色五花土，含小砾石和料姜石，较硬（图二一六）。

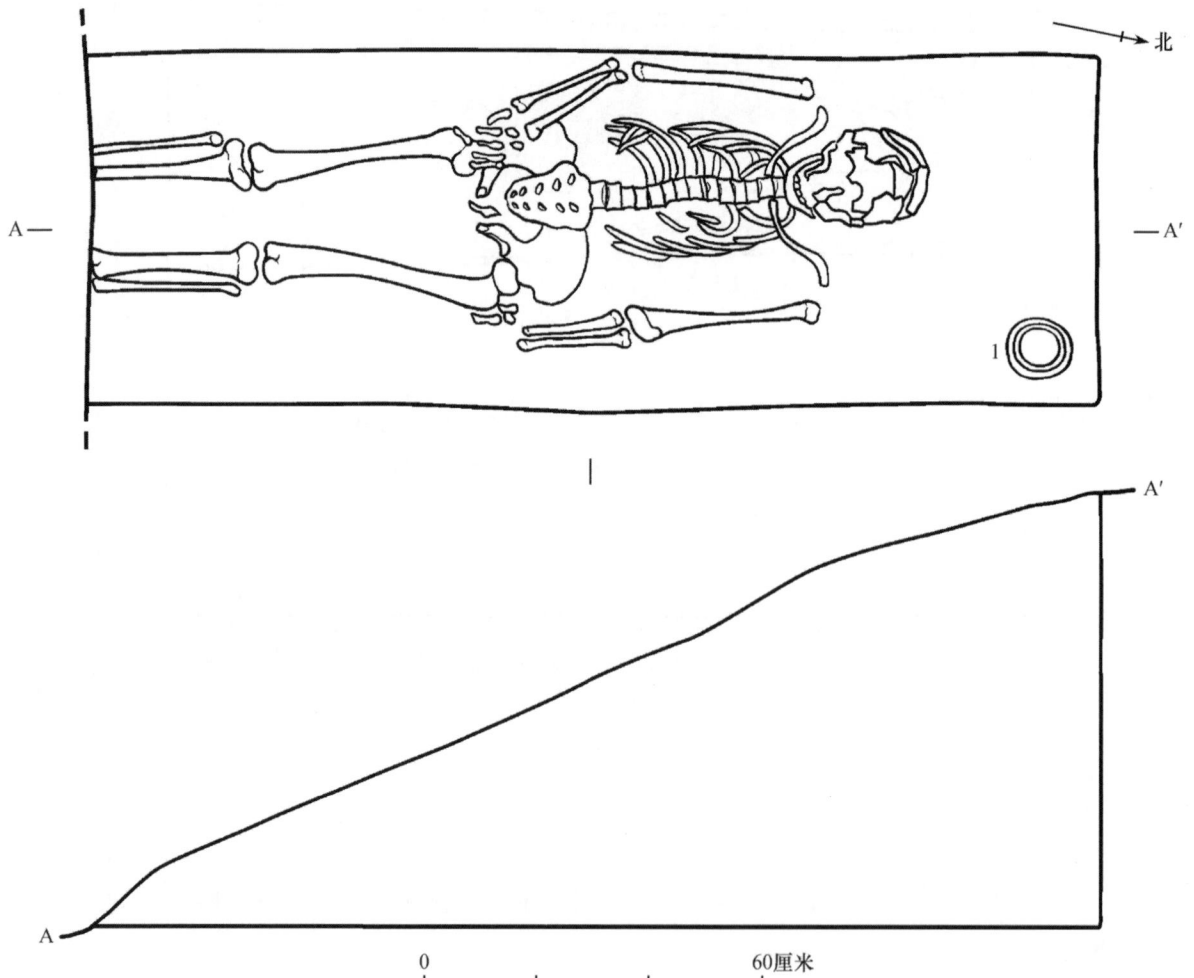

图二一六　2001CFLⅠM23平、剖面图
1. 釉陶罐

2. 葬具和人骨

未发现葬具。墓圹内发现1具人骨，仰身直肢，头向北，脚骨缺失，右手放置于盆骨之上。女性，年龄35±5岁。

3. 随葬品

1件釉陶罐，出土于墓室内东北角。

釉陶罐　2001CFLⅠM23：1，灰褐陶。敛口，圆唇，唇外缘微侈，斜肩，鼓腹，底内凹略外撇。酱黄色釉，施釉不到底。肩部饰两周凹弦纹。口径10、腹径14.6、底径9.7、高15.8厘米（图二一七；图版七一，4）。

2001CFLⅠM24

1. 位置与形制

位于2001CFLⅠ区西部，T10西北部。墓向0°。开口于第1层下，打破生土。墓葬南端被破坏，残长2.21、宽0.4~0.77、深0~0.6米。墓中填土为红褐、灰褐色五花土，含小砾石，较硬（图二一八）。

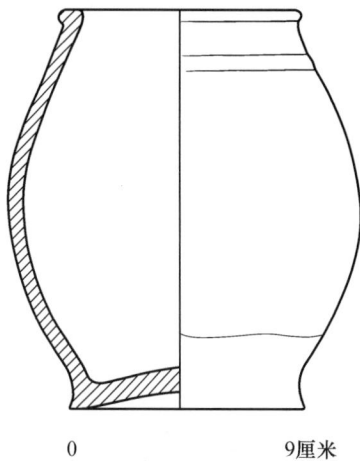

图二一七　2001CFLⅠM23出土釉陶罐
（2001CFLⅠM23：1）

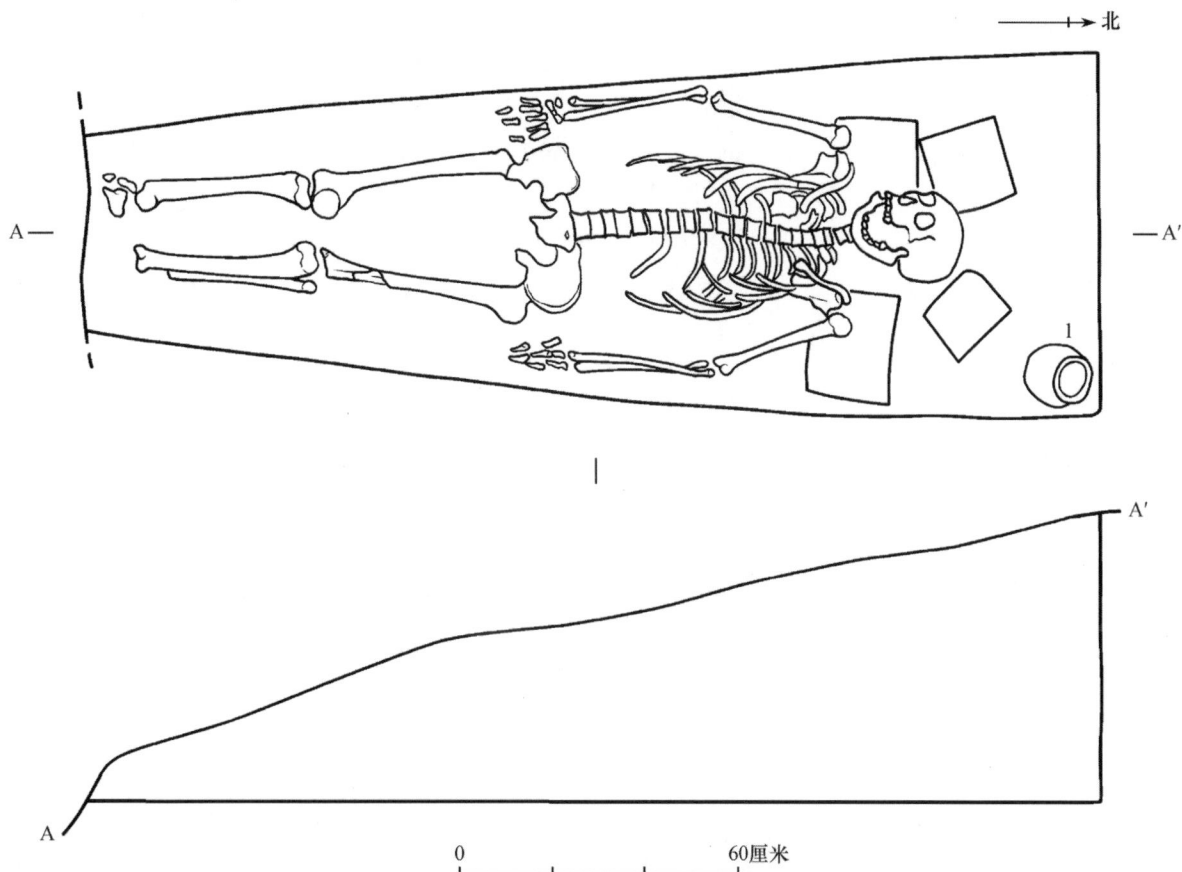

图二一八　2001CFLⅠM24平、剖面图
1. 釉陶罐

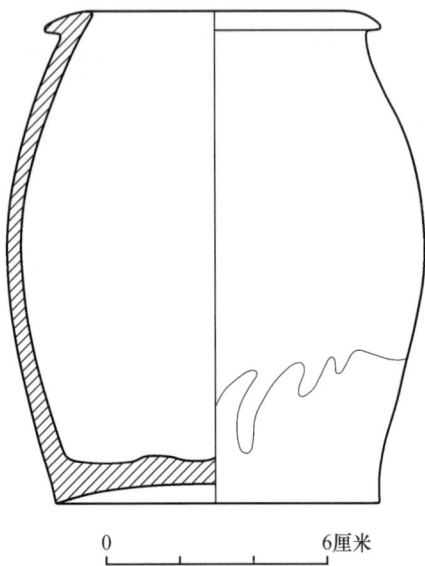

图二一九　2001CFLⅠM24出土釉陶罐
（2001CFLⅠM24：1）

2. 葬具和人骨

未发现葬具。墓圹内发现1具人骨，仰身直肢，头北脚南，头部东、西两侧各放置2件板瓦。女性，年龄35±5岁。

3. 随葬品

1件釉陶罐，出土于墓室东北角。

釉陶罐　2001CFLⅠM24：1，浅灰陶。敛口，斜折沿，尖圆唇，束颈，斜肩，鼓腹，底内凹。豆绿色釉，施釉不到底。素面。口径9.1、腹径11.5、底径8.8、高13.1厘米（图二一九；图版七二，1）。

2001CFLⅡM1

1. 位置与形制

位于2001CFLⅡ区东南部，T8北部。墓向315°。开口于第1层下，打破生土。墓葬南部被破坏，残长1.61、宽0.46～0.66、深0～0.55米。墓中填土为红褐色五花土，含小砾石和料姜石，较硬（图二二〇）。

2. 葬具和人骨

未发现葬具。墓圹内发现1具人骨，仰身直肢，头向北，左小腿骨和脚骨缺失。女性，年龄65±5岁。

3. 随葬品

共4件。1件釉陶罐出土于墓主人头骨西北侧，1件铜簪和2件铜耳环，出土于头骨右侧。

釉陶罐　2001CFLⅡM1：1，褐陶。直口，斜方唇，溜肩，肩上饰对称纵向桥形錾耳，长弧腹，底内凹。姜黄釉，外壁部分施釉。素面。口径9.5、腹径16、底径9.9、高18厘米（图二二一，1；图版七二，2）。

铜簪　2001CFLⅡM1：2，双股钗，两端通直，横截面呈方形。长15.1、直径0.3厘米（图二二一，2；图版七二，3）。

铜耳环，2001CFLⅡM1：3-1，整体呈新月形，一端尖锐，一端略有残缺。锈蚀严重。长2.3、宽1.7厘米（图二二一，3；图版七二，4）。

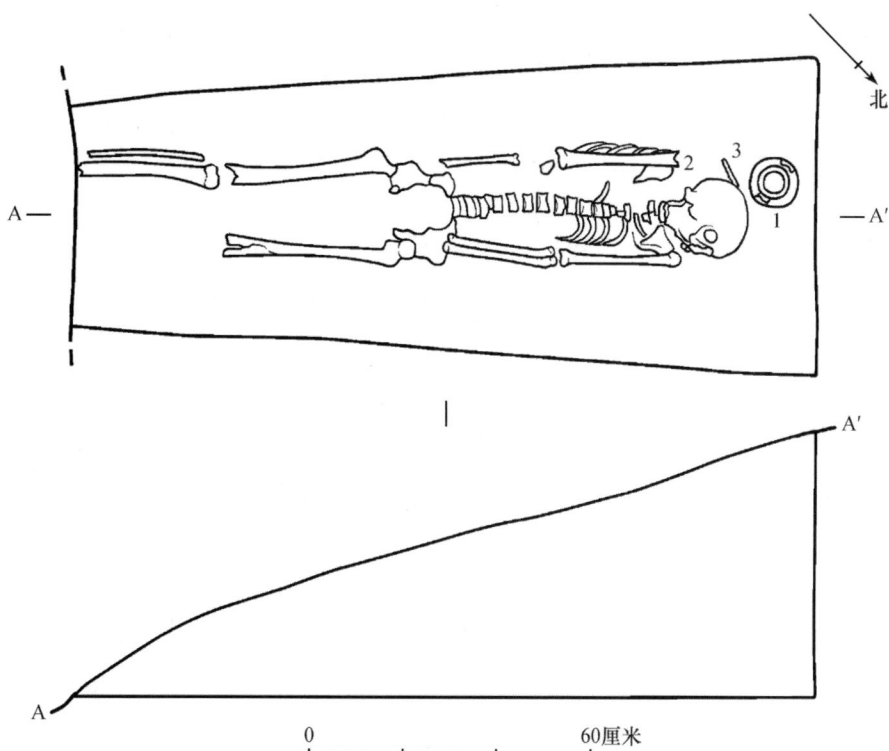

图二二〇　2001CFLⅡM1平、剖面图

1.釉陶罐　2.铜簪　3.铜耳环

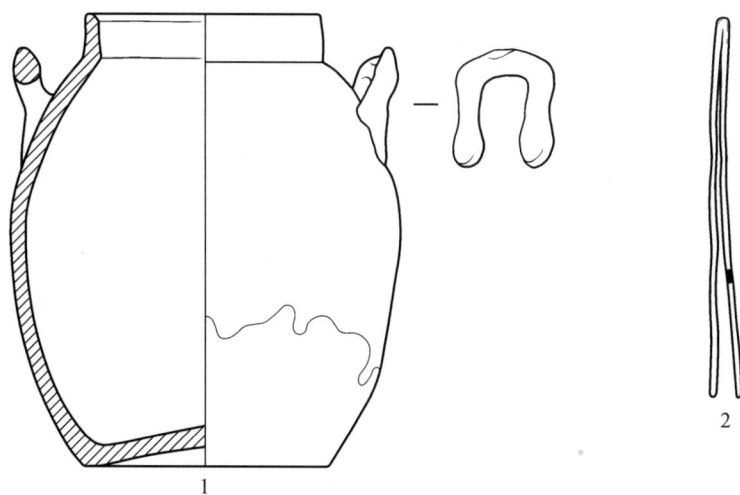

图二二一　2001CFLⅡM1出土釉陶器、铜器

1.釉陶罐（2001CFLⅡM1∶1）　2.铜簪（2001CFLⅡM1∶2）　3.铜耳环（2001CFLⅡM1∶3-1）

2001CFL Ⅱ M6

1. 位置与形制

位于2001CFL Ⅱ 区北部，T13西北部。墓向335°。开口于第1层下，打破生土。墓葬南部被破坏，残长1.6、宽0.55～0.75、深0～0.91米。墓中填土为黑色和灰褐色五花土，含碎砾石和料姜石，较软（图二二二；图版二八，1）。

2. 葬具和人骨

未发现葬具。墓圹内发现1具人骨，仰身直肢，头向北，脚骨缺失，人骨下铺白灰。男性，年龄30±5岁。

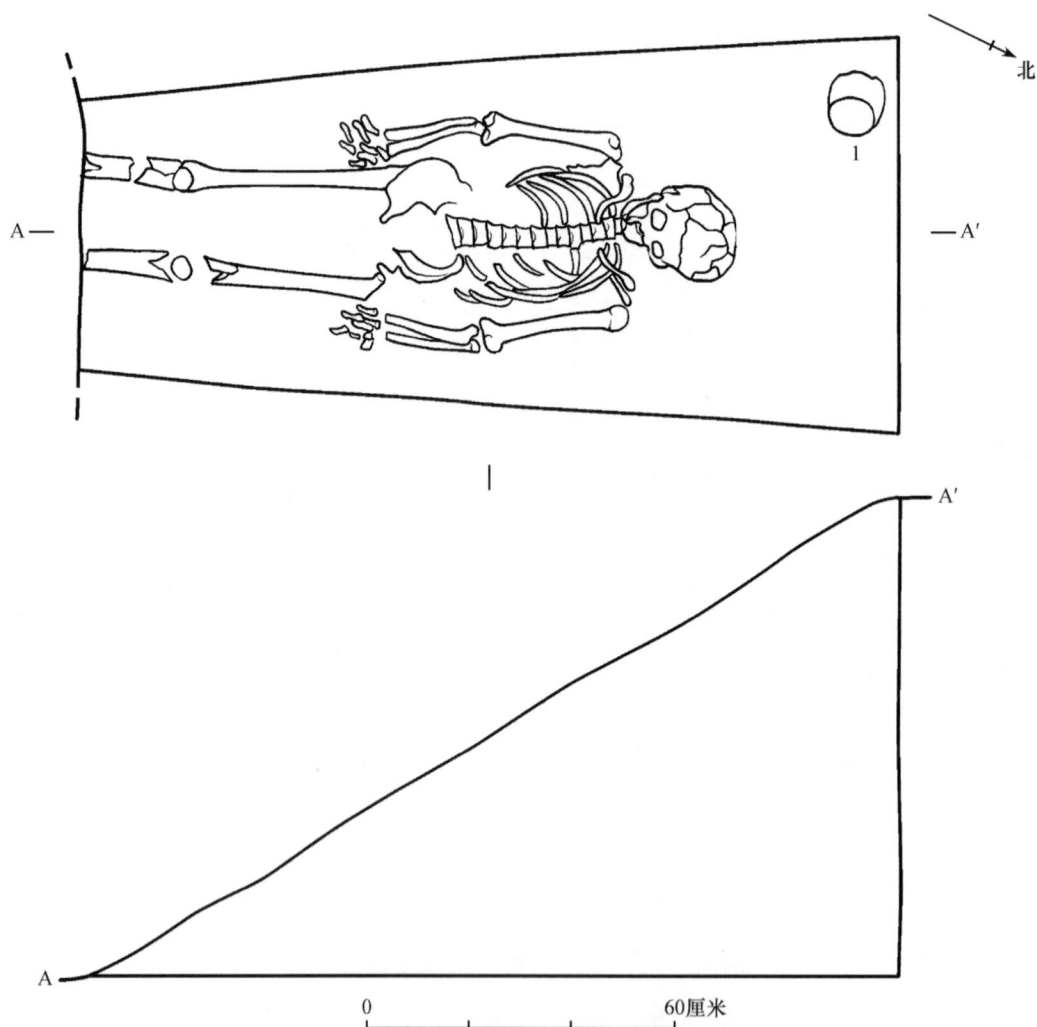

图二二二　2001CFL Ⅱ M6平、剖面图

1.釉陶罐

3. 随葬品

1件釉陶罐，出土于墓室西北角。

釉陶罐　2001CFLⅡM6：1，红褐陶。微侈口，圆唇，溜肩，鼓腹，底微内凹。酱釉，施釉不到底。腹部饰有多周凹弦纹。口径9、腹径13.1、底径8.4、高14.3厘米（图二二三；图版七二，5）。

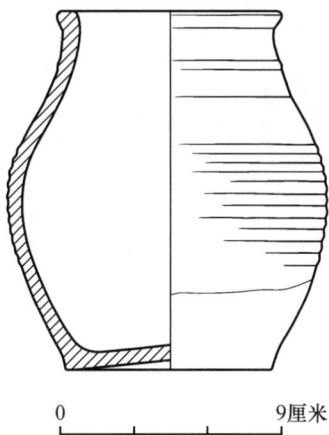

图二二三　2001CFLⅡM6出土釉陶罐（2001CFLⅡM6：1）

2001CFLⅡM7

1. 位置与形制

位于2001CFLⅡ区北侧略偏东，T13北部。墓向335°。开口于第1层下，打破生土。墓南端被破坏，残长1.41、宽0.6~0.8、深0~0.8米。墓中填土为黑色和灰褐色五花土，较软（图二二四）。

2. 葬具和人骨

未发现葬具，人骨为仰身直肢，头向北，下肢和脚骨缺失。女性，年龄35±5岁。

3. 随葬品

1件为釉陶罐，位于墓室西北角，上盖1块石板。

釉陶罐　2001CFLⅡM7：1，灰褐陶。侈口，圆唇，束颈，溜肩，下腹斜收，腹最大径偏上，底内凹。酱釉，施釉不到底。素面。口径8.7、腹径11.5、底径8.5、高11.3厘米（图二二五；图版七二，6）。

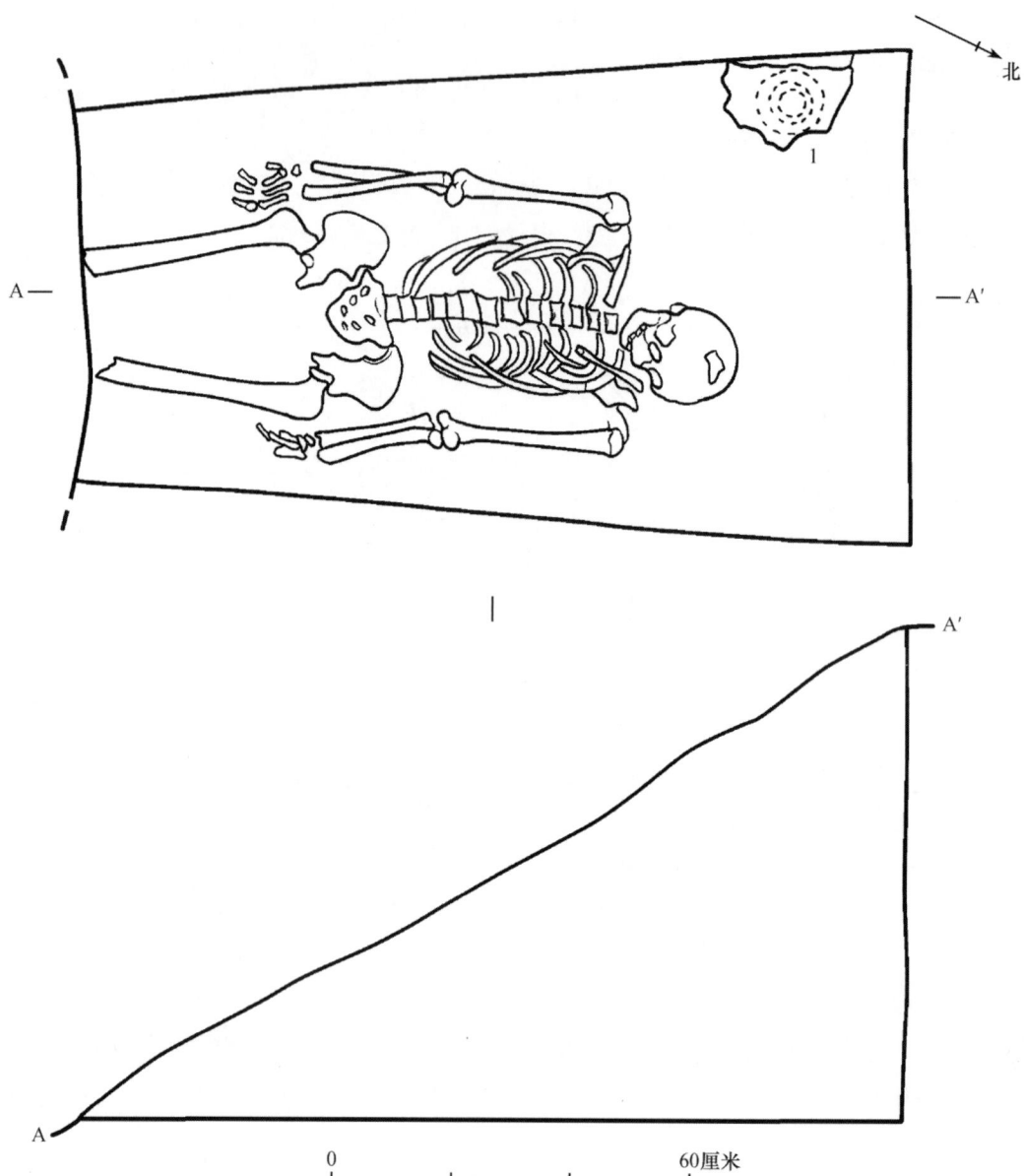

北

A —　　　　　　　　　　　　　　　　　　　　　　　　— A′

1

A′

A

0　　　　　　　　　　　　　　60厘米

图二二四　2001CFLⅡM7平、剖面图

1. 釉陶罐

0　　　　　　6厘米

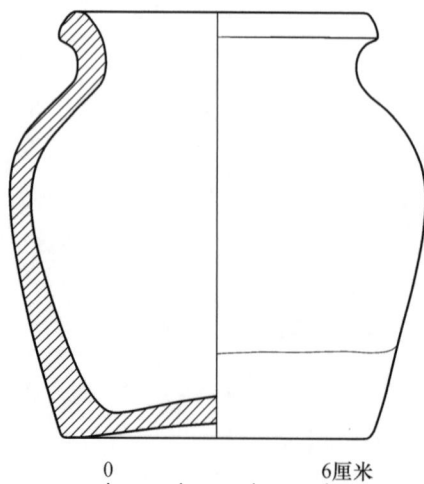

图二二五　2001CFLⅡM7出土釉陶罐（2001CFLⅡM7：1）

2001CFLⅡM8

1. 位置与形制

位于2001CFLⅡ区南部，T9西南部。墓向315°。开口于第1层下，打破生土。墓全长2.32、宽0.61~0.76、深0.31~0.71米。墓中填土为黑色和灰褐色五花土，较软（图二二六；图版二八，2）。

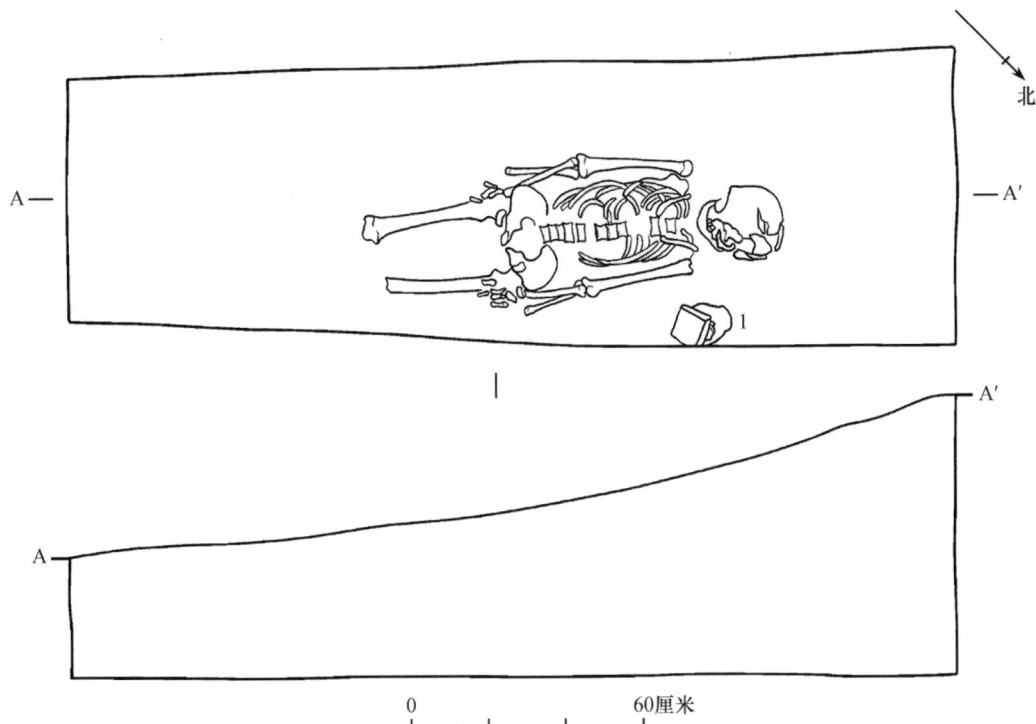

图二二六　2001CFLⅡM8平、剖面图
1.釉陶罐

2. 葬具和人骨

未发现葬具。墓圹内发现1具人骨，仰身直肢，头向北，下肢和脚骨缺失。女性，年龄40±5岁。

3. 随葬品

1件釉陶罐，出土于墓主人左肩左侧，上盖1件石板。

釉陶罐　2001CFLⅡM8：1，红褐陶。敛口，宽沿斜抹，尖圆唇，束颈，长弧腹，底内凹。酱绿釉，施釉不到底。腹中部有一周凹弦纹。口径9.6、腹径11.2、底径8.1、高12.8厘米（图二二七；图版七三，1）。

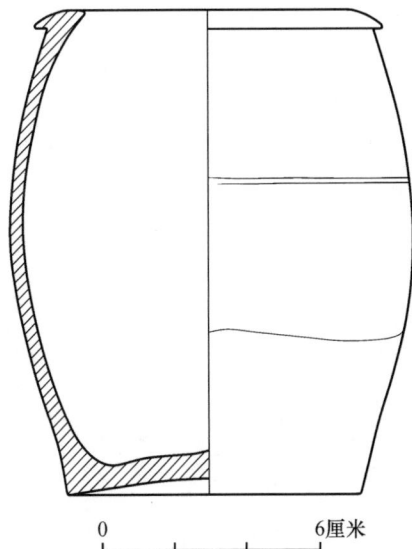

图二二七　2001CFLⅡM8出土釉陶罐
（2001CFLⅡM8：1）

2001CFLⅡM9

1. 位置与形制

位于2001CFLⅡ区南部，T9西部。墓向0°。开口于第1层下，打破M11和生土。墓葬南部被破坏，残长1.21、宽0.71、深0～0.51米。墓中填土为红褐色五花土，较软（图二二八）。

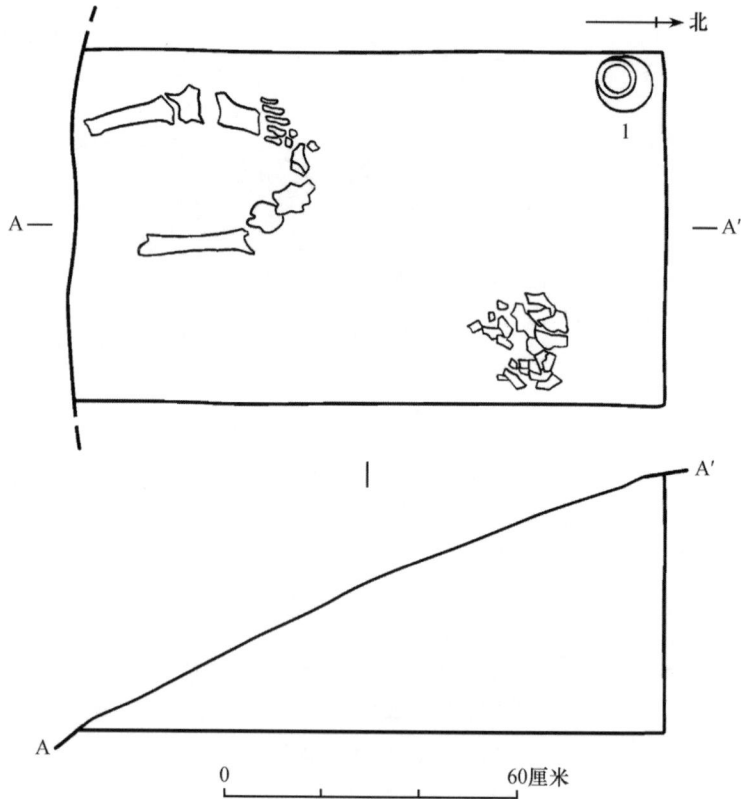

图二二八　2001CFLⅡM9平、剖面图
1. 釉陶罐

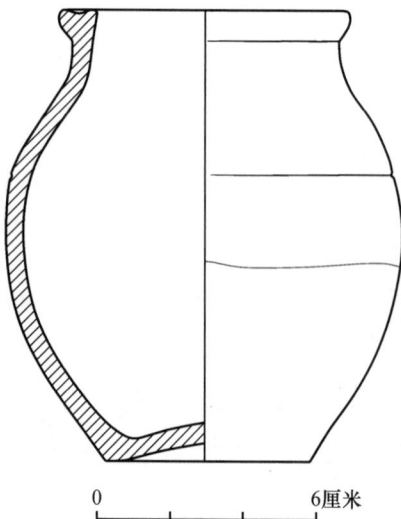

图二二九　2001CFLⅡM9出土釉陶罐
（2001CFLⅡM9∶1）

2. 葬具和人骨

未发现葬具，仅存部分人骨。墓主人葬式、性别和年龄不详。

3. 随葬品

1件釉陶罐，出土于墓室内西北角。

釉陶罐　2001CFLⅡM9∶1，黄褐陶。口微敛，平折沿，圆唇，口沿上有一周凹槽，微束颈，溜肩，鼓腹，底内凹。酱釉，施釉不到底，釉色脱落，露出白色化妆土。腹中部饰凹弦纹。口径8、腹径10.9、底径5.5、高11.9厘米（图二二九；图版七三，3）。

2001CFLⅡM10

1. 位置与形制

位于2001CFLⅡ区东北部，T4东北部。墓向305°。开口于第1层下，打破生土。墓葬南部被破坏，残长1.21、宽0.71、深0～0.6米。墓中填土为红褐、黄褐色五花土，含碎砾石和料姜石，较硬（图二三〇）。

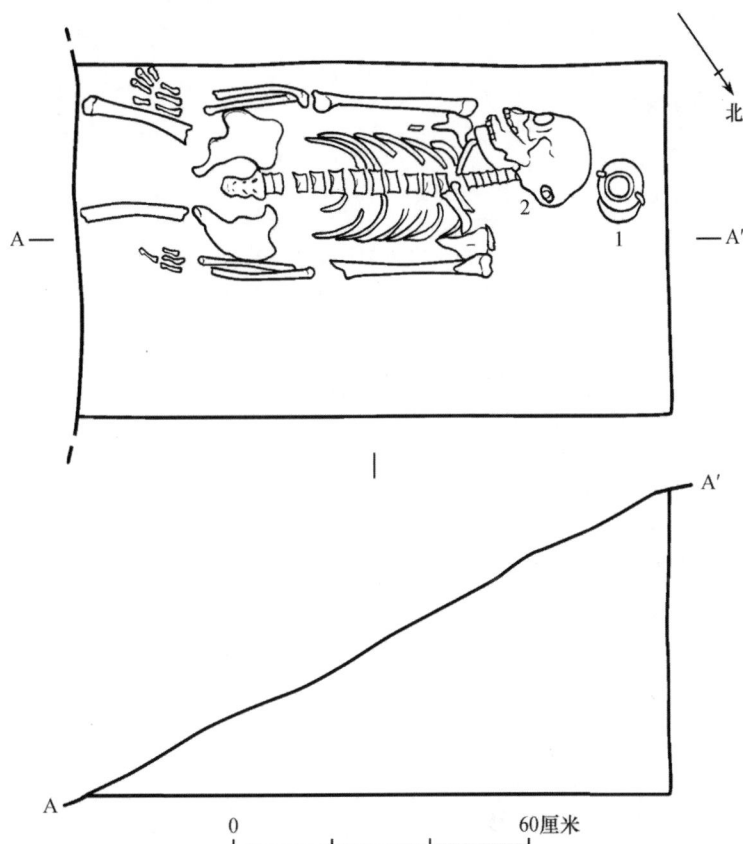

图二三〇 2001CFLⅡM10平、剖面图
1. 釉陶罐 2. 铜耳环

2. 葬具和人骨

未发现葬具。墓圹内发现1具人骨，仰身直肢，头向北，下肢和脚骨缺失。女性，年龄45±5岁。

3. 随葬品

共3件。1件釉陶罐出土于墓主人头骨北侧，2件铜耳环出土头骨左侧附近。

釉陶罐 2001CFLⅡM10：1，灰陶。侈口，方唇，矮领，溜肩，肩部饰对称纵向泥条系耳，弧腹，平底。施釉不到底，釉色脱落，不辨釉色。素面。口径8.1、腹径13.7、底径8.2、高17.4厘米（图二三一，1；图版七三，2）。

铜耳环　2001CFLⅡM10：2-1，圆环，横截面呈圆形。锈蚀严重。外径1.7、内径1.2厘米（图二三一，2；图版七四，1）。

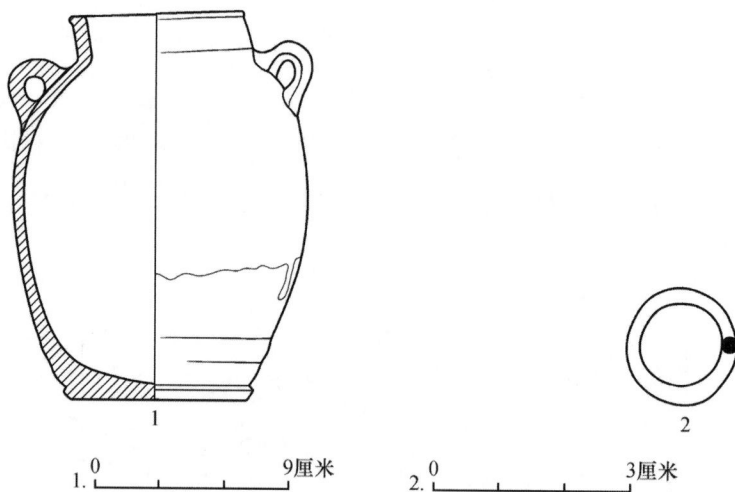

图二三一　2001CFLⅡM10出土釉陶器、铜器
1.釉陶罐（2001CFLⅡM10：1）　2.铜耳环（2001CFLⅡM10：2-1）

2001CFLⅡM11

1. 位置与形制

位于2001CFLⅡ区东南部，T9西南部。墓向280°。开口于第1层下，被M9打破，打破生土。墓葬东部被破坏，残长1.01、宽0.64～0.74、深0～0.3米。墓中填土为红褐、黄褐色五花土，含碎砾石和料姜石，较硬（图二三二）。

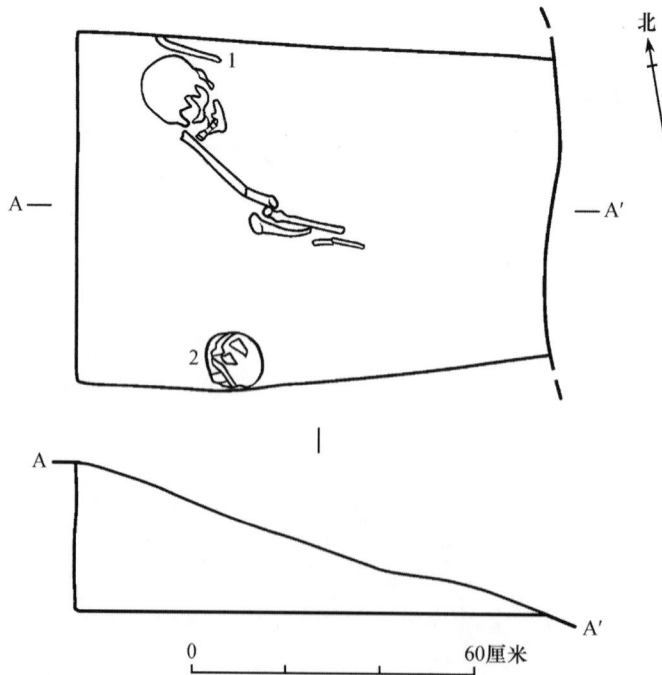

图二三二　2001CFLⅡM11平、剖面图
1.玉簪　2.釉陶罐

2. 葬具和人骨

未发现葬具。仅发现头骨和部分右侧肢骨。墓主人葬式、性别和年龄不详。

3. 随葬品

共2件。1件玉簪位于头骨左侧，1件釉陶罐出土于墓室西南。

玉簪　2001CFLⅡM11：1，双股钗，一股通直，横截面呈圆形，一股残缺。长15.2厘米（图二三三，2；图版七三，4）。

釉陶罐　2001CFLⅡM11：2，灰陶，陶质较细腻。敛口，方唇，高领，溜肩，肩部饰一对纵向泥条系耳，深弧腹，平底。酱釉，釉色脱落，露出白色化妆土，施釉不到底。素面。口径9.4、腹径14.2、底径8、高18.9厘米（图二三三，1；图版七四，2）。

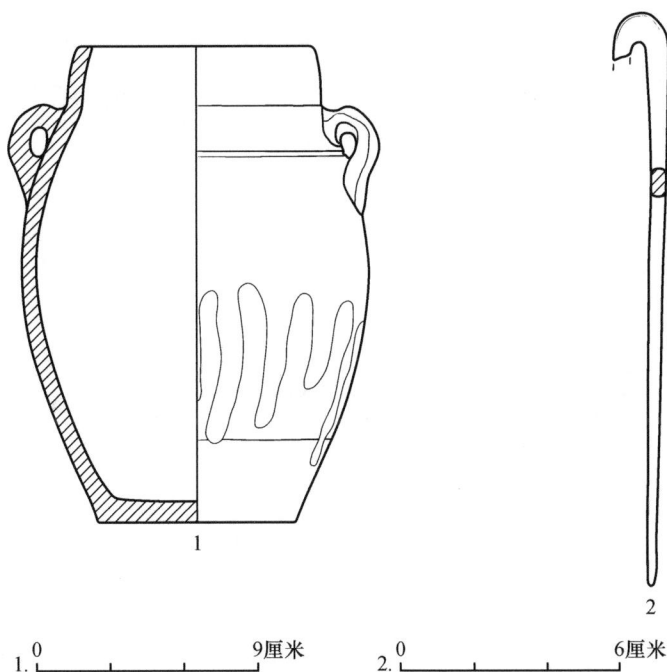

图二三三　2001CFLⅡM11出土釉陶器、玉器
1.釉陶罐（2001CFLⅡM11：2）　2.玉簪（2001CFLⅡM11：1）

2001CFLⅡM12

1. 位置与形制

位于2001CFLⅡ区南部，T9西南部。墓向315°。开口于第1层下，打破生土。墓全长2.02、宽0.45～0.81、深0.24～0.71米。墓中填土为灰褐色五花土，含碎砾石和料姜石（图二三四；图版二九，1）。

2. 葬具和人骨

未发现葬具。墓圹内发现1具人骨，仰身直肢，头北脚南。男性，年龄40±5岁。

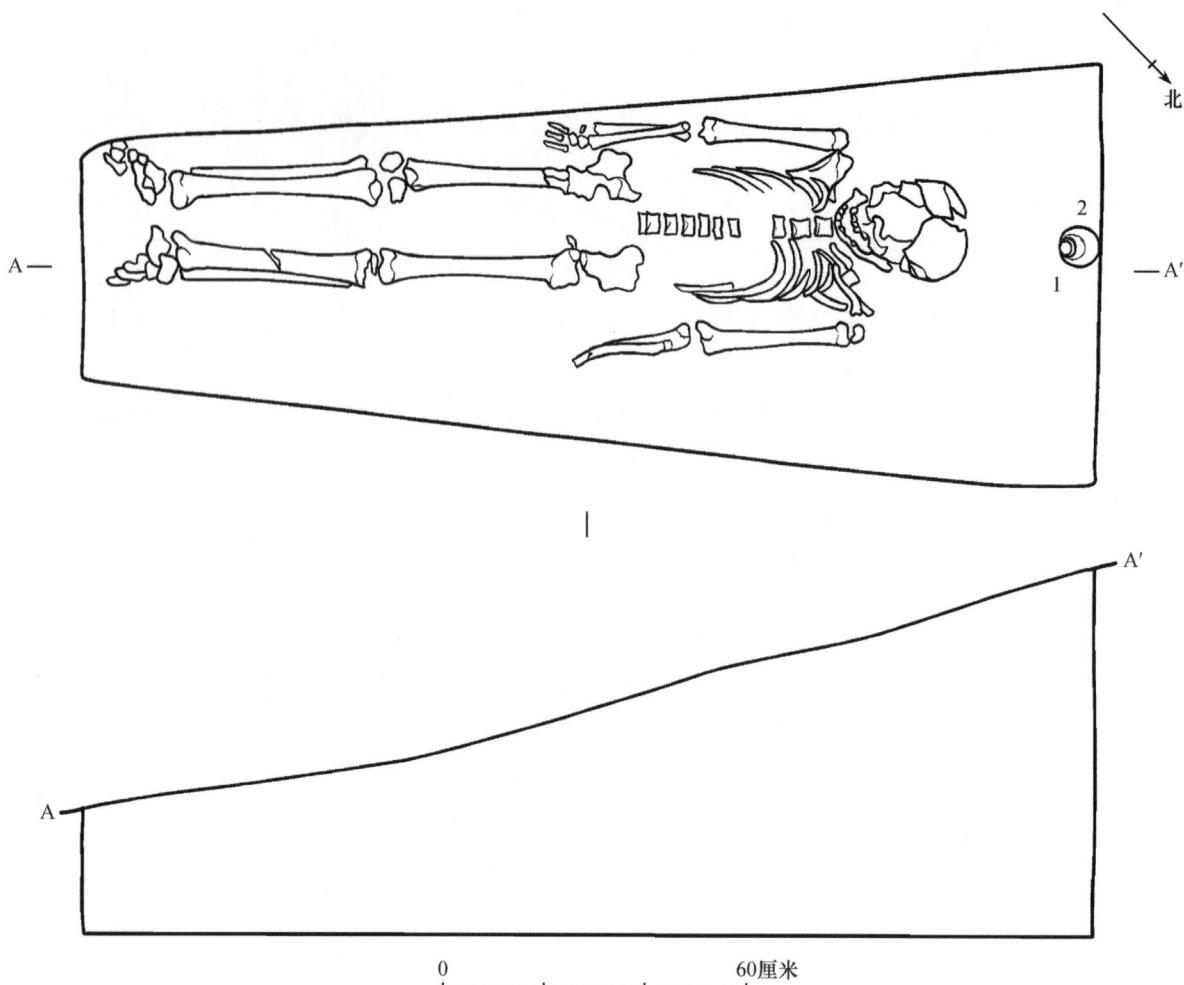

图二三四　2001CFLⅡM12平、剖面图
1、2.瓷碗

3. 随葬品

共2件，均为瓷碗，出土于靠近墓圹北壁附近。

瓷碗　2001CFLⅡM12：1，侈口，尖唇，深曲腹，矮圈足。胎质细白。内、外施釉，釉色润泽。内口沿饰青花圈，腹部饰有一组五人游戏花卉图，内壁底部饰有一周花瓣纹。口径8.6、底径4.6、高4.2厘米（图二三五，1；图版七四，3）。2001CFLⅡM12：2，侈口，尖唇，深斜直腹，下折曲收，矮圈足。胎质细白。内、外施釉，釉色润泽。内口沿饰青花圈，腹部饰有一组五人游戏花卉图，内壁底部饰有一周火焰纹。口径8.7、底径4、高4.5厘米（图二三五，2；图版七四，4）。

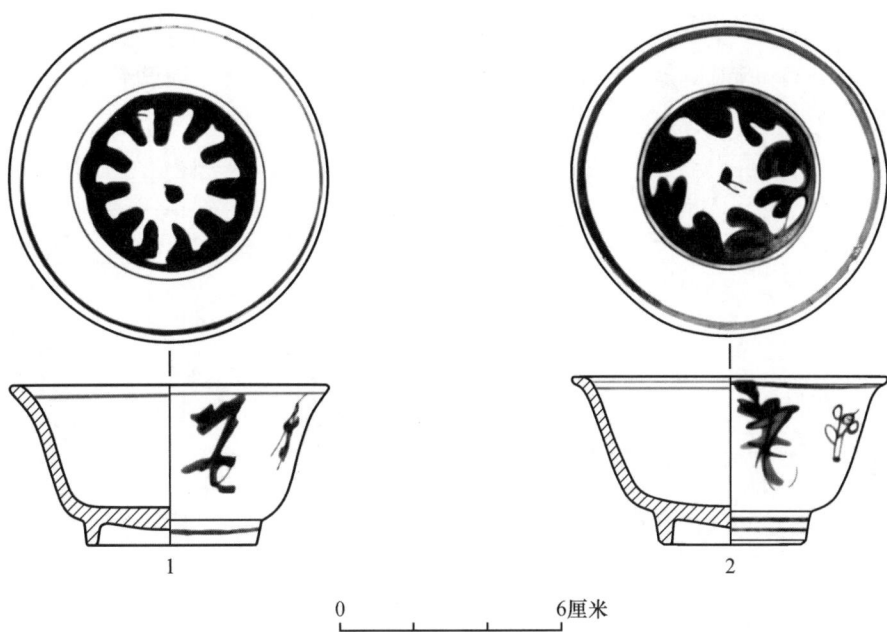

图二三五　2001CFLⅡM12出土瓷碗
1. 2001CFLⅡM12：1　2. 2001CFLⅡM12：2

2001CFLⅡM13

1. 位置与形制

位于2001CFLⅡ区中部偏东北，T5北部。墓向310°。开口于第2层下，打破生土。墓葬南部被破坏，残长0.51、宽0.6、深0～0.24米。墓中填土为灰褐色五花土，含碎砾石和料姜石（图二三六）。

2. 葬具和人骨

未发现葬具。仅存头骨，头向北。墓主人葬式、性别和年龄不详。

3. 随葬品

共4件。1件瓷碗和1件釉陶罐出土于头骨西北侧，2枚铁钱散落于头骨左侧。

瓷碗　2001CFLⅡM13：1，敞口，圆唇，浅腹斜直，矮圈足，器物底部有开砂圈。胎体呈灰白色，胎质较粗。黑釉，口沿及圈足不施釉。素面。口径17.1、底径6.5、高5.6厘米（图二三七，1；图版七五，1）。

釉陶罐　2001CFLⅡM13：2，红褐陶，陶质

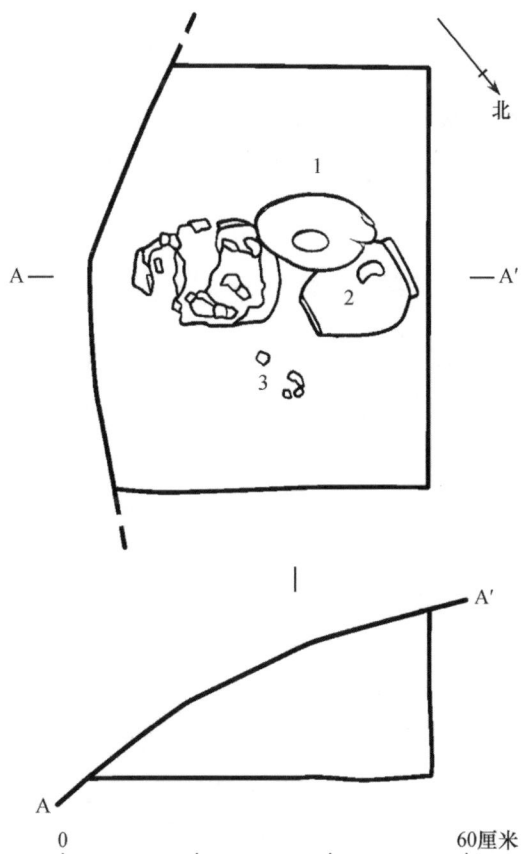

图二三六　2001CFLⅡM13平、剖面图
1. 瓷碗　2. 釉陶罐　3. 铁钱

较细腻。直口，方唇，矮直领，溜肩，肩部饰一对纵向泥条系耳，深弧腹，平底。豆绿釉，施釉不到底。口沿处有一周凹弦纹，颈部饰一周凹弦纹，折肩处饰一周凹弦纹。口径8.7、腹径11.9、底径7.4、高15.9厘米（图二三七，2；图版七五，2）。

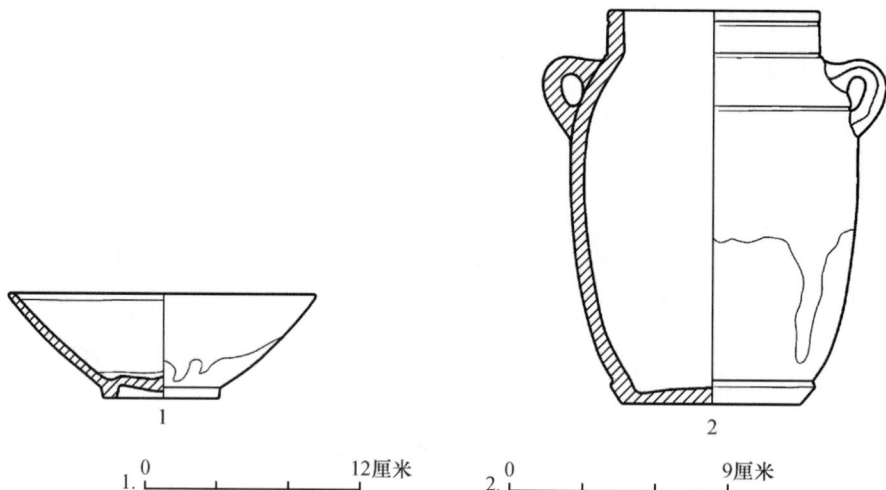

图二三七　2001CFLⅡM13出土瓷器、釉陶器

1. 瓷碗（2001CFLⅡM13：1）　2. 釉陶罐（2001CFLⅡM13：2）

2001CFLⅡM17

1. 位置与形制

位于2001CFLⅡ区中部，T11东北部。墓向325°。开口于第2层下，打破生土。墓葬南部被破坏，残长1.61、宽0.71、深0~0.8米。墓中填土为红褐、灰褐色五花土，含碎砾石和料姜石（图二三八）。

2. 葬具和人骨

未发现葬具。仅存盆骨、股骨和部分头骨。墓主人葬式、性别和年龄不详。

3. 随葬品

共2件。1件铜簪出土于靠近墓圹北壁，1件铜饰件出土于盆骨右侧。

铜簪　2001CFLⅡM17：1，单股，顶端似伞形纽，上饰花瓣纹，柄细长，横截面呈圆形，尖端略弯曲，尖锐。长14.9、直径3.1厘米（图二三九，1；图版七五，3）。

铜饰件　2001CFLⅡM17：2，整体呈哑铃形。中间有一圆柱状柄，两端各有一似伞形圆片。长2厘米（图二三九，2；图版七五，4）。

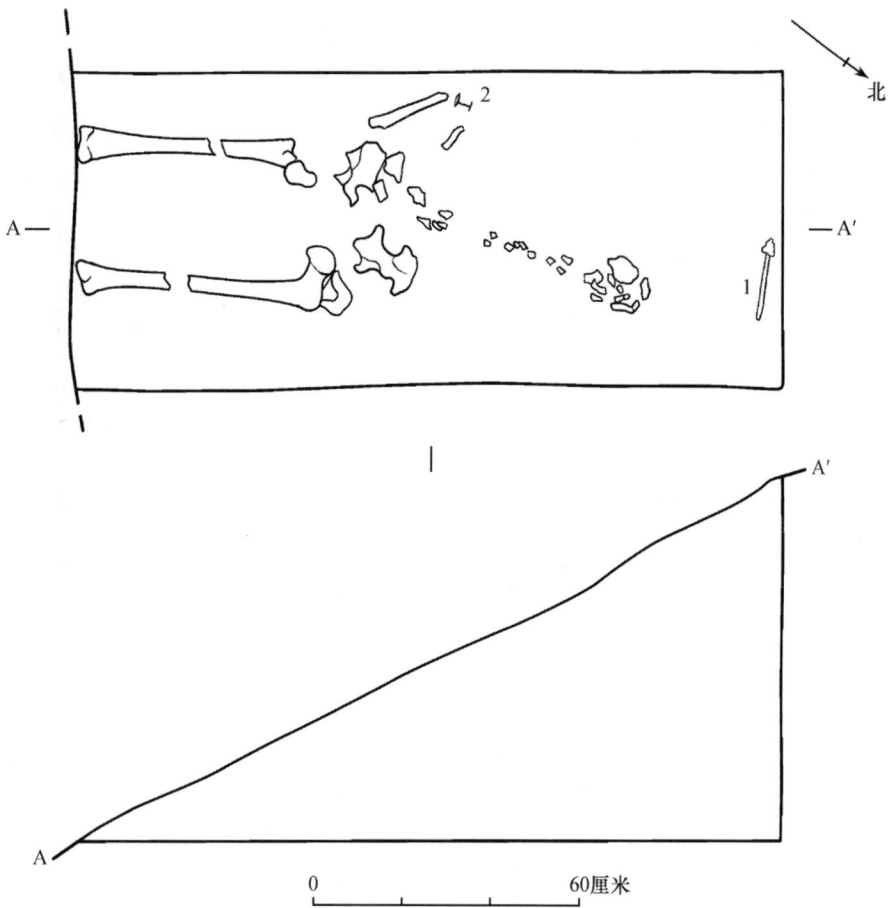

图二三八　2001CFLⅡM17平、剖面图
1. 铜簪　2. 铜饰件

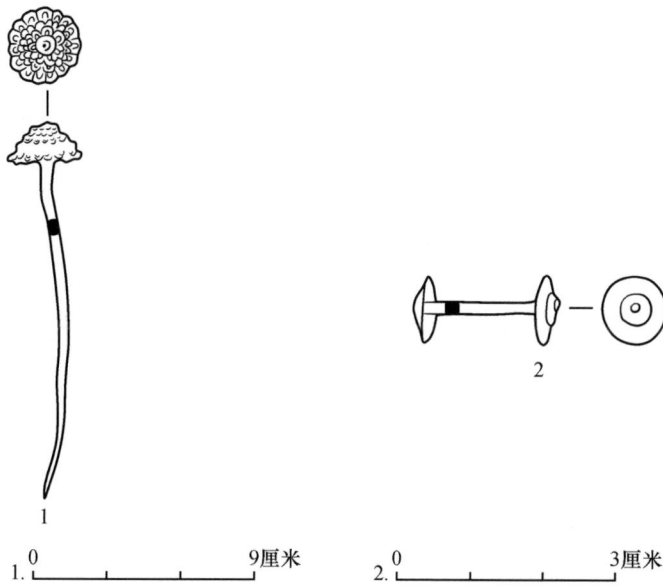

图二三九　2001CFLⅡM17出土铜器
1. 铜簪（2001CFLⅡM17：1）　2. 铜饰件（2001CFLⅡM17：2）

2001CFLⅡM18

1. 位置与形制

位于2001CFLⅡ区中部偏东南，T17东部。墓向340°。开口于第2层下，打破第3层和生土。墓全长2.21、宽0.7~0.8、深0.21~1.01米。墓中填土为红褐色五花土，含碎砾石和料姜石（图二四〇）。

2. 葬具和人骨

未发现葬具。墓室内发现1具人骨，仰身直肢，头北脚南。女性，年龄30±5岁。

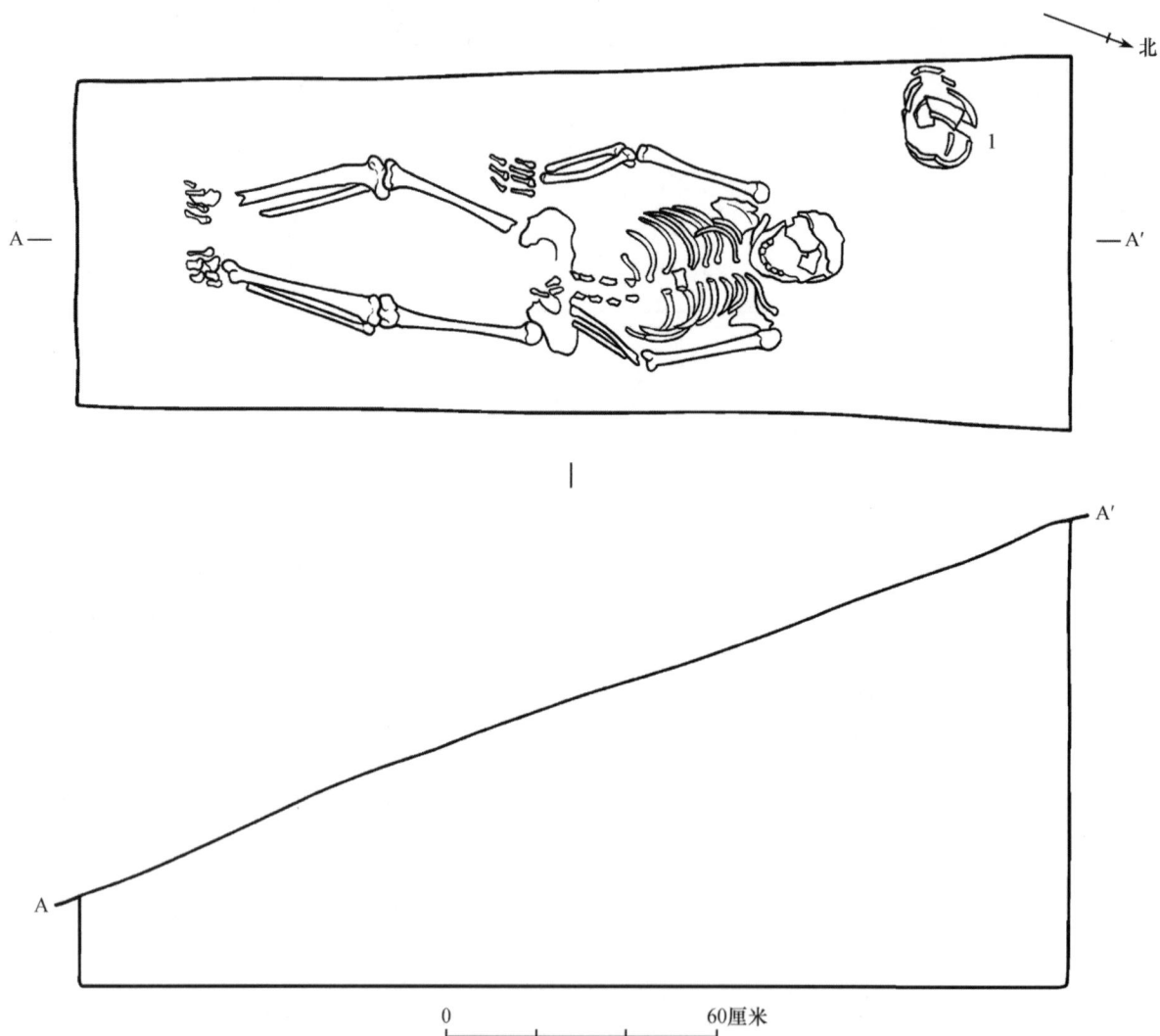

图二四〇　2001CFLⅡM18平、剖面图

1. 釉陶罐

3. 随葬品

1件釉陶罐，出土于墓室西北部。

釉陶罐　2001CFLⅡM18：1，红褐陶，陶质较细腻。微敛口，宽沿斜抹，尖唇，束颈，溜肩，鼓腹，大平底。豆绿釉，施釉不到底。外壁周身饰有凹弦纹。口径11.9、腹径17.5、底径11.3、高18.7厘米（图二四一；图版七五，5）。

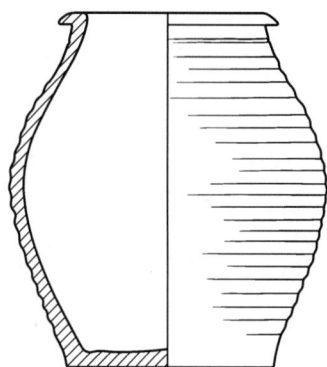

图二四一　2001CFLⅡM18出土釉陶罐
（2001CFLⅡM18：1）

2001CFLⅡM20

1. 位置与形制

位于2001CFLⅡ区中部，T16西北部。墓向315°。开口于第2层下，打破第3层和生土。墓葬南部被破坏，残长1.41、宽0.69~0.79、深0~0.7米。墓中填土为红褐色五花土，含碎砾石和料姜石（图二四二）。

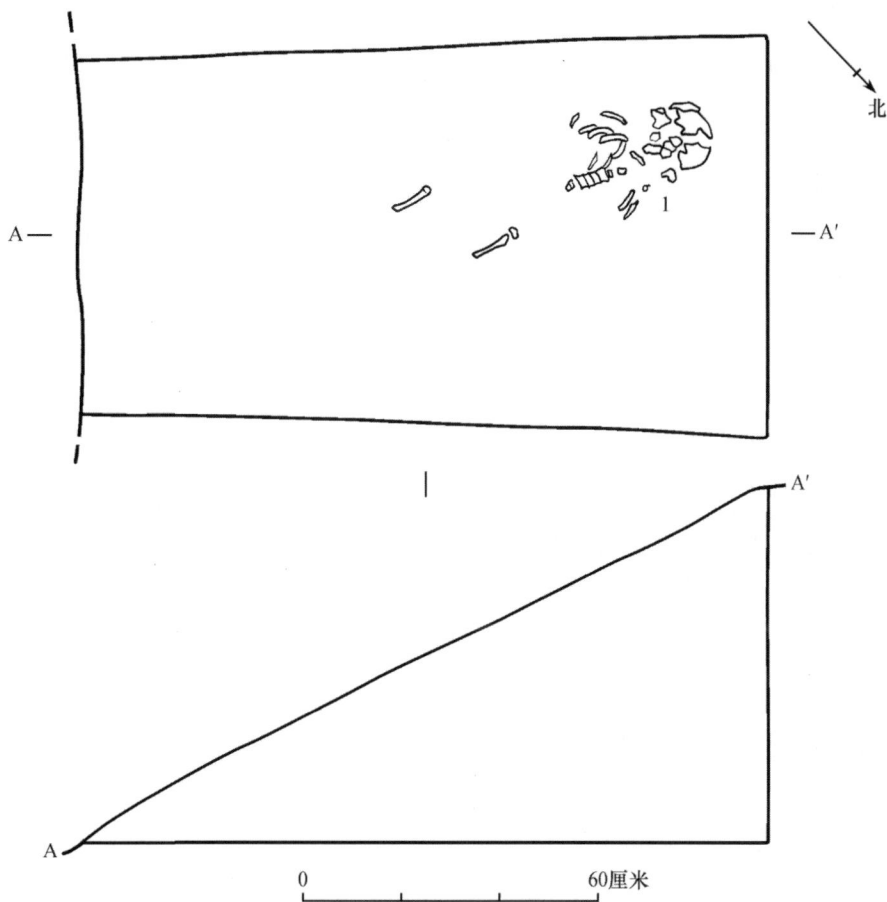

图二四二　2001CFLⅡM20平、剖面图

1. 铜扣

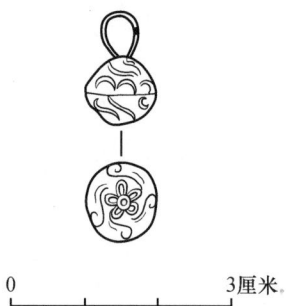

图二四三　2001CFLⅡM20出土铜扣
（2001CFLⅡM20∶1）

2. 葬具和人骨

未发现葬具。仅存部分头骨、胸骨和肢骨。墓主人葬式、性别和年龄不详。

3. 随葬品

1件铜扣，出土于头骨左侧。

铜扣　2001CFLⅡM20∶1，环形穿孔，下连球状扣。扣表面刻葵花、流云装饰图案。长1.5、宽1厘米（图二四三；图版七六，1）。

2001CFLⅡM21

1. 位置与形制

位于2001CFLⅡ区中部偏北，T15西北部。墓向0°。开口于第2层下，打破第3层和生土。墓全长1.91、宽0.4～0.8、深0.2～1.4米。墓中填土为黄褐、红褐色五花土，含碎砾石和料姜石（图二四四）。

2. 葬具和人骨

未发现葬具。墓圹内发现1具人骨，仰身直肢，头北脚南，头骨外侧用5件板瓦摆成五边形。男性，年龄35±5岁。

3. 随葬品

共2件。1件铜扣出土于墓主人腰部左侧，1件釉陶罐出土于墓室西北部，口部用1件残石板封盖。

铜扣　2001CFLⅡM21∶1，上部残缺，应为环形线圈，下连球形纽。锈蚀严重。直径0.93、残高1.25厘米（图二四五，2；图版七六，2）。

釉陶罐　2001CFLⅡM21∶2，红褐陶。敛口，圆唇，唇下有一周凸棱，短颈，溜肩，圆鼓腹，腹最大径略偏上，假圈足略外撇，底略内凹。豆绿釉，施釉不到底。腹部饰有密集的凹弦纹。口径11.2、腹径18.6、底径10、高17厘米（图二四五，1；图版七六，3）。

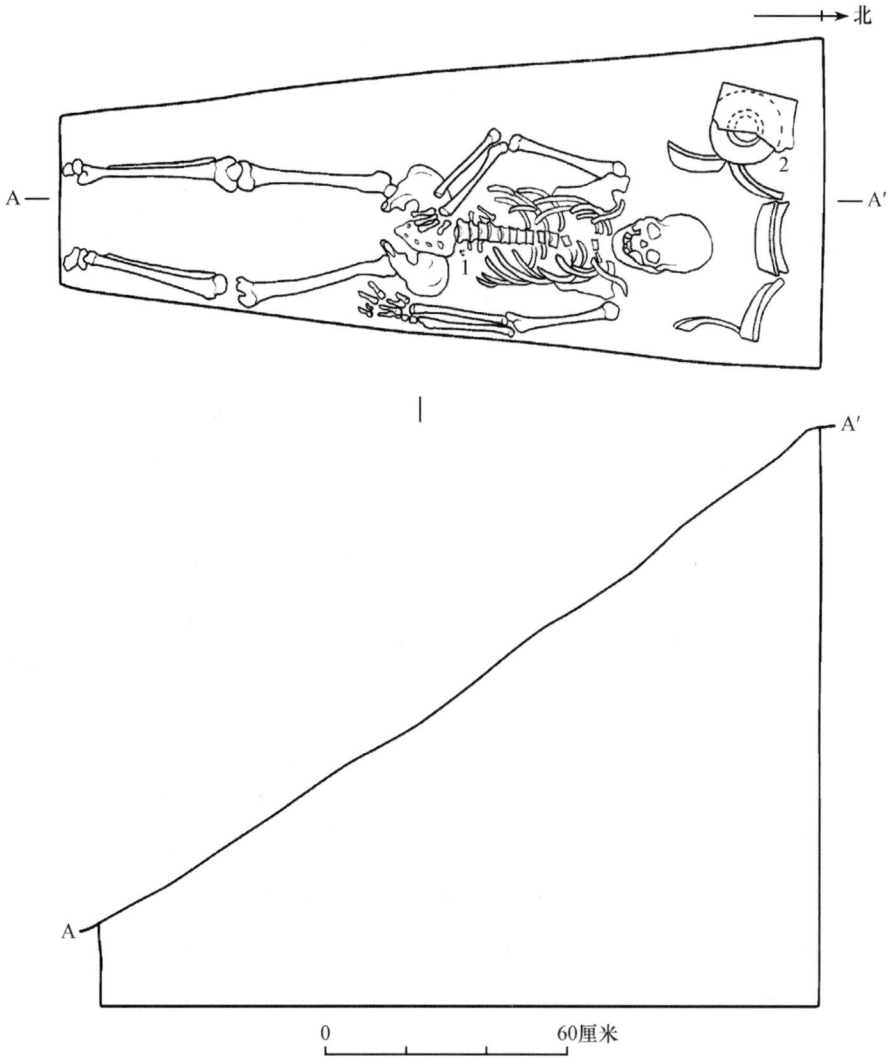

图二四四　2001CFLⅡM21平、剖面图

1. 铜扣　2. 釉陶罐

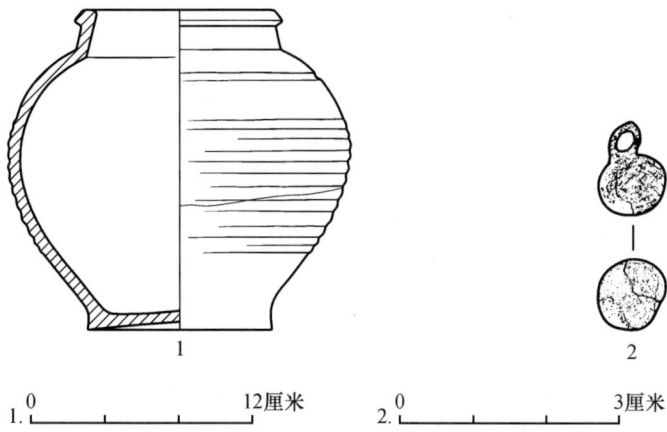

图二四五　2001CFLⅡM21出土釉陶器、铜器

1. 釉陶罐（2001CFLⅡM21：2）　2. 铜扣（2001CFLⅡM21：1）

2001CFLⅡM22

1. 位置与形制

位于2001CFLⅡ区中部偏西，T22西北部。墓向345°。开口于第2层下，打破第3层和生土。墓全长1.7、宽0.61、深0.21～0.9米。墓中填土为灰褐、红褐色五花土，含碎砾石和料姜石（图二四六）。

2. 葬具和人骨

未发现葬具。墓圹内发现1具人骨，仰身直肢，头北脚南。男性，年龄45±5岁。

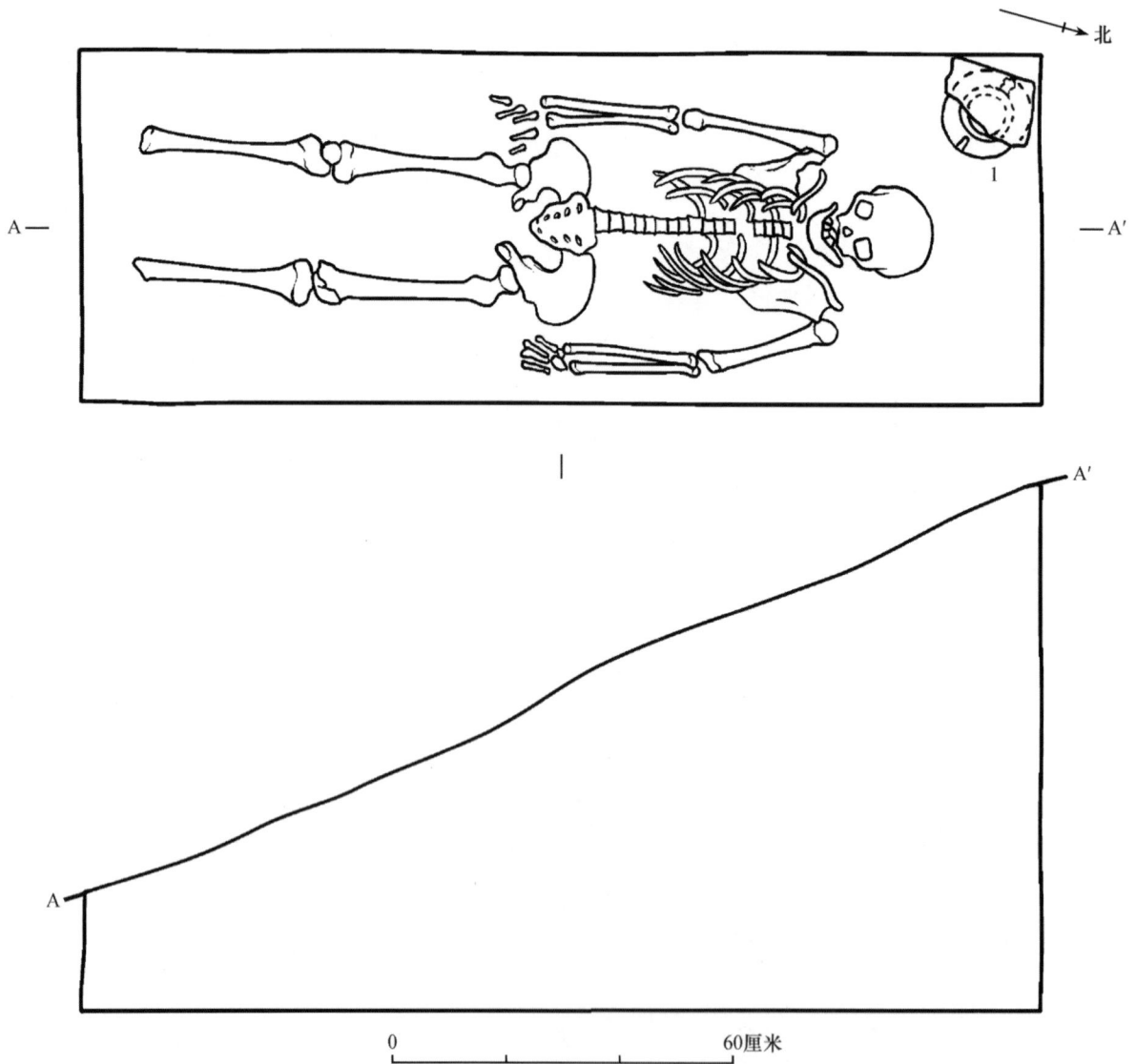

图二四六　2001CFLⅡM22平、剖面图

1. 釉陶罐

3. 随葬品

1件釉陶罐，出土于墓室西北部，口部用1件石板封盖。

釉陶罐　2001CFLⅡM22：1，灰陶。直口，方唇，矮直领，溜肩，肩部饰对称纵向泥条系耳，斜弧腹，底略内凹。姜黄釉，施釉不到底，釉色脱落，露出白色化妆土。素面。口径9.9、腹径15、底径8.9、高17.3厘米（图二四七；图版七六，4）。

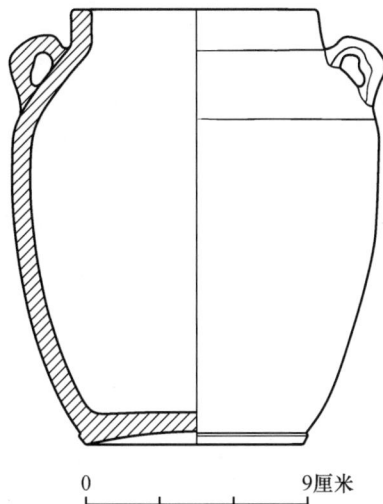

图二四七　2001CFLⅡM22出土釉陶罐（2001CFLⅡM22：1）

2001CFLⅡM23

1. 位置与形制

位于2001CFLⅡ区中部偏西，T26北部。墓向350°。开口于第3层下，打破生土。墓全长1.61、宽0.65～0.71、深0.3～1.11米。墓中填土为灰褐、红褐色五花土，含碎砾石和料姜石（图二四八）。

2. 葬具和人骨

未发现葬具。墓圹内发现1具人骨，仰身直肢，头北脚南。男性，年龄35±5岁。

3. 随葬品

1件釉陶罐，出土于墓室西北部，口部用1件石板封盖。

釉陶罐　2001CFLⅡM23：1，红褐陶。直口，方唇，矮直领，溜肩，肩部饰对称纵向泥条系耳，鼓腹，下腹内收，底略内凹。豆绿釉，施釉不到底。素面。口径13.5、腹径17、底径8.5、高14.3厘米（图二四九；图版七六，5）。

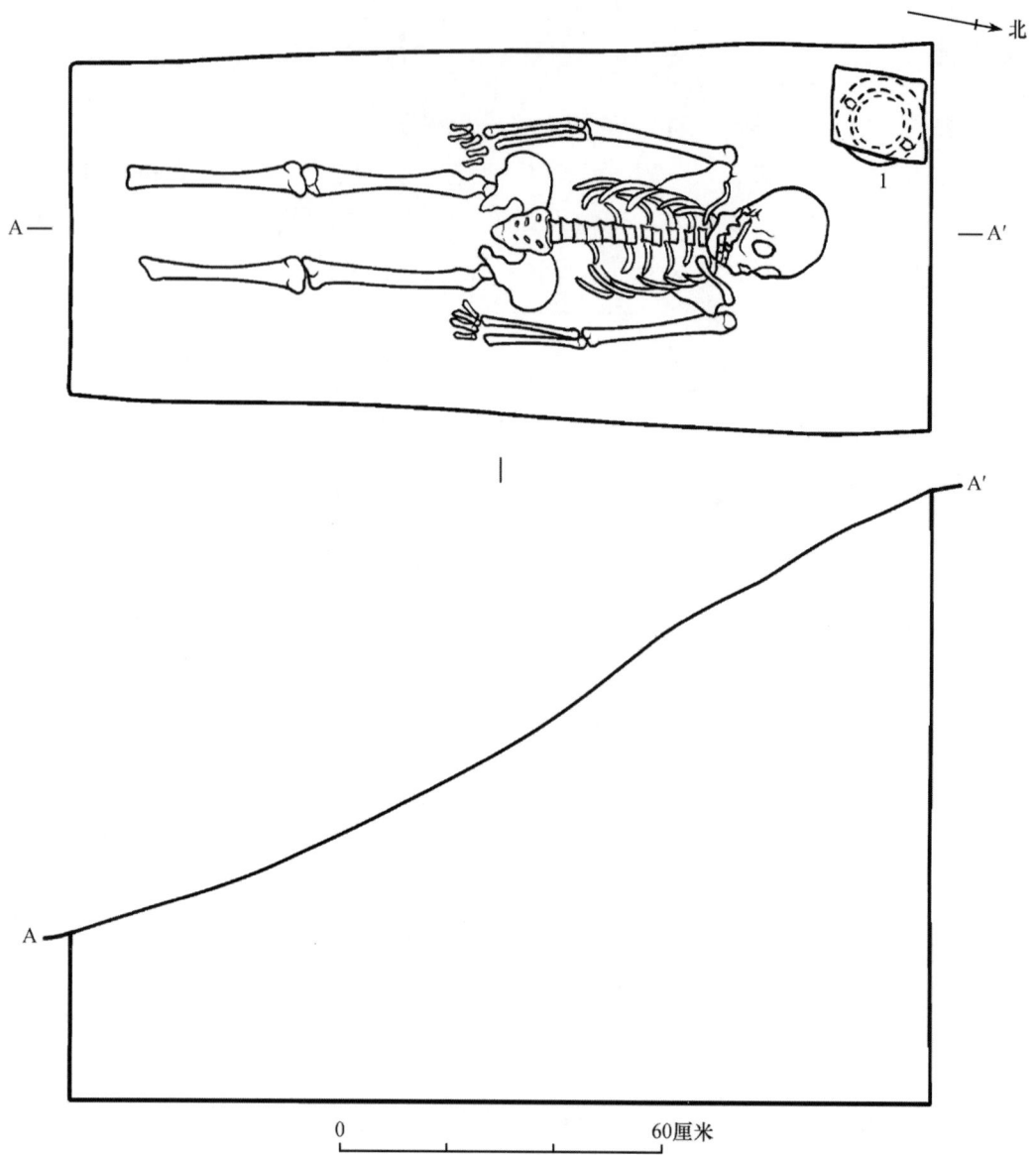

图二四八　2001CFLⅡM23平、剖面图
1. 釉陶罐

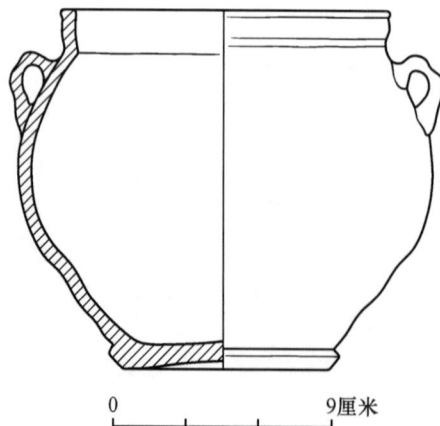

图二四九　2001CFLⅡM23出土釉陶罐（2001CFLⅡM23：1）

2001CFLⅡM26

1. 位置与形制

位于2001CFLⅡ区西南部，T28北部。墓向315°。开口于第3层下，打破生土。墓葬南部被破坏，残长1.4、宽0.69～0.79、深0～1.1米。墓中填土为红褐色五花土，含碎砾石和料姜石（图二五〇）。

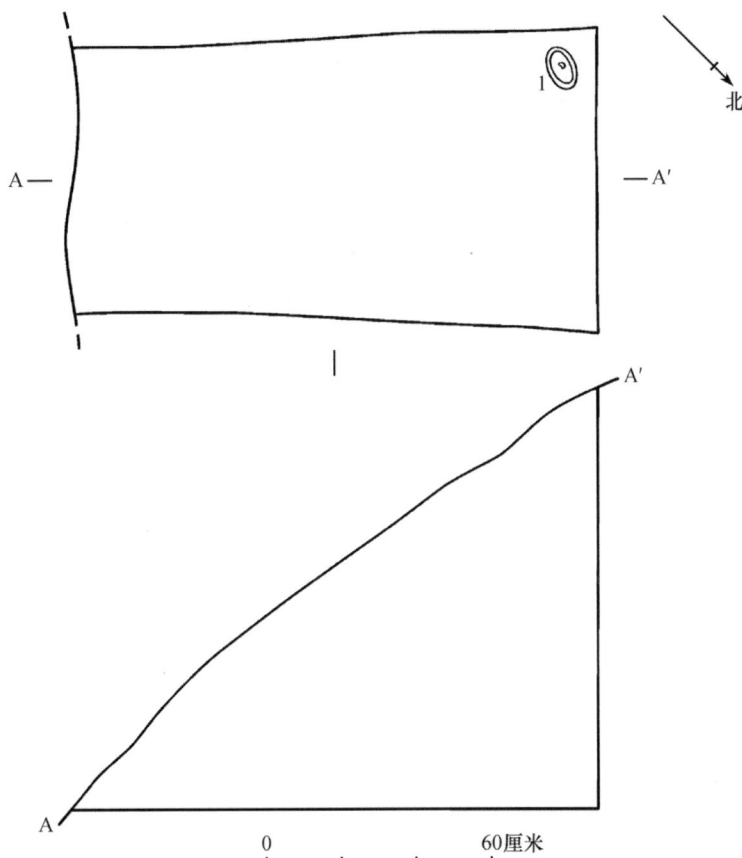

图二五〇　2001CFLⅡM26平、剖面图
1. 瓷碗

2. 葬具和人骨

未发现葬具和人骨。墓主人葬式、性别和年龄不详。

3. 随葬品

1件瓷碗，出土于墓室西北部。

瓷碗　2001CFLⅡM26：1，侈口，折沿，圆唇，折腹，下腹斜收，矮圈足。白胎，胎质较粗。黑釉，内、外施釉，施釉不到底。素面。口径10.9、底径3.9、高4.4厘米（图二五一；图版七六，6）。

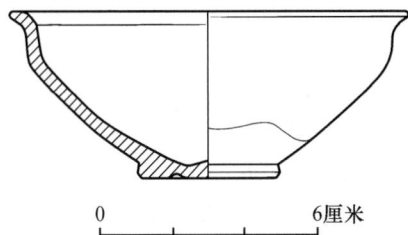

图二五一　2001CFLⅡM26出土瓷碗
（2001CFLⅡM26：1）

2001CFLⅢM1

1. 位置与形制

位于2001CFLⅢ区东北部，T1中部。墓向345°。开口于第2层下，打破生土。墓全长2.21、宽0.44～0.54、深0.4～1.21米。墓中填土为深红褐色五花土，含碎砾石和料姜石（图二五二）。

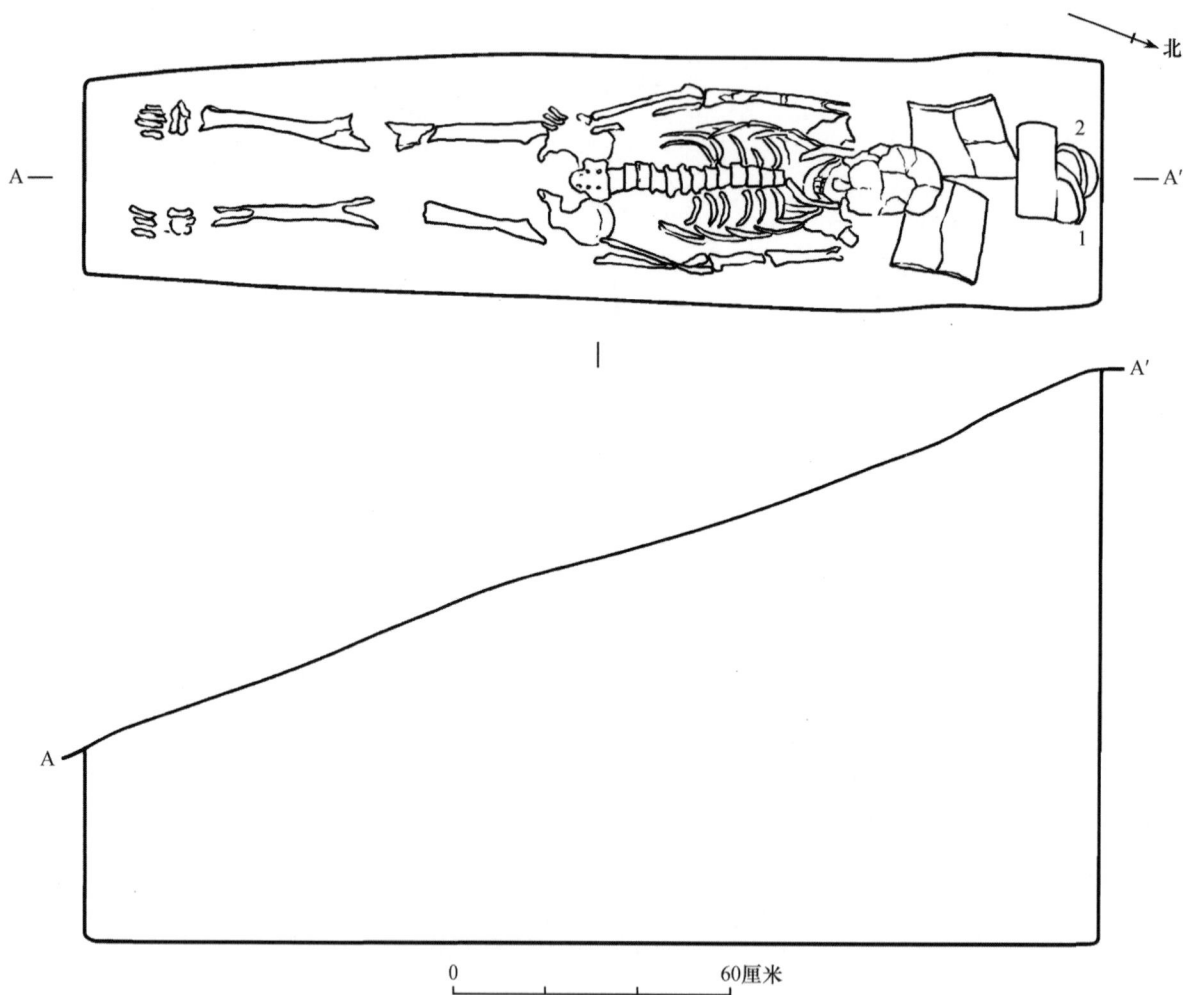

图二五二　2001CFLⅢM1平、剖面图
1、2. 瓷碗

2. 葬具和人骨

未发现葬具。墓圹内发现1具人骨，仰身直肢，头北脚南，头骨东、西两侧各放置1件板瓦，北侧横置1件板瓦。女性，年龄35±5岁。

3. 随葬品

共2件。均为瓷碗，对扣出土于墓室北部。

瓷碗　2001CFLⅢM1：1，敞口，平沿，圆唇，曲腹，圈足。白胎，胎质细腻。通体施釉。青花纹饰，腹部饰有梅花图案，内底开光图案为梅花，图案线条流畅，栩栩如生。口径14.4、底径5.9、高6厘米（图二五三，1；图版七七，1）。2001CFLⅢM1∶2，敞口，平沿，圆唇，曲腹，矮圈足。灰白色胎，致密坚实。通体施釉，器内开光。青花纹饰，碗心饰兰花图案，外壁口沿下饰牵牛花图案，运笔线条流畅。口径14.8、底径6.1、高6.2厘米（图二五三，2；图版七七，2）。

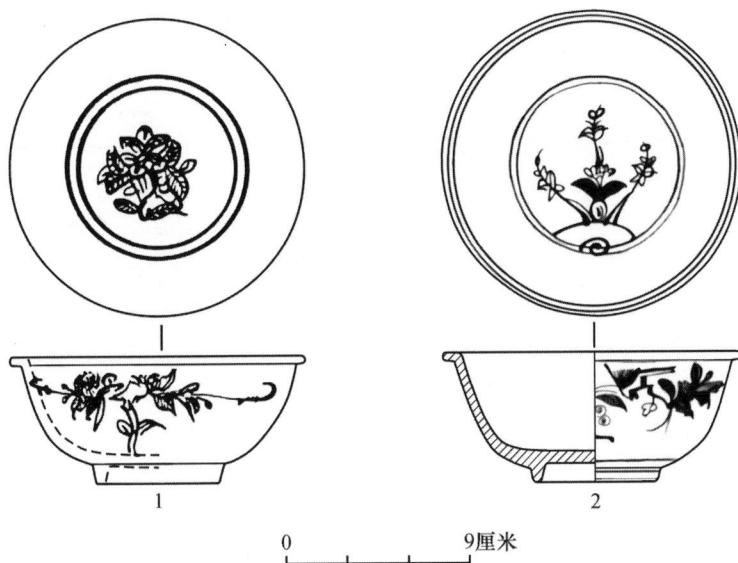

图二五三　2001CFLⅢM1出土瓷碗
1. 2001CFLⅢM1∶1　　2. 2001CFLⅢM1∶2

2001CFLⅢM2

1. 位置与形制

位于2001CFLⅢ区东北部，T2中部。墓向345°。开口于第2层下，打破生土。墓葬南部被破坏，残长1.61、宽0.6、深0.5~1.2米。墓中填土为深红褐色五花土，含碎砾石和料姜石（图二五四）。

2. 葬具和人骨

未发现葬具。墓圹内发现1具人骨，仰身直肢，头骨、下肢骨和脚骨缺失。墓主人性别、年龄不详。

3. 随葬品

1件釉陶罐，出土于墓室西北角。

釉陶罐　2001CFLⅢM2∶1，灰褐陶，陶质较粗糙。直口，尖圆唇，直领，折肩，斜弧腹，底略内凹。豆绿釉，施釉不及底。腹下部饰有凹弦纹。口径9.9、腹径12、底径8.2、高12.4厘米（图二五五；图版七七，3）。

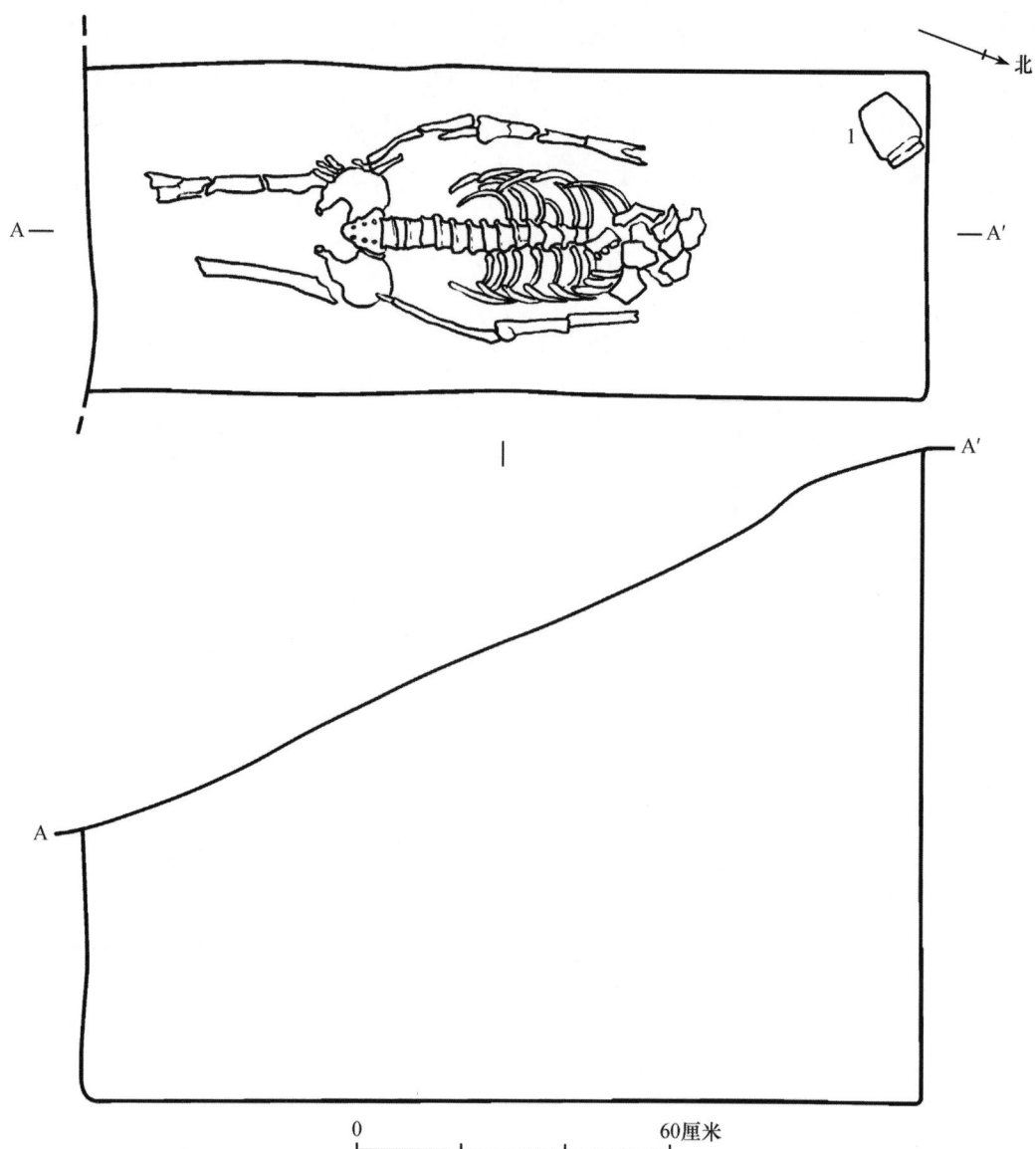

图二五四　2001CFLⅢM2平、剖面图

1. 釉陶罐

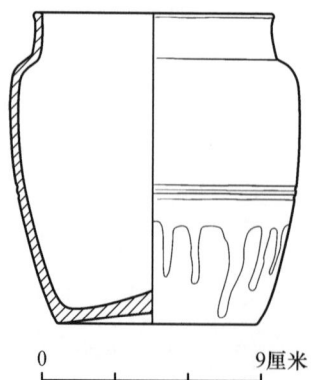

图二五五　2001CFLⅢM2出土釉陶罐（2001CFLⅢM2∶1）

2001CFLⅢM3

1. 位置与形制

位于2001CFLⅢ区东北，T8东南部。墓向0°。开口于第2层下，打破生土。墓葬南部被破坏，残长2.01、宽0.62、深0～1.11米。墓中填土为深红褐色五花土，含碎砾石和料姜石（图二五六）。

2. 葬具和人骨

未发现葬具。墓圹内发现1具人骨，仰身直肢，头向北，下肢骨和脚骨缺失。男性，年龄40±5岁。

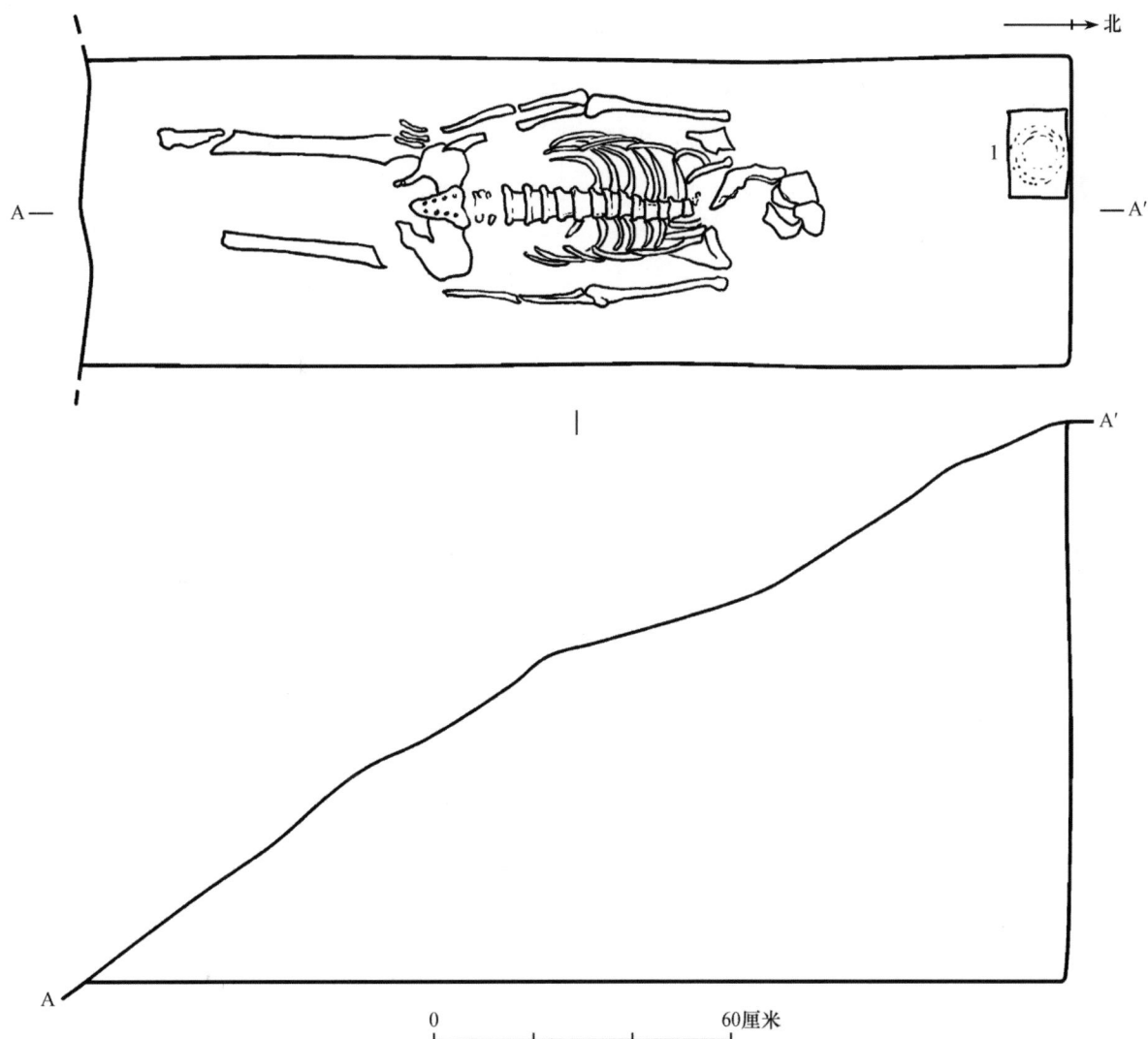

图二五六　2001CFLⅢM3平、剖面图

1. 釉陶罐

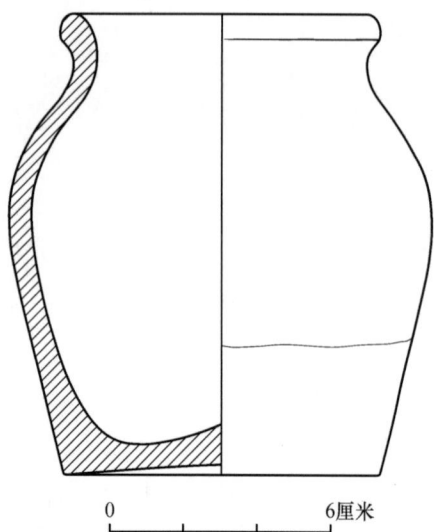

图二五七　　2001CFLⅢM3出土釉陶罐
（2001CFLⅢM3：1）

3. 随葬品

1件釉陶罐，出土于墓室北部，口部用1件长条形砖块封盖。

釉陶罐　2001CFLⅢM3：1，夹砂红褐陶，陶质粗糙。侈口，圆唇，束颈，溜肩，鼓腹，下腹斜收，平底略内凹。豆青釉，施釉不到底。素面。口径8.7、腹径11.6、底径8.6、高12.2厘米（图二五七；图版七七，4）。

2001CFLⅢM4

1. 位置与形制

位于2001CFLⅢ区中部偏东北，T7西南部。墓向5°。开口于第2层下，打破生土。墓葬南端被破坏，残长1.81、宽0.81、深0～0.81米。墓中填土为深红褐色五花土，含碎砾石和料姜石（图二五八）。

2. 葬具和人骨

未发现葬具。残存2条股骨。墓主人葬式、性别和年龄不详。

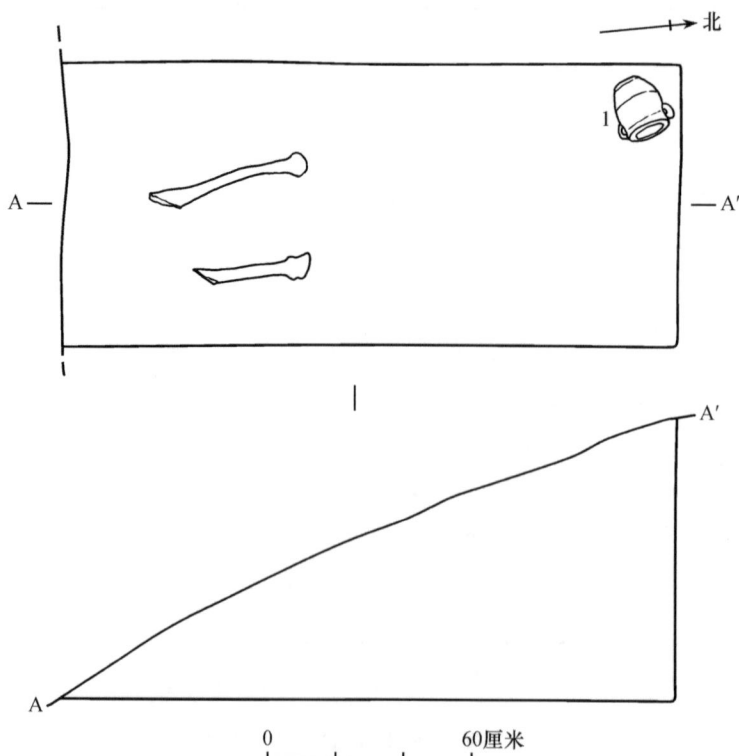

图二五八　2001CFLⅢM4平、剖面图
1. 釉陶罐

3. 随葬品

1件釉陶罐，出土于墓室西北角。

釉陶罐 2001CFLⅢM4：1，黑褐陶，陶质粗糙。直口，方唇，口沿外有一周凸棱，直领，颈下部饰对称纵向泥条系耳，长腹微鼓，下腹弧收，平底。姜黄釉，施釉不到底，釉色脱落，露出白色化妆土。素面。口径11.7、腹径13.1、底径7.6、高13.4厘米（图二五九；图版七八，1）。

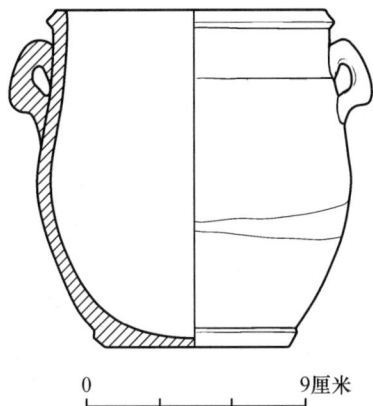

0 ————————— 9厘米

图二五九 2001CFLⅢM4出土釉陶罐
（2001CFLⅢM4：1）

2001CFLⅢM5

1. 位置与形制

位于2001CFLⅢ区中部偏东南，T6西南部。墓向0°。开口于第3层下，打破生土。墓全长1.82、宽0.61~0.81、深0.49~0.91米。墓中填土为深红褐色五花土，含碎砾石和料姜石（图二六〇）。

2. 葬具和人骨

葬具应为木棺，长1.6、宽0.45~0.55米。棺内发现1具人骨，仰身直肢，头向北，脚骨缺失。男性，年龄35±5岁。

3. 随葬品

共3件。1件釉陶罐出土于棺外东侧，口部用1件石板封盖，2件瓷扣散落于墓主人腰部。

釉陶罐 2001CFLⅢM5：1，灰褐陶，陶质粗糙。直口，平折沿，尖唇，短束颈，圆肩，扁圆腹，下腹内收，底内凹。姜黄釉，施釉不到底，釉色脱落，露出白色化妆土。素面。口径5.6、腹径10.6、底径5.4、高8.4厘米（图二六一，1；图版七八，2）。

瓷扣 2001CFLⅢM5：2-1，整体呈圆饼形，外弧内略凹，中部对称有4个圆孔，大小相同。白瓷。直径1.4、孔径0.2厘米（图二六一，2；图版七八，3）。2001CFLⅢM5：2-2，平面呈圆形，外弧内凹，中部对称有4个圆孔。白瓷。直径1.4、孔径0.2厘米（图二六一，3；图版七八，3）。

→北

A—　　　　　　　　　　　　　　　　　　　　　　　　　　—A′

1

A　　　　　　　　　　　　　　　　　　　　　　　　　　　　A′

0　　　　　　　　　60厘米

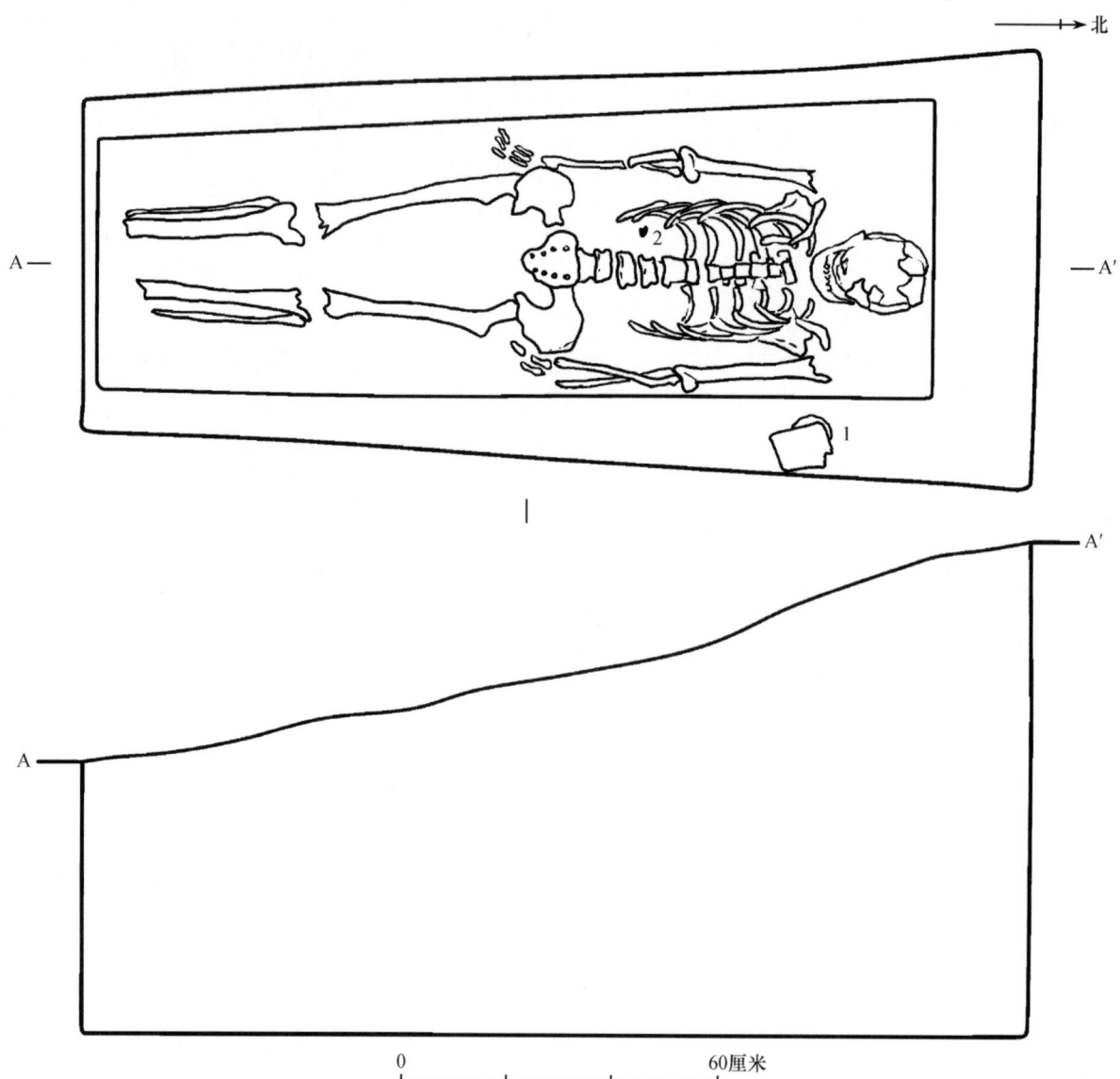

图二六〇　2001CFLⅢM5平、剖面图

1. 釉陶罐　2. 瓷扣

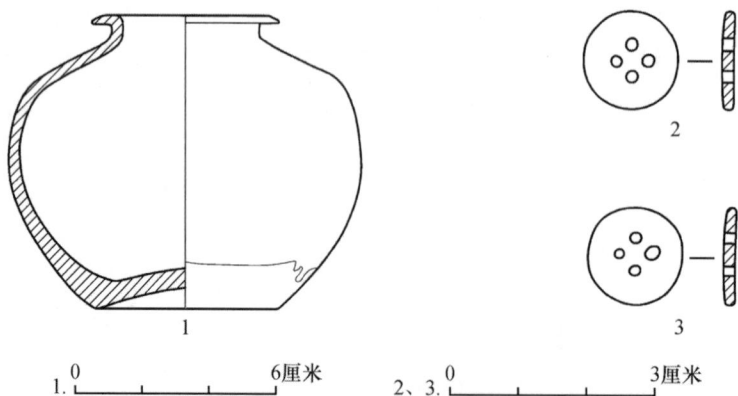

1　　　　　　　　　　　　2

　　　　　　　　　　　　3

1. 0　　　　　　　6厘米　　　2、3. 0　　　　　3厘米

图二六一　2001CFLⅢM5出土釉陶器、瓷器

1. 釉陶罐（2001CFLⅢM5∶1）　2、3. 瓷扣（2001CFLⅢM5∶2-1、2001CFLⅢM5∶2-2）

2001CFLⅢM6

1. 位置与形制

位于2001CFLⅢ区东南部，T4中部偏西。墓向10°。开口于第2层下，打破生土。墓全长2.02、宽0.5～0.61、深0.41～0.91米。墓中填土为深红褐色五花土，含碎砾石和料姜石（图二六二）。

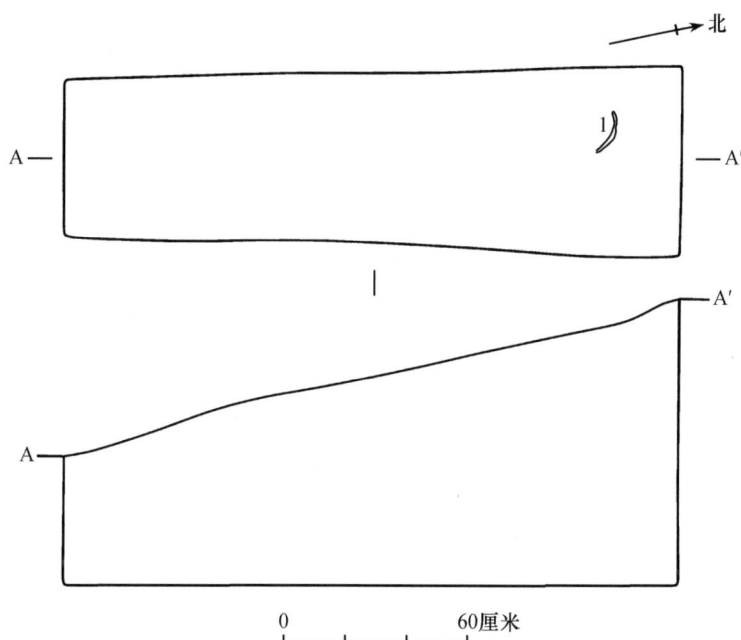

图二六二 2001CFLⅢM6平、剖面图
1. 铜簪

2. 葬具和人骨

未发现葬具。人骨已成粉末状。墓主人葬式、性别和年龄不详。

3. 随葬品

1件铜簪，出土于墓室北部。

铜簪 2001CFLⅢM6：1，双股钗，横截面呈圆形，中间弯曲。长18厘米（图二六三；图版七九，3）。

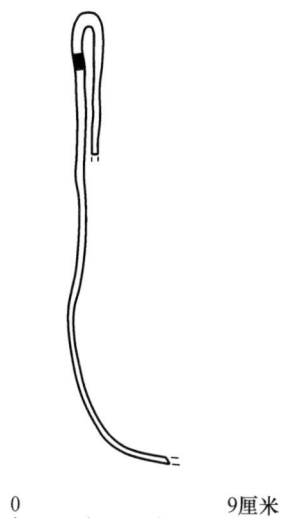

图二六三 2001CFLⅢM6出土铜簪
（2001CFLⅢM6：1）

2001CFLⅢM7

1. 位置与形制

位于2001CFLⅢ区中部偏南，T11东北部。墓向5°。开口于第3层下，打破生土。墓葬南部被破坏，残长2.22、宽0.62~0.82、深0~1.01米。墓中填土为深红褐色五花土，含碎砾石和料姜石（图二六四）。

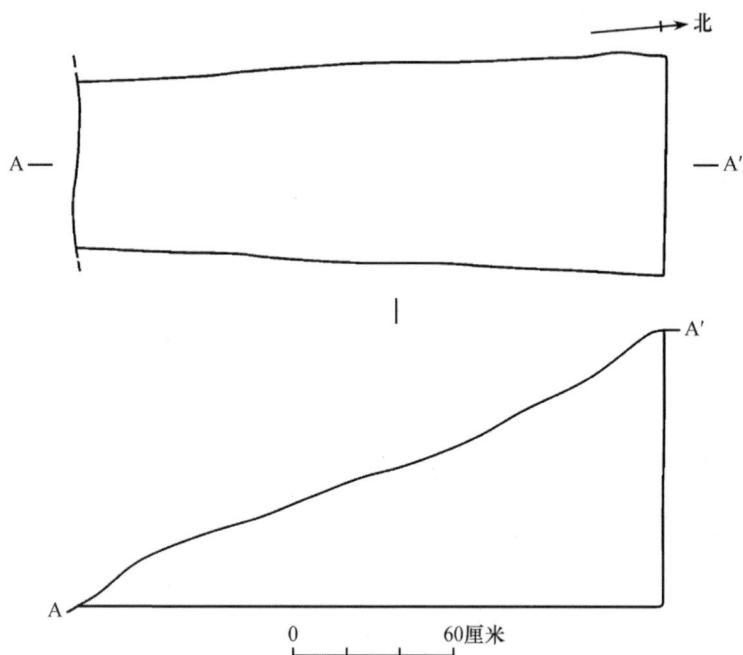

图二六四　2001CFLⅢM7平、剖面图

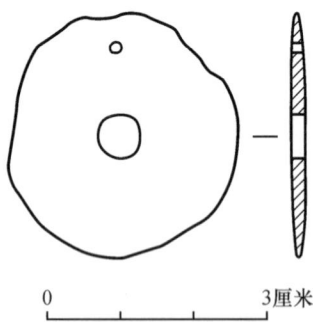

图二六五　2001CFLⅢM7出土蚌璧
（2001CFLⅢM7：01）

2. 葬具和人骨

未发现葬具和人骨。墓主人葬式、性别和年龄不详。

3. 随葬品

1件蚌璧，发现于墓葬填土中。

蚌璧　2001CFLⅢM7：01，整体呈圆饼形，中间厚，边缘薄，边缘局部残，中间有一圆形穿孔，通体较光滑。直径3.3、孔径0.6、厚0.23厘米（图二六五；图版七八，5）。

2001CFLⅢM8

1. 位置与形制

位于2001CFLⅢ区西南部，T13中部。墓向0°。开口于第3层下，打破生土。墓全长1.82、宽0.6～0.8、深0.4～0.91米。墓中填土为深红褐色五花土，含碎砾石和料姜石（图二六六）。

2. 葬具和人骨

未发现葬具。墓圹内发现1具人骨，仰身直肢，头向北，脚骨缺失。男性，年龄40±5岁。

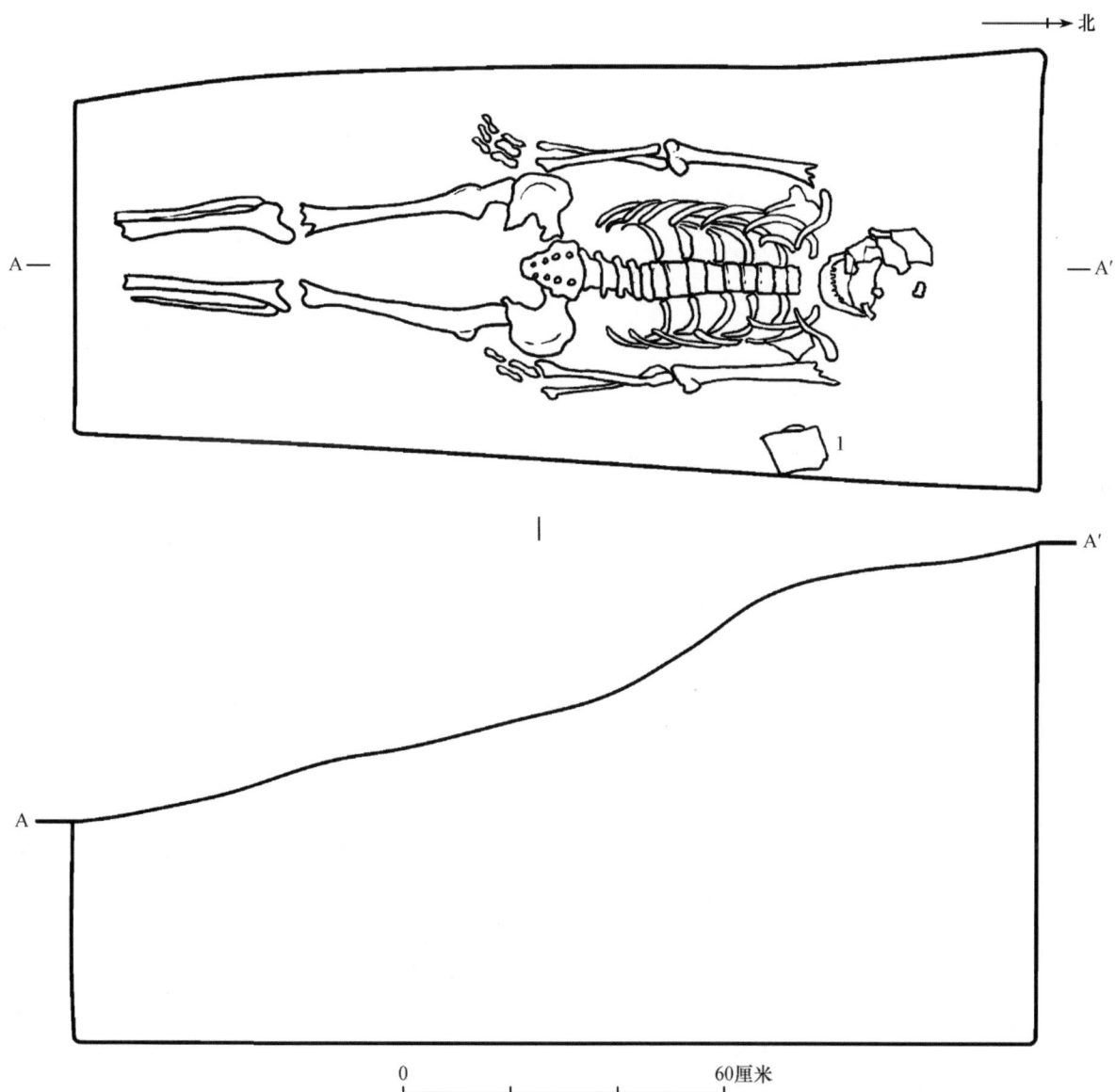

图二六六　2001CFLⅢM8平、剖面图

1. 釉陶罐

3. 随葬品

1件釉陶罐，出土于墓主人左肩左侧。

釉陶罐　2001CFLⅢM8：1，红褐陶，陶质粗糙。敛口，平折沿，尖唇，束颈，长圆腹，腹最大径偏上，下腹内收，平底。豆青釉，施釉不到底。器表周身饰有密集的凹弦纹。口径10、腹径11.5、底径8.8、高12.4厘米（图二六七；图版七九，4）。

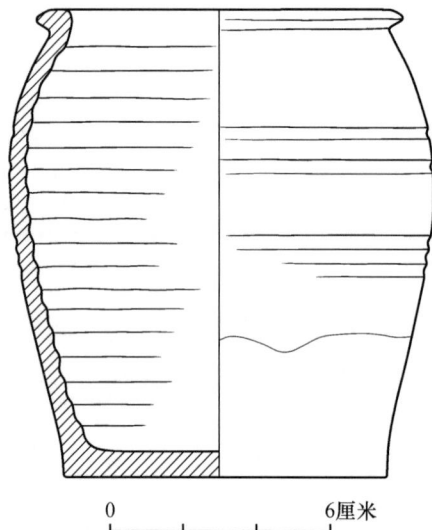

図二六七　2001CFLⅢM8出土釉陶罐（2001CFLⅢM8：1）

2001CFLⅣM1

1. 位置与形制

位于2001CFLⅣ区中部，T2西部。墓向0°。开口于第2层下，打破生土。墓葬南部被破坏，残长2.01、宽0.6～0.8、深0～0.91米。墓中填土为黄褐、红褐色混合土，含碎砾石和料姜石（图二六八）。

2. 葬具和人骨

未发现葬具。墓圹内发现1具人骨，仰身直肢，头向北，头部仅存下颌骨，脚部缺失。男性，年龄25±5岁。

3. 随葬品

1件釉陶罐，出土于墓室东北角。

釉陶罐　2001CFLⅣM1：1，红褐陶，陶质较细。侈口，厚圆唇，高领，束颈，溜肩，肩部饰对称纵向泥条系耳，弧腹，下腹斜收，底略内凹。豆青釉，施釉不到底。素面。口径9.6、腹径13、底径7.2、高16.3厘米（图二六九；图版七八，4）。

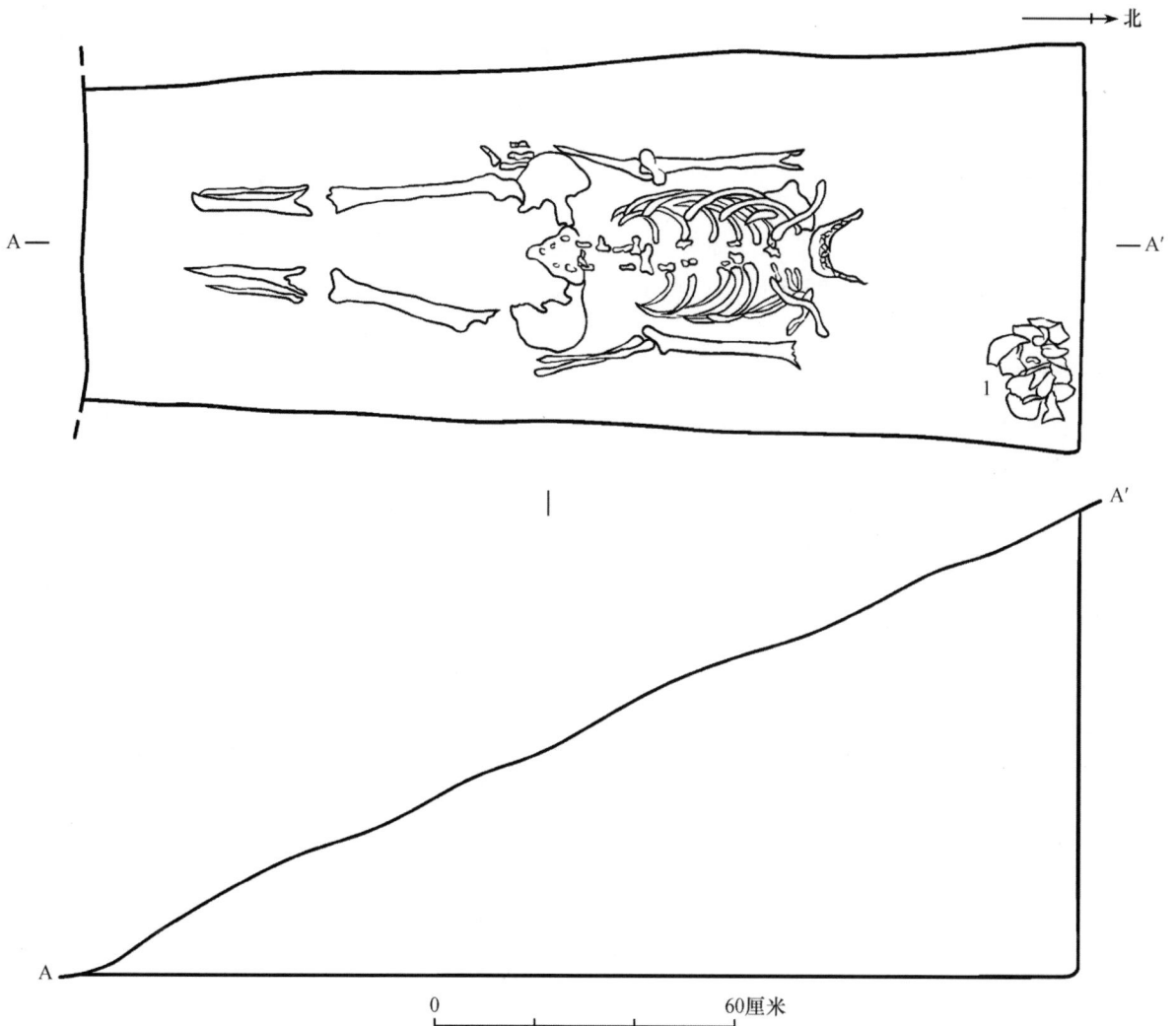

图二六八　2001CFLⅣM1平、剖面图

1. 釉陶罐

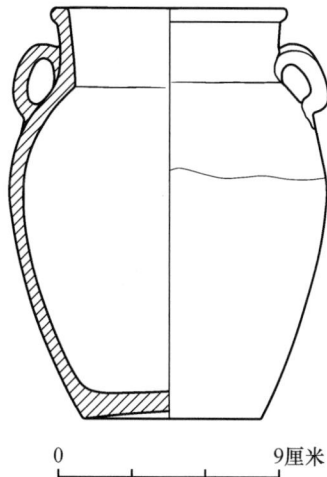

图二六九　2001CFLⅣM1出土釉陶罐（2001CFLⅣM1：1）

2001CFL Ⅳ M2

1. 位置与形制

位于2001CFL Ⅳ区东部，T1中部。墓向0°。开口于第3层下，打破生土。墓全长2.22、宽0.63～0.83、深0.31～1.01米。墓中填土为红褐色胶黏土，含碎砾石和料姜石（图二七〇）。

2. 葬具和人骨

未发现葬具。墓圹内发现1具人骨，仰身直肢，头向北，脚骨缺失。男性，年龄25±5岁。

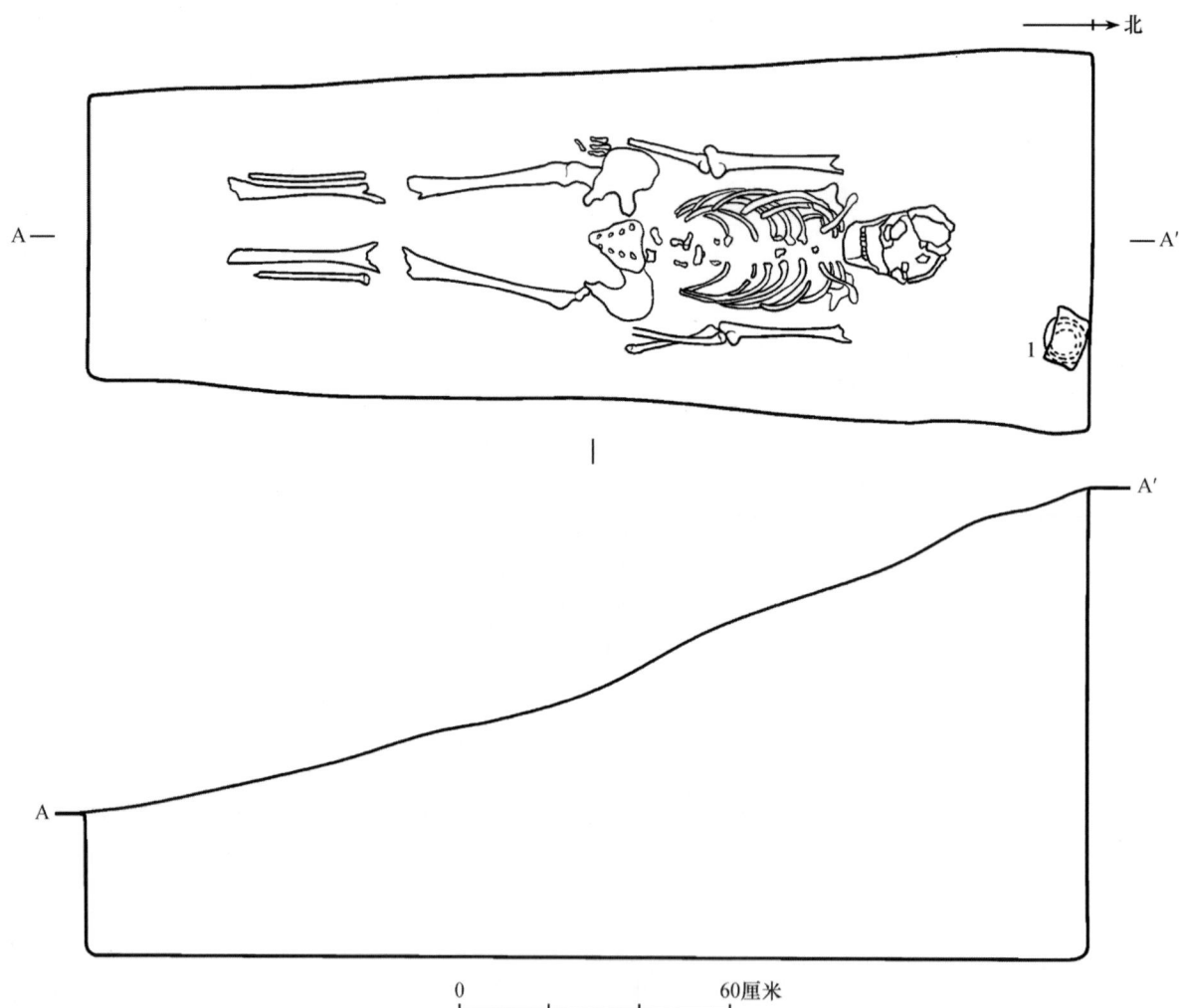

图二七〇　2001CFL Ⅳ M2平、剖面图
1. 釉陶罐

3. 随葬品

1件釉陶罐，出土于墓室东北角，口部用1件石板封盖。

釉陶罐　2001CFLⅣM2：1，灰陶，陶质细腻。侈口，圆唇，束颈，溜肩，长圆腹，底内凹。豆绿釉，施釉不到底。素面。口径8.9、腹径13.6、底径7.9、高15.8厘米（图二七一；图版七九，1）。

2001CFLⅤM2

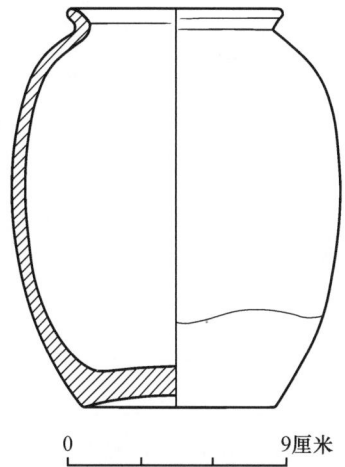

图二七一　2001CFLⅣM2出土釉陶罐
（2001CFLⅣM2：1）

1. 位置与形制

位于2001CFLⅤ区中部，T2中部。墓向0°。开口于第2层下，打破生土。墓葬南部被破坏，残长1.61、宽0.6～0.8、深0～0.81米。墓中填土为红褐色胶黏土，含碎砾石和料姜石（图二七二）。

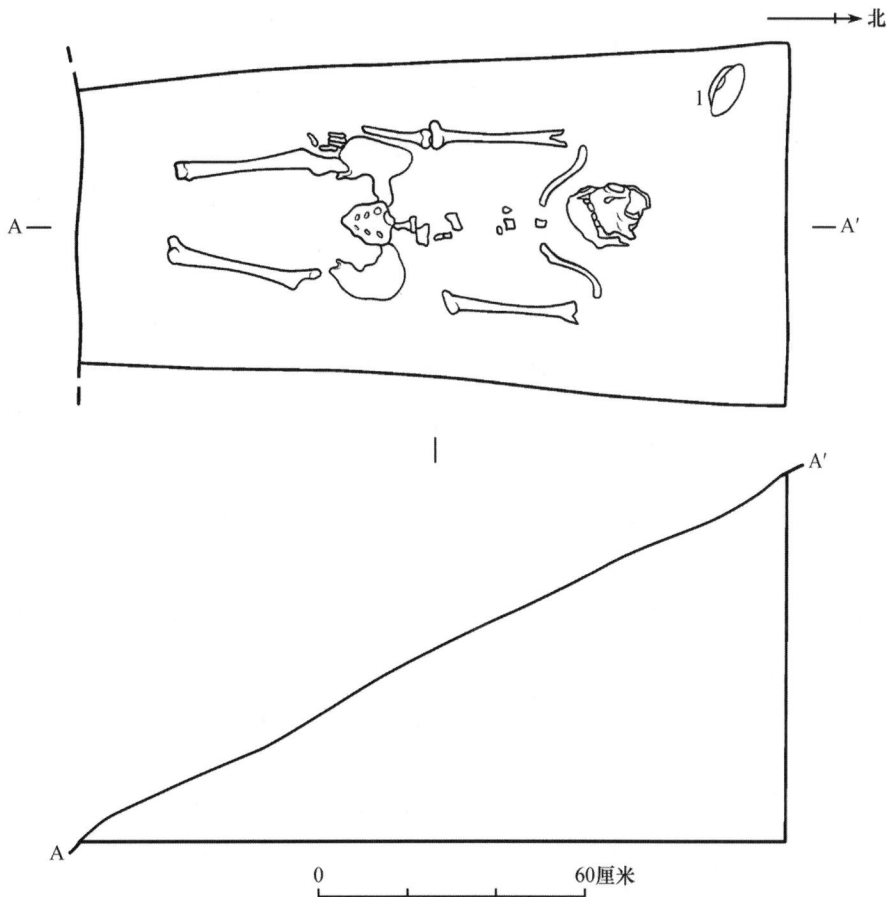

图二七二　2001CFLⅤM2平、剖面图

1. 釉陶碗

2. 葬具和人骨

未发现葬具。墓圹内发现1具人骨，仰身直肢，头向北，下肢骨局部缺失。男性，年龄45±5岁。

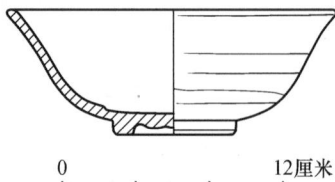

图二七三　2001CFLⅤM2出土釉陶碗
（2001CFLⅤM2：1）

3. 随葬品

1件釉陶碗，出土于墓室西北角。

釉陶碗　2001CFLⅤM2：1，红褐陶，陶质较粗糙。敞口，尖圆唇，斜弧腹，矮圈足略外撇。黑釉，施釉不到底，器内底有开砂圈。下腹部饰多周凹弦纹。口径18、底径6.4、高6.6厘米（图二七三；图版七九，2）。

二、砖 室 墓

1座（2000CFLⅢM14）。

2000CFLⅢM14

1. 位置与形制

位于2000CFLⅢ区北侧中部偏西，T9北延伸至扩方。墓向175°。开口于第1层下，打破生土。墓圹平面呈刀形，由墓道、墓室组成。通长5.38米，墓室墓圹南北2.68、东西2.44～2.52、深1.4～2.2米。墓道北连墓室，平面为长梯形，平底，长2.68、宽1.2～1.45、深0～1.4米。墓室由东、西两座并排长方形券顶砖室组成。东墓室南连墓道，墓门位于墓室南部，拱形顶，宽0.9、高1.1米，用内外2排顺丁砌法砖墙封堵；墓门两侧用单砖错缝砌成翼墙，东侧宽0.3、西侧宽0.2、高0.75米；墓门上残留0.2米高门墙。东墓室平面呈长方形，拱形顶，长2.6、宽1.2、高0.86米，墓壁用平砖错缝叠砌，计12层，其上用砖对缝砌筑起券，缝隙用白灰填充；墓室北壁距东壁0.3米，距墓底0.26米，砌筑方形壁龛，宽0.3、高0.28、进深0.2米。西墓室位于东墓室西侧，形制基本接近，墓室平面呈长方形，拱形顶，长2.46、宽1.06～1.15、高0.86米，墓壁用平砖错缝叠砌，计11层，其上用砖对缝砌筑起券，缝隙用白灰填充；墓室北壁距东壁0.24米，距墓底0.25米，砌筑方形壁龛，宽0.3、高0.25、进深0.14米。墓中填土为灰褐色五花土，含有砖、瓦碎块，较硬（图二七四；图版二九，2；图版三〇，1～3）。

2. 葬具和人骨

东、西墓室葬具为木棺，木棺内发现1具人骨，仰身直肢，头北脚南。东墓室棺长1.85、

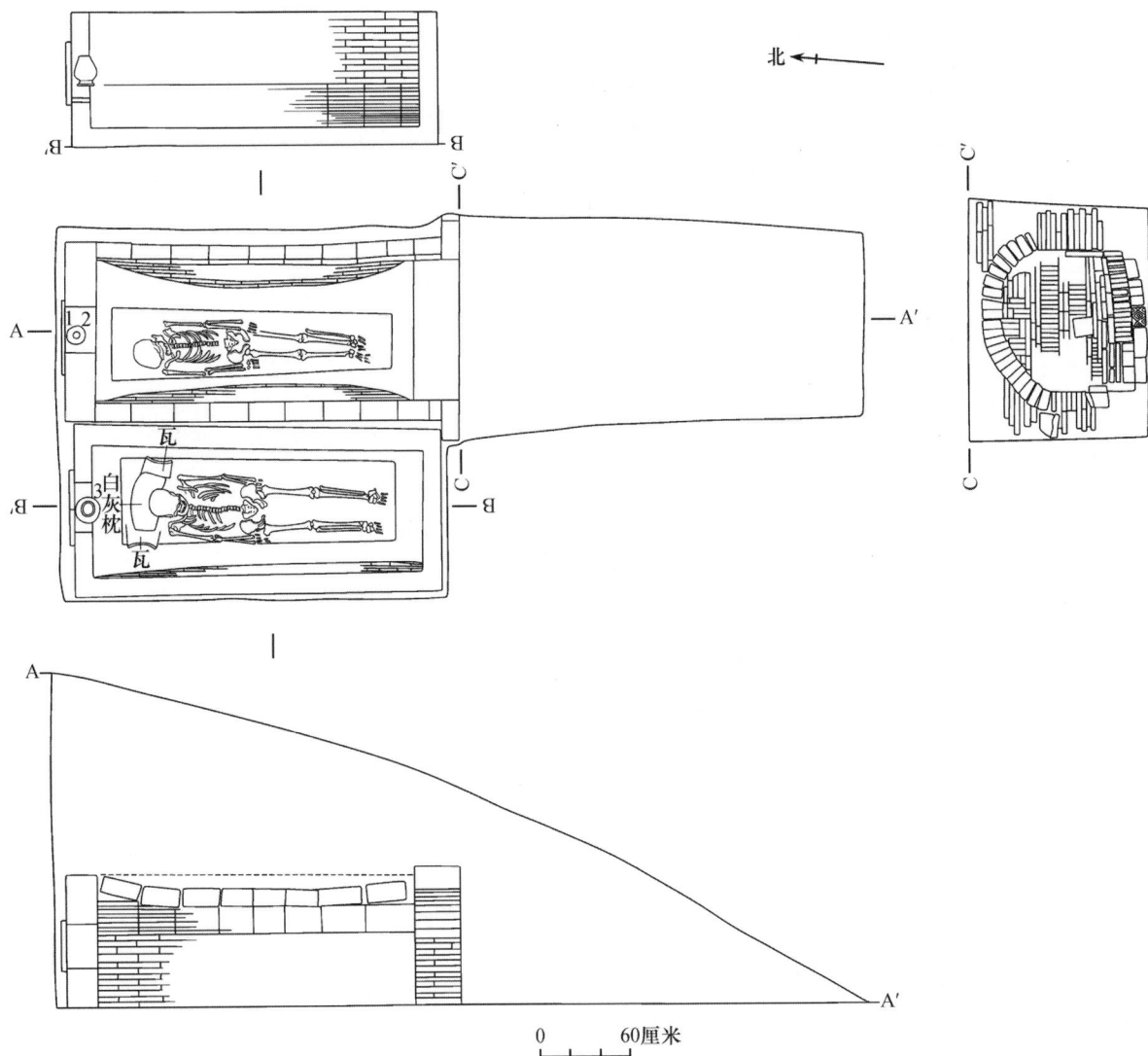

图二七四　2000CFLⅢM14平、剖面图
1、2.瓷碟　3.釉陶罐

宽0.36～0.48米，内底铺一层草木灰。男性，年龄60±5岁。西墓室棺长1.8、宽0.54～0.58米，内底铺一层石灰，头骨下放置1件长条形石灰块，两侧各立1件板瓦。女性，25±5岁。

3. 随葬品

共3件。2件瓷碟口部对扣置于东墓室壁龛，1件釉陶罐放置于西墓室壁龛。

瓷碟　2000CFLⅢM14：1，敞口，圆唇，斜曲腹，圈足，底部中间向上凸。灰白色胎，细腻坚致。施釉近底足，光洁润亮。内、外皆以青花装饰，外壁绘小幅蜻蜓羽叶。内壁绘五组宝相花卉，底部图案繁密，主要绘莲叶、草棵等，取"连科"之意。口径12、底径5.4、高3.4厘米（图二七五，1；图版八〇，1）。2000CFLⅢM14：2，敞口，圆唇，斜曲腹，圈足，底部中间向上凸。灰白色胎，细腻坚致。施釉近底足，光洁润亮。内、外皆以青花装饰，外壁绘小幅蜻蜓羽叶，内饰可分为二区，腹壁区绘六组宝相花卉，底区图案繁密，主要绘莲叶、草棵等。口径12、底径5.3、高3.5厘米（图二七五，2；图版八〇，2）。

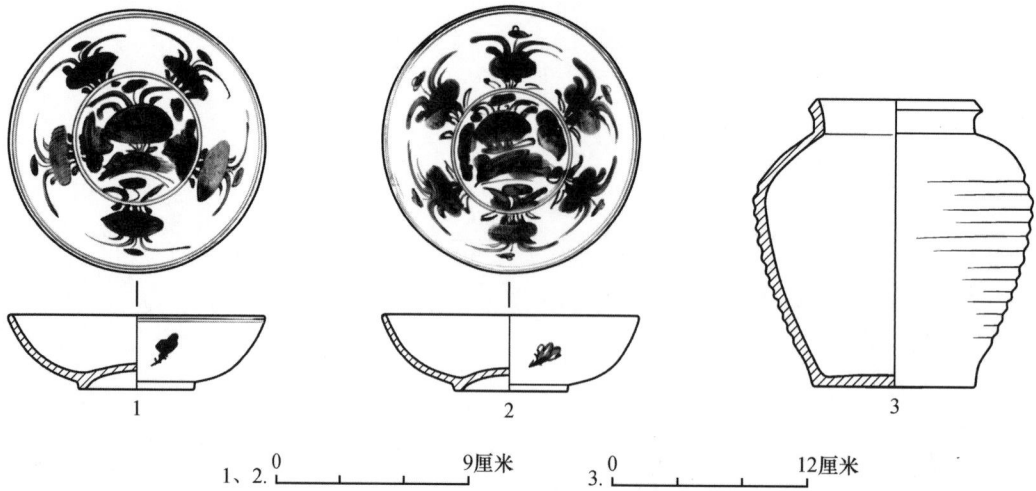

图二七五　2000CFLⅢM14出土瓷器、釉陶器

1、2. 瓷碟（2000CFLⅢM14：1、2000CFLⅢM14：2）　3. 釉陶罐（2000CFLⅢM14：3）

　　釉陶罐　2000CFLⅢM14：3，泥质红陶，陶质较疏松。微侈口，方唇，矮领，圆肩，弧腹，下腹内收，平底。上半部施黄青釉，青中泛黄，施釉不到底，釉层较薄。通体饰凹弦纹。口径10.7、腹径17.4、底径10、高17.3厘米（图二七五，3；图版八〇，3）。

第七章　墓葬随葬品及其类型划分

一、汉　　代

汉代墓葬共8座。总计出土随葬品248件（其中铜钱186枚），质地有陶、铜、铁、琉璃之分。陶器类型有罐、碗、壶、仓、豆、盆、卮、釜、甑、灶、勺、器盖、俑、饼等。

陶罐　14件。2件底部残缺，其余12件依据底部不同分二型。

A型：2件。圜底。依据肩、腹部不同分二亚型。

Aa型：1件。折肩，直腹。标本2000CFLⅢM40∶01（图二七六，1）。

Ab型：1件。圆肩，鼓腹。标本2000CFLⅠM14∶9（图二七六，2）。

B型：10件。平底。依据肩、腹部不同分三亚型。

Ba型：1件。溜肩，折腹。标本2000CFLⅤM10∶3（图二七六，3）。

Bb型：1件。圆肩，近直腹。标本2000CFLⅠM14∶7（图二七六，4）。

Bc型：8件。圆折肩，下腹斜弧。标本2001CFLⅤM1∶2、标本2000CFLⅠM14∶15（图二七六，5、6）。

陶盆　8件。依据口部不同分四型。

A型：2件。敛口。标本2000CFLⅤM10∶29（图二七七，1）。

B型：1件。直口。标本2000CFLⅠM14∶19（图二七七，2）。

C型：4件。敞口。标本2000CFLⅤM10∶26（图二七七，3）。

D型：1件。侈口。标本2000CFLⅠM14∶16（图二七七，4）。

二、宋 元 时 期

宋元时期墓葬共10座。总计出土随葬品62件（其中铜钱、铁钱42枚），质地有釉陶、瓷、铜、铁、蚌之分。器形有罐、碗、杯、钱币、耳坠等。

釉陶罐　5件。依据有无器耳分二型。

A型：4件。有耳。依据口部不同分二亚型。

Aa型：2件。直口。标本2000CFLⅢM48∶1（图二七八，1）。

1、2、4. 0 ——— 12厘米
3. 0 ——— 18厘米
5、6. 0 ——— 6厘米

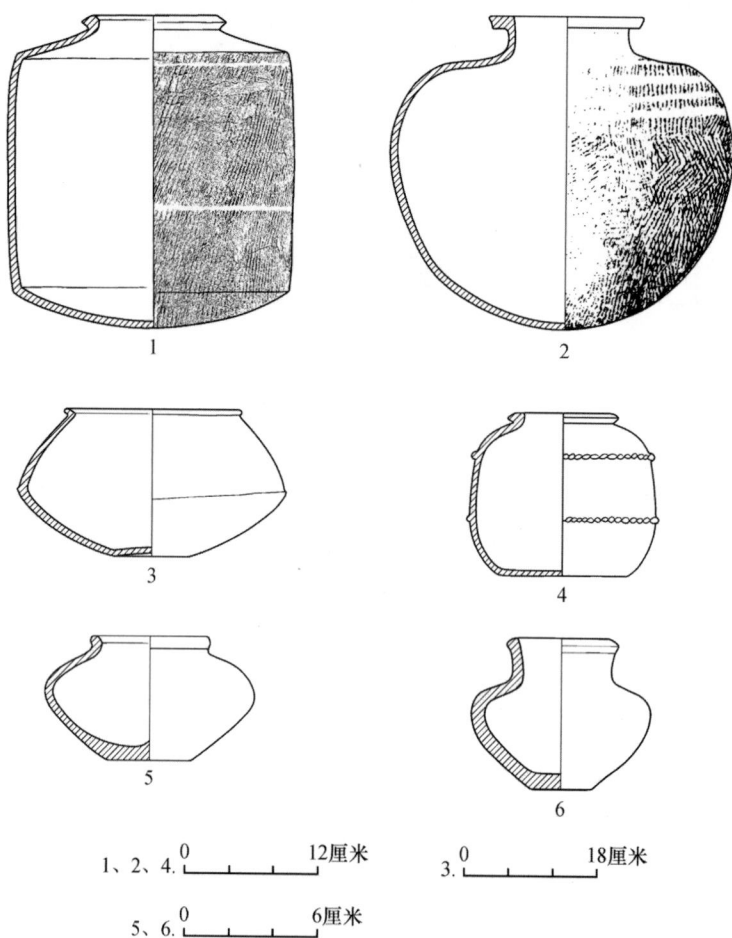

图二七六　汉代陶罐

1. Aa型（2000CFLⅢM40∶01）　2. Ab型（2000CFLⅠM14∶9）　3. Ba型（2000CFLⅤM10∶3）

4. Bb型（2000CFLⅠM14∶7）　5、6. Bc型（2001CFLⅤM1∶2、2000CFLⅠM14∶15）

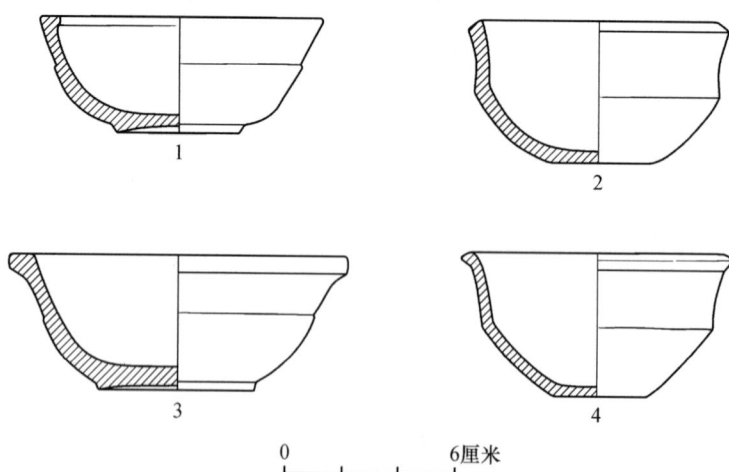

0 ——— 6厘米

图二七七　汉代陶盆

1. A型（2000CFLⅤM10∶29）　2. B型（2000CFLⅠM14∶19）　3. C型（2000CFLⅤM10∶26）

4. D型（2000CFLⅠM14∶16）

Ab型：2件。敛口。标本2001CFLⅠM7：4（图二七八，2）。

B型：1件。无耳。标本2001CFLⅠM7：1（图二七八，3）。

瓷碗　11件。依据腹部不同分三型。

A型：6件。斜曲腹。标本2000CFLⅢM11：1（图二七九，1）。

B型：3件。斜直腹。标本2001CFLⅠM7：3（图二七九，2）。

C型：2件。折腹。标本2001CFLⅤM3：1（图二七九，3）。

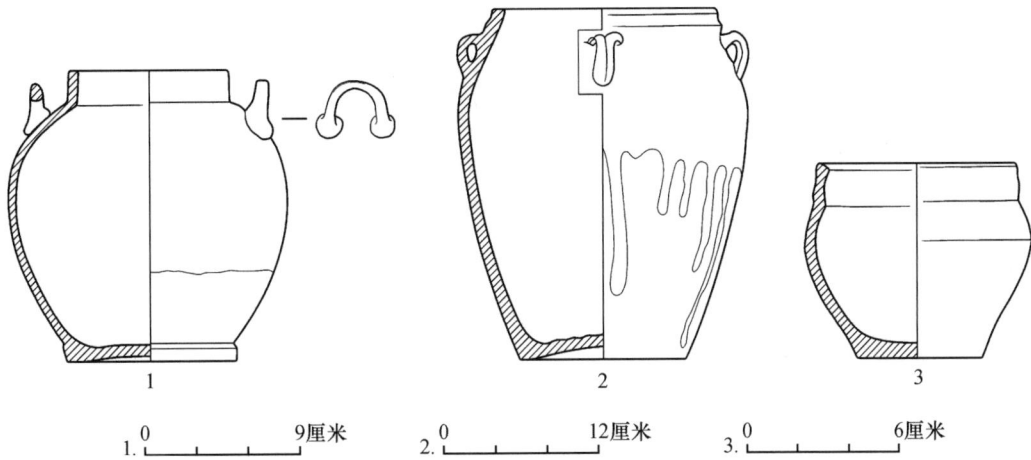

图二七八　宋元时期釉陶罐

1. Aa型（2000CFLⅢM48：1）　2. Ab型（2001CFLⅠM7：4）　3. B型（2001CFLⅠM7：1）

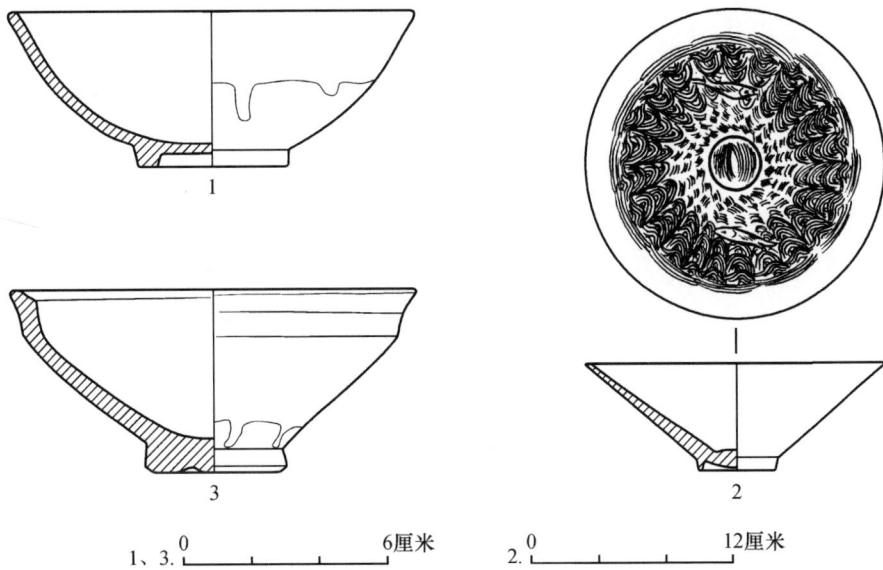

图二七九　宋元时期瓷碗

1. A型（2000CFLⅢM11：1）　2. B型（2001CFLⅠM7：3）　3. C型（2001CFLⅤM3：1）

三、明 清 时 期

明清时期墓葬共109座。总计出土随葬品224件。质地有陶、釉陶、瓷、铜、铁、银、蚌、玉、骨、水晶之分，器形有罐、碗、碟、仓、壶、牌饰、扣、钱币、权、珠、环、耳坠等。

陶罐 9件。依据口部不同分三型。

A型：2件。敛口。依据口沿不同分二亚型。

Aa型：1件。无沿。标本2000CFLⅢM46：1（图二八〇，1）。

Ab型：1件，平沿。标本2000CFLⅢM15：1（图二八〇，2）。

B型：5件，直口。依据口沿不同分二亚型。

Ba型：2件。平折沿。标本2000CFLⅢM22：1（图二八〇，3）。

Bb型：3件。无沿。标本2000CFLⅢM25：1（图二八〇，4）。

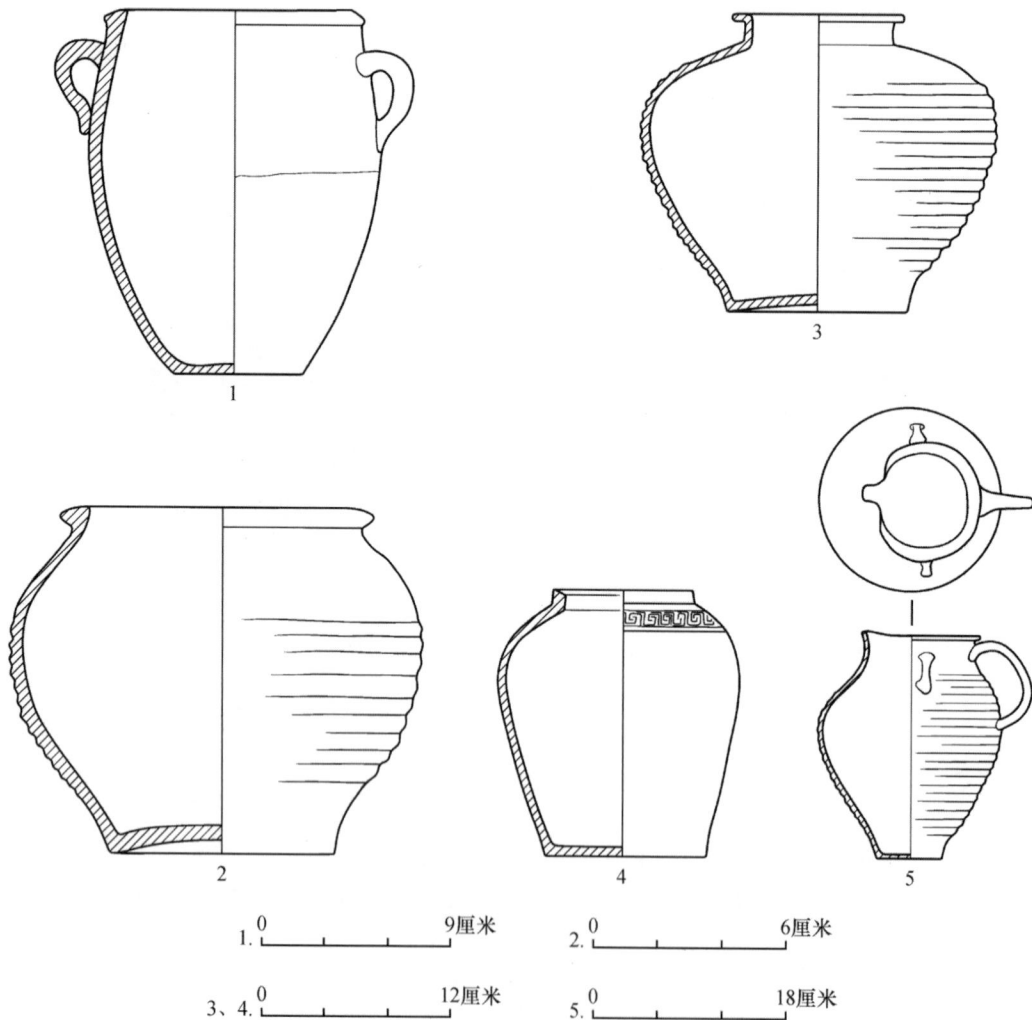

图二八〇　明清时期陶罐

1. Aa型（2000CFLⅢM46：1）　2. Ab型（2000CFLⅢM15：1）　3. Ba型（2000CFLⅢM22：1）　4. Bb型（2000CFLⅢM25：1）
5. C型（2000CFLⅠM12：3）

C型：2件。侈口。标本2000CFLⅠM12：3（图二八〇，5）。

釉陶罐　53件。除1件腹部残缺外，其余52件，依据腹部不同分三型。

A型：48件。鼓腹。依据口部不同分三亚型。

Aa型：17件。敛口。标本2001CFLⅡM8：1、标本2001CFLⅡM11：2、标本2001CFLⅡM18：1（图二八一，1~3）。

Ab型：9件。直口。标本2000CFLⅠM1：1、标本2001CFLⅡM22：1、标本2001CFLⅢM4：1（图二八一，4~6）。

Ac型：22件。侈口。标本2000CFLⅡM10：2、标本2000CFLⅠM8：1、标本2001CFLⅠM13：1（图二八二，1~3）。

B型：3件。圆鼓腹。标本2000CFLⅡM14：1（图二八二，4）。

C型：1件。扁圆腹。标本2001CFLⅢM5：1（图二八二，5）

瓷罐　20件。依据腹部不同分二型。

A型：19件。鼓腹。依据口部不同分三亚型。

Aa型：11件。敛口。标本2000CFLⅢM30：1、标本2000CFLⅢM43：1（图二八三，1、2）。

Ab型：1件。直口。标本2000CFLⅡM19：1（图二八三，3）。

Ac型：7件。侈口。标本2000CFLⅡM17：1、标本2000CFLⅢM21：1（图二八三，4、5）。

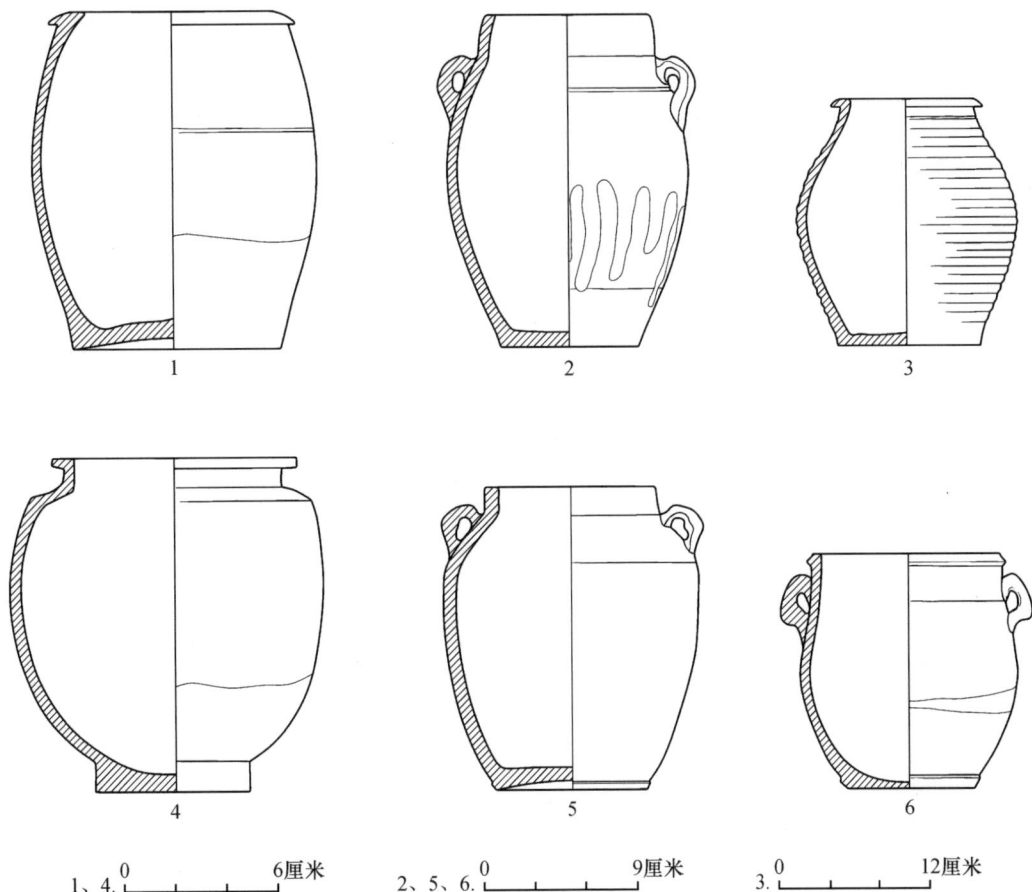

1、4. ┣━━━━━━━┫ 6厘米

2、5、6. ┣━━━━━━━┫ 9厘米

3. ┣━━━━━━━┫ 12厘米

图二八一　明清时期釉陶罐（一）

1~3. Aa型（2001CFLⅡM8：1、2001CFLⅡM11：2、2001CFLⅡM18：1）　4~6. Ab型（2000CFLⅠM1：1、2001CFLⅡM22：1、2001CFLⅢM4：1）

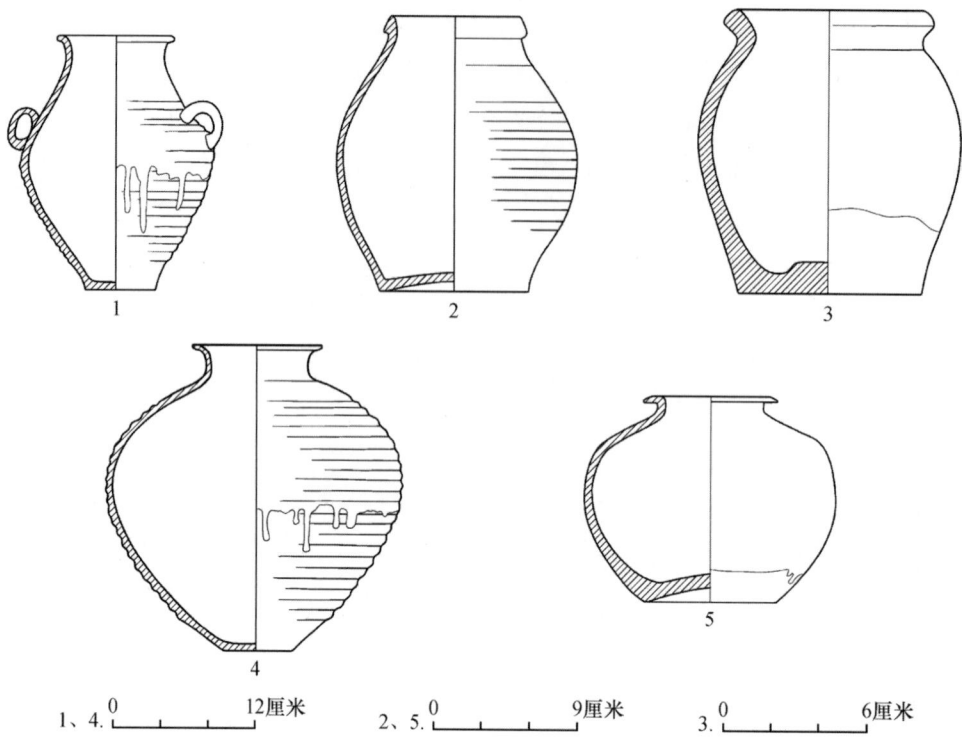

1、4. _____ 0 _____ 12厘米　　2、5. _____ 0 _____ 9厘米　　3. _____ 0 _____ 6厘米

图二八二　明清时期釉陶罐（二）

1～3. Ac型（2000CFLⅡM10∶2、2000CFLⅠM8∶1、2001CFLⅠM13∶1）　4. B型（2000CFLⅡM14∶1）
5. C型（2001CFLⅢM5∶1）

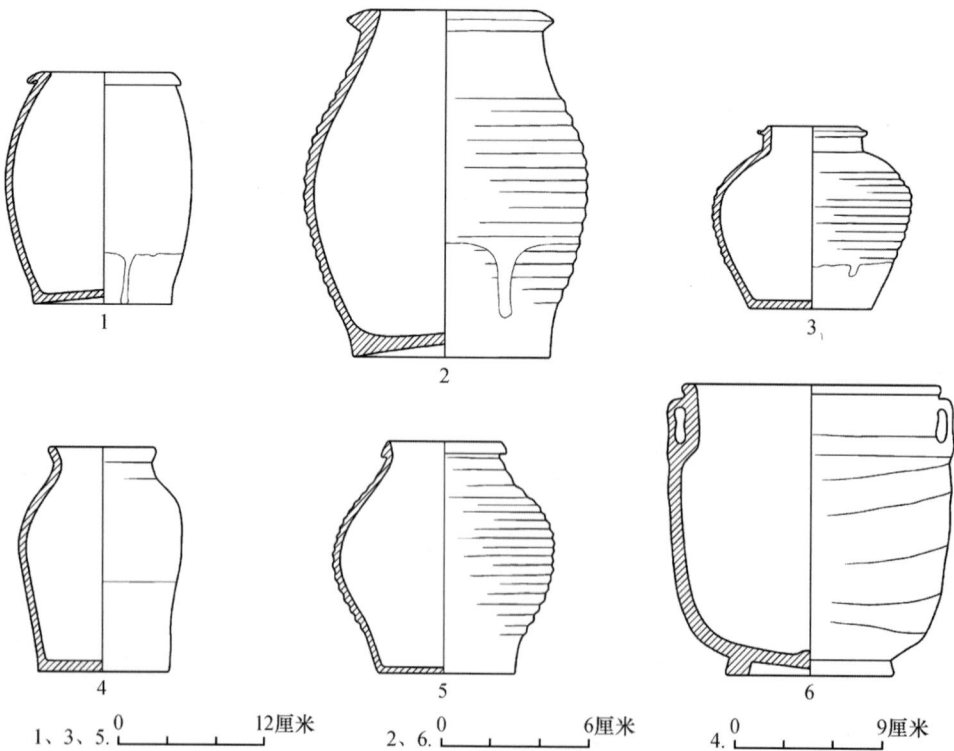

1、3、5. _____ 0 _____ 12厘米　　2、6. _____ 0 _____ 6厘米　　4. _____ 0 _____ 9厘米

图二八三　明清时期瓷罐

1、2. Aa型（2000CFLⅢM30∶1、2000CFLⅢM43∶1）　3. Ab型（2000CFLⅡM19∶1）　4、5. Ac型（2000CFLⅡM17∶1、
2000CFLⅢ21∶1）　6. B型（2001CFLⅠM5∶1）

B型：1件。直腹。标本2001CFLⅠM5：1（图二八三，6）。

瓷碗　29件。依据腹部不同分二型。

A型：22件。深腹。依据口部不同分二亚型。

Aa型：7件。敞口。标本2000CFLⅣM4：1（图二八四，1）。

Ab型：15件。侈口。标本2000CFLⅣM4：2、标本2000CFLⅣM3：2（图二八四，2、3）。

B型：7件。浅腹。依据腹部不同分二亚型。

Ba型：6件。斜曲腹。标本2000CFLⅣM1：1（图二八四，4）。

Bb型：1件。斜直腹。标本2001CFLⅡM13：1（图二八四，5）。

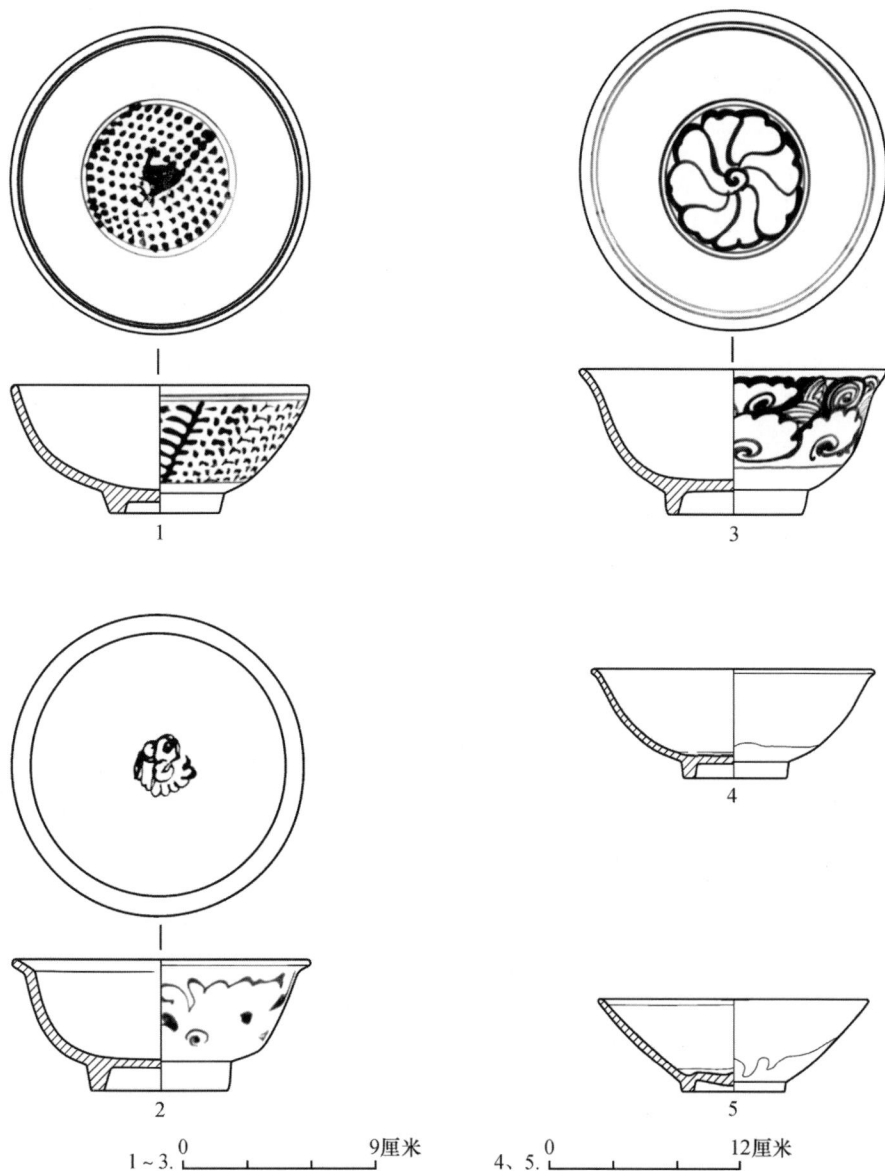

图二八四　明清时期瓷碗

1. Aa型（2000CFLⅣM4：1）　　2、3. Ab型（2000CFLⅣM4：2、2000CFLⅣM3：2）　　4. Ba型（2000CFLⅣM1：1）
5. Bb型（2001CFLⅡM13：1）

第八章 结　语

　　莲花池墓群共揭露墓葬190座，其中汉代墓葬8座，宋元时期墓葬10座，明清时期墓葬109座，年代不明的墓葬63座。通过对墓葬的初步整理和分析，就墓葬年代、丧葬习俗和主要收获三个方面谈一些粗浅认识。

一、墓葬年代

　　由于莲花池墓群地层堆积、墓葬间叠压打破关系简单，对墓葬年代的推断，主要依据墓葬出土器物与以往相关研究成果进行横向比较和分析。

（一）汉代墓葬年代

　　2000CFLⅠM14陶罐（2000CFLⅠM14∶7）、陶罐（2000CFLⅠM14∶11）、陶灯形豆（2000CFLⅠM14∶22）分别与重庆巫山麦沱遗址[1]西汉时期的Aa型Ⅰ式陶罐（M32∶8）、A型Ⅰ式陶壶（M31∶7）、Ⅰ式陶灯（M32∶1）相近，陶灶（2000CFLⅠM14∶18）与重庆巫山江东嘴墓地[2]西汉晚期的陶灶（ⅠM5∶2）相似。墓内所出半两钱流行于西汉武帝元狩五年（公元前118年）五铢钱铸行之前，另外，2000CFLⅠM14土坑竖穴的墓葬形制也为西汉时期最常见。因此，可以认为2000CFLⅠM14应为一座西汉墓。

　　2000CFLⅡM8内出土的"大泉五十""大布黄千"时代特征明显，仅铸行于王莽时期，由此把该墓年代推断为王莽时期似较为妥当。

　　汉代墓葬随葬品中的陶罐（2000CFLⅢM40∶1、2000CFLⅣM2∶01）与重庆丰都冉家路口墓地[3]东汉时期陶罐（M4∶10）、重庆万州大周溪墓地[4]东汉时期陶瓮（M2∶8）、重庆巫山林家码头墓地[5]汉代C型陶瓮（W2∶2）相近，陶仓（2000CFLⅤM10∶23）与湖北襄樊市余岗墓地[6]东汉时期Ⅱ式陶仓（M59∶14），陶甂（2000CFLⅤM10∶1）与重庆万州大周溪墓地[7]东汉中期的A型陶甂（M1∶17）、重庆万州糖坊墓群[8]东汉时期的陶甂（M9∶1）相同，陶器盖（2000CFLⅤM10∶24）与湖北房县松嘴墓地[9]东汉时期陶器盖（M76∶2）相似，另外，2000CFLⅡM25、2000CFLⅢM40、2000CFLⅤM10、2001CFLⅤM1内五铢钱的形制、钱文笔划均为峡江地区东汉墓葬所常见。综上，我们认为上述墓葬时代为东汉时期。

2001CFLⅠM6根据形制、结构、墓砖推断为汉代墓葬，由于受到严重盗扰，未见遗物，更具体的年代无法推断。

（二）宋元时期墓葬年代

宋元时期墓葬中的釉陶罐（2001CFLⅠM7：1）、瓷碗（2001CFLⅠM7：2）与重庆丰都糖坊墓地[10]宋代陶罐（G2：22）、重庆奉节宝塔坪墓地[11]宋代釉陶罐（2001ⅠM1018：1）、瓷盏（2001ⅠM1018：2）相似，瓷碗（2000CFLⅢM48：4、2000CFLⅢM48：3）与重庆丰都糖坊墓地宋代瓷碗（G2：9）、重庆开县故城墓地[12]宋代瓷碗（ⅠT5452⑥：1）近同，瓷罐（2000CFLⅡM16：1）与重庆奉节老油坊墓地[13]宋代Bb型瓷罐（T308④：58）近同。综上，推断上述墓葬的年代为宋代。

莲花池2000CFLⅡM22出土的明道元宝、政和通宝、元祐通宝和2000CFLⅡM24出土的熙宁元宝、咸平元宝等铜钱均为北宋时期所造，这也为推断相关墓葬的年代提供了实物证据。

（三）明清时期墓葬年代

明清时期墓葬中的瓷碗（2000CFLⅡM27：1、2000CFLⅡM7：3、2000CFLⅠM12：2、2000CFLⅣM3：2、2001CFLⅡM13：1）与重庆奉节宝塔坪墓地[14]明代瓷碗（2001ⅠM4005：2、2001ⅠM4011：3）、重庆奉节瞿塘关墓地[15]明代瓷碗（M48：1）、重庆奉节鱼腹浦墓地[16]明代A型瓷碗（T1⑩：3）、重庆开县故城墓地[17]清代瓷碗（ⅣT23②：27）相同，陶罐（2001CFLⅠM10：3）、釉陶罐（2000CFLⅡM14：1）分别与重庆奉节瞿塘关墓地[18]明代硬陶圆肩罐（M30：1）、硬陶丰肩罐（M8：2）相同，陶仓（2000CFLⅡM7：4）与重庆奉节宝塔坪墓地[19]明代陶瓶（2001ⅠM4005：1）相似。

莲花池2000CFLⅤM8出土的乾隆通宝、2001CFLⅠM15出土的嘉庆通宝均为清代铜钱，这也为推断相关墓葬年代提供了实物证据。

二、丧葬习俗

（一）汉代墓葬

墓葬分别散布于2000年第Ⅰ～Ⅴ发掘区和2001年第Ⅰ、Ⅳ发掘区中，除1座（2000CFLⅠM14）外，余均遭到不同程度的盗扰。

长方形土坑竖穴墓2座，墓圹规模较小，大者（2000CFLⅠM14）长仅2.39米，小者（2000CFLⅢM40）长只有1.97米。2000CFLⅠM14出土随葬品57件，2000CFLⅢM40出土随葬品13件。

3座保存相对较好的砖室墓平面呈凸字形，其中最大者（2000CFLⅤM10）墓圹长6.7米，由墓道、甬道和墓室组成。甬道和墓室用花纹砖垒砌，随葬品丰厚，虽经盗掘，仍尚存107件。

有人骨的墓葬大致可辨为头南脚北。长方形土坑竖穴墓的随葬品放置于身体右侧，砖室墓的随葬品多放置于墓室内，亦有的置于甬道内。

因为墓葬多被盗掘，现已无法详细了解当时随葬品的真实数量，但从墓葬规模和建造难易程度及随葬品的多寡来看，当时还是存在着等级差别的，砖室墓的主人生前地位应该高于土坑竖穴墓的主人。

（二）宋元时期墓葬

墓葬分别散布于2000年第Ⅱ、Ⅲ和2001年第Ⅰ、Ⅱ、Ⅴ发掘区中，一般墓圹的南半部受到破坏。依据其有无墓道可以分为两类。

无墓道墓葬9座，基本为南北向，保存相对完整的墓圹长2米左右，最长的（2001CFLⅠM7）2.53米。多数不见葬具，少数有木棺。人骨可辨者均为头北脚南，仰身直肢。随葬品多放于北端头部，少数置于身体周围，数量在1～11件不等。

带墓道墓葬1座（2000CFLⅢM11），墓全长4.52米，由墓道和墓室组成。墓道位于南侧，竖井式，墓室位于北侧，底铺砖，与墓道之间有封墙相隔。随葬品散布于墓室底部，残存25件。

宋元时期墓葬有一定的等级差别，带墓道墓葬的墓主人生前地位应高于无墓道墓葬的墓主人。

（三）明清时期墓葬

墓葬散布于各个发掘区内，除少数被盗或因处于陡坡被流水冲刷破坏外，大多保存较好。极少数墓葬之间有打破或叠压关系。绝大多数为长方形土坑竖穴墓，砖室墓仅1座。

长方形土坑竖穴墓基本为南北向。墓圹一般长2米左右，宽不足1米。大多墓葬有葬具，其中，除1座（2000CFLⅢM6）为石棺外，余均为木棺。棺内底部铺草木灰或石灰，人骨头部两侧置瓦（固定死者头部之用）的现象比较多见。个别墓葬见有头枕板瓦、石板或石灰枕的现象。人骨绝大多数为头北脚南的仰身直肢。多数墓有随葬品，以罐、碗类最常见，陶器、釉陶器和瓷器一般放置于头部周围的棺外，或头端东北角、西北角，或高台上，口部多盖有石板、砖块和板瓦，装饰品多放置于棺内人骨头部、颈部和胸部周围。特殊的葬俗还有2000CFLⅢM21人骨头部周围用石灰块包围固定，2000CFLⅡM29人骨头下垫有7块板瓦等。

2000CFLⅢM14是109座明清时期墓葬中唯一的一座砖室墓。墓圹平面呈刀形，通长5.38米，由墓道、东墓室、西墓室组成。两墓室均为长方形直壁券顶，北壁中部各有一龛。每墓室内置一棺一人，人骨均头北脚南，仰身直肢，东室为男性，65岁左右，西室为女性，25岁左右。该墓规模和级别在所有莲花池已发掘的明清时期墓葬中应当是最高的。

三、主要收获

莲花池墓群共揭露190墓葬，汉代、宋元时期墓葬数量较少，且零散分布于不同的考古发掘区。明清时期的墓葬最多，共揭露109座，在十个考古发掘区中均有发现，尤以2000年Ⅱ、Ⅲ区和2001年Ⅰ、Ⅱ区数量最多。总体来看，这批墓葬的形制比较单一，差别不大，应当是一处平民墓地，但个别墓葬随葬品中也不乏精品，瓷碟（2000CFLⅡM26∶1），内底外围有浅色双线圆圈纹，中间饰青花藻图案，酱紫彩鱼，鱼浅浮雕加刻划，应为景德镇窑珍品。瓷狗（2000CFLⅢM3∶01）、狮式瓷小壶（2000CFLⅢM3∶02）出土于同一墓葬，这2件动物造型瓷器堪称民间瓷窑精品，推测非当地烧造，很大可能是外地产品流传至本地。

据奉节县志记载，莲花池墓群所在之处原为义地。义地碑记云"夔郡……有义山，以葬死者之无归，迄今远年湮，荒冢毫无空隙余地"。从发掘的情况看，墓地内明清时期墓葬分布密集，绝大多数为小型土坑竖穴墓，且随葬品简单，说明这里曾是一处公共墓地，死者生前地位低下。这些情况正是上述碑记的真实写照。

总体来说，莲花池墓群汉代、宋元时期、明清时期大量墓葬的揭露，为峡江地区同时代考古学文化研究提供了丰富的实物资料。

注　释

［１］　重庆市文化局、湖南省文物考古研究所、巫山县文物管理所：《重庆巫山麦沱汉墓群发掘报告》，《考古学报》1999年2期。

［２］　南京大学历史系、重庆市文物局、巫山县文物管理所：《巫山江东嘴遗址发掘报告》，《重庆库区考古报告集（2001卷·上）》甲种第九号，科学出版社，2007年。

［３］　四川省文物考古研究所：《丰都县三峡工程淹没区调查报告》，《三峡考古之发现》（二），湖北科学技术出版社，2000年。

［４］　山东大学考古系、重庆市文化局、重庆市万州区文管所：《万州大周溪墓地发掘报告》，《重庆库区考古报告集（1999卷）》甲种第六号，科学出版社，2006年。

［５］　中山大学人类学系、重庆市文化局、巫山县文物管理所：《巫山林家码头遗址2001年发掘报告》，《重庆库区考古报告集（2001卷·上）》甲种第九号，科学出版社，2007年。

［６］　襄樊市博物馆：《湖北襄樊市余岗战国至东汉墓葬发掘报告》，《考古学报》1996年3期。

［７］　山东大学考古系、重庆市文化局、重庆市万州区文管所：《万州大周溪墓地发掘报告》，《重庆库区考古报告集（1999卷）》甲种第六号，科学出版社，2006年。

［８］　山东省博物馆、山东省文物考古研究所、重庆市文物局、重庆市万州区文化管理所：《万州糖坊墓群发掘报告》，《重庆库区考古报告集（2001卷·中）》甲种第九号，科学出版社，2007年。

［９］　湖北省文物考古研究所、十堰市博物馆、房县博物馆：《湖北房县松嘴战国两汉墓地第三、四次发掘报告》，《考古学报》1998年2期。

［10］　内蒙古文物考古研究所、重庆市文物局、丰都县文物管理所：《丰都糖坊遗址发掘报告》，《重庆库区考古报告集（2001卷·下）》甲种第九号，科学出版社，2007年。

［11］ 吉林大学边疆考古研究中心、重庆市文化局、奉节县白帝城文物管理所：《奉节宝塔坪》乙种第十七号，科学出版社，2010年。

［12］ 中山大学人类学系、宜昌博物馆：《开县故城2006—2008年考古发掘报告》乙种第三十八号，科学出版社，2022年。

［13］ 吉林大学边疆考古研究中心、重庆市文化局、奉节县白帝城文物管理所：《奉节新浦与老油坊》乙种第十六号，科学出版社，2010年。

［14］ 吉林大学边疆考古研究中心、重庆市文化局、奉节县白帝城文物管理所：《奉节宝塔坪》乙种第十七号，科学出版社，2010年。

［15］ 重庆市文物考古研究所：《奉节瞿塘关墓地发掘报告》，《重庆库区考古报告集（1999卷）》甲种第六号，科学出版社，2006年。

［16］ 吉林大学考古学系、重庆市文化局：《重庆市奉节县鱼腹浦墓地发掘报告》，《三峡考古之发现》（二），湖北科学技术出版社，2000年。

［17］ 中山大学人类学系、宜昌博物馆：《开县故城2006—2008年考古发掘报告》乙种第三十八号，科学出版社，2022年。

［18］ 重庆市文物考古研究所：《奉节瞿塘关墓地发掘报告》，《重庆库区考古报告集（1999卷）》甲种第六号，科学出版社，2006年。

［19］ 吉林大学边疆考古研究中心、重庆市文化局、奉节县白帝城文物管理所：《奉节宝塔坪》乙种第十七号，科学出版社，2010年。

附表 莲花池墓群墓葬统计表

序号	发掘年度	发掘区	墓葬编号	所处探方	墓向	形状	规格（米）	出土器物	年代	性别、年龄	备注
1	2000年	I区	2000CFL I M1	T2	330°	长方形土坑竖穴墓	全长1.77、宽0.52~0.61、深0.16~0.25	釉陶罐1	明清	性别、年龄不详	
2			2000CFL I M2	T1、T2	325°	长方形土坑竖穴墓	全长2.11、宽0.55、深0.14	无	不明	性别、年龄不详	
3			2000CFL I M3	T2	335°	长方形土坑竖穴墓	全长2.13、宽0.88、深0.56	无	不明	女性、45±5岁	
4			2000CFL I M4	T3	330°	长方形土坑竖穴墓	全长1.96、宽0.73、深0.1~0.16	无	不明	女性、25±5岁	
5			2000CFL I M5	T3	320°	长方形土坑竖穴墓	全长2.10、宽0.92、深0.07~0.17	无	不明	性别、年龄不详	
6			2000CFL I M6	T1、T2	325°	长方形土坑竖穴墓	全长1.84、宽0.54、深0.21	无	不明	女性、55±5岁	
7			2000CFL I M7	T1、T2	330°	长方形土坑竖穴墓	全长1.22、宽0.36、深0.1~0.17	铜扣12	明清	女性、10±5岁	
8			2000CFL I M8	T1	315°	长方形土坑竖穴墓	全长2.13、宽0.72~0.85、深0.43~0.48	釉陶罐1	明清	男性、45±5岁	
9			2000CFL I M9	T1	315°	长方形土坑竖穴墓	全长1.79、宽0.55~0.65、深0.46~0.49	瓷碗2	明清	女性、40±5岁	
10			2000CFL I M10	T1	325°	长方形土坑竖穴墓	全长1.71、宽0.56~0.6、深0.2~0.3	瓷碗2	明清	性别、年龄不详	

续表

序号	发掘年度	发掘区	墓葬编号	所处探方	墓向	形状	规格（米）	出土器物	年代	性别、年龄	备注
11	2000年	Ⅰ区	2000CFLⅠM11	T1	335°	长方形土坑竖穴墓	全长2.02、宽0.57、深0.57	铜扣8	明清	男性、50±5岁	
12			2000CFLⅠM12	T1	2°	长方形土坑竖穴墓	全长2.7、宽0.8~0.85、深0.15~0.41	瓷碗2、陶罐1、铜扣1、玉珠2	明清	男性、35±5岁	
13			2000CFLⅠM13	T1	320°	长方形土坑竖穴墓	全长2.35、宽0.63~0.68、深0.33~0.64	水晶环1	明清	男性、30±5岁	
14			2000CFLⅠM14	T1、T2	170°	长方形土坑竖穴墓	长2.39、宽0.95~1.23、深1.05~1.55	陶罐11、陶盆3、陶瓶1、陶灶1、陶豆形器1、铜带钩2、铜半两钱37、铁鐾1	汉	性别、年龄不详	
15			2000CFLⅠM15	T1	320°	长方形土坑竖穴墓	全长1.99、宽0.60~0.81、深0.64~0.9	无	不明	女性、20±5岁	
16		Ⅱ区	2000CFLⅡM1	T1	27°	长方形土坑竖穴墓	残长1.2、宽0.42、深0.12~0.28	无	不明	男性、40±5岁	
17			2000CFLⅡM2	T1、T2	20°	长方形土坑竖穴墓	全长1.97、宽0.88、深0.57~0.8	釉陶罐1、铜簪1	明清	性别、年龄不详	
18			2000CFLⅡM3	T2	16°	长方形土坑竖穴墓	全长1.34、宽0.49~0.52、深0.34~0.66	瓷壶1	明清	女性、10±5岁	
19			2000CFLⅡM4	T1、T2	26°	长方形土坑竖穴墓	残长1.06、宽0.3、深0.1~0.18	无	不明	性别、年龄不详	
20			2000CFLⅡM5	T3、T9	16°	长方形土坑竖穴墓	全长2.02、宽0.46~0.53、深0.27~0.54	釉陶罐1、铜钱25	明清	男性、55±5岁	
21			2000CFLⅡM6	T1	20°	长方形土坑竖穴墓	残长0.98、宽0.36、深0.45	无	不明	男性、35±5岁	
22			2000CFLⅡM7	T15	9°	长方形土坑竖穴墓	残长1.14、宽0.84、深1.1	陶罐1、瓷碗2、陶仓1、银牌饰1、铜扣1	明清	性别、年龄不详	
23			2000CFLⅡM8	T3~T5	6°	凸字形砖室墓	残长7、最宽4.5、最深1.8	铜大黄千4、铜大泉五十26	汉	性别、年龄不详	

续表

序号	发掘年度	发掘区	墓葬编号	所处探方	墓向	形状	规格（米）	出土器物	年代	性别、年龄	备注
24	2000年	Ⅱ区	2000CFLⅡM9	T1、T2、T7	20°	长方形土坑竖穴墓	残长1.83、宽0.78、深0.2~0.28	瓷罐1	明清	女性、25±5岁	
25			2000CFLⅡM10	T2、T8	18°	长方形土坑竖穴墓	全长2.06、宽0.54~0.76、深0.08~0.28	瓷碗1、釉陶罐1、铁权1	明清	性别、年龄不详	
26			2000CFLⅡM11	T15	35°	长方形土坑竖穴墓	残长1.02、宽0.44、深0.12~0.22	无	不明	性别、年龄不详	
27			2000CFLⅡM12	T1	20°	长方形土坑竖穴墓	全长2.01、宽0.6~0.64、深0.32~0.4	蚌扣1	明清	男性、65±5岁	
28			2000CFLⅡM13	T19	35°	长方形土坑竖穴墓	残长1.36、宽0.92、深0.68	瓷罐1	明清	男性、45±5岁	
29			2000CFLⅡM14	T19	5°	长方形土坑竖穴墓	全长2.62、宽0.86~0.92、深0.66~1.08	釉陶罐1、铜环1	明清	男性、40±5岁	
30			2000CFLⅡM15	T3、T4	40°	长方形土坑竖穴墓	全长2、宽0.68、深0.28~0.46	釉陶罐1	明清	男性、20±5岁	
31			2000CFLⅡM16	T15、T16	8°	长方形土坑竖穴墓	全长2、宽0.52~0.53、深0.34~0.65	瓷罐1、蚌耳坠1	宋	女性、45±5岁	
32			2000CFLⅡM17	T16	10°	长方形土坑竖穴墓	全长2.2、宽0.61~0.82、深0.16~0.96	瓷罐1、铜扣4	明清	女性、60±5岁	
33			2000CFLⅡM18	T20	348°	长方形土坑竖穴墓	全长2.1、宽0.68~0.8、深0.36~0.8	无	不明	男性、45±5岁	
34			2000CFLⅡM19	T16	355°	长方形土坑竖穴墓	全长2、宽0.64、深0.03~0.96	瓷罐1	明清	女性、20±5岁	
35			2000CFLⅡM20	T15、T16	15°	长方形土坑竖穴墓	全长2.16、宽0.72~0.78、深0.4~1.2	瓷罐1	明清	男性、53±5岁	
36			2000CFLⅡM21	T16	9°	长方形土坑竖穴墓	残长1.82、宽0.76、深0.88	无	不明	女性、50±5岁	
37			2000CFLⅡM22	T19、T20	24°	长方形土坑竖穴墓	全长2.14、宽0.7~0.81、深0.72~1.1	蚌耳饰1、铜钱10	宋元	性别、年龄不详	

续表

序号	发掘年度	发掘区	墓葬编号	所处探方	墓向	形状	规格（米）	出土器物	年代	性别、年龄	备注
38	2000年	Ⅱ区	2000CFLⅡM23	T20	15°	长方形土坑竖穴墓	全长1.92、宽0.62、深0.2~0.8	无	不明	男性、40±5岁	
39			2000CFLⅡM24	T11	15°	长方形土坑竖穴墓	残长1.16、宽1.06~1.11、深0~0.42	釉陶罐1、铜钱3、铁钱5	宋元	性别、年龄不详	
40			2000CFLⅡM25	T11~T12、T15	5°	近长方形砖室墓	长6.3、宽3.15、深1~2.45	陶罐1、陶勺2、铁构件2、铁镞1、铜五铢钱28、琉璃耳珰1	汉	性别、年龄不详	
41			2000CFLⅡM26	T13	0°	长方形土坑竖穴墓	残长1.36、宽0.66、深0.42~0.9	瓷碟1、瓷碗1、釉陶仓1、银牌饰1、蚌耳环1	明清	性别、年龄不详	
42			2000CFLⅡM27	T6	25°	长方形土坑竖穴墓	残长0.63、宽0.8、深0.42	瓷碗2、釉陶罐1	明清	性别、年龄不详	
43			2000CFLⅡM28	T14	0°	长方形土坑竖穴墓	残长1.12、深0~0.32	无	不明	男性、25±5岁	
44			2000CFLⅡM29	T8	0°	长方形土坑竖穴墓	残长1.28、宽0.8、深0.24~0.5	釉陶罐1、瓷碗2、银簪1	明清	性别、年龄不详	
45			2000CFLⅡM30	T7	30°	长方形土坑竖穴墓	残长0.96、宽0.72、深0~0.2	无	不明	性别、年龄不详	
46		Ⅲ区	2000CFLⅢM1	T2	354°	长方形土坑竖穴墓	残长1、宽0.74、深0~0.25	陶罐1、铜扣7	明清	性别、年龄不详	
47			2000CFLⅢM2	T2	345°	长方形土坑竖穴墓	残长1.4、宽0.64、深0~0.6	无	不明	男性、25±5岁	
48			2000CFLⅢM3	T2	350°	长方形土坑竖穴墓	口长2.8、底长2.31、宽0.64~0.86、深0.84~1.6	瓷狗1、狮武瓷小壶1、陶铃2、铜耳饰1	明清	性别、年龄不详	
49			2000CFLⅢM4	TG1	356°	长方形土坑竖穴墓	全长2.32、宽0.72~0.86、深0.4~1.12	釉陶罐1	明清	男性、55±5岁	
50			2000CFLⅢM5	TG1	348°	长方形土坑竖穴墓	全长2.32、宽0.77~1.08、深0.32~1.4	釉陶罐1	明清	男性、55±5岁	

续表

序号	发掘年度	发掘区	墓葬编号	所处探方	墓向	形状	规格（米）	出土器物	年代	性别、年龄	备注
51	2000年	Ⅲ区	2000CFLⅢM6	TG1	353°	长方形土坑竖穴墓	全长0.98、宽0.42、深0.38	无	明清	性别、年龄不详	
52			2000CFLⅢM7	T4	345°	长方形土坑竖穴墓	残长0.5、宽0.4、深0.34	无	不明	女性、10±5岁	
53			2000CFLⅢM8	T4	345°	长方形土坑竖穴墓	残长0.76、宽0.49、深0.61	无	不明	男性、45±5岁	
54			2000CFLⅢM9	T4	0°	长方形土坑竖穴墓	残长0.7、宽0.66、深0.27	无	不明	男性、55±5岁	
55			2000CFLⅢM10	T4	341°	长方形土坑竖穴墓	残长0.72、宽0.4、深0~0.44	瓷罐1	明清	性别、年龄不详	
56			2000CFLⅢM11	T3	185°	长方形土坑竖穴墓	全长4.48、宽1.04~1.2、深0.82~2.88	瓷碗1、铁钱24	宋元	性别、年龄不详	
57			2000CFLⅢM12	T3	355°	长方形土坑竖穴墓	全长2.1、宽0.64~0.89、深0.82~1.62	釉陶罐1	明清	男性、20±5岁	
58			2000CFLⅢM13	T9	355°	长方形土坑竖穴墓	残长1.52、宽0.72、深0~0.84	无	不明	女性、15±5岁	
59			2000CFLⅢM14	T9	175°	刀形砖室墓	全长5.38、宽1.2~2.52、深0~2.2	瓷碟2、釉陶罐1	明清	东：男性、60±5岁 西：女性、25±5岁	
60			2000CFLⅢM15	T15	0°	长方形土坑竖穴墓	全长2.13、宽0.68~0.74、深0.32~1.52	陶罐1、铜环1	明清	女性、60±5岁	
61			2000CFLⅢM16	T9	325°	长方形土坑竖穴墓	残长1.72、宽0.6、深0~0.48	无	不明	女性、35±5岁	
62			2000CFLⅢM17	T30	353°	长方形土坑竖穴墓	残长1.19、宽0.7、深0~0.27	无	不明	女性、30±5岁	
63			2000CFLⅢM18	T9	345°	长方形土坑竖穴墓	残长1.9、宽0.66~0.76、深0.07~0.72	釉陶罐1	明清	男性、20±5岁	
64			2000CFLⅢM19	T12	355°	长方形土坑竖穴墓	全长2.09、宽0.6~0.8、深0.58~1.66	无	不明	男性、30±5岁	
65			2000CFLⅢM20	T30	354°	长方形土坑竖穴墓	残长1.61、宽0.77、深0~0.5	无	不明	女性、20±5岁	

续表

序号	发掘年度	发掘区	墓葬编号	所处探方	墓向	形状	规格（米）	出土器物	年代	性别、年龄	备注
66	2000年	Ⅲ区	2000CFLⅢM21	T12	350°	长方形土坑竖穴墓	口长2.4、宽0.68~0.8、底长2.2、宽0.6、深0.47~1.31	瓷罐1	明清	女性、40±5岁	
67			2000CFLⅢM22	T15	3°	长方形土坑竖穴墓	全长2.27、宽0.64~0.82、深0.3~1.52	陶罐1	明清	男性、20±5岁	
68			2000CFLⅢM23	T29	357°	长方形土坑竖穴墓	全长2.4、宽1.3~1.53、深0.35~1.85	无	不明	性别、年龄不详	
69			2000CFLⅢM24	T12	350°	长方形土坑竖穴墓	全长1.95、宽0.57~0.63、深0.5~1.22	釉陶罐1、瓷碗1	宋元	女性、25±5岁	
70			2000CFLⅢM25	T24	335°	长方形土坑竖穴墓	残长1.68、宽0.64~0.72、深0.38~1.03	陶罐1	明清	女性、20±5岁	
71			2000CFLⅢM26	T19	10°	长方形土坑竖穴墓	全长2.18、宽0.62~0.8、深0.04~0.72	无	不明	男性、35±5岁	
72			2000CFLⅢM27	T19	15°	长方形土坑竖穴墓	全长2.06、宽0.67~0.72、深0.51~0.8	瓷罐1	明清	女性、60±5岁	
73			2000CFLⅢM28	T26	4°	长方形土坑竖穴墓	残长0.82、宽0.51、深0~0.28	无	不明	女性、20±5岁	
74			2000CFLⅢM29	T18	6°	方形土坑竖穴墓	残长0.9、宽0.76~0.88、深0.06~0.32	无	不明	男性、25±5岁	
75			2000CFLⅢM30	T11	0°	长方形土坑竖穴墓	全长2.5、宽0.82~1.02、深0.51~1.5	瓷罐1	明清	女性、20±5岁	
76			2000CFLⅢM31	T14	20°	长方形土坑竖穴墓	全长2.13、宽0.7~0.84、深0.62~1.62	瓷罐1	明清	男性、20±5岁	
77			2000CFLⅢM32	T30	335°	长方形土坑竖穴墓	残长1.8、宽0.9、深0.16~0.84	釉陶罐1	明清	性别、年龄不详	
78			2000CFLⅢM33	T18	8°	长方形土坑竖穴墓	全长2.16、宽0.91、深0.81~1.92	无	不明	性别、年龄不详	

续表

序号	发掘年度	发掘区	墓葬编号	所处探方	墓向	形状	规格（米）	出土器物	年代	性别、年龄	备注
79			2000CFLⅢM34	T26	3°	长方形土坑竖穴墓	全长2.24，宽0.6~0.72，深0.7~1.1	瓷罐1	明清	女性，50±5岁	
80			2000CFLⅢM35	T23、T26、T27	344°	长方形土坑竖穴墓	全长2.14，宽0.72~0.98，深0.62~1.02	瓷罐1、铜扣2	明清	女性，20±5岁	
81			2000CFLⅢM36	T13	5°	长方形土坑竖穴墓	全长2.95，宽0.6~0.84，深0.7~1.8	瓷罐1	明清	女性，20±5岁	
82			2000CFLⅢM37	T13、T14	4°	长方形土坑竖穴墓	全长3.14，宽0.92~1.22，深0.48~1.89	瓷罐1	明清	女性，20±5岁	
83			2000CFLⅢM38	T27	0°	长方形土坑竖穴墓	全长2.44，宽0.8~0.85，深0.46~1.24	瓷罐1	明清	男性，25±5岁	
84	2000年	Ⅲ区	2000CFLⅢM39	T34	15°	长方形土坑竖穴墓	全长2.42，宽0.66，深0.24~0.6	无	不明	男性，25±5岁	
85			2000CFLⅢM40	T22、T23	0°	长方形土坑竖穴墓	长3，宽1.9~2，深0.8~1.6	陶罐1、铜五铢钱12	汉	性别、年龄不详	
86			2000CFLⅢM41	T19、T23	352°	长方形土坑竖穴墓	全长2.4，宽0.69~0.83，深0.41~1.11	瓷罐1	明清	女性，20±5岁	
87			2000CFLⅢM42	T6	25°	长方形土坑竖穴墓	残长1.01，宽0.56，深0~0.66	无	不明	女性，60±5岁	
88			2000CFLⅢM43	T23	357°	长方形土坑竖穴墓	全长2.48，宽0.78~0.94，深1~1.5	瓷罐1	明清	女性，40±5岁	
89			2000CFLⅢM44	T7	0°	长方形土坑竖穴墓	残长0.76，宽0.31~0.36，深0~0.26	骨饰件1	明清	性别、年龄不详	
90			2000CFLⅢM45	T17	335°	长方形土坑竖穴墓	残长0.78，宽0.56，深0~0.24	无	不明	女性，20±5岁	
91			2000CFLⅢM46	T20	0°	长方形土坑竖穴墓	残长0.74，宽0.56，深0~0.4	陶罐1	明清	性别、年龄不详	

续表

序号	发掘年度	发掘区	墓葬编号	所处探方	墓向	形状	规格（米）	出土器物	年代	性别、年龄	备注
92	2000年	Ⅲ区	2000CFLⅢM47	T35、T36	4°	长方形土坑竖穴墓	全长2.38，宽0.64~1.02，深0.52~0.74	无	不明	男性，20±5岁	
93			2000CFLⅢM48	T36	345°	长方形土坑竖穴墓	残长0.51，宽0.6，深0~0.3	釉陶罐1、瓷碗3	宋	性别、年龄不详	
94			2000CFLⅢM49	T28	0°	长方形土坑竖穴墓	残长1.91，宽0.54~0.7，深0~0.62	瓷碗1	明清	女性，20±5岁	
95			2000CFLⅢM50	T38	351°	长方形土坑竖穴墓	全长2.48，宽0.63~0.76，深0.12~1.04	釉陶罐1	明清	男性，20±5岁	
96			2000CFLⅢM51	T39	0°	长方形土坑竖穴墓	残长1.51，宽0.6，深0.02~0.62	无	不明	性别、年龄不详	
97			2000CFLⅢM52	T42	38°	长方形土坑竖穴墓	残长1.2，宽0.57，深0~0.4	无	不明	男性，25±5岁	
98		Ⅳ区	2000CFLⅣM1	T1	0°	长方形土坑竖穴墓	全长2.26，宽0.7~0.85，深0.5~1.19	瓷碗1	明清	性别、年龄不详	
99			2000CFLⅣM2	T1	350°	长方形砖室墓	残长4.52，宽3.42，深1~2.35	陶罐1、陶壶1	汉	性别、年龄不详	
100			2000CFLⅣM3	T2	310°	长方形土坑竖穴墓	残长1.87，宽0.68，深0.4~0.84	瓷碗2	明清	性别、年龄不详	
101			2000CFLⅣM4	T2	335°	长方形土坑竖穴墓	残长1.75，宽0.64~0.9，深0.13~0.5	瓷碗2	明清	女性，20±5岁	
102			2000CFLⅣM5	T3	358°	长方形土坑竖穴墓	全长2.23，宽0.66~0.8，深0.14~0.6	釉陶罐1	明清	女性，65±5岁	
103		Ⅴ区	2000CFLⅤM1	T5	359°	长方形土坑竖穴墓	全长2.42，宽0.56~0.69，深0.04~0.7	瓷碗1	明清	男性，25±5岁	
104			2000CFLⅤM2	T6	15°	长方形土坑竖穴墓	全长2.39，宽0.7~0.88，深0.24~0.85	釉陶罐1	明清	女性，20±5岁	

续表

序号	发掘年度	发掘区	墓葬编号	所处探方	墓向	形状	规格（米）	出土器物	年代	性别、年龄	备注
105	2000年	V区	2000CFLVM3	T6	358°	长方形土坑竖穴墓	残长0.76、宽0.39~0.43、深0~0.42	铜扣2	明清	性别、年龄不详	
106			2000CFLVM4	T8	310°	长方形土坑竖穴墓	长2.22、宽0.66~0.79、深0.1~1.01	铜扣3	明清	女性、20±5岁	
107			2000CFLVM5	T11、T13	340°	长方形土坑竖穴墓	残长0.74、宽0.72、深0~0.4	釉陶罐1、铜扣1	明清	性别、年龄不详	
108			2000CFLVM6	T8	8°	长方形土坑竖穴墓	全长2.43、宽0.63~0.91、深0.63~1.09	无	不明	男性、55±5岁	
109			2000CFLVM7	T9	2°	长方形土坑竖穴墓	全长2.25、宽0.68、深0.1~0.91	无	不明	男性、45±5岁	
110			2000CFLVM8	T8	11°	长方形土坑竖穴墓	全长2.04、宽0.63~0.73、深0.15~1.19	陶罐1、铜扣2、铜钱2	明清	女性、20±5岁	
111			2000CFLVM9	T15	339°	长方形土坑竖穴墓	残长2.44、宽0.6~0.65、深0~0.59	釉陶罐1、铜扣4	明清	女性、20±5岁	
112			2000CFLVM10	T8、T9	145°	凸字形砖室墓	长6.7、宽1.7~2.64、深0~3.78	陶盆4、陶罐2、陶釜2、陶甑1、陶豆2、陶卮1、陶仓3、陶器盖5、陶饼1、陶俑1、陶灶1、铜釜1、铜镞2、铜五铢钱77、铁构件4	汉	性别、年龄不详	
113			2000CFLVM11	T13	325°	长方形土坑竖穴墓	残长1.01、宽0.73、深0.6~0.8	无	不明	性别、年龄不详	
114			2000CFLVM12	T17、T18	329°	长方形土坑竖穴墓	全长2.35、宽0.81~0.86、深0.59~1.34	无	不明	女性、25±5岁	
115			2000CFLVM13	T20	353°	长方形土坑竖穴墓	全长1.96、宽0.7~0.77、深0.13~0.94	瓷扣1	明清	女性、25±5岁	

续表

序号	发掘年度	发掘区	墓葬编号	所处探方	墓向	形状	规格（米）	出土器物	年代	性别、年龄	备注
116	2000年	V区	2000CFLⅤM14	T16、T17	0°	长方形土坑竖穴墓	全长2.11，宽0.63，深0.59~1.21	釉陶罐1	明清	女性、25±5岁	
117			2000CFLⅤM15	T1	0°	长方形土坑竖穴墓	残长2.31，宽0.64~0.8，深0~0.56	釉陶罐1	明清	女性、25±5岁	
118			2000CFLⅤM16	T2	10°	长方形土坑竖穴墓	残长1.89，宽0.58~0.7，深0.23~0.51	瓷碗1、釉陶罐1	明清	男性、50±5岁	
119			2000CFLⅤM17	T10	15°	长方形土坑竖穴墓	全长1.95，宽0.75，深0.1~0.56	无	不明	女性、65±5岁	
120			2000CFLⅤM18	T19	335°	长方形土坑竖穴墓	全长2.11，宽0.87，深0~0.78	无	不明	男性、20±5岁	
121			2000CFLⅤM19	T19	335°	长方形土坑竖穴墓	全长2.43，宽0.64~0.88，深0.19~1.37	釉陶罐1	明清	女性、20±5岁	
122	2001年	Ⅰ区	2001CFLⅠM1	T17	347°	长方形土坑竖穴墓	残长1，宽0.85，深0.14~0.4	釉陶罐2	明清	女性、35±5岁	
123			2001CFLⅠM2	T17	345°	长方形土坑竖穴墓	残长0.64，宽0.56，深0.16~0.31	铜耳环2	明清	性别、年龄不详	
124			2001CFLⅠM3	T17	345°	长方形土坑竖穴墓	全长2.2，宽0.5~0.8，深0.28~1.01	瓷罐1、铜帽花1	明清	女性、35±5岁	
125			2001CFLⅠM4	T29	0°	长方形土坑竖穴墓	残长1.44，宽0.51，深0.03~0.37	无	不明	男性、20±5岁	
126			2001CFLⅠM5	T29	357°	长方形土坑竖穴墓	全长1.7，宽0.42~0.62，深0.05~0.6	瓷罐1	明清	女性、45±5岁	
127			2001CFLⅠM6	T17、T18	195°	近长方形砖室墓	长5.8，宽2~2.75，深0.2~3.5	无	汉	性别、年龄不详	
128			2001CFLⅠM7	T23	357°	长方形土坑竖穴墓	全长2.53，宽0.52~0.86，深0.02~2.2	釉陶罐1、瓷碗3、釉陶四系罐1、瓷杯1	宋	性别、年龄不详	

续表

序号	发掘年度	发掘区	墓葬编号	所处探方	墓向	形状	规格（米）	出土器物	年代	性别、年龄	备注
129	2001年	Ⅰ区	2001CFLⅠM8	T21	347°	长方形土坑竖穴墓	全长2.32、宽0.62～0.68、深0.03～0.66	釉陶罐1	明清	男性，50±5岁	
130			2001CFLⅠM9	T27	351°	长方形土坑竖穴墓	全长2.87、宽0.51～0.73、深0.24～1.26	釉陶罐1、铜簪1	明清	性别、年龄不详	
131			2001CFLⅠM10	T22	350°	长方形土坑竖穴墓	全长2.07、宽0.88、深0.32～0.5	陶罐1、瓷碗2	明清	女性，50±5岁	
132			2001CFLⅠM11	T22	355°	长方形土坑竖穴墓	全长1.9、宽0.6～0.72、深0.5～1.3	无	不明	女性，45±5岁	
133			2001CFLⅠM12	T30	0°	长方形土坑竖穴墓	残长1.02、宽0.51、深0～0.45	无	不明	性别、年龄不详	
134			2001CFLⅠM13	T26	0°	长方形土坑竖穴墓	残长0.71、宽0.61、深0～0.16	釉陶罐1	明清	性别、年龄不详	
135			2001CFLⅠM14	T19	350°	长方形土坑竖穴墓	全长1.91、宽0.61、深0.1～0.9	无	不明	女性，35±5岁	
136			2001CFLⅠM15	T26	0°	长方形土坑竖穴墓	残长2、宽0.5～0.6、深0～0.6	釉陶罐1、铜钱1	明清	女性，60±5岁	
137			2001CFLⅠM16	T26	354°	长方形土坑竖穴墓	残长1.7、宽0.61、深0.03～0.5	无	不明	男性，35±5岁	
138			2001CFLⅠM17	T15	350°	长方形土坑竖穴墓	残长1.34、宽0.53、深0.01～0.5	无	不明	性别、年龄不详	
139			2001CFLⅠM18	T15	352°	长方形土坑竖穴墓	残长1.48、宽0.47～0.67、深0～0.55	无	不明	性别、年龄不详	
140			2001CFLⅠM19	T16	0°	长方形土坑竖穴墓	全长2.47、宽0.61～0.87、深0.13～0.8	釉陶罐1	明清	性别、年龄不详	
141			2001CFLⅠM20	T14	353°	长方形土坑竖穴墓	全长2.81、宽0.72、深0.15～1.21	釉陶罐1	明清	性别、年龄不详	

续表

序号	发掘年度	发掘区	墓葬编号	所处探方	墓向	形状	规格（米）	出土器物	年代	性别、年龄	备注
142			2001CFLⅠM21	T3	0°	长方形土坑竖穴墓	残长2.02、宽0.48~0.61、深0~0.6	瓷碗1	明清	女性、30±5岁	
143			2001CFLⅠM22	T4	350°	长方形土坑竖穴墓	残长1.61、宽0.6、深0.06~0.5	无	不明	男性、40±5岁	
144			2001CFLⅠM23	T9	349°	长方形土坑竖穴墓	残长1.8、宽0.63、深0~0.75	釉陶罐1	明清	女性、35±5岁	
145			2001CFLⅠM24	T10	0°	长方形土坑竖穴墓	残长2.21、宽0.4~0.77、深0~0.6	釉陶罐1	明清	女性、35±5岁	
146	2001年	Ⅰ区	2001CFLⅠM25	T8	310°	长方形土坑竖穴墓	残长0.71、宽0.69、深0~0.3	无	不明	性别、年龄不详	
147			2001CFLⅠM26	T11	335°	长方形土坑竖穴墓	残长1.61、宽0.6~0.8、深0.01~0.81	无	不明	男性、35±5岁	
148			2001CFLⅠM27	T11	330°	长方形土坑竖穴墓	残长1.41、宽0.58~0.8、深0~0.81	无	不明	女性、35±5岁	
149			2001CFLⅠM28	T12	10°	长方形土坑竖穴墓	全长2.31、宽0.71~0.8、深0.2-0.7	无	不明	男性、35±5岁	
150			2001CFLⅡM1	T8	315°	长方形土坑竖穴墓	残长1.61、宽0.46~0.66、深0~0.55	铜簪1、铜耳环2、釉陶罐1	明清	女性、65±5岁	
151		Ⅱ区	2001CFLⅡM2	T8	315°	长方形土坑竖穴墓	残长1.01、宽0.6、深0~0.2	无	不明	性别、年龄不详	
152			2001CFLⅡM3	T9	315°	长方形土坑竖穴墓	残长1.51、宽0.61、深0~0.41	无	不明	男性、30±5岁	
153			2001CFLⅡM4	T6	315°	长方形土坑竖穴墓	残长0.61、宽0.4、深0~0.2	无	不明	性别、年龄不详	
154			2001CFLⅡM5	T6	315°	长方形土坑竖穴墓	全长1.81、宽0.71、深0.1~0.9	无	不明	性别、年龄不详	

续表

序号	发掘年度	发掘区	墓葬编号	所处探方	墓向	形状	规格（米）	出土器物	年代	性别、年龄	备注
155			2001CFLⅡM6	T13	335°	长方形土坑竖穴墓	残长1.6、宽0.55~0.75、深0~0.91	釉陶罐1	明清	男性、30±5岁	
156			2001CFLⅡM7	T13	335°	长方形土坑竖穴墓	残长1.41、宽0.6~0.8、深0~0.8	釉陶罐1	明清	女性、35±5岁	
157			2001CFLⅡM8	T9	315°	长方形土坑竖穴墓	全长2.32、宽0.61~0.76、深0.31~0.71	釉陶罐1	明清	女性、40±5岁	
158			2001CFLⅡM9	T9	0°	长方形土坑竖穴墓	残长1.21、宽0.71、深0~0.51	釉陶罐1	明清	性别、年龄不详	
159			2001CFLⅡM10	T4	305°	长方形土坑竖穴墓	残长1.21、宽0.71、深0~0.6	釉陶罐1、铜耳环2	明清	女性、45±5岁	
160	2001年	Ⅱ区	2001CFLⅡM11	T9	280°	长方形土坑竖穴墓	残长1.01、宽0.64~0.74、深0~0.3	玉簪1、釉陶罐1	明清	性别、年龄不详	
161			2001CFLⅡM12	T9	315°	长方形土坑竖穴墓	全长2.02、宽0.45~0.81、深0.24~0.71	瓷碗2	明清	男性、40±5岁	
162			2001CFLⅡM13	T5	310°	长方形土坑竖穴墓	残长0.51、宽0.6、深0~0.24	瓷碗1、釉陶罐1、铁钱2	明清	性别、年龄不详	
163			2001CFLⅡM14	T10	330°	长方形土坑竖穴墓	残长1.4、宽0.4~0.7、深0~0.4	无	不明	男性、50±5岁	
164			2001CFLⅡM15	T11	320°	长方形土坑竖穴墓	全长2.41、宽0.61、深0.2~0.82	无	不明	男性、35±5岁	
165			2001CFLⅡM16	T7	335°	长方形土坑竖穴墓	残长1.81、宽0.7、深0~0.71	无	不明	男性、50+5岁	
166			2001CFLⅡM17	T11	325°	长方形土坑竖穴墓	残长1.61、宽0.71、深0~0.8	铜管1、铜饰件1	明清	性别、年龄不详	
167			2001CFLⅡM18	T17	340°	长方形土坑竖穴墓	全长2.21、宽0.7~0.8、深0.21~1.01	釉陶罐1	明清	女性、30±5岁	

续表

序号	发掘年度	发掘区	墓葬编号	所处探方	墓向	形状	规格（米）	出土器物	年代	性别、年龄	备注
168	2001年	Ⅱ区	2001CFLⅡM19	T16	345°	长方形土坑竖穴墓	残长1.2，宽0.71，深0~0.6	无	不明	性别、年龄不详	
169			2001CFLⅡM20	T16	315°	长方形土坑竖穴墓	残长1.41，宽0.69~0.79，深0~0.7	铜扣1	明清	性别、年龄不详	
170			2001CFLⅡM21	T15	0°	长方形土坑竖穴墓	全长1.91，宽0.4~0.8，深0.2~1.4	铜扣1、釉陶罐1	明清	男性，35±5岁	
171			2001CFLⅡM22	T22	345°	长方形土坑竖穴墓	全长1.7，宽0.61，深0.21~0.9	釉陶罐1	明清	男性，45±5岁	
172			2001CFLⅡM23	T26	350°	长方形土坑竖穴墓	全长1.61，宽0.65~0.71，深0.3~1.11	釉陶罐1	明清	男性，35±5岁	
173			2001CFLⅡM24	T20	355°	长方形土坑竖穴墓	全长1.82，宽0.5~0.8，深0.2~1.01	无	不明	男性，35±5岁	
174			2001CFLⅡM25	T27	345°	长方形土坑竖穴墓	残长1.21，宽0.71，深0~0.67	无	不明	性别、年龄不详	
175			2001CFLⅡM26	T28	315°	长方形土坑竖穴墓	残长1.4，宽0.69~0.79，深0~1.1	瓷碗1	宋元	性别、年龄不详	
176			2001CFLⅡM27	T21	330°	长方形土坑竖穴墓	全长2，宽0.8，深0.03~1	瓷碗1	宋元	男性，25±5岁	
177			2001CFLⅡM28	T19	340°	长方形土坑竖穴墓	全长1.91，宽0.61~0.79，深0.19~1	瓷碗1	宋元	性别、年龄不详	
178		Ⅲ区	2001CFLⅢM1	T1	345°	长方形土坑竖穴墓	全长2.21，宽0.44~0.54，深0.4~1.21	瓷碗2	明清	女性，35±5岁	
179			2001CFLⅢM2	T2	345°	长方形土坑竖穴墓	残长1.61，宽0.6，深0.5~1.2	釉陶罐1	明清	性别、年龄不详	
180			2001CFLⅢM3	T8	0°	长方形土坑竖穴墓	残长2.01，宽0.62，深0~1.11	釉陶罐1	明清	男性，40±5岁	

续表

序号	发掘年度	发掘区	墓葬编号	所处探方	墓向	形状	规格（米）	出土器物	年代	性别、年龄	备注
181			2001CFLⅢM4	T7	5°	长方形土坑竖穴墓	残长1.81，宽0.81，深0～0.81	釉陶罐1	明清	性别、年龄不详	
182			2001CFLⅢM5	T6	0°	长方形土坑竖穴墓	全长1.82，宽0.61～0.81，深0.49～0.91	釉陶罐1、瓷扣2	明清	男性、35±5岁	
183		Ⅲ区	2001CFLⅢM6	T4	10°	长方形土坑竖穴墓	全长2.02，宽0.5～0.61，深0.41～0.91	铜簪1	明清	性别、年龄不详	
184			2001CFLⅢM7	T11	5°	长方形土坑竖穴墓	残长2.22，宽0.62～0.82，深0～1.01	蚌璧1	明清	性别、年龄不详	
185	2001年		2001CFLⅢM8	T13	0°	长方形土坑竖穴墓	全长1.82，宽0.6～0.8，深0.4～0.91	釉陶罐1	明清	男性、40±5岁	
186			2001CFLⅣM1	T2	0°	长方形土坑竖穴墓	残长2.01，宽0.6～0.8，深0～0.91	釉陶罐1	明清	男性、25±5岁	
187		Ⅳ区	2001CFLⅣM2	T1	0°	长方形土坑竖穴墓	全长2.22，宽0.63～0.83，深0.31～1.01	釉陶罐1	明清	男性、25±5岁	
188			2001CFLⅤM1	T1	165°	凸字形砖室墓	长6.9，宽0.7～2.9，深0～4.8	陶罐1、陶盆1、铜五铢钱2	汉	性别、年龄不详	
189		Ⅴ区	2001CFLⅤM2	T2	0°	长方形土坑竖穴墓	残长1.61，宽0.6～0.8，深0～0.81	釉陶碗1	明清	男性、45±5岁	
190			2001CFLⅤM3	T2	0°	长方形土坑竖穴墓	全长2.22，宽0.63，深0.2～1	瓷碗1	宋元	男性、35±5岁	

附录 莲花池墓群出土器物科技检测分析报告

黎高波[1] 张 璐[2] 陈厚清[2] 李辰元[1]

（ 1. 北京科技大学科技史与文化遗产研究院 2. 夔州博物馆 ）

为配合莲花池考古发掘报告资料的整理工作，我们对莲花池出土的部分金属器和陶、瓷器进行了科技检测分析。

本次检测除了对出土遗物的本身化学成分进行总体性的便携式XRF检测外，检测工作还涉及针对残损样品的介入性检测，通过金相和电镜观察分析各类青铜制品的制作工艺和生产流程，同时通过能谱进行更为精确的成分分析，对遗物的生产原料进行进一步的分类整理。在针对工艺复杂，较为精美的器物且在细节具有加工信息的样品，以及包金等器物的研究中将针对进行超景深显微观察，对加工过程中留下的痕迹进行更为细致的观察，结合金相和电镜观察给出较为明确的加工工艺特点和成分特点。

一、样品制备和检测方法

1. 便携式XRF检测

无损测试主要针对保存较为完好的博物馆馆藏遗物和出土器物，测试仅在取样现场使用THERMO公司的便携式NITON系列XRF检测设备T2-500对表面无腐蚀或腐蚀较轻的部分进行无损检测，每个样品根据其表面形貌和保存情况平均测试2~6个点，测试时间统一控制在60秒，采集信号较弱的样品将时间延长至90秒，针对包金、银及可辨识表面处理的样品在检测过程中进行标注，并尽可能对出露基体部分进行系统测试。

2. 超景深观察检测

对于工艺细节及反射矿相观察检测使用KEYENCE公司的VHX-600系列光学显微镜，针对样品的细部结构及色彩细节进行可见光下的20～500倍的观察，并采用数字合成方式拍摄超景深照片，同时可以粗略地还原样品的三维结构。在环形光源下可以起到部分偏光矿相观测效果，能够利用反射光获取部分暗场矿物图像，帮助进一步判断物相。实验中对颜色敏感型的观察样品会进行白平衡的校准，方便后期进行对比分析。

3. 金相观察检测

检测首先对外观形貌的观察和记录完成后，对较小的且质地较软的样品使用电动微型精钢无齿锯进行切割取样，较大的且质地较为坚硬的样品使用金刚石带锯进行切割。切割后的部分样品使用ERGO公司的5400低黏度胶水进行脆弱质地样品的加固，再使用特鲁利（TROJAN）公司的树脂冷镶材料进行常温镶嵌，并对多孔连通质地样品进行真空镶嵌保证结构稳定，减少加工过程中对样品本身的二次污染。随即根据样品质地对样品进行不同目数的水砂纸打磨以及搭配不同颗粒度的抛光液进行抛光处理。金相显微镜使用徕卡（Leica）公司的DM400M型显微镜，照片拍摄使用奥林巴斯（Olympus）公司的BH2-UM型矿相显微镜。铜制遗物金相观察腐蚀液使用三氯化铁盐酸乙醇溶液进行预处理，铁制遗物金相观察使用硝酸酒精侵蚀进行预处理。

4. 成分结构SEM-EDS检测

介入实验制样对较小的且质地较软的样品使用电动微型精钢无齿锯进行切割取样，较大的且质地较为坚硬的样品使用金刚石带锯进行切割。切割后的样品使用特鲁利（TROJAN）材料冷镶处理，随即进行打磨抛光处理并对样品表面进行了真空喷碳。扫描电子显微镜使用北京科技大学科技史与文化遗产研究院的TESCAN公司的VAGA3 XMU电镜配合BRUKER XFlash Detector 610M能谱分析仪。能谱测试中的工作电压控制在15kV，束流强度根据实验需求进行了微调，半定量的元素组分采样分析使用软件的自动模式，所有测试数据计数率采取软件自动优化模式，采样时间高于60秒，确保达到计量有效范围内。所获得数据参考测量误差采用至少小于所得数据。

二、金属器检测分析

本次采样金属器共计17件，其中铜器15件，铁器1件，银器1件，现将检测结果公布如下。

1. 金属器样品金相分析结果（图一～图一二）

图一　样品6938金相图

图二　样品6939金相图

图三　样品6941金相图

图四　样品6944金相图

图五　样品6947金相图

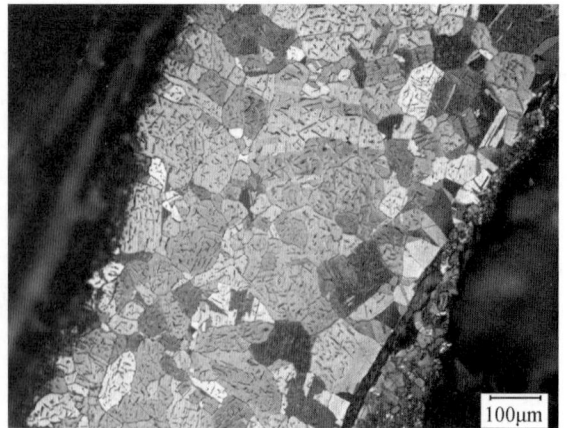

图六　样品8141金相图

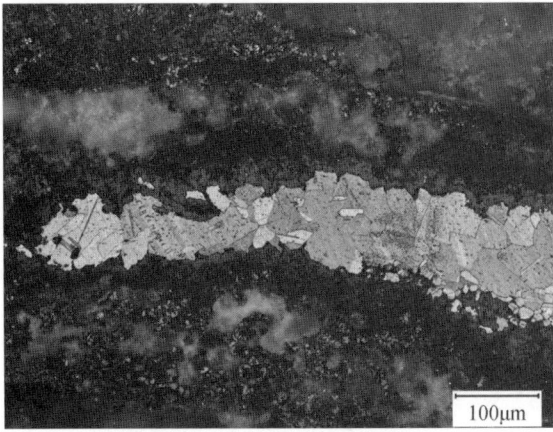

图七　样品8143金相图

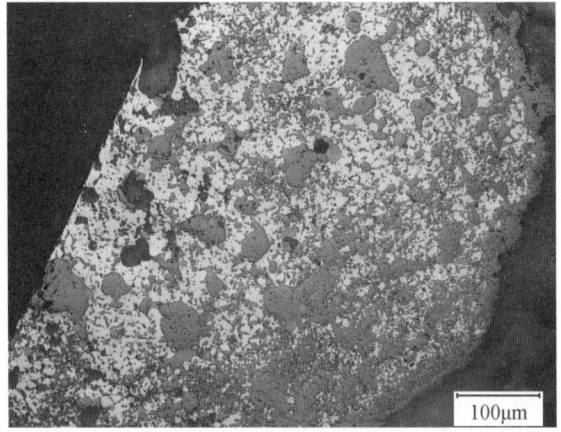

图八　样品8157金相图

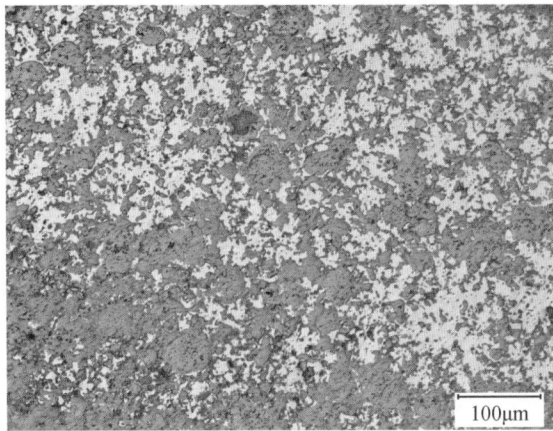

图九　样品8159金相图

图一〇　样品8168金相图

图一一　样品8169金相图

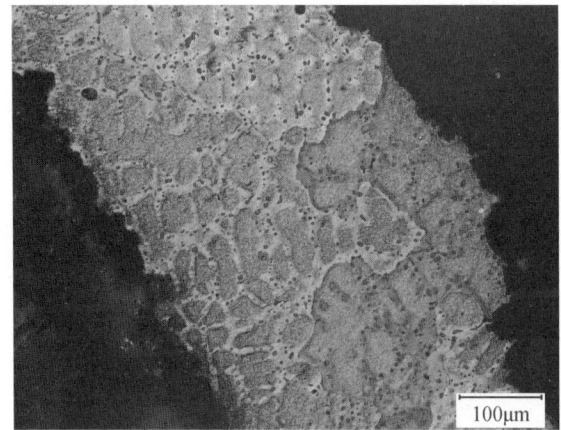

图一二　样品8170金相图

2. 金属器样品组织观察（表一）

表一　金相组织观察

编号	金相组织观察	材质/工艺
6938	铜锌合金热锻组织，含少量的铅。α固溶体等轴晶和孪晶，晶粒大小不均匀，铅沿加工方向变形。平均成分：Cu：83.2%，Zn：11.5%，Pb：2.4%	黄铜/锻造
6939	铜锌二元合金热锻组织，α等轴晶和孪晶的晶粒大小很不均匀，样品边部部分晶粒内存在滑移带，平均成分：Cu：78.2%，Zn：14.8%	黄铜/锻造
6941	铜锡铅铸造组织，颗粒状的铅沿α树枝晶分布，比较均匀。平均成分：Cu：68.0%，Sn：16.6%，Pb：7.6%	青铜/铸造
6944	铜锌合金热锻组织，α等轴晶和孪晶的晶粒大小很不均匀，呈分层现象。平均成分：Cu：75.8%，Zn：14.1%	黄铜/锻造
6947	铜锌合金热锻组织，含有少量的锡铅。α等轴晶和大量孪晶，晶粒大小均匀，铅沿加工方向变形，晶粒内存在滑移带。平均成分：Cu：71.2%，Zn：23.5%，Sn：1.6%，Pb：2.3%	黄铜/锻造
8141	铜锌合金热锻组织，α等轴晶和孪晶的晶粒大小很不均匀。平均成分：Cu：66.3%，Zn：32.0%	黄铜/锻造
8143	锈蚀严重，铜锌合金，含少量锡，α等轴晶和孪晶的晶粒大小很不均匀。平均成分Cu：49.0%，Zn14.3%，Sn：2.0%	黄铜/锻造
8157	铜锡铅合金铸造组织，锈蚀严重，存在树枝晶偏析，平均成分：Cu：45.1%，Sn：5.3%，Pb：18.4%	青铜/铸造
8159	铜锡铅合金铸造组织，锈蚀严重，存在树枝晶偏析，平均成分：Cu：59.2%，Sn：10.9%，Pb：16.6%	青铜/铸造
8168	铸造组织，单相铜锡α固溶体晶粒，晶内偏析存在但不明显，未见α相析出。硫化物夹杂，有的包裹在孔洞周围。黑色铸造疏松和孔洞较多。平均成分Cu：83.4%，Sn：2.2%，S：2.0%，Cl：6.6%	青铜/铸造
8169	铸造组织，单相铜锡α固溶体晶粒，晶内偏析存在但不明显，未见α相析出。硫化物夹杂，有的包裹在孔洞周围。黑色铸造疏松和孔洞较多。平均成分Cu：95.1%，Sn：1.6%，S：1.6%	青铜/铸造
8170	红铜铸造α固溶体晶粒，晶粒较粗大；晶粒间界部分被腐蚀，分布的夹杂物主要是含铁的硫化物。含铁和硫较高，应是冶铜的产品。它的来源尚待研究，但它作为铸制铜器使用的一种原料是可以肯定的。平均成分：S：0.9%，Fe：2.7%，Cu：95.4%	红铜/铸造

3. 锈蚀金属器的超景深图像观察（图一三~图一九）

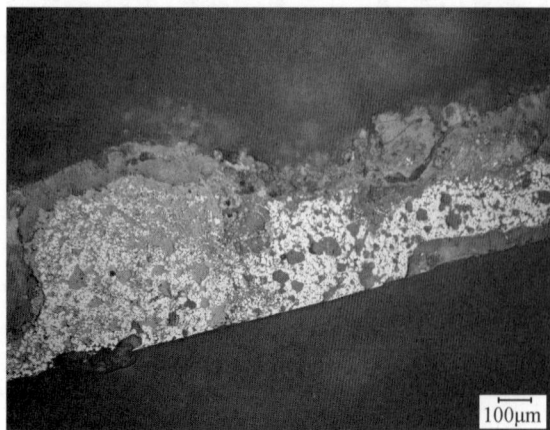

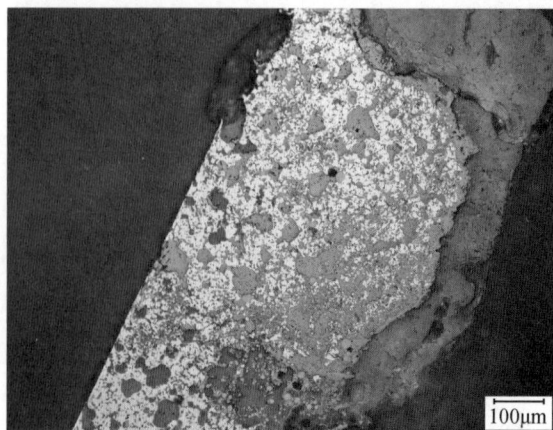

图一三　铜器8157锈蚀情况，大部分锈蚀，还有部分基体

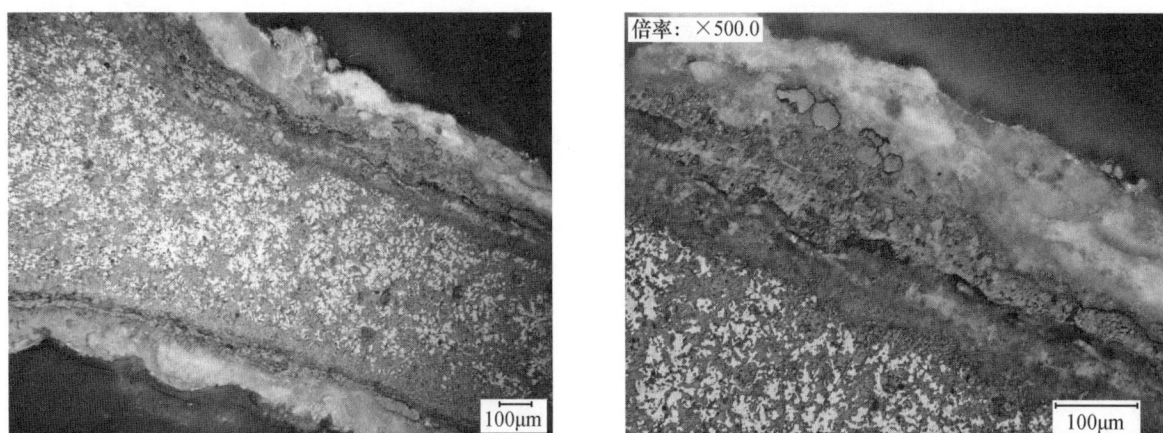

图一四　铜器8159锈蚀情况，大部分锈蚀，保留部分基体

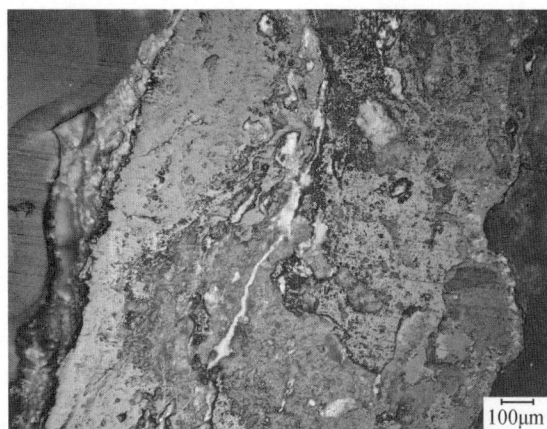

图一五　铁器8124完全锈蚀，没有基体

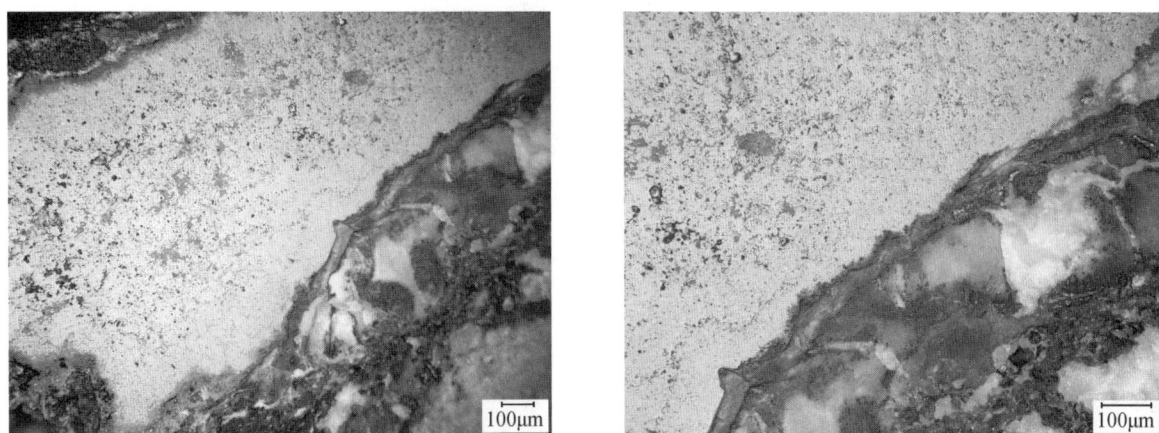

图一六　铜器6950锈蚀情况，完全锈蚀，没有基体

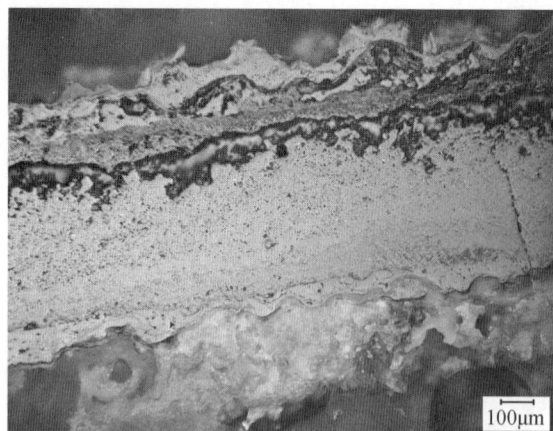

图一七　铜器8158锈蚀情况，已完全锈蚀，没有基体

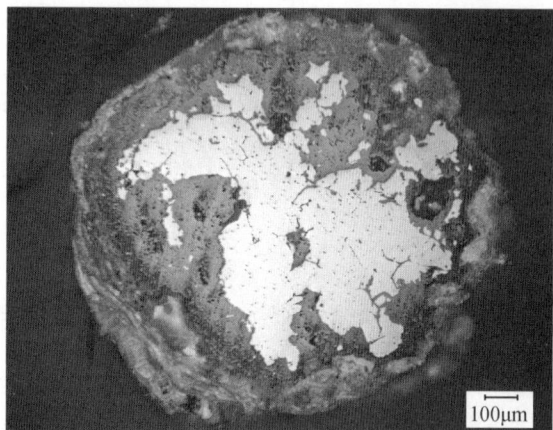

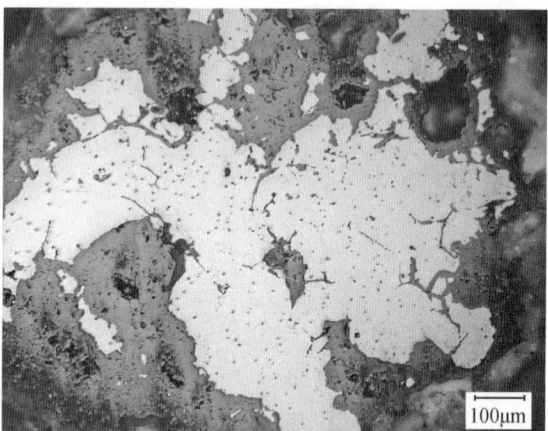

图一八　铜器6944锈蚀情况，还有部分基体

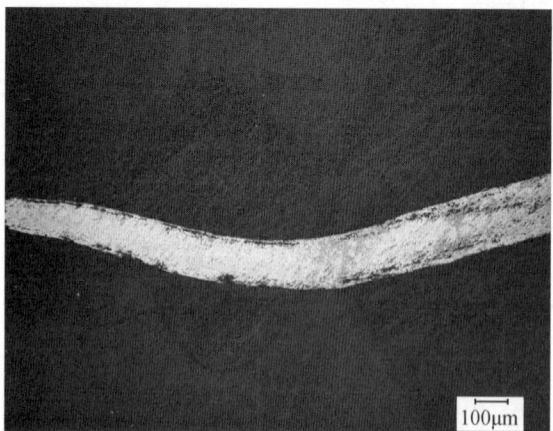

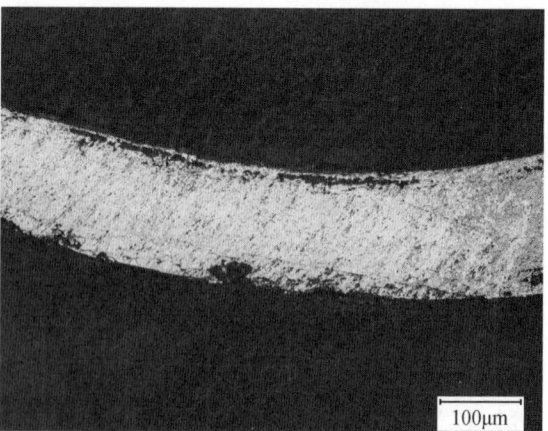

图一九　银器8175锈蚀情况，保存较好，仅外部有锈蚀

4.金属器扫描电镜能谱分析（图二〇～图三四）

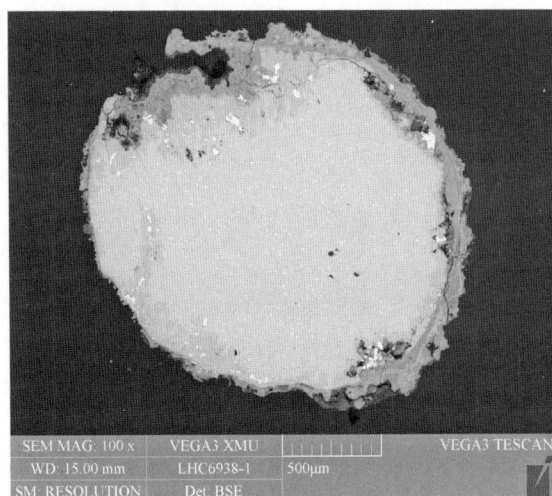
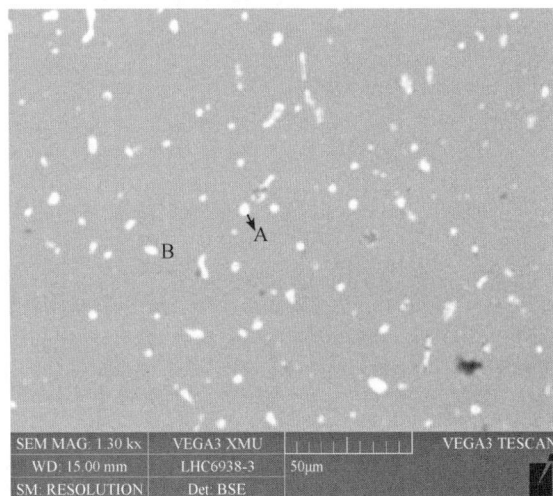

图二〇　样品6938

面扫：O：2.1%，Cu：83.2%，Zn：11.5%，Sn：0.8%，Pb：2.4%

A：O：3.8%，Cu：12.6%，Zn：2.2%，Pb：81.4%

B：O：1.3%，Cu：86.1%，Zn：12.1%，Sn：0.6%

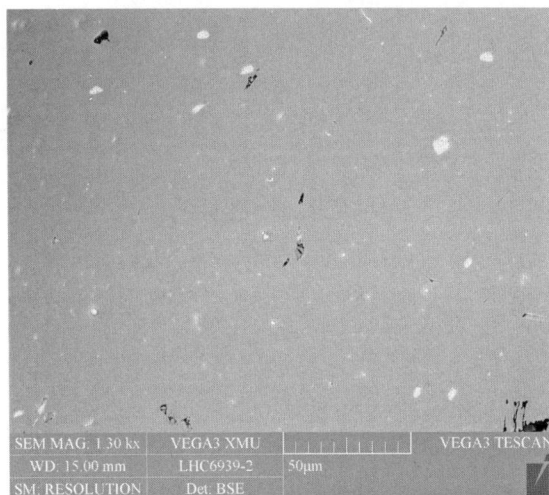

图二一　样品6939

面扫：O：5.0%，Si：0.8%，Cu：79.3%，Zn：14.9%

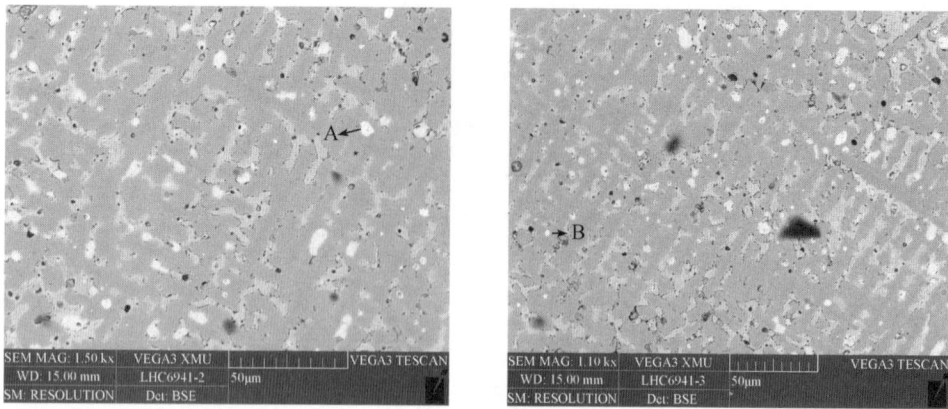

图二二　样品6941

面扫：O：5.0%，Cl：1.3%，Cu：68.0%，Sn：16.6%，Pb：7.6%

A：O：9.7%，Si：2.2%，Cu：7.4%，Pb：80.7%

B：O：7.0%，Cu：9.8%，Pb：83.1%

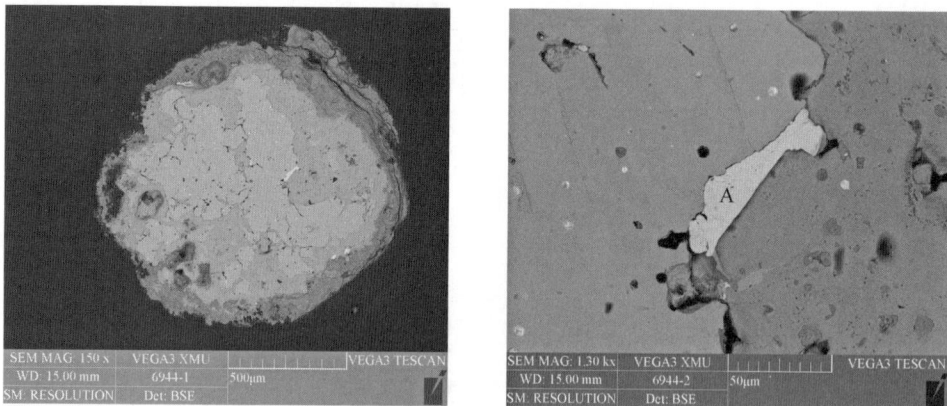

图二三　样品6944

面扫：O：9.6%，Si：0.5%，Cu：75.8%，Zn：14.1%

A：O：19.4%，S：10.4%，Cu：3.0%，Pb：67.2%

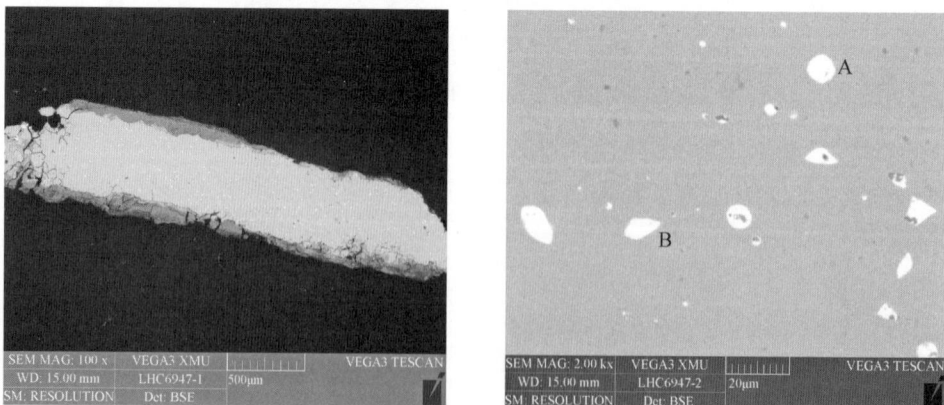

图二四　样品6947

面扫：O：1.3%，Cu：71.2%，Zn：23.5%，Sn：1.6%，Pb：2.3%

A：O：8.7%，Na：0.2%，Cu：6.6%，Zn：3.8%，As：5.2%，Pb：75.5%

B：O：7.5%，Cu：6.5%，Zn：2.6%，Pb：75.5%

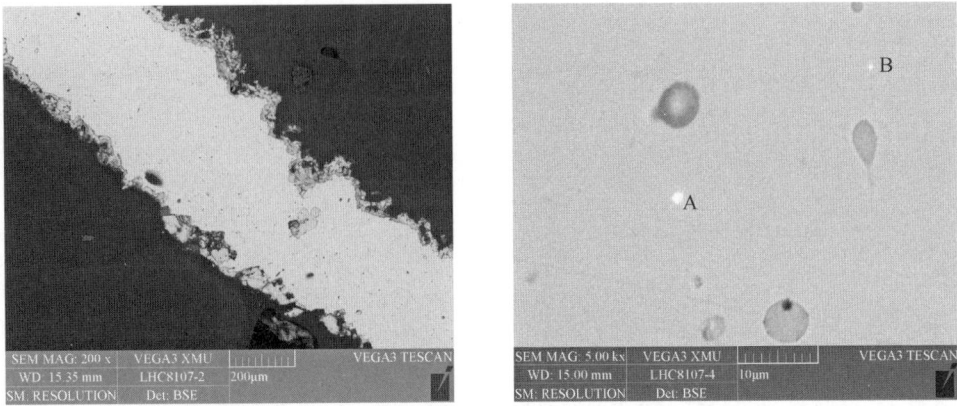

图二五　样品8107

面扫：O：1.1%，S：0.8%，Cu：98.1%

A：O：5.8%，Si：1.5%，Cu：46.1%，Pb：46.7%

B：O：3.5%，Si：0.9%，Fe：2.2%，Cu：73.5%，Pb：20.0%

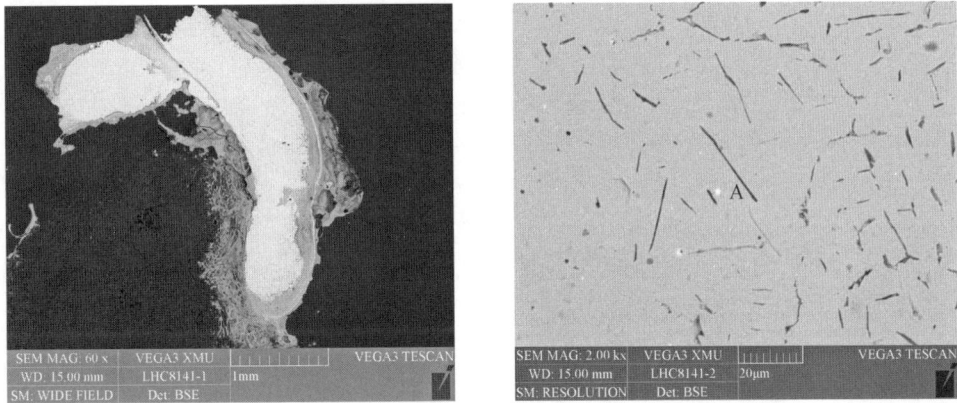

图二六　样品8141

面扫：O：1.7%，Cu：66.3%，Zn：32.0%

A：O：4.8%，Cu：30.9%，Zn：17.0%，Pb：47.3%

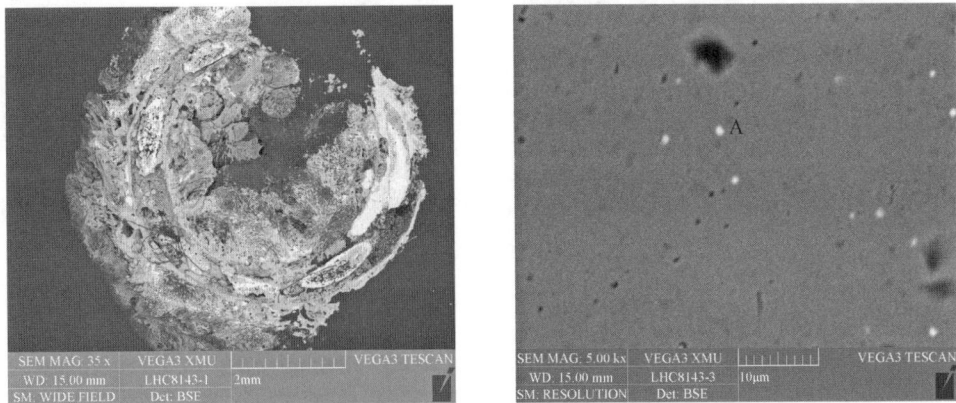

图二七　样品8143

面扫：O：25.5%，Na：1.4%，Si：1.0%，P：1.0%，Cl：0.9%，Ca：0.7%，Fe：4.1%，Cu：49.0%，Zn：14.3%，Sn：2.0%

A：O：2.7%，Cu：33.2%，Pb：64.1%

图二八　样品8157

面扫：O：28.3%，Cl：2.9%，Cu：45.1%，Sn：5.3%，Pb：18.4%

A：O：41.9%，P：1.0%，Cu：1.0%，As：10.7%，Sn：3.0%，Pb：42.4%

B：O：17.9%，Cl：1.2%，Cu：66.1%，Sn：8.3%，Pb：6.5%

C：O：22.8%，As：10.0%，Pb：67.3%

D：O：17.5%，Cl：24.7%，Cu：14.2%，As：6.8%，Pb：36.9%

E：O：17.7%，Cl：0.7%，Cu：76.8%，Sn：1.5%，Pb：3.4%

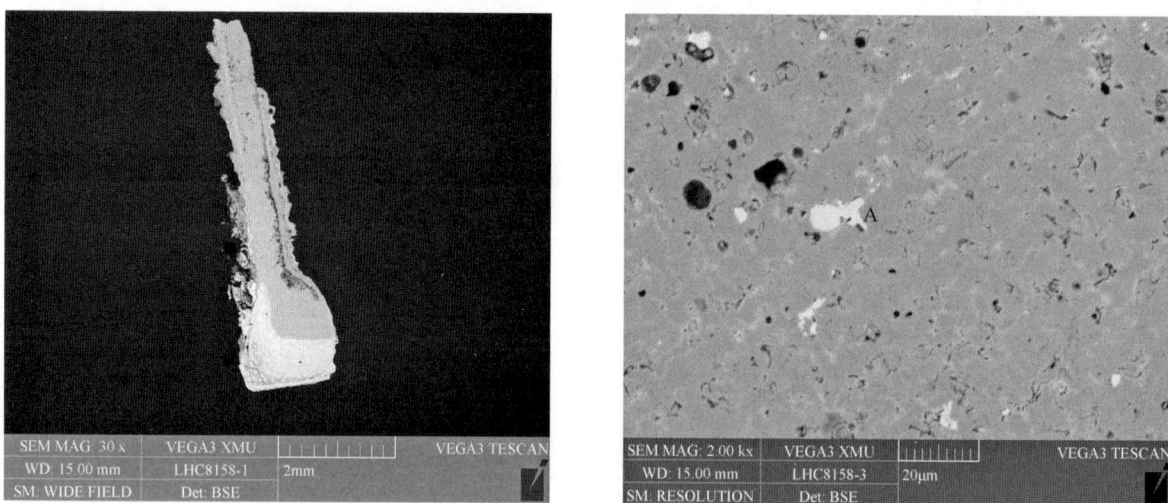

图二九　样品8158

面扫：O：12.5%，Si：0.5%，P：1.1%，Cl：1.1%，Cu：65.3%，Sn：6.3%，Pb：13.2%

A：O：19.0%，S：10.4%，Cu：9.9%，As：5.7%，Pb：54.9%

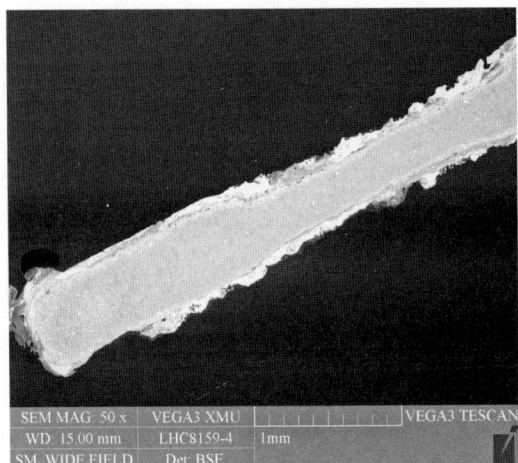

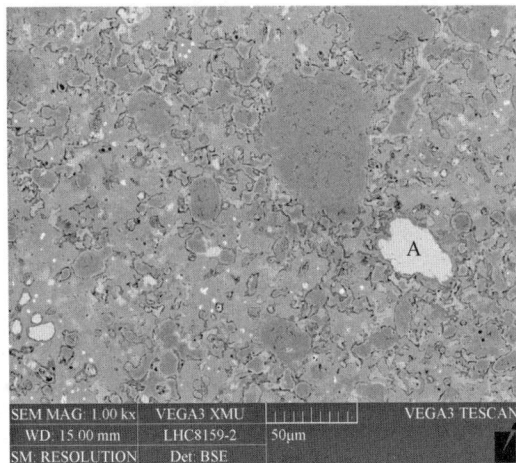

图三〇 样品8159

面扫: O: 11.5%, Cl: 1.8%, Cu: 59.2%, Sn: 10.9%, Pb: 16.6%

A: O: 20.2%, S: 9.4%, Cu: 5.9%, Pb: 64.5%

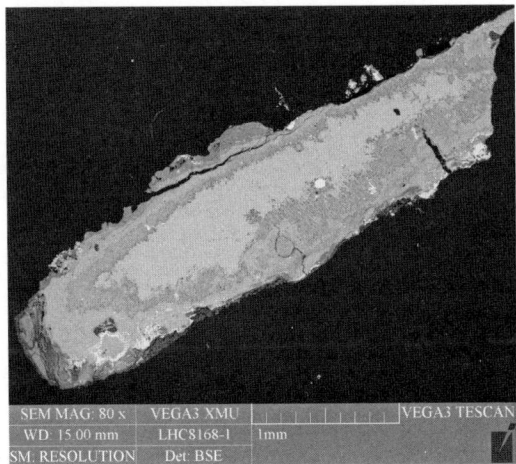

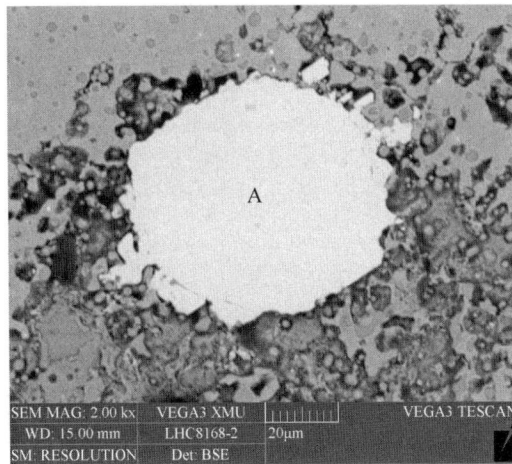

图三一 样品8168

面扫: O: 5.8%, S: 2.0%, Cl: 6.6%, Cu: 83.4%, Sn: 2.2%

A: 18.6, S: 10.0%, Pb: 71.3%

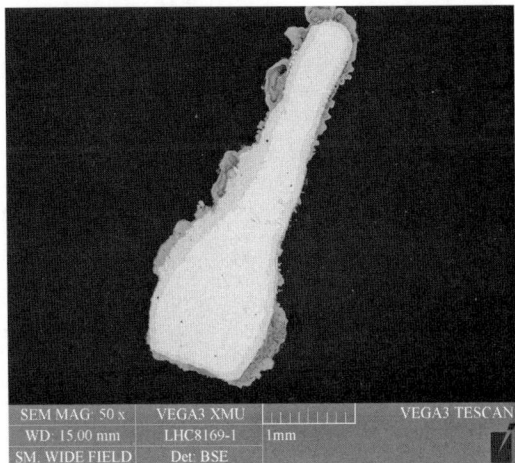

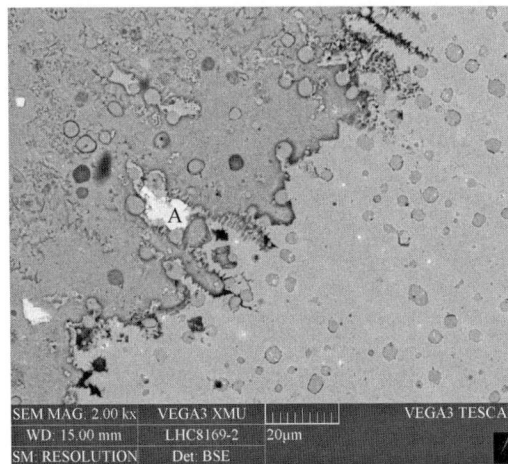

图三二 样品8169

面扫: O: 1.7%, S: 1.6%, Cu: 95.1%, Sn: 1.6%

A: O: 17.2%, S: 9.7%, Cu: 10.0%, Sn: 2.5%, Pb: 60.7%

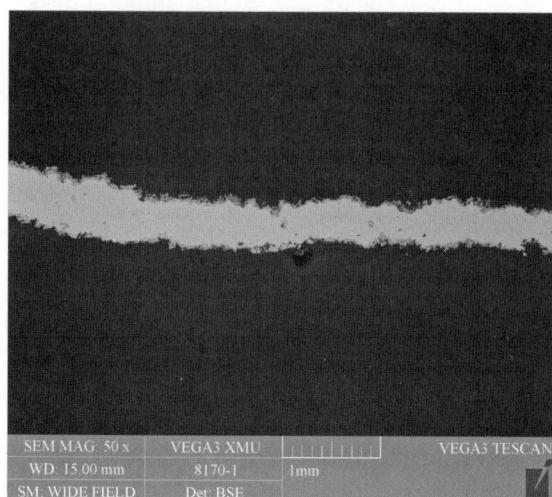

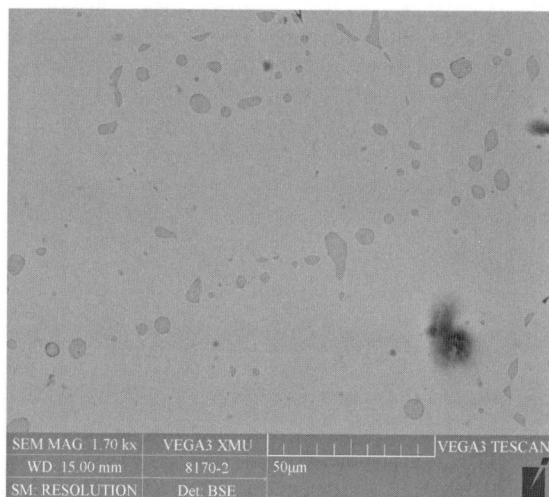

图三三　样品8170
面扫：O：0.9%，S：0.9%，Fe：2.7%，Cu：95.4%

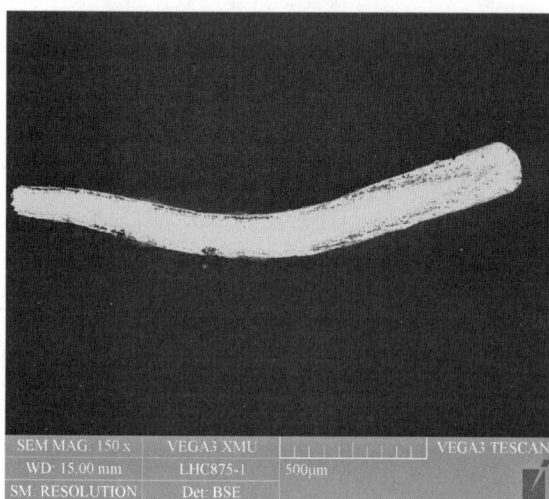

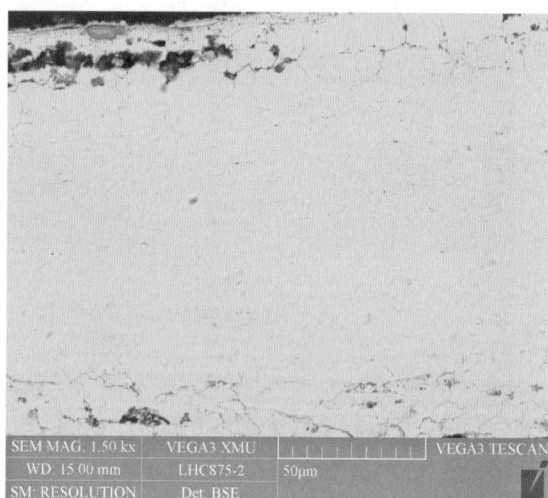

图三四　样品8175
面扫：O：2.8%，Cu：3.9%，Ag：93.2%

三、陶瓷器样品检测

　　本次共对256件陶瓷器进行便携式XRF检测，对破损的陶瓷器进行取样，共取了8件，其中釉陶罐2件、陶罐底1件、陶俑1件、瓷碗4件（图三五～图四二），其中瓷碗8099、8122、8116为青花瓷，1件器型不明。现将检测结果公布如下（表二；图四三～图五八）。

图三五　釉陶罐8022

图三六　釉陶罐8023

图三七　陶罐底8042

图三八　陶俑8058

图三九　瓷碗8102

图四〇　瓷碗8099

图四一　瓷碗8122

图四二　瓷碗8116

1. 陶瓷器样品便携式XRF检测

表二　陶瓷器样品便携式XRF检测

馆藏编号	p-XRF编号	测试部位	Zr	Pb	Hg	Se	Zn	Cu	Ni	Co	Fe	Mn	Cr	Ti	Sr	Rb	As	W	Ca	K	U	Th	Sc
	5213		320.52	113.24	—	—	95.65	174.09	—	—	24048.16	1922.54	—	—	110.54	77.27	35.9	—	4398.35	—	—	19.43	—
8030	5214	釉	—	0.6	0.25	0.33	0.88	1.36	2.33	2.43	3.21	4.88	—	—	0.18	—	0.17	—	—	—	0.46	0.58	—
	5215	底	320.93	131.76	12.56	—	125.85	181.59	93.15	—	23631.3	2647.12	—	—	147.81	76.2	33.47	—	—	—	—	21.73	—
8022	5237	釉	391.95	140.15	—	15.35	101.42	155.3	—	—	57042.61	836	—	—	89.69	98.18	35.83	—	—	—	—	28.06	—
	5238	底	340.91	141.56	—	—	61.2	241.52	—	—	46943.75	575.89	—	—	78.38	82.01	38.45	—	—	—	—	24.84	—
8023	5341	釉	325.3	130.2	—	—	80.91	191.01	—	—	40096.57	947.94	—	—	76.12	84.65	43.85	—	—	—	—	23.78	—
	5242	底	319.11	111.67	—	—	58.96	203.87	—	—	42179.64	215.69	—	—	51.03	95.39	39.13	—	—	—	—	14.24	—
	5217	釉	290.62	84.25	—	—	86.27	208.65	—	—	13802.36	2519.44	—	—	221.24	91.46	22.42	—	—	—	—	12.98	—
	5218		273.42	87.33	—	—	103.83	189.48	—	—	13850.77	2061.06	—	—	193.04	81.76	25.03	—	—	—	—	—	—
	5219		282.42	78.09	—	—	122.31	215.99	—	—	12838.13	11937.15	—	—	186.22	85.48	33.73	—	—	—	—	—	—
8029	5226	底	181.38	752.66	245.66	836.56	182.37	802.22	220.34	2148.06	74061.26	2885.19	—	—	430.56	413.64	558.14	—	—	—	704.12	796.21	—
	5227		315.29	86.01	—	—	35.15	142.71	—	—	19550.78	354.84	—	—	97.16	99.1	20.33	—	—	—	—	15.61	—
	5228		341.11	75.62	—	—	29.29	124.31	—	—	12029.15	—	—	—	93.64	97.04	26.69	—	—	—	—	18.27	—
8024	5220	釉	354.08	102.71	—	—	53.53	167.16	—	—	39627.89	577.35	—	—	107.5	95.1	39	—	—	—	—	22.65	—
	5221		348.99	116.58	—	—	74.74	124.25	116.61	—	42166.43	696.2	—	—	96.87	81.7	19.96	—	—	—	—	21.96	—
	5222		388.51	101.19	—	—	50.81	164.19	—	—	43267.78	573.92	—	—	84.32	90.34	37.22	—	—	—	—	19.82	—
	5223	底	372.43	107.43	—	—	57.36	175.57	—	—	40925.94	432.5	—	—	66.44	85.37	38.89	—	—	—	—	13.86	—
	5224		386.64	123.63	—	—	41.71	143.42	—	—	39889.16	471.51	—	—	65.51	81.83	38.48	—	—	—	—	22	—
	5225		358.72	114.36	—	—	56.6	167.29	—	—	39861.74	633.09	—	—	68.69	89.09	49.84	—	—	—	—	15.74	—
8028	5229	釉	284.97	79.05	—	—	30.57	152.14	—	—	14696.94	517.25	—	—	206.42	102.68	22.82	—	—	—	—	—	—
	5230	底	282.05	85.88	—	—	27.1	108.1	—	—	10704.63	226.68	—	—	88.85	102.83	17.47	—	—	—	—	18.78	—

馆藏编号	p-XRF编号	测试部位	Zr	Pb	Hg	Se	Zn	Cu	Ni	Co	Fe	Mn	Cr	Ti	Sr	Rb	As	W	Ca	K	U	Th	Sc
8027	5231	釉	282.05	85.88	—	—	27.1	108.1	—	—	10704.63	226.68	—	—	88.85	102.83	17.47	—	—	—	—	—	—
	5232	底	343.48	91.09	—	—	61.13	149.74	—	—	16673.32	3175.02	—	—	154.79	66.82	50.67	—	—	—	—	16.62	—
8031	5233	釉	253.38	85.31	—	—	61.2	131.18	70.83	—	13725.15	1392.27	—	—	231.14	102.68	21.39	—	—	—	—	18.22	—
	5234	底	284.22	107.77	—	—	33.49	155.49	—	—	15746.51	296.78	—	—	84.78	98.42	18.43	—	—	—	—	15.9	—
8033	5235	釉	274.08	86.37	—	—	52.58	162.75	101.86	—	17781.76	2250.07	—	—	215.71	127.7	27.75	—	—	—	—	—	—
	5236	底	274.73	101.91	—	—	51.54	149.23	—	—	16933.11	—	—	—	105.23	146.79	31.51	—	—	—	—	20.84	—
8026	5239	釉	245.79	97.19	—	—	166.87	216.05	74.04	—	17737.06	2310.41	—	—	217.62	102.21	33.08	—	—	—	—	—	—
	5240	底	271.94	100.72	—	—	106.46	165.35	—	—	17981.9	—	—	—	120.31	144.96	29.48	—	—	—	—	27.86	—
8025	5243	釉	317.02	109.21	14.24	—	112.32	159.47	—	—	47821.72	854.53	—	—	112.46	93.82	37.14	—	—	—	—	19.78	—
	5244	底	354.35	127.88	—	—	80.14	157.55	—	354.27	47913.62	984.43	—	—	75.95	93.56	26.61	—	—	—	—	29.87	—
8032	5245	釉	343.39	116.12	—	—	—	287.9	121.55	—	49430.81	5949.4	—	—	272.71	79.11	27.64	—	—	—	—	17.6	—
	5246	底	354.3	97.33	—	—	40.49	176.63	117.11	—	56010.82	405.61	—	—	63.57	78.22	40.47	—	—	—	—	16.15	—
8014	5247	釉	324.37	101.04	—	—	63.26	177.71	—	—	40689.77	611.26	—	—	137.81	91.52	39.02	—	—	—	—	14.4	—
	5248	底	336.51	109.82	—	—	125.36	176.26	—	—	42060.1	576.9	—	—	89.71	98.55	36.82	—	—	—	—	19.11	—
8058	5249	底	289.76	109.29	—	—	62.66	147.71	66.51	—	25619.39	974.04	—	—	149.48	62.69	25.51	—	—	—	—	16.03	—
8036	5250	底	237.81	117.16	—	—	89.38	145.93	76.99	—	35562.36	1185.24	—	—	75.56	113.19	32.84	—	—	—	—	22.22	—
8040	5251	釉	320.2	86.12	—	—	64.34	262	—	—	23747.26	2509.76	—	—	133.59	118.16	28.13	—	—	—	—	16.2	—
	5252	底	307.8	89.93	—	—	91.17	144.38	—	—	26553.7	160.17	—	—	66.05	103.86	18.1	—	—	—	—	24.1	—
8035	5253	釉	298.57	116.06	—	—	49.93	205.02	—	—	34396.91	2137.28	—	—	102.72	151.27	21.53	—	—	—	—	19.11	—
	5254	底	267.56	98.25	—	—	56.97	139.87	—	—	33454.98	391.53	—	—	69.05	143.49	43.92	—	—	—	—	28.38	—
8057	5255	釉	244.1	110.11	—	7.59	69.5	183.9	—	—	25941.57	3113.15	—	—	250.38	98.92	66.95	—	—	—	—	23.92	—
	5256	底	261.88	99.09	—	—	55.14	157.96	—	—	36018.84	—	—	—	66.4	106.33	38.52	—	—	—	—	22.53	—
8034	5257	底	354.07	114.36	—	—	78.34	194.27	114.55	—	52669.82	747.23	—	—	81.4	84.62	38.94	—	—	—	—	26.61	—

续表

馆藏编号	p-XRF编号	测试部位	Zr	Pb	Hg	Se	Zn	Cu	Ni	Co	Fe	Mn	Cr	Ti	Sr	Rb	As	W	Ca	K	U	Th	Sc
8041	5258	釉	286.74	101.86	—	—	169.24	203.82	72.76	—	18367.55	2818.61	—	—	204.02	124.07	44.07	—	—	—	—	17.5	—
	5259	釉	299.33	97.37	—	—	208.79	247.88	—	—	19560.95	2918.17	—	—	202.08	121.89	78.87	—	—	—	—	—	—
	5260	底	301.38	104.47	—	—	156.58	207.01	133.31	—	18915.8	2834.87	—	—	208.8	123.03	64.43	—	—	—	—	15.69	—
	5261	底	302.7	92.85	—	—	65.01	147.34	—	—	18996.31	152.28	—	—	105.3	127.78	37.25	—	—	—	—	—	—
8038	5262	釉	292.23	96.37	—	—	72.57	185.35	71.86	—	16679.58	2551.45	—	—	133.79	103.43	—	—	—	—	—	15.38	—
	5263	底	306.77	93.99	—	—	28.98	143.66	—	—	18783.53	—	—	—	77.67	115.57	20.12	—	—	—	—	17.73	—
8039	5264	釉	323.65	97.5	—	—	103.98	170.32	—	—	36751.59	1432.94	—	—	174.63	77.05	27.86	—	—	—	—	15.98	—
	5265	底	360.11	90.72	—	—	26.38	144.83	—	242.6	27385.82	505.28	—	—	45.46	77.76	35.89	—	—	—	—	17.09	—
8037	5267	釉	341.03	97.35	—	—	55.44	161.31	—	—	27675.51	1172.41	—	—	258.84	84.27	33.02	—	—	—	—	16.31	—
	5268	底	359.18	128.41	—	—	83.2	144.84	86.65	—	35675.31	1278.79	—	—	150.4	73.66	34.48	—	—	—	—	—	—
8043	5269	釉	314.05	81.32	—	—	116.87	198.6	66.01	—	19511.85	1779.55	—	—	130.21	135.34	19.07	—	6524.48	—	—	18	—
	5270	底	335.45	89.45	—	—	38.24	157.39	—	—	15087.47	—	—	—	75.24	121.06	20.19	—	—	—	—	20.36	—
8044	5271	釉	263.83	107.63	—	—	76.55	173.18	—	—	23337.25	781.73	—	—	149.79	104.45	61.3	—	—	—	—	19.1	—
	5272	底	236.69	142.78	—	—	29.74	160.21	—	—	22766.92	—	—	—	63.57	95.9	35.63	—	—	—	—	20.81	—
8047	5273	底	345.3	96.14	—	—	82.75	141.06	72.52	—	31873.03	470.4	—	—	85.36	108.59	31.56	—	—	—	—	16.83	—
8049	5274	底	411.86	92.78	—	—	100.6	162.93	79.25	—	31675.93	691.3	—	—	111.71	92.68	30.9	—	—	—	—	27.69	—
8051	5275	底	342.23	99.45	—	—	117.64	163.7	83.94	—	30835.79	614.72	—	—	96.2	102.22	26.09	—	—	—	—	—	—
8055	5276	底	298.57	144.42	—	—	51.88	137.4	—	—	28011.86	664.68	—	—	139.37	84.57	28.55	—	—	—	—	13.01	—
8048	5277	底	366.38	117.99	—	—	87.77	152.72	—	—	37799.91	650.94	—	—	105.02	103.88	—	—	—	—	—	20.81	—
8050	5278	底	268.15	95.68	14.25	—	53.59	154.98	88.21	—	29335.09	784.68	—	—	133.05	80.77	27.78	—	—	—	—	16.64	—
8054	5279	底	260.17	96.43	—	—	51.39	143.97	90.36	—	27802.71	507.07	—	—	137.22	88.01	26.51	—	—	—	—	13.4	—
8056	5280	底	290.88	127.71	—	—	70.06	170.6	—	—	27248.29	463.06	—	—	103.03	97.23	45.12	—	—	—	—	14.2	—
8052	5281	底	349.81	103.49	—	—	123.26	166.84	—	—	35417.5	541.43	—	—	105.06	88.56	38.57	—	—	—	—	17.43	—
8053	5282	底	269.49	4296.62	—	—	84.06	180.33	—	—	32338.18	515.08	—	—	117.37	99.06	1017.36	—	—	—	—	—	—

续表

馆藏编号	p-XRF编号	测试部位	Zr	Pb	Hg	Se	Zn	Cu	Ni	Co	Fe	Mn	Cr	Ti	Sr	Rb	As	W	Ca	K	U	Th	Sc
8045	5283	釉	286.35	123.37	—	—	183.08	214.28	100.14	—	23802.1	2456.47	—	—	177.55	132.93	88.09	—	—	—	—	16.73	—
8045	5284	底	284.55	119.89	—	—	37.94	162.27	—	—	32023.81	121.72	—	—	77.28	119.37	35.45	—	—	—	—	15.06	—
8074	5285	釉	313.43	82.89	—	—	59.24	124.55	77.65	—	13728.43	1095.26	—	—	114.96	154.68	28.96	—	—	—	—	15.23	—
8074	5286	底	293.58	100.97	—	—	40.5	130.26	—	—	15244.33	116.75	—	—	107.98	133.77	—	—	—	—	—	14.03	—
8062	5287	釉	279.76	98.03	—	—	77.63	223.03	108.27	—	24473.49	1756.3	—	—	185.92	98.47	41.3	—	—	—	—	12.73	—
8062	5288	底	356.54	101.54	—	—	84.81	149.38	—	—	30105.52	—	—	—	65.22	105.27	46.79	—	—	—	—	24.99	—
8061	5289	底	349.75	95.59	—	—	88.8	176.29	85.05	—	32194.47	664.95	—	—	95.75	95.88	41.27	—	—	—	—	22.13	—
8073	5290	底	408.92	92.48	—	—	54.52	125.33	—	—	31445.67	205.71	—	—	122.58	65.77	30.37	—	—	—	—	—	—
8071	5291	底	472.62	135.75	—	—	89.39	143.84	99.59	—	39268.42	579.27	—	—	101.6	50.58	—	—	—	—	—	13.79	—
8065	5292	底	463.97	141.91	—	—	87.76	138.49	90.05	—	40503.98	581.84	—	—	99.25	56.82	34.66	—	—	—	—	20.04	—
8078	5293	底	353.87	123.66	—	—	84.99	147.43	79.48	—	36909.58	672.65	—	—	96.5	85.53	26.91	—	—	—	—	22.89	—
8060	5294	底	250.04	103.32	—	—	49.34	172.42	—	—	25450.01	506.44	—	—	119.36	85.29	27.65	—	—	—	—	16.98	—
8059	5295	底	247.68	96.06	—	—	54.12	155.53	—	—	26513.41	552.38	—	—	130.84	91.18	17.12	—	—	—	—	—	—
8069	5296	底	483.08	90.11	—	—	81.82	133.91	—	—	36300.7	531.1	—	—	111.76	61.45	32.75	—	—	—	—	25.03	—
8064	5297	底	511.86	103.5	—	—	79.65	163.82	—	—	43942.9	663.25	—	—	103.64	62.12	46.81	—	—	—	—	18.26	—
8070	5298	底	476.2	102.02	—	—	64.14	161.83	—	—	38032.28	656.8	—	—	107.74	47.45	31.61	—	—	—	—	29.38	—
8066	5299	底	484.69	100.48	—	—	86.91	145.18	—	—	39082.15	1037.77	—	—	90.59	50.48	21.29	—	—	—	—	24.02	—
8067	5300	底	448.4	94.31	—	—	74.3	117.9	108.21	—	37194.98	533.21	—	—	96.36	55.3	31.26	—	—	—	—	18.27	—
8063	5301	底	457.22	91.97	—	—	99.05	141.08	95.35	—	36072.14	1053.08	—	—	112.67	51.16	41.25	—	—	—	—	17.44	—
8068	5302	底	465.04	97.23	—	—	73.23	160.04	—	—	39696.04	564.8	—	—	84.42	50.62	34.69	—	—	—	—	19.44	—
8082	5303	底	328.73	124.36	—	—	78.06	146.94	—	—	31773.99	546.21	—	—	97.51	104.24	29.58	—	—	—	—	—	—
8079	5304	底	341.67	89.32	14.35	—	77.36	172.48	—	—	31303.32	518.45	—	—	103.27	73.05	46.92	—	—	—	—	—	—
8076	5305	底	366.71	103.43	—	—	125.85	173.07	118.22	—	31413.52	677.15	—	—	91.46	106.65	23.41	—	—	—	—	18.54	—
8077	5306	底	303.89	91.8	—	—	51.13	221.82	—	—	28421.49	1195.95	—	—	108.72	87.07	30.98	—	—	—	—	15.7	—
8083	5307	底	283.48	2995.39	—	—	64.87	215.12	—	—	28055.73	539.33	—	—	123.9	93.96	761.81	—	—	—	—	—	—

续表

馆藏编号	p-XRF编号	测试部位	Zr	Pb	Hg	Se	Zn	Cu	Ni	Co	Fe	Mn	Cr	Ti	Sr	Rb	As	W	Ca	K	U	Th	Sc
8080	5308	底	405.36	114.63	—	—	72.13	123.75	—	—	38650.04	636.33	—	—	90.32	99.19	26.03	—	—	—	—	19.35	—
8086	5309	釉	265	157.64	—	—	146.47	172.62	80.05	—	23630.68	3800.47	—	—	174.67	144.86	49.42	—	—	—	—	22.94	—
	5310	底	275.93	108.7	—	—	49.21	183.81	—	—	33790.07	—	—	—	86.18	148.25	30.78	—	—	—	—	24.89	—
8075	5311	底	270.54	93.44	—	—	82.69	130.4	—	—	44084.93	—	—	—	57.74	123.94	25.17	—	—	—	—	21.08	—
8087	5312	釉	323.44	85.92	—	—	111.81	176.87	77.02	—	13147.76	3819.74	—	—	181.9	98.68	42.79	—	—	—	—	20.83	—
	5313	底	344.62	100.59	—	—	68.9	145.76	61	—	15141.46	160.15	—	—	90.77	104.86	19.93	—	—	—	—	16.65	—
8085	5314	底	332.08	98.6	—	—	38.16	160.85	—	—	19898.33	—	—	—	73.7	124.14	—	—	—	—	—	—	—
8072	5315	底	414.5	141.15	—	—	66.52	177.22	72.83	—	28542.7	226.28	—	—	163.57	77.04	28.81	—	—	—	—	15.71	—
8088	5316	釉	350.6	105.74	—	—	53.2	159.09	98.21	—	39058.12	597.15	—	—	115.89	96.48	28.11	—	—	—	—	15.61	—
	5317	底	343.49	96.8	—	—	53.25	172.29	—	—	35741.39	568.75	—	—	114.04	95.47	37.16	—	—	—	—	19.27	—
8096	5318	底	390.54	102.86	21.96	—	79.57	156.53	84.73	—	29926.63	1701.01	—	452.47	101.56	66.15	36.91	—	—	—	—	14.45	—
8095	5319	底	436.02	99.49	16.04	—	76.12	138.49	—	—	37263.68	497.88	—	—	88.75	57.48	39.43	—	—	—	—	13.67	—
8094	5320	底	428.03	114.38	—	—	70.96	174.83	—	—	30680	359.62	—	—	89.63	62.99	32.24	—	—	—	—	13.76	—
8089	5321	釉	321.53	80.38	—	—	67.47	159.94	81.1	—	19212.9	4487.91	—	—	150.58	86.1	46.88	—	—	—	—	12.08	—
	5322	底	319.83	101.45	—	—	52.5	135.85	—	—	29405.61	453.02	—	—	54.26	92.84	37.78	—	—	—	—	12.22	—
	5323	釉	346.53	79.12	—	—	74.41	185.56	62.65	—	15136.06	822.48	—	—	167.32	87.95	33.57	—	2950.62	1895.86	—	12.01	—
8092	5324	底	406.82	89.43	—	—	27.64	140.7	—	—	7401.04	115.41	—	—	40.21	91.66	—	—	—	—	—	—	—
	5325	底	380.9	81.52	—	—	29.65	138.61	—	—	8091.92	—	—	—	46.39	99.89	19.6	—	—	—	—	23.08	—
	5326	釉	380.62	79.82	—	—	72.37	193.55	—	—	14545.77	796.07	—	—	163.19	86.28	23.82	—	—	—	—	14.8	—
8091	5327	釉	319.91	76.89	—	—	56.2	161.03	—	—	13875.01	2773.08	—	—	171.27	130.09	35.07	—	—	—	—	22.78	—
	5328	底	336.52	89.99	—	—	44.34	147.74	—	—	16041.65	229.29	—	—	105.05	129.59	28.02	—	—	—	—	14.43	—
8093	5329	釉	315.48	102.79	—	—	158.58	192.13	—	—	16965.6	5154	—	—	160.1	96.34	31.58	—	—	—	—	16.78	—
	5330	底	337.54	101.38	—	—	49.49	163.2	—	—	23689.91	348.08	—	—	90.33	99	28.88	—	—	—	—	12.36	—
8090	5331	釉	306.24	84.99	—	—	151.1	195.37	—	—	19907.31	1324.76	—	—	123.41	137.32	29.88	—	—	—	—	24.31	—
	5332	底	303.86	96.35	—	—	62.58	150.86	—	—	20210.28	222.29	—	—	109.59	140.76	27.74	—	—	—	—	17.21	—

续表

馆藏编号	p-XRF编号	测试部位	Zr	Pb	Hg	Se	Zn	Cu	Ni	Co	Fe	Mn	Cr	Ti	Sr	Rb	As	W	Ca	K	U	Th	Sc
8098	5333	釉	50.3	109.74	—	—	84.53	143.6	85.46	221.59	2488.91	2865.68	—	—	56.56	191.12	54.79	—	—	—	—	12.75	—
	5334	底	58.86	105.78	—	—	17.93	125.23	—	—	5418.15	327.47	—	—	35.9	216.2	37.97	—	—	—	—	15.43	—
8101	5335	釉	200.58	84.98	—	—	21.83	101	—	—	4469.4	136.68	—	—	81.31	46.14	19.19	—	6057.11	—	—	—	—
	5336	底	252.18	95.74	—	—	19.53	111.21	—	—	9781.98	175.39	—	—	35.1	59.31	20.69	—	—	—	—	17.76	—
	5337	彩	181.47	215.22	—	—	29.51	227.37	414.86	—	7860.88	15629.84	—	—	66.66	46.46	28.06	—	—	—	—	15.21	—
8102	5338	釉	289.14	113.52	—	—	102.41	184.82	92.85	—	27957.52	461.73	—	—	104.31	115.43	23.05	—	—	—	—	23.14	—
	5339	底	291.91	111.79	—	—	61.61	145.19	—	—	18986.99		—	—	51.31	106.97	27.9	—	—	—	—	16.03	—
8106	5340	釉	274.27	119.69	—	—	115.68	194.48	—	—	27682.37	1112.45	—	—	150.08	125.02	49.52	—	—	—	—	22.85	—
	5341	底	268.16	125.37	—	—	58.15	143.43	—	—	20368.16		—	—	68.69	113.22	24.98	—	—	—	—	22.83	—
8103	5342	釉	28.5	80.75	—	—	<LOD	115.52	—	—	2932.63	203.88	—	—	89.06	244.81	—	—	—	—	—	—	—
	5343	底	33.23	74.12	—	—	23.02	190.18	184.44	241.71	3674.74	1952.11	—	—	85.99	253.84	169.9	—	—	5015.58	—	—	—
8099	5344	釉	60.77	85.66	—	—	23.7	122.18	—	—	2881.61	352.27	—	—	115.57	311.21	39.32	—	—	—	—	13.96	—
	5345	彩	61.55	92.61	—	—	115.2	276.39	301.64	733.76	3486.54	9820.37	—	—	101.06	289.16	17.97	—	—	—	—	—	—
8104	5346	釉	58.81	94.77	—	—	53.14	139.64	—	—	4026.05	195.39	—	—	79.38	300.84	—	—	2233.78	—	—	18.54	—
	5347	底	68.53	129.45	—	—	46.08	154.04	—	—	8234.77	417.54	—	—	41.55	369.72	30.56	—	—	—	—	—	—
8100	5348	釉	41.52	84.49	—	—	20.06	125.51	58.45	—	3215.29	264.68	—	—	94.35	306.33	24.41	—	—	—	—	—	—
	5349	彩	48.73	118.93	—	—	34.35	161.63	727.7	—	5159.32	7818.74	—	—	97.68	291.27	54.63	—	—	—	—	—	—
	5350	底	70.18	206.81	—	—	41.2	283.18	—	—	5943.89	398.61	—	—	29.18	207.05	73.39	—	—	—	—	—	—
8105	5351	釉	67.03	83.42	—	—	41.35	115.2	—	—	4271.83	240.31	—	—	75.11	388.42	15.59	—	—	—	—	—	—
	5352	底	98.41	84.22	—	—	21.93	109.92	—	—	9442.1	363.13	—	—	27.28	343.22	23.57	—	—	—	—	17.7	—
8110	5353	釉	38.98	82.74	—	—	50.91	148.19	—	—	3063.59	324.19	—	—	109.91	332.77	27.59	—	—	—	—	—	—
	5354	彩	31.66	80.87	—	—	74.5	243.62	629.44	2802.49	6622.54	18694.05	—	—	119.69	302.69	35.34	—	—	—	—	—	—
	5355	底	72.15	125.58	—	—	28.29	183.52	—	—	13053.83	274.86	—	—	36.31	311.11	29.99	—	—	—	—	19.89	—
8109	5356	釉	247.1	93.87	—	—	43.87	186.42	—	—	37170.59	1053	—	—	160.47	70.69	27.38	—	—	—	—	—	—
	5357	底	304.23	89.91	—	—	37.78	151.84	—	218.69	24086.85	232	—	—	40.24	71.57	19.79	—	—	—	—	16.59	—

续表

馆藏编号	p-XRF编号	测试部位	Zr	Pb	Hg	Se	Zn	Cu	Ni	Co	Fe	Mn	Cr	Ti	Sr	Rb	As	W	Ca	K	U	Th	Sc
8107	5358	釉	62.16	80.37	—	—	57.45	115.43	—	—	4021.14	287.58	—	—	105.85	229.28	·	—	—	—	—	—	—
	5359	彩	65.52	94.65	—	—	116.26	126.89	324.62	982.62	6562.26	10250.27	—	—	95.26	238.51	17.04	—	—	—	—	14.07	—
	5360	底	67.33	119.65	—	—	34.12	167.27	—	—	8957.27	276.69	—	—	50.47	273.12	33.64	—	—	—	—	—	—
8108	5361	釉	54.71	77.67	—	—	27.96	103.3	—	—	3164.68	260.09	—	—	68.26	325.05	19.32	—	—	—	—	—	—
	5362	底	73.61	99.95	—	—	22.3	155.47	—	—	10207.95	402.37	—	—	25.77	372.63	23.38	—	—	—	—	—	—
8097	5363	釉	53.5	78.41	—	—	15.31	104.53	—	—	3388.36	218.99	—	—	62.44	313.68	—	—	—	—	—	—	—
	5364	底	61.45	97.06	—	—	28.95	153.29	—	—	5168.82	174.12	—	—	21.36	182.24	29.77	—	—	—	—	17.94	—
8106	5365	釉	275.4	129.77	—	—	176.13	189.9	103.77	—	27451.1	1004.36	—	—	141.31	124.15	43.65	—	—	—	—	23.28	—
	5366	底	231.88	118.48	—	—	45.71	136.83	—	—	19206.14	98.6	—	—	151.62	99.44	—	—	—	—	—	23.97	—
8111	5367	釉	54.61	65.26	—	—	21.12	131.07	—	—	2470.71	248.19	—	—	55.02	205.03	26.94	—	—	—	—	—	—
	5368	底	64.05	91.47	—	—	31.85	132.14	—	—	6815.78	258.42	—	—	36.41	205.14	31.53	—	—	—	—	13.44	—
8112	5369	釉	298.98	97.56	—	—	103.09	126.43	—	—	29101.33	445.88	—	—	100.3	119.09	31.1	—	—	—	—	21.14	—
	5370	底	310.85	94.4	—	—	44.83	148.06	66.25	—	20882.18	129.32	—	—	68.74	120.4	24.67	—	—	—	—	18.18	—
8113	5371	釉	39.5	76.64	—	—	40.3	113.07	—	—	2460.34	315.02	—	—	61.23	305.02	28.16	—	—	—	—	—	—
	5372	彩	34.7	76.6	—	—	59.53	170.7	102.37	328.44	3332.67	3113.42	—	—	79.75	319.97	226.96	—	—	—	—	—	—
	5373	底	23.98	46.1	—	—	30	63.39	—	—	2124.81	90.28	—	—	8.77	105.51	11.35	—	—	—	—	—	—
8114	5374	釉	61.69	76.49	—	—	70.2	101.71	—	—	2944.68	222.91	—	—	82.9	207.88	14.96	—	—	—	—	—	—
	5375	底	72.9	111.61	—	—	20.5	156.91	—	—	7804.13	235.62	—	—	27.25	234.24	35.42	—	—	—	—	—	—
8115	5376	釉	54.65	120.07	—	—	21.96	209.69	—	—	2383.68	288.06	—	—	111.97	208.58	37.6	—	—	—	—	—	—
	5377	彩	62.66	66.26	—	—	45.75	176.95	148.5	186.25	3631.41	1465.49	—	—	105.89	229.24	98.7	—	—	—	—	—	—
	5378	底	14.69	33.78	—	—	52.11	64.23	—	—	544.81	—	—	—	11.7	18.14	—	—	—	—	—	—	—
8116	5379	釉	61.95	94.76	—	—	37.53	108.49	—	—	2118.09	232.01	—	—	92.86	244.46	103.45	—	—	—	—	—	—
	5380	彩	41.02	93.25	—	—	81.18	143	—	—	2271.49	880.53	—	—	108.94	242.29	95.54	—	—	—	—	—	—
	5381	底	86.09	148.12	—	—	47.95	145.35	—	—	10758.89	448.76	—	—	34.03	370.17	45.52	—	—	—	—	19.01	—

续表

馆藏编号	p-XRF编号	测试部位	Zr	Pb	Hg	Se	Zn	Cu	Ni	Co	Fe	Mn	Cr	Ti	Sr	Rb	As	W	Ca	K	U	Th	Sc
8117	5382	釉	47.59	102.94	—	—	<LOD	142.79	—	—	2994.59	223.87	—	—	46.3	338.66	20.11	—	—	—	—	—	—
	5383	底	33.19	145.66	—	—	24.97	150.23	106.91	—	1995.65	773.89	—	87.91	34.79	266.2	—	—	4142.36	16111.03	—	—	—
8118	5384	釉	339.72	86.02	—	—	65.3	144.61	—	—	3740.97	1073.4	—	—	142.68	124.91	34.11	—	—	—	—	40.01	—
	5385	底	444.19	89.66	—	—	36.02	125.43	—	—	14889.94	157.34	—	—	110.39	73.73	30.8	—	—	—	—	22.12	—
8119	5386	釉	413.9	118.71	—	—	99.27	182.62	—	—	8365.99	107.43	—	—	89.1	122.3	28.81	—	—	—	—	40.61	—
	5387	底	319.5	94.63	—	—	93.06	217.39	114.79	—	11983.62	88.84	—	—	90.59	124.99	27.64	85.42	—	—	14.87	19.58	—
8120	5388	釉	36.99	87.94	—	—	51.83	112.18	—	—	3009.88	518.06	—	—	150.09	189.31	100.07	—	—	—	20.45	—	—
	5389	底	43.6	117.18	—	—	42.99	185.47	—	—	4964.34	409.78	—	—	68.8	198.37	37.4	—	—	—	32.15	—	—
8121	5390	釉	45.41	68.05	—	—	20.25	111.99	—	—	3406.93	337.22	—	—	46.05	290.36	17.57	—	—	—	—	—	—
8122	5391	釉	75.46	151.55	—	—	120.13	167.36	—	—	2962.43	499.67	—	—	92.43	310.77	168.14	—	—	—	—	—	—
	5392	彩	57.89	98.64	—	—	59.68	152.04	—	192.68	3452.78	1394.2	—	—	124.08	279.09	120.65	—	—	—	—	13.14	—
	5393	底	100.23	183.27	—	—	69.88	186.82	—	—	11796.74	335.14	35.39	736.13	39.97	387.58	42.09	—	2953.97	10145.04	—	23.81	37.79
8137	5398	釉	46.72	97.67	27.35	—	22.37	447.44	83.97	173.26	9469.26	3118.39	—	—	78.11	219.03	18.73	—	—	—	—	—	—
	5399	釉	15.67	82.33	—	—		359.96	95.25	112.85	4048.15	1613.41	—	—	41.52	121.49	22.03	—	—	—	—	—	—
	5400	耳铛	39.02	95.96	—	—	34.93	501.21	92.42	220.48	8282.34	3845.6	—	—	82.88	222.69	17.35	—	—	—	—	—	—
8131	5401	瓷扣	173.55	63.21	—	—	32.31	102.97	79.46	—	4703.86	—	—	—	50.35	73.67	20.76	—	—	—	—	—	—
8127	5402	釉	359.03	298.75	—	—	86.41	141.61	107.75	—	58367.05	412.85	—	—	56.36	64.98	54.23	—	—	—	—	21.82	—
8128	5403	釉	395.31	244.91	—	—	76.28	133.62	—	—	46277.66	493.4	—	—	60.65	70.44	30.77	—	—	—	—	22.51	—
8126	5404	釉	341.3	67.81	—	—	89.01	139.37	72.53	—	28607.97	1676.31	—	—	92.56	64.4	31	—	—	—	—	24.02	—
8125	5405	釉	383.04	83.08	—	—	92.85	123.78	70.57	—	32361.67	1335.14	—	—	93.29	39.12	29.52	—	—	—	—	17.56	—
8177	5460	釉	361.01	111.45	—	—	83.55	127.7	95.61	—	30655.86	737.24	—	—	85.79	98.89	44.34	—	—	—	—	17.08	—
6885	5461	釉	320.46	57.12	—	—	19.1	142.3	—	—	12517.8	2250.67	—	—	218.62	86.06	18.84	—	—	—	—	20.95	—
	5462	底	318.56	66.94	—	—	32.96	108.15	—	—	15210.79	214.92	—	—	102.93	94	—	—	—	—	—	26.88	—
6886	5463	釉	416.76	93.32	—	—	70.57	89.5	—	—	43536.64	442.58	—	—	101.5	91.15	32.63	—	—	—	—	27.45	—
	5465	底	317.19	68.21	—	—	86.64	120.61	—	382.56	24899.04	309.9	—	—	90.58	103.66	32.23	—	—	—	—	25.6	—

续表

馆藏编号	p-XRF编号	测试部位	Zr	Pb	Hg	Se	Zn	Cu	Ni	Co	Fe	Mn	Cr	Ti	Sr	Rb	As	W	Ca	K	U	Th	Sc
6887	5466	釉	296.6	55.44	—	—	30.12	129.77	—		14587.49	3803.96	—	—	228.86	111.84	19.66	—	—	—	—	—	—
	5468	底	299.24	61.85	—	—	21.19	84.96	—		11931.32	—	—	—	99.15	119.4	18.13	—	—	—	—	16.73	—
6888	5469	釉	398.58	122.85	—	—	51.2	128.9	—		44159.36	1088.76	—	—	65.12	84.82	31.2	—	—	—	—	25.79	—
	5470	底	437.5	82.64	—	—	51.96	123.25	—	258.63	18721.64	160.49	—	—	52.26	71.85	26.48	—	—	—	—	16.34	—
6889	5471	釉	259.69	87.77	—	—	67.64	183.01	91.44		37464.71	8944.21	—	—	133.68	80.28	64.32	—	—	—	—	13.09	—
	5472	底	276.74	88.66	—	—	62.98	115.03	—		49343.61	382.84	—	—	60.78	89.38	38.99	—	—	—	—	13.84	—
6900	5473	釉	295.17	165.34	—	—	165.45	230.07	—		30496.79	5618.37	—	—	155.57	125	59.84	—	—	—	—	19.79	—
	5474	底	321.16	80.52	—	—	43.81	136.86	—		39272.86	—	—	—	71.04	129.69	33.41	—	—	—	—	17.56	—
6901	5475	釉	283.16	67.44	—	—	53.31	132.09	—		23547.07	1049.61	—	—	169.22	135.45	24.16	—	—	—	—	15.56	—
	5476	底	290.72	71.49	—	—	45.22	128.78	—		24983.21	168.61	—	—	98.03	139.07	25.67	—	—	—	—	30.9	—
6902	5477	釉	329.18	62.83	—	—	45.93	88.9	—		28983.23	1489.07	—	—	92.8	78.14	35.01	—	—	—	—	17.72	—
	5478	底	314.01	61.83	—	—	47.45	133.9	94.41		17205.04	2576.88	—	—	196.63	57.62	28.59	—	—	—	—	20.31	—
6903	5479	釉	368.73	56.63	—	—	16.96	96.12	—		11868.32	—	—	—	72.4	58.5	18.02	—	—	—	—	24.45	—
	5480	底	328.64	81.24	—	—	80.34	89.09	100.59		40633.11	756.78	—	—	132.09	109.79	34.67	—	—	—	—	21.44	—
6904	5481	釉	375.66	69.75	—	—	57.05	156.25	—		49765.94	519.96	—	—	72.74	95.4	33.12	—	—	—	—	23.6	—
	5482	底	240.05	66.55	—	—	105.8	141.8	84.94		30297.58	3318.06	—	—	473.39	86.53	59.69	—	—	—	—	—	—
6905	5483	釉	361.88	117.72	—	—	120.41	129	118.55		51795.02	666.16	—	—	84.66	85.54	31.01	—	—	—	—	21.77	—
	5484	底	300.98	243.71	—	—	57.81	112.68	117.47		34607.92	941.75	—	—	265.83	68.03	39.65	—	—	—	—	16.01	—
6906	5485	釉	381.27	129.17	—	—	163.63	94.23	82.93		42192.81	457.22	—	—	91.81	81.37	26.19	—	—	—	—	25.55	—
	5486	底	292.29	66.58	—	—	70.45	132.08	115.96		21660.6	1658.59	—	—	230.46	112.14	—	—	—	—	—	17.43	—
6907	5487	釉	294.61	77.84	—	—	116.75	109.4	—		14370.41	126.2	—	—	80.44	121.35	21.61	—	—	—	—	12.76	—
	5488	底	361.81	84.76	—	—	77.15	111.65	112.39		50482.03	654.92	—	—	96.42	85.16	41.1	—	—	—	—	17.2	—
6908	5489	釉	384.48	92.95	—	—	52.34	130.23	95.2		47235.07	366.94	—	—	75.08	74.13	29.07	—	—	—	—	14.98	—
	5490	底	305.24	79.22	—	—	90.67	123.68	—		12678.7	3647.81	—	—	291.07	110.08	34.04	—	—	—	—	17.44	—
6909	5491	底	330.25	63.05	—	—	45.72	112.89	—		11329.04	153.02	—	—	104.32	131.1	25.88	—	—	—	—	18.48	—

续表

馆藏编号	p-XRF编号	测试部位	Zr	Pb	Hg	Se	Zn	Cu	Ni	Co	Fe	Mn	Cr	Ti	Sr	Rb	As	W	Ca	K	U	Th	Sc
6910	5492	釉	362.21	91.55	—	—	53.97	119.64	—	480.73	13176.57	—	—	—	66.99	102.47	29.04	—	—	—	—	18.55	—
	5493	底	354.22	86.24	—	—	54.18	107.16	92.9	—	51287.18	432.67	—	—	49.3	75.47	31.61	—	—	—	—	29.51	—
6911	5494	釉	271.61	110.94	—	—	134.08	122.36	121.45	—	31537.9	1529.34	—	—	120.06	117.23	25.72	—	—	—	—	20.04	—
	5495	底	284.94	90.52	—	—	41.96	113.04	—	—	40674.66	249.05	—	—	61.56	104.56	—	—	—	—	—	15.08	—
6912	5496	底	382.32	69.85	—	—	76.8	118.62	90.01	—	43560.8	627.13	—	—	93.84	65.64	20.14	—	—	—	—	17.9	—
	5497	釉	277.79	80.67	—	—	108.66	112.91	84.47	—	27002.63	679.64	—	—	182.18	124.55	41.1	—	—	—	—	—	—
6913	5498	底	307.18	92.1	—	—	53.81	127.83	—	318.41	33818.8	178.05	—	—	76.3	141.95	20.02	—	—	—	—	31.45	—
6914	5499	釉	37.43	52.88	—	—	48.45	85.72	—	—	2832.59	588.87	—	—	151.74	193.57	25.13	—	—	—	27.91	—	—
	5500	底	41.68	72.86	—	—	40.82	92.59	—	—	6087.17	416.46	—	—	62.75	225.55	22.42	—	—	—	—	—	—
6915	5501	釉	44.99	65.05	—	—	43.38	75.48	68.4	—	2761.24	380.05	—	—	141.53	179.99	110.9	—	—	—	—	—	—
	5502	底	57.86	71.27	—	—	23.5	71.87	—	—	6343.11	307.28	—	—	85.03	214.85	38.71	—	—	—	—	—	—
6916	5504	底	27.29	64.55	—	—	35.77	94.86	—	—	5859.43	296.17	—	—	99.93	228.9	83.18	—	—	—	—	—	—
	5505	釉	29.86	55.86	—	—	54.05	101.05	—	—	3380.58	350.12	—	—	120.79	213.73	—	—	—	—	—	—	—
6917	5506	彩	41.07	58.6	—	—	48	143.66	193.73	296.99	4317.07	2779.41	—	—	128.78	234.39	58.18	—	—	—	—	—	—
	5507	底	45.81	66.29	—	—	46.79	112.6	—	—	4248.71	237.14	—	—	40.71	180.39	—	—	—	—	—	—	—
6918	5508	釉	90.17	71.24	—	—	53.78	89.68	—	—	7499.15	939.3	—	—	29.3	257.27	—	—	—	—	—	—	—
	5509	底	114.27	82.54	11.5	—	86.54	76.1	—	—	12654.05	801.43	—	—	23.2	300.91	16.18	—	—	—	—	15.63	—
6919	5510	釉	99.34	63.28	—	—	59.63	95.59	—	—	4218.89	566.36	—	—	49.73	184.44	21.36	—	—	—	—	—	—
	5512	底	161.56	106.21	—	—	29.85	92.91	—	—	13663.6	379.6	—	—	26.45	183.37	—	—	—	—	—	12.6	—
6920	5513	釉	65.58	49.39	—	—	20.72	91.8	—	—	3366.65	260.55	—	—	100.29	249.68	—	—	—	—	—	—	—
	5514	彩	59.82	55.97	—	—	29.82	94.71	—	242.83	4630.62	2519.43	—	—	92.9	240.73	—	—	—	—	—	—	—
	5515	底	94.42	78.66	—	—	65.88	103.36	—	—	7902.28	411.38	—	—	40.03	324.67	20.81	—	—	—	—	—	—
	5516	釉	60.61	65.85	—	—	54.92	84.44	—	—	3011.18	216.78	—	—	86.73	230.71	—	—	—	—	—	—	—
6921	5517	彩	47.29	68.78	—	—	51.09	111.31	184.23	501.47	4018.28	4572.65	—	—	82	223.78	—	—	—	—	—	12.71	—

续表

馆藏编号	p-XRF编号	测试部位	Zr	Pb	Hg	Se	Zn	Cu	Ni	Co	Fe	Mn	Cr	Ti	Sr	Rb	As	W	Ca	K	U	Th	Sc
6922	5518	釉	59.72	48.16	—	—	30.15	95.42	—	—	3747.12	328.3	—	—	57.11	263.7	16.52	—	—	—	—	—	—
	5519	彩	62.72	60.52	—	—	37.72	77.81	318.83	830.95	4696.05	5128.49	—	—	59.45	266.66	89.28	—	—	—	—	—	—
6923	5520	釉	65.03	46.11	—	—	51.84	90.46	—	—	3435.58	324.84	—	—	86.13	208.82	26.21	—	—	—	—	—	—
	5521	底	54.49	60.06	—	—	55.22	102.87	181.53	172.44	4120.09	2491.58	—	—	73.77	202.57	19.78	—	4171.22	2223.37	—	—	—
	5522	釉	116.19	81.28	—	—	38.34	56.61	—	—	7004.81	257.73	—	—	31.55	257.06	17.28	—	—	—	—	14.03	—
6924	5523	釉	71.16	64.24	—	—	45.77	87.6	58.29	—	3441.96	293.54	—	—	68.46	225.58	14.1	—	—	—	—	—	—
	5524	底	61.42	73.21	—	—	56.43	106.55	181.17	167.65	4017.95	2215.81	—	—	63.31	214.25	—	—	—	—	—	—	—
6925	5525	釉	108.42	91.19	—	—	55.6	97.1	61.78	—	7499.8	269.96	—	—	30.21	246.85	16.97	—	—	—	—	15.04	—
	5526	底	300.82	77.23	—	—	80.25	144.7	—	—	23251.93	448.25	—	—	105.73	114.48	—	—	—	—	—	14.89	—
6926	5527	釉	313.55	77.64	—	—	84.66	107.62	—	—	25943.62	108.35	—	—	58.28	116.36	19.71	—	—	—	—	16.13	—
	5528	底	293	156.12	—	—	79.29	182.92	78.3	—	32836.36	3130.28	—	—	131.73	149.73	40.45	—	—	—	—	22.64	—
	5529	底	258.13	161.57	—	—	47.23	124.6	—	—	36088.9		—	—	74.83	139.22	52.18	—	—	—	—	19.74	—
6927	5530	釉	333.5	72.81	—	—	93.68	185.24	—	—	31793.17	973.89	—	—	168.15	98.49	39.83	—	—	—	—	20.57	—
	5531	底	313.32	78.89	—	—	84.3	143.98	101.11	—	40503.42	608.29	—	—	94.16	86.24	32.48	—	—	—	—	14.94	—
6928	5532	釉	261.74	86.35	—	—	117.83	126.09	114.06	—	37370.64	2096.85	—	—	237.21	88.74	71.85	—	—	—	—	14.24	—
	5533	底	338.36	84.46	—	—	59.03	104.15	—	—	41715.39	630.78	—	—	76.77	83.27	29.12	—	—	—	—	27.49	—
6929	5534	釉	360.36	87.34	—	—	168.47	130.39	—	—	47964.17	751.42	—	—	103.33	103.7	41.88	—	—	—	—	26.19	—
	5535	底	341.17	86.75	—	—	63.53	129.37	—	—	46595.13	508.15	—	—	67.46	86.91		—	—	—	—	22.11	—
6930	5536	釉	317.73	56.01	—	—	61.23	112.12	—	—	16864.43	4256.83	—	—	202.97	74.99	22.28	—	—	—	—	17.44	—
	5537	底	354.22	77.11	—	—	37.64	112.43	89.19	—	10575.15	136.97	—	—	78.08	87.99	19.9	—	—	—	—	15.58	—
6931	5538	釉	363.86	92.26	—	—	72.88	137.13	—	—	35065.34	860.5	—	—	91.73	91.88	28.48	—	1008.72	980.61	—	18.76	—
	5539	底	392.37	80.51	—	—	68.82	150.55	124.6	—	38437.68	736.4	—	—	101.18	84.16	38.73	—	—	—	—	22.02	—
6932	5540	釉	357.69	75.64	—	—	87.83	146.3	—	—	47916.41	771.77	—	—	113.27	98.3	35.76	—	2631.37	—	—	13.47	—
	5541	底	348.3	74.61	—	—	76.17	81.74	—	—	49894.5	449.03	—	—	97.58	97.52	29.3	—	—	—	—	18.43	—

续表

馆藏编号	p-XRF编号	测试部位	Zr	Pb	Hg	Se	Zn	Cu	Ni	Co	Fe	Mn	Cr	Ti	Sr	Rb	As	W	Ca	K	U	Th	Sc
6933	5542	釉	275.32	108.25	—	—	282.68	185.38	99.1	—	22801.79	5133.47	—	—	125.91	118.25	41.58	—	—	—	—	22.44	—
	5543	底	318.42	74.16	—	—	52.81	118.2	—	—	30886.87	242.18	—	—	68.42	108.07	18.6	—	—	—	—	21.56	—
6890	5544	釉	304.67	70.23	—	—	61.5	179.64	—	—	28855.47	2988.49	—	—	323.4	89	29.97	—	—	—	—	13.59	—
	5545	底	388.66	81.12	—	—	98.86	86.6	—	338.96	23796.73	169.56	—	—	91.87	93.79	23.83	—	—	—	—	20.83	—
6891	5546	釉	334.64	93.95	—	—	138.25	141.84	93.83	—	42191.88	1333.91	—	—	129.03	93.1	23.06	—	—	—	—	22.89	—
	5547	底	388.57	77.37	—	—	96.96	110.29	87.57	—	45641.17	617.3	—	—	79.04	81.4	23.1	—	—	—	—	24.93	—
6892	5548	釉	271.09	62.46	—	—	55.08	151.53	—	—	13972.64	4861.27	—	—	272.28	88.19	20.68	—	—	—	—	20.47	—
	5549	底	322.73	64.11	—	—	19.02	100.02	—	—	14547.04	122.81	—	—	120.71	112.36	25.72	—	—	—	—	17.37	—
6893	5550	釉	290.84	67.76	—	—	96.74	169.47	84.49	—	14061.81	2527.09	—	—	238.92	117.29	30.34	—	—	—	—	15.78	—
	5551	底	310.87	65.93	13.53	—	47.51	99.31	75.67	—	11715.99	—	—	—	98.57	134.6	21.66	—	—	—	—	19.5	—
6894	5552	釉	303.54	68.81	—	—	121.78	136.25	—	—	27057.42	1464.13	—	—	157.88	105.12	53.71	—	—	—	—	18.85	—
	5553	底	358.26	91.38	—	—	68.31	103.33	—	—	30328.15	438.38	—	—	85.46	97.54	24.71	—	—	—	—	23.21	—
6895	5555	釉	239.78	—	—	—	—	—	—	261.92	18048.26	4427.64	—	—	141.94	—	—	—	—	—	—	—	—
	5556	底	282.97	52.9	—	—	23.62	180.13	—	—	16524.22	3861.39	—	—	183.23	124.83	21.54	—	—	—	—	14.57	—
6896	5557	釉	288.65	78.82	—	—	46.1	100.69	—	—	15844.16	102.63	—	—	95.39	133.67	—	—	—	—	—	15.98	—
	5558	底	358.33	67.32	—	—	77.56	127.36	—	—	24783.8	310.85	—	—	80.94	86.32	19.66	—	—	—	—	22.34	—
6897	5559	釉	300.3	109.9	—	—	52.98	108.23	76.72	—	40310.38	278.2	—	—	75.85	89.66	—	—	—	—	—	18.77	—
	5560	底	275.32	71.08	—	—	178.14	190.72	80.13	—	23887.49	3101.16	—	—	219.18	118.98	34.82	—	—	—	—	23.19	—
6898	5561	釉	286.43	81.49	—	—	85.55	109.17	—	—	27217.1	207.4	—	—	101.73	130.7	29.64	—	—	—	—	15.36	—
	5562	底	322.79	112.69	—	—	43.2	124.7	103.82	—	26372.85	698.66	—	—	94.14	88.73	66.99	—	—	—	—	13.11	—
6899	5563	釉	385.49	69.88	—	—	51.22	123.56	—	—	46071.68	501.29	—	—	58.83	95.56	43.93	—	—	—	—	32	—
	5564	底	262.55	91.02	—	—	51.2	134.74	—	—	33455.41	4726.96	—	—	138.72	139.62	—	—	—	—	—	20.18	—
6936	5565	釉	311.83	87.02	—	—	53.45	112.31	—	—	40050.41	424.85	—	—	84.47	144.64	27.14	—	—	—	—	17.56	—
	5566	釉	—	695999.44	—	—	—	1506.3	—	—	38652.89	—	—	—	—	—	42649.7	—	—	—	—	—	—

2. 陶瓷器超景深图像结果

图四三　陶双系罐8022釉层局部照

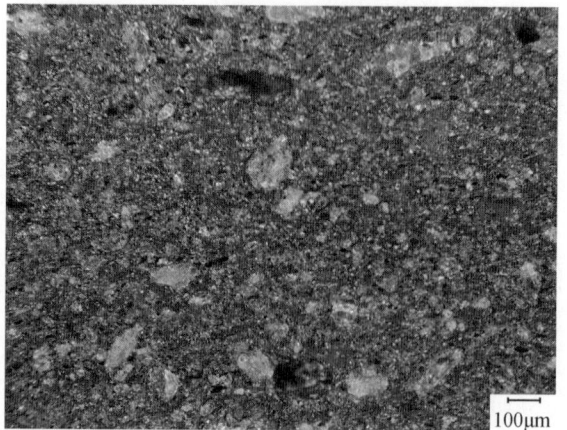

图四四　瓷罐8023釉层和胎体局部照片

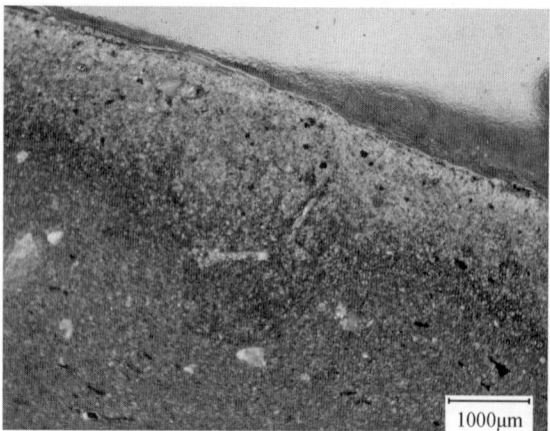

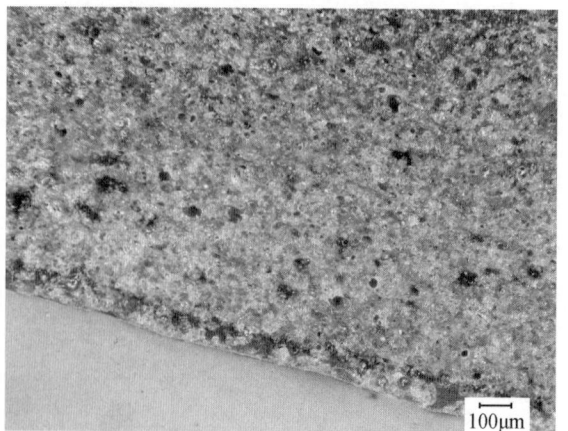

图四五　陶罐底8042釉层及胎体局部照片

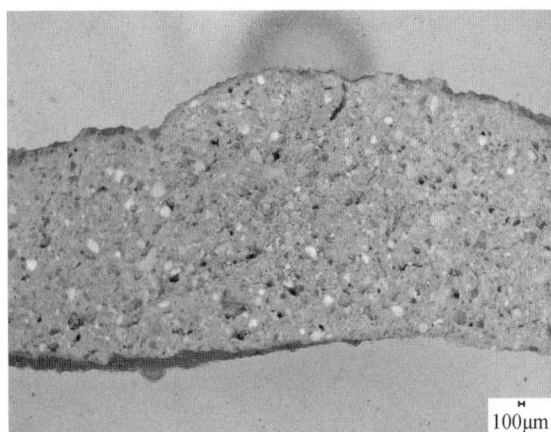

图四六　陶俑8058局部照片

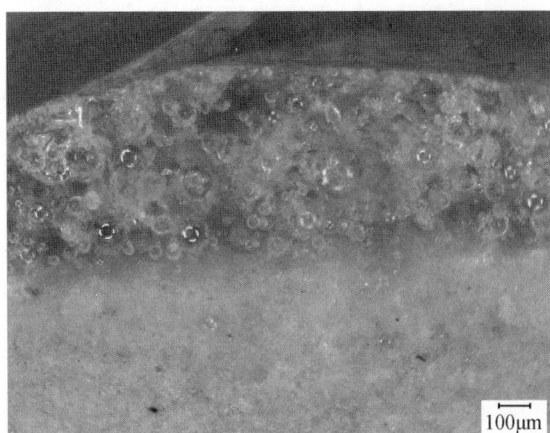

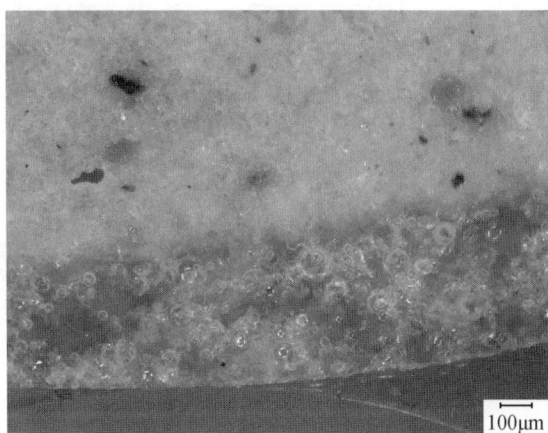

图四七　瓷碗8099釉层及胎体局部照片

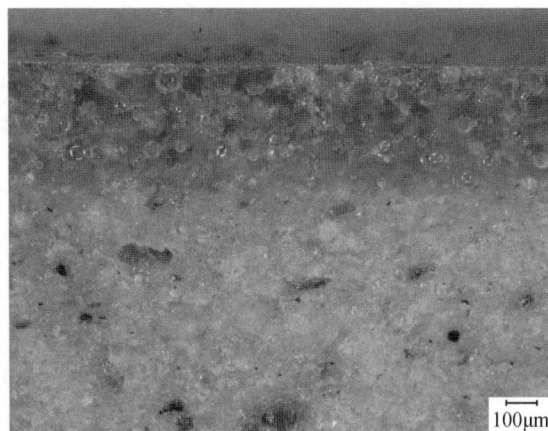

图四八　瓷碗8116釉层及胎体局部照片

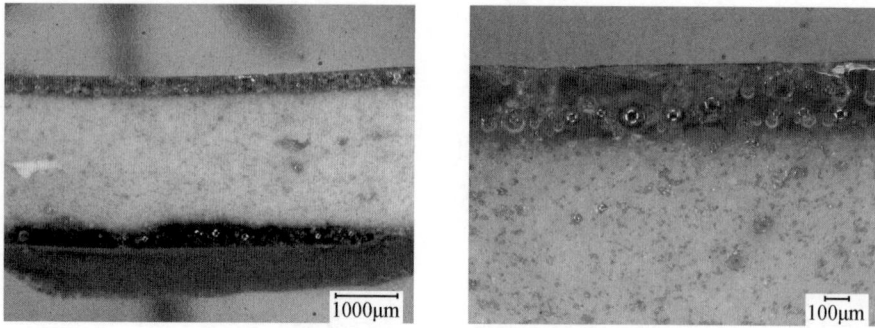

图四九　样品8608釉层及胎体照片

3. 陶瓷器扫描电镜能谱分析结果

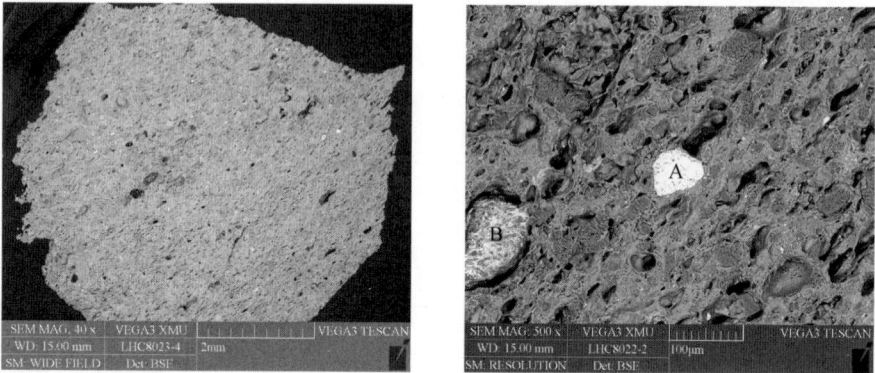

图五〇　样品8022

胎体成分：O：47.6%，Na：0.7%，Mg：0.7%，Al：9.5%，Si：31.2%，K：2.4%，Ca：1.2%，Ti：0.8%，Fe：6.0%

A：O：29.0%，Fe：71.0%

B：O：40.9%，Na：0.7%

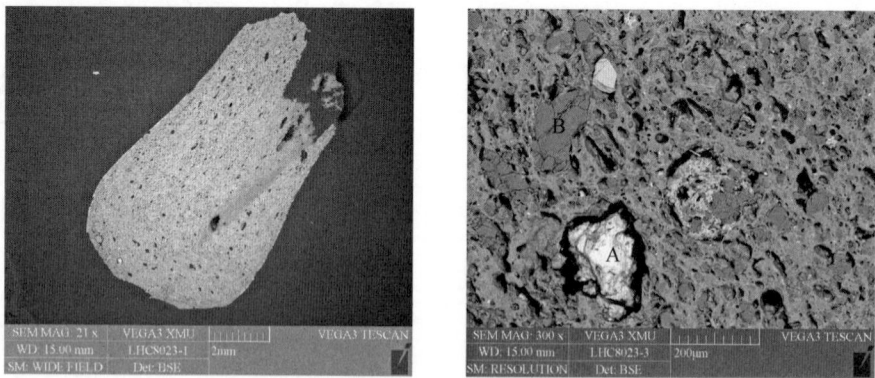

图五一　样品8023

胎体成分：O：45.6%，Na：0.3%，Mg：0.8%，Al：10.9%，Si：33.5%，K：2.2%，Ca：0.5%，Ti：0.6%，Fe：5.7%

A：O：27.4%，Al：8.6%，Si：6.3%，Ca：0.5%，Fe：57.2%

B：O：46.6%，Si：53.4%

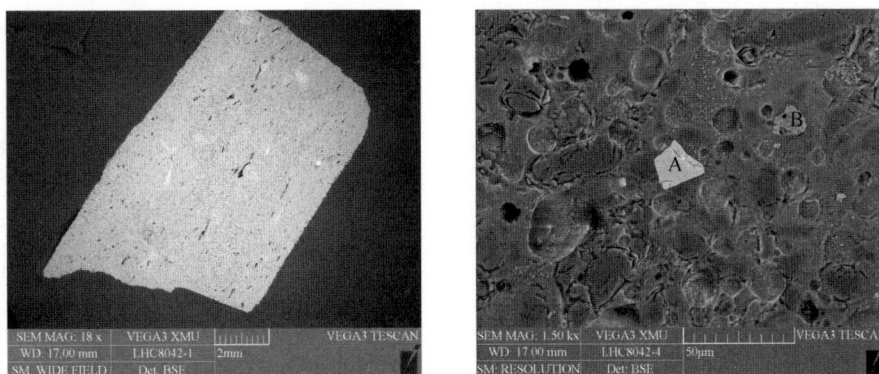

图五二　样品8042

胎体成分：O：50.6%，Na：1.2%，Mg：0.8%，Al：9.3%，Si：30.8%，K：1.9%，Ca：0.6%，Ti：0.7%，Fe：4.2%

A：O：38.2%，Si：12.7%，Zr：49.2%

B：O：52.7%，Na：0.8%，Mg：0.7%，Al：9.1%，Si：18.7%，K：2.0%，Ca：0.7%，Ti：8.8%，Fe：6.5%

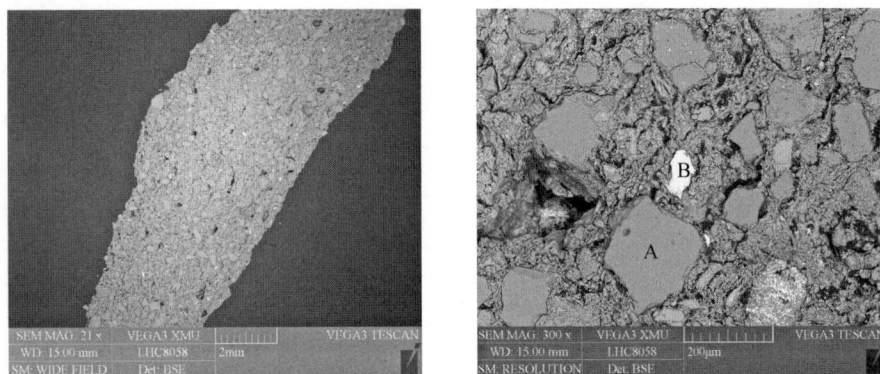

图五三　样品陶器8058

胎体成分：O：47.9%，Na：1.7%，Mg：0.9%，Al：9.1%，Si：32.5%，K：2.3%，Ca：1.0%，Ti：0.6%，Fe：4.0%

A：O：50.6%，Si：49.4%

B：O：27.9%，Si：0.6%，Ti：0.5，Fe：71.0%

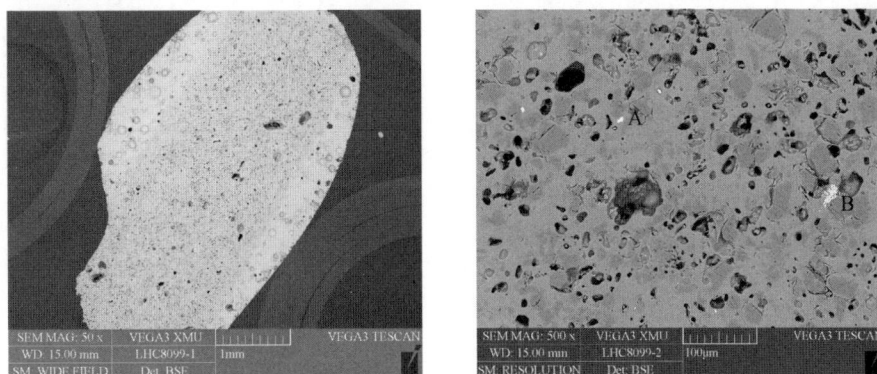

图五四　样品8099

胎体成分：O：46.9%，Na：0.7%，Al：11.9%，Si：36.0%，K：3.6%，Ca：1.0%

釉层成分：O：46.1%，Na：1.2%，Al：7.4%，Si：32.1%，K：3.6%，Ca：9.6%

A：O：28.5，Si：14.6%，Zr：56.9%

B：O：41.3%，Al：1.4%，Si：3.7%，K：0.5，Ti：51.2%，Fe：1.9%

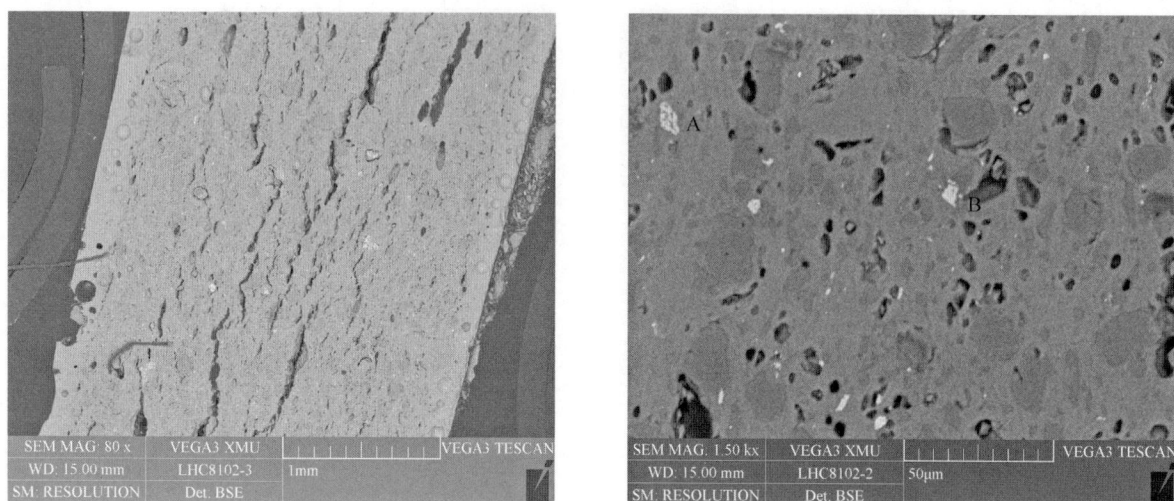

图五五　样品8102

胎体成分：O：45.6%，Mg：0.3%，Al：12.2%，Si：35.2%，K：42.3%，Ti：1.0%，Fe：3.5%

釉层成分：O：43.8%，Mg：1.4%，Al：9.3%，Si：29.7%，K：4.4%，Ca：5.2%，Fe：5.6%

A：O：38.0%，Mg：0.6%，Al：5.2%，Si：18.5%，Ti：15.6%，Fe：22.1%

B：O：35.2%，Mg：1.1%，Al：6.9%，Si：3.5%，K：0.3%，Ti：23.7%，Fe：29.3%

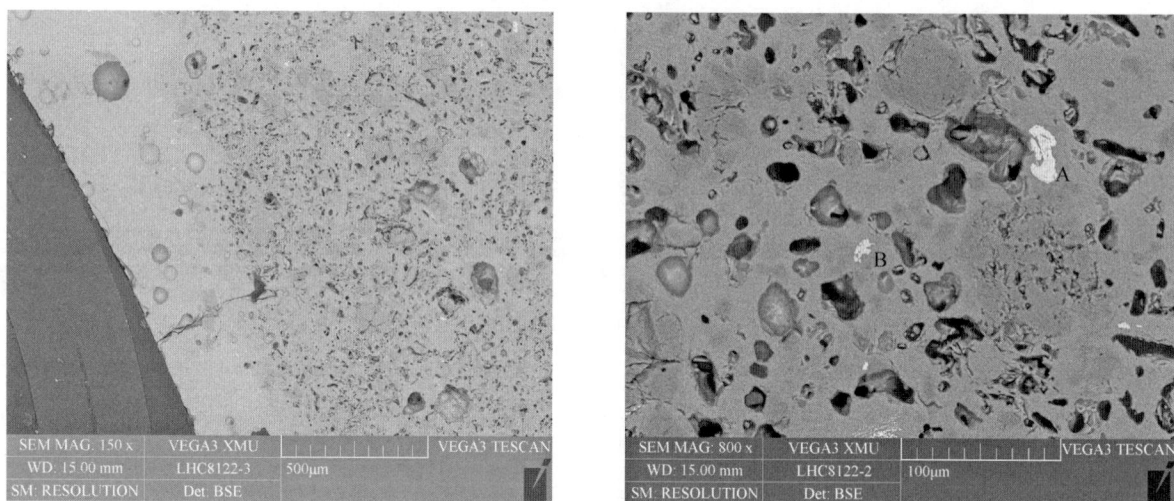

图五六　样品8122

胎体成分：O：43.8%，Na：0.6%，Al：12.1%，Si：33.4%，K：4.5%，Ca：1.0%，Fe：2.6%

釉层成分：O：42.3%，Al：7.2%，Si：32.4%，K：4.2%，Ca：13.9%

A：O：31.8%，Mg：0.8%，Al：4.5%，Si：0.2%，Ti：39.8%，Fe：22.9%

B：O：32.1%，Mg：0.9%，Al：6.7%，Si：2.7%，Ti：35.2%，Fe：22.5%

四、小　结

关于金属器，本次金属器共采样17件，其中铜器15件，其中黄铜6件，博物馆编号为6938、6939、6944、6947、8141、8143，均为热锻组织，青铜5件，博物馆编号为6941、8157、8159、8168、8169，均为铸造，红铜2件，博物馆编号为8107、8170，均为铸造。两件完全锈蚀，没有

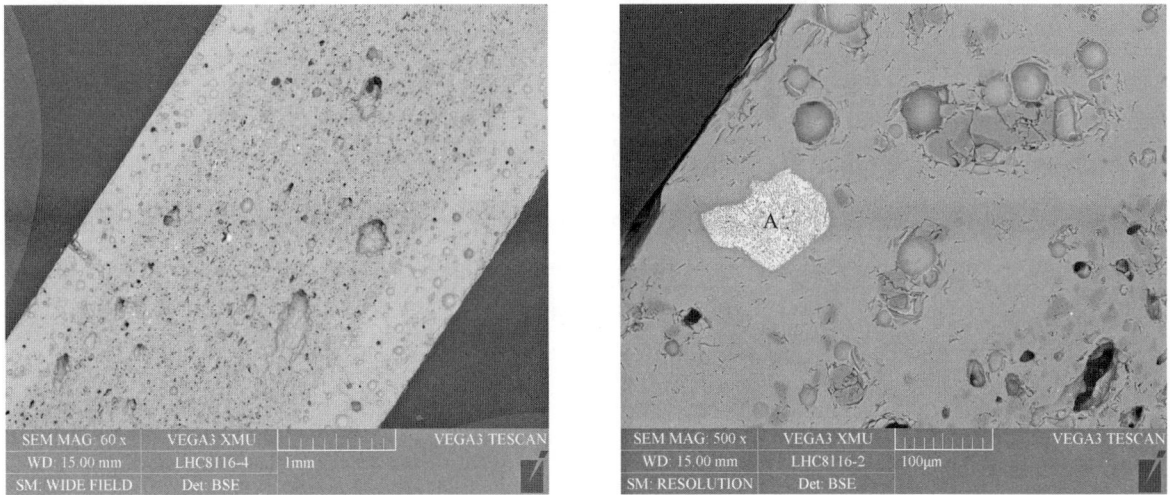

图五七　样品8116

胎体成分：O：47.7%，Na：0.6%，Al：9.8%，Si：34.6%，K：4.1%，Ca：0.8%，Fe：2.6%

釉层成分：O：45.8%，Na：0.7%，Mg：0.3%，Al：8.2%，Si：32.0%，K：3.0%，Ca：10.1%

A：O：32.7%，Al：15.5%，Si：5.9%，Ca：4.9%，Mn：32.5%，Co：8.5%

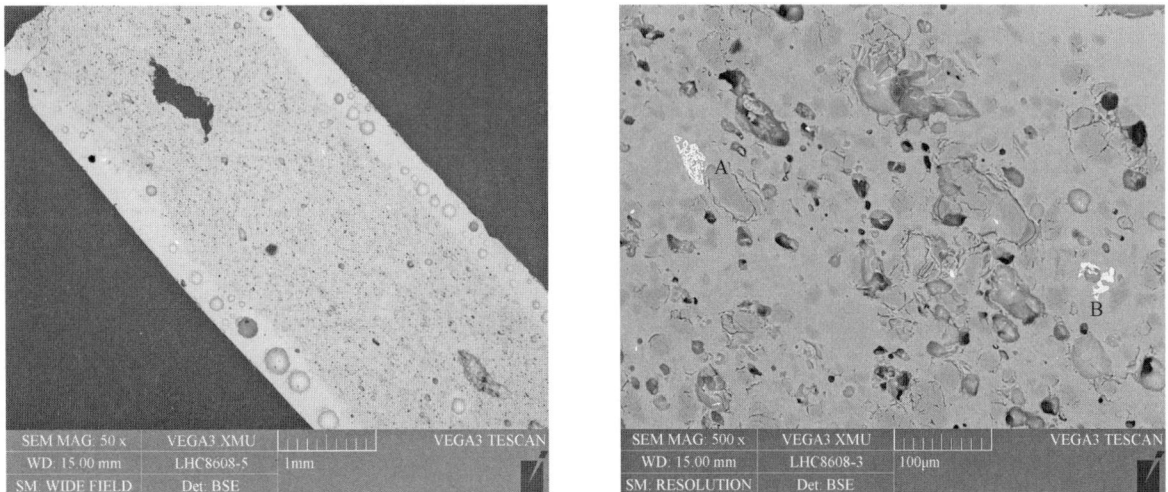

图五八　样品8608

胎体成分：O：46.3%，Na：0.8%，Al：12.2%，Si：36.0%，K：3.1%，Ca：0.7%，Fe：1.0%

釉层成分：O：46.5%，Na：1.0%，Al：8.1%，Si：31.7%，K：3.1%，Ca：9.6%

A：O：44.2%，Na：0.5%，Al：2.5%，Si：9.5%，K：1.6%，Ca：0.5%，Ti：41.2%

B：O：39.1%，Na：0.3%，Al：0.3%，Si：0.3%，Ti：60.3%

基体，不能辨别其为何种合金组织。铁器1件，完全锈蚀，没有基体，银器1件，保存较好，仅外部锈蚀。

关于陶瓷器，首先是256件陶瓷器无损检测的结果，无论是釉层，还是未施釉的瓷器底部，主要包含的元素有Zr、Pb、Zn、Cu、Fe、Mn、Sr、Rb、As、Th等元素，在部分瓷器上还包含有Hg、Se、Ni、Co、Ca、K、U等元素。另外，在样品5387中发现少量W元素，在样品5393中发现少量Cr、Sc元素。其次是超景深的观测结果，两件陶罐的横截面有明显的分层，应该是在烧制陶器的过程中，受热不均导致的，靠近器物外部的颜色较深，温度较高，靠近器物内壁的颜色较浅，温度较低，陶俑的横截面颜色较一致，受热均匀，其烧制温度应该没有前者高，烧制温度较低。瓷器的釉层和胎体有明显的分层现象。最后是扫描电镜能谱分析结果，陶器的主要成分是O、Na、Mg、Al、Si、K、Ca、Ti、Fe等元素。瓷器釉层的主要成分有O、Na、Al、Si、K、Ca等元素，胎体的主要成分有O、Na、Al、Si、K、Ca、Fe等元素，另外，样品8102、8116釉层包含有少量Mg元素，原始瓷罐8023和瓷碗8102胎体成分中包含有Mg、Ti元素。所有的陶器中均包含有Ti、Fe元素，可以推测制作陶器的黏土中包含有钛铁矿，另外，瓷器8023、8102均含有Ti、Fe，可以这两件瓷器和陶器所用黏土的产源应是一致的，青花瓷器胎体不含Ti、Fe，可见青花瓷所使用的黏土与陶器所使用的黏土产地不同。

后　记

　　为做好长江三峡工程重庆库区淹没区文物保护工作，受重庆市文化局委托，河北省文物研究所（今河北省文物考古研究院）在奉节县白帝城文物管理所（今奉节县文物保护管理中心）的协助下，于2000年和2001年对奉节县莲花池墓群进行了抢救性发掘。2022年河北省文物考古研究院开始对莲花池墓群的发掘资料进行系统整理，2024年完成《奉节莲花池墓群》（发掘报告）编写工作，交科学出版社出版。在考古发掘、资料整理、报告编写出版过程中得到了重庆市文物局、重庆市文物考古研究院、奉节县文物保护管理中心和科学出版社的大力支持，在此一并表示衷心的感谢。

　　本报告由河北省文物考古研究院张晓峥编撰统稿，其中第一~四、六~八章由张晓峥执笔，第五章由奉节县文物保护管理中心刘春燕执笔，出土器物科技检测分析由北京科技大学黎高波、李辰元，夔州博物馆张璐、陈厚清负责。

工作场景

工作场景

1. 2000CFL I 区远景（西北→东南）

2. 2000CFL III 区远景（东南→西北）

发掘区远景

1. 2000CFLⅢ区近景（西→东）

2. 2000CFLⅤT8（南→北）

发掘区近景、局部

1. 2000CFLⅠM14

2. 2000CFLⅡM8甬道西壁（部分）

3. 2000CFLⅡM8墓室

汉代墓葬

1. 2000CFLⅡM25

2. 2000CFLⅡM25东壁（部分）

汉代墓葬

1. 2000CFLⅣM2西壁（南部）

2. 2000CFLⅤM10

汉代墓葬

1. 2000CFLVM10甬道西南壁

2. 2000CFLVM10甬道内随葬品

3. 2000CFLVM10墓室西北壁

汉代墓葬

1. 2000CFLⅡM16

2. 2000CFLⅢM48

宋元墓葬

图版一〇

2. 2000CFL Ⅲ M11封墙

1. 2000CFL Ⅲ M11

宋元墓葬

1. 2000CFLⅠM13

2. 2000CFLⅡM7

明清墓葬

1. 2000CFLⅡM12

2. 2000CFLⅡM13

明清墓葬

1. 2000CFL Ⅱ M14

2. 2000CFL Ⅱ M17

明清墓葬

1. 2000CFLⅡM19

2. 2000CFLⅡM20

明清墓葬

1. 2000CFLⅡM26（局部）

2. 2000CFLⅡM27

明清墓葬

1. 2000CFL Ⅱ M29

2. 2000CFL Ⅲ M1

明清墓葬

1. 2000CFLⅢM4

2. 2000CFLⅢM6

明清墓葬

1. 2000CFLⅢM12

2. 2000CFLⅢM18

明清墓葬

1. 2000CFLⅢM21

2. 2000CFLⅢM36

明清墓葬

1. 2000CFLⅢM38

2. 2000CFLⅢM41

明清墓葬

1. 2000CFLⅢM43

2. 2000CFLⅢM50

明清墓葬

1. 2000CFLⅣM4

2. 2000CFLⅣM5

明清墓葬

1. 2000CFLⅤM1

2. 2000CFLⅤM2

明清墓葬

1. 2000CFLⅤM9

2. 2000CFLⅤM14

明清墓葬

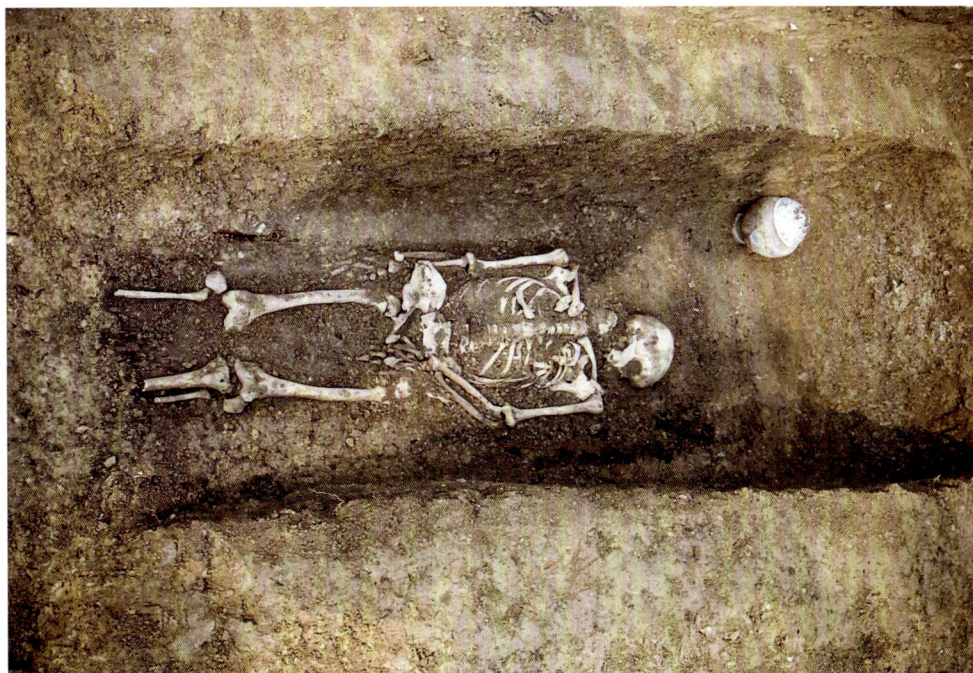

1. 2000CFL Ⅴ M16

2. 2000CFL Ⅴ M19（局部）

明清墓葬

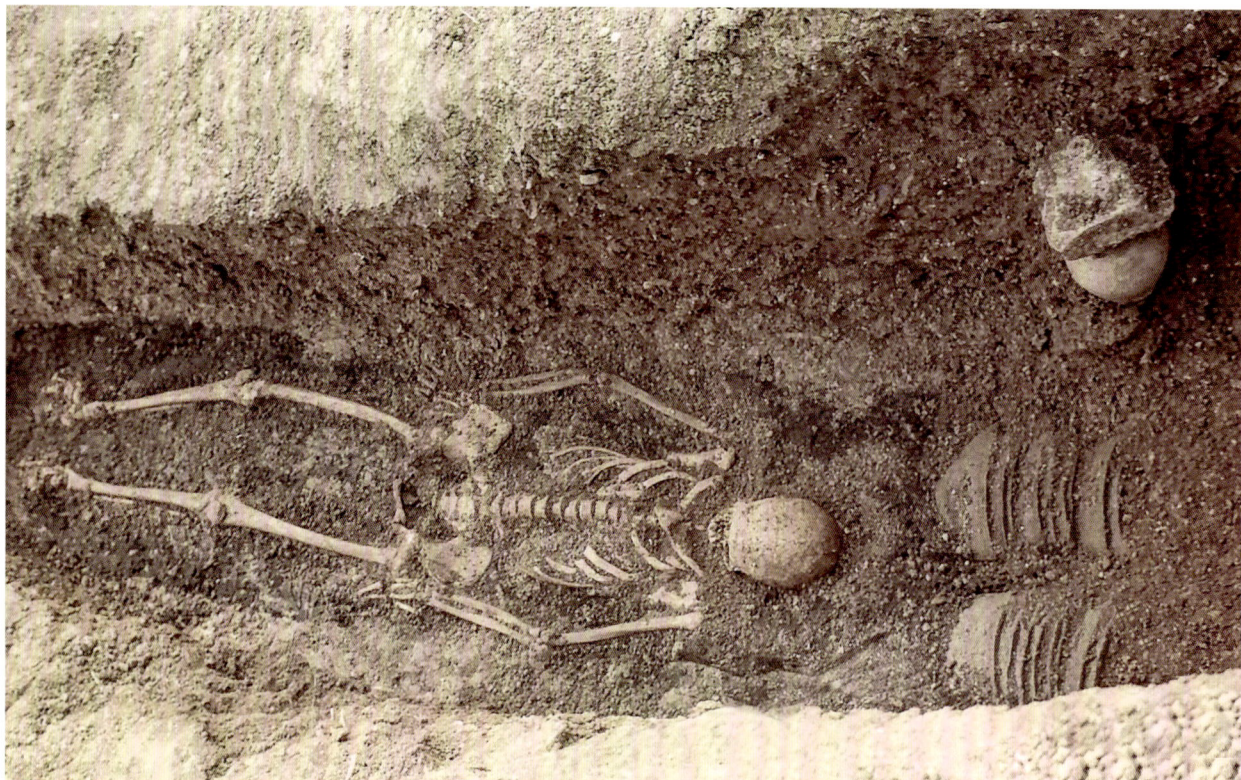

1. 2001CFLⅠM3

2. 2001CFLⅠM15

明清墓葬

1. 2001CFLⅠM8

2. 2001CFLⅠM8（局部）

明清墓葬

图版二八

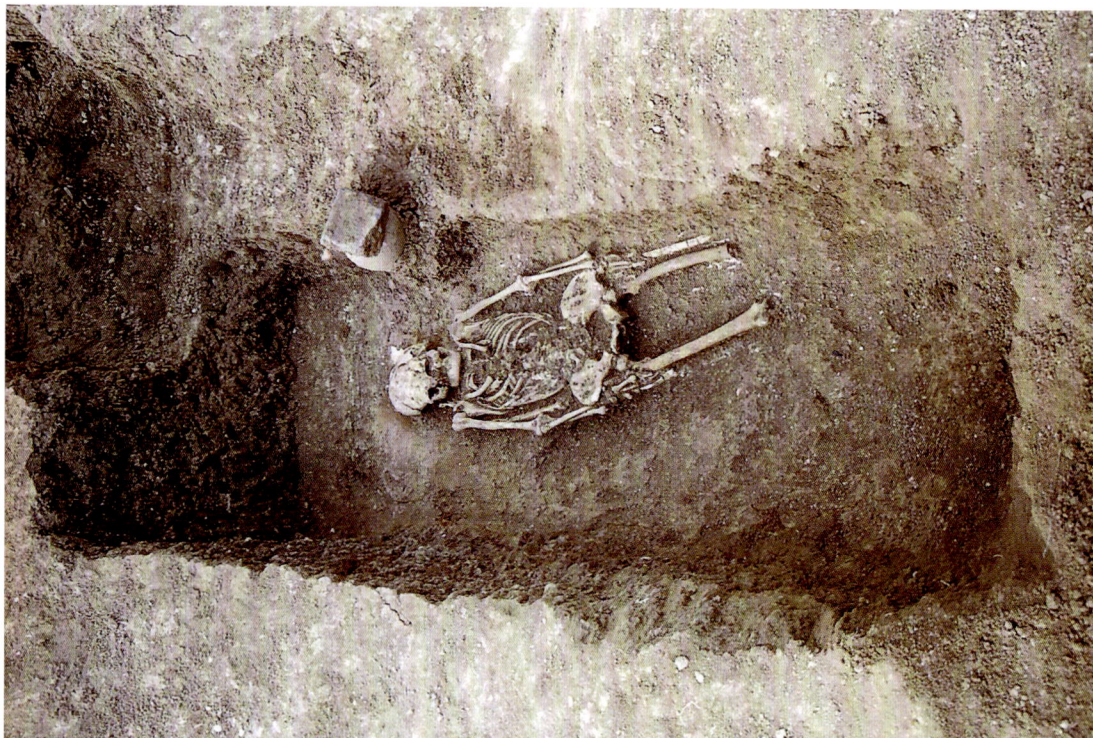

2. 2001CFL II M8

1. 2001CFL II M6

明清墓葬

1. 2001CFLⅡM12

2. 2000CFLⅢM14

明清墓葬

1. 2000CFLⅢM14（局部）

2. 2000CFLⅢM14墓门及封门砖

3. 2000CFLⅢM14东墓室壁龛

明清墓葬

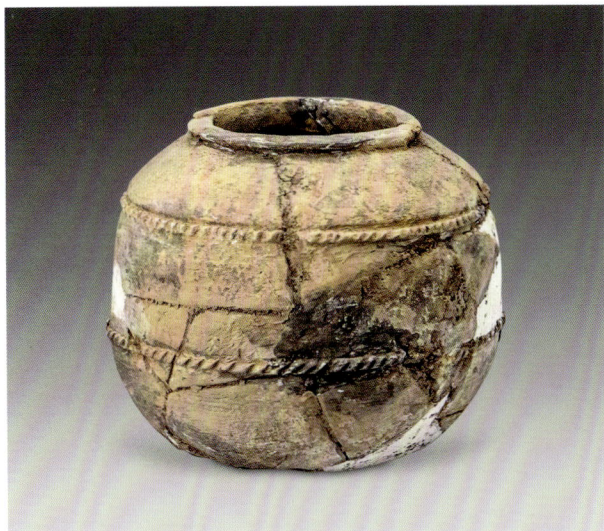

1. 陶罐（2000CFLⅠM14：7）

2. 陶罐（2000CFLⅠM14：9）

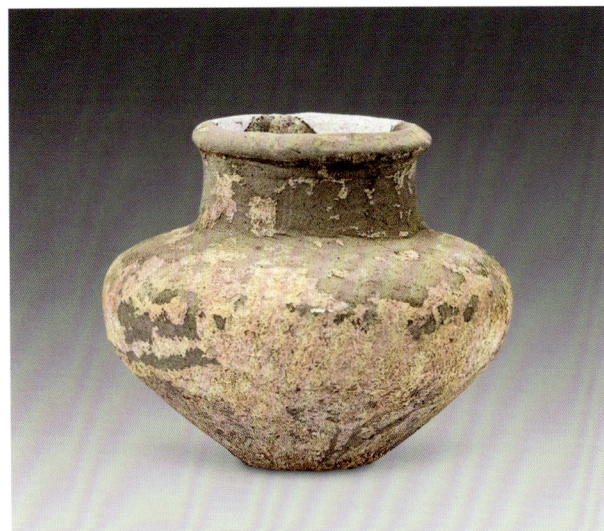

3. 陶罐（2000CFLⅠM14：11）

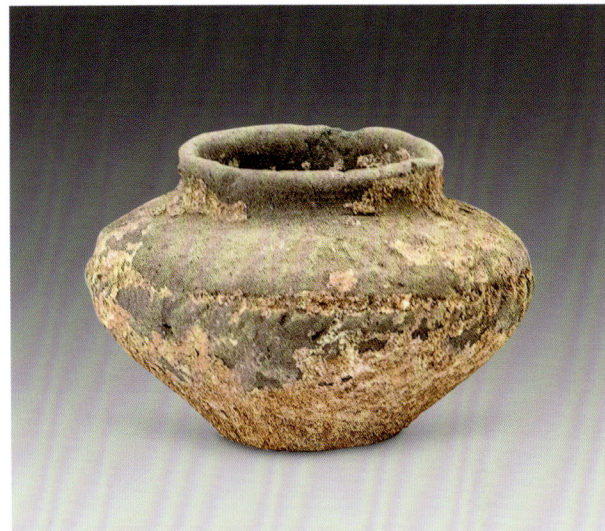

4. 陶罐（2000CFLⅠM14：12）

5. 陶罐（2000CFLⅠM14：13）

6. 陶罐（2000CFLⅠM14：14）

2000CFLⅠM14出土陶罐

1. 陶罐（2000CFLⅠM14：15）

2. 陶罐（2000CFLⅠM14：21）

3. 陶盆（2000CFLⅠM14：16）

4. 陶盆（2000CFLⅠM14：19）

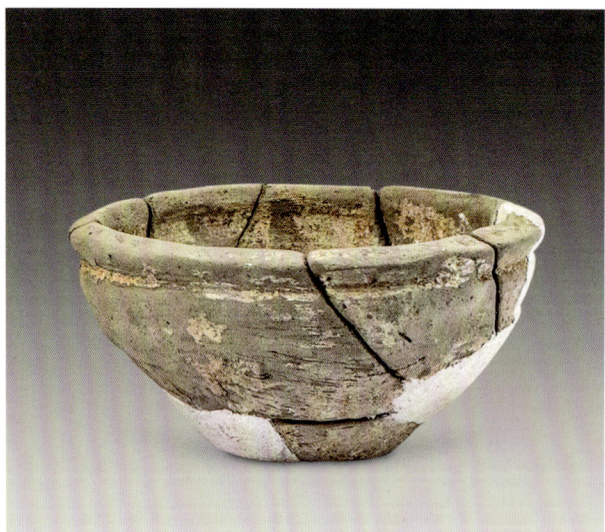

5. 陶盆（2000CFLⅠM14：20）

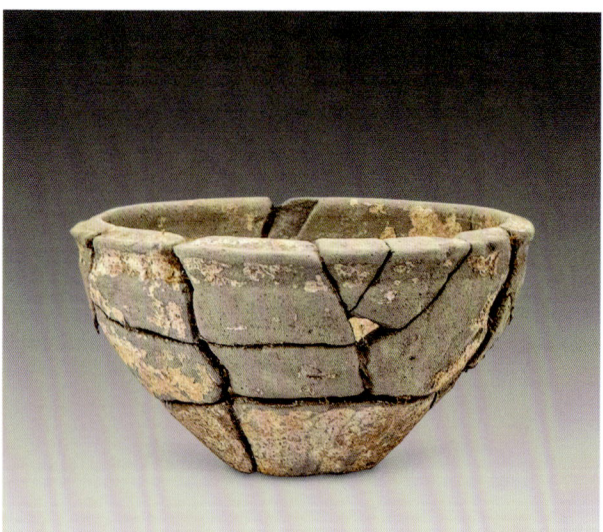

6. 陶甑（2000CFLⅠM14：17）

2000CFLⅠM14出土陶器

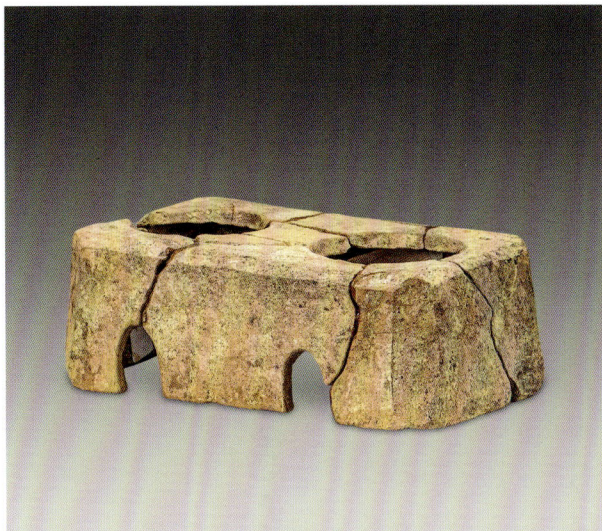

1. 陶灶（2000CFLⅠM14∶18）

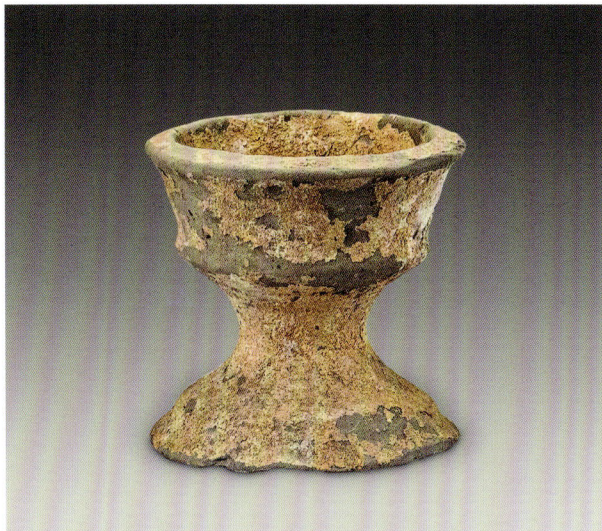

2. 陶豆形器（2000CFLⅠM14∶22）

3. 铜带钩（2000CFLⅠM14∶3）

4. 铜带钩（2000CFLⅠM14∶4）

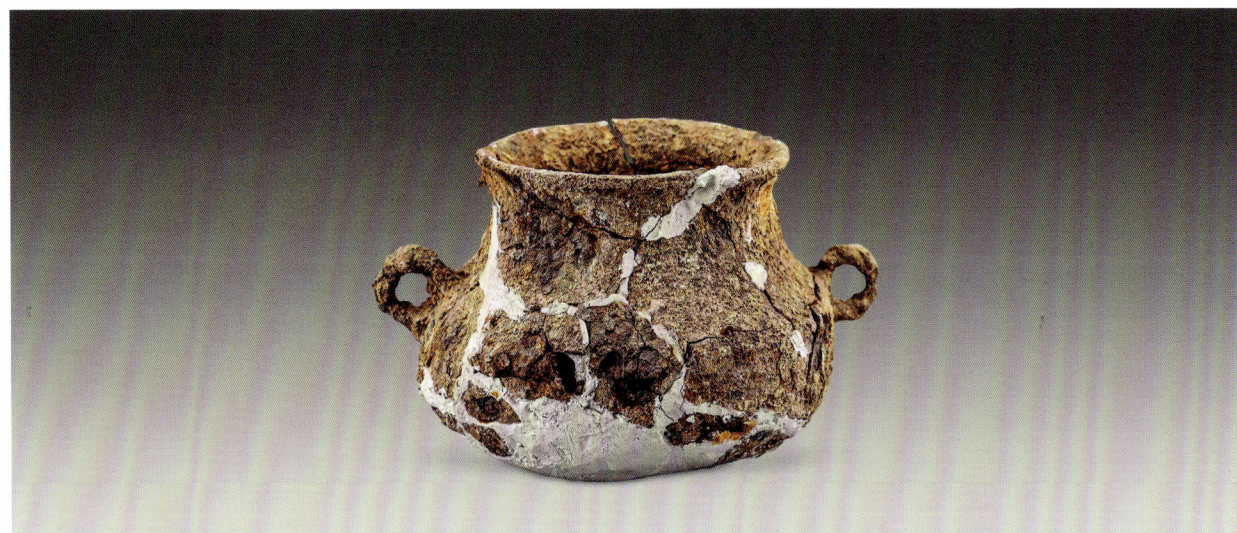

5. 铁鍪（2000CFLⅠM14∶10）

2000CFLⅠM14出土陶器、铜器、铁器

1. 陶罐（2000CFLⅡM25：6）

2. 陶勺（2000CFLⅡM25：4）

3. 陶勺（2000CFLⅡM25：5）

4. 铁构件（2000CFLⅡM25：7-2）

5. 琉璃耳珰（2000CFLⅡM25：3）

2000CFLⅡM25出土陶器、铁器、琉璃器

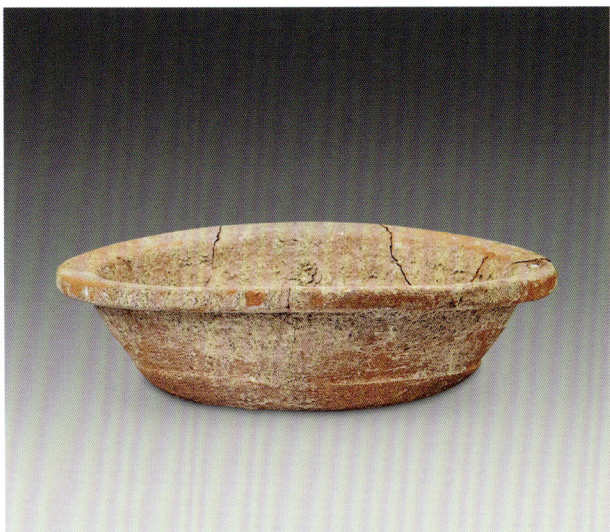

1. 陶盆（2000CFLⅤM10：14）

2. 陶盆（2000CFLⅤM10：26）

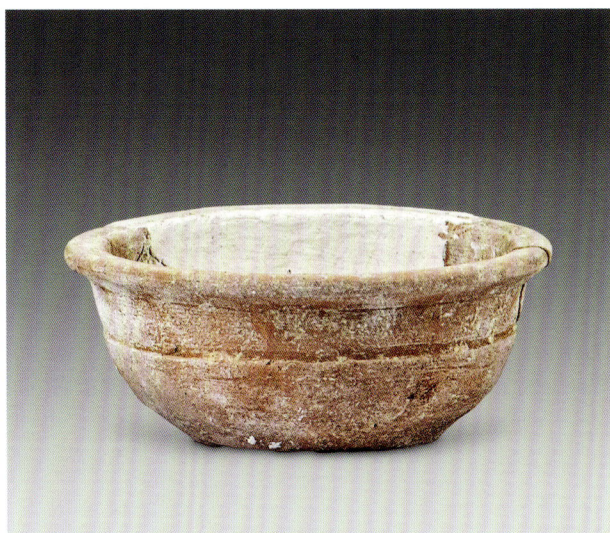

3. 陶盆（2000CFLⅤM10：25）

4. 陶盆（2000CFLⅤM10：29）

5. 陶罐（2000CFLⅤM10：3）

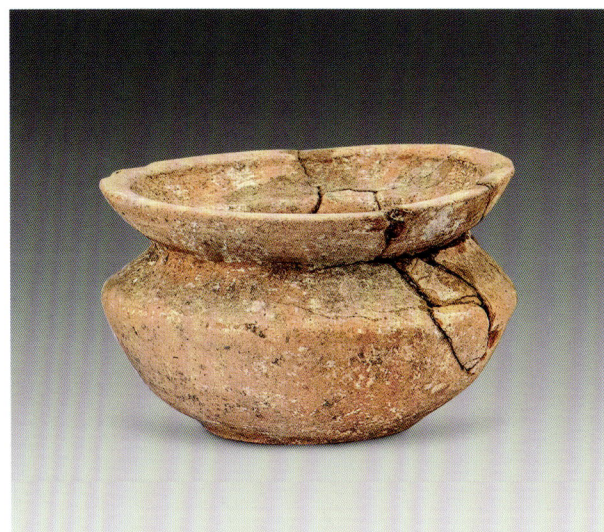

6. 陶釜（2000CFLⅤM10：21）

2000CFLⅤM10出土陶器

图版三六

1. 陶釜（2000CFLⅤM10：28）

2. 陶豆（2000CFLⅤM10：12）

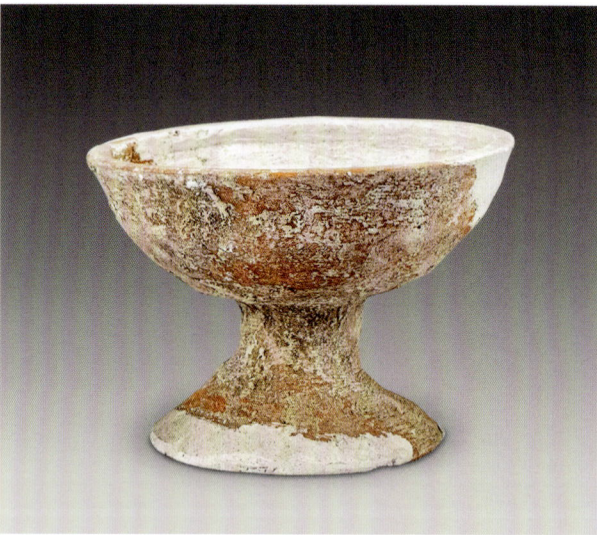

3. 陶豆（2000CFLⅤM10：17）

4. 陶卮（2000CFLⅤM10：15）

5. 陶仓（2000CFLⅤM10：13）

6. 陶仓（2000CFLⅤM10：23）

2000CFLⅤM10出土陶器

1. 陶仓（2000CFLⅤM10：27）

2. 陶器盖（2000CFLⅤM10：10）

3. 陶器盖（2000CFLⅤM10：18）

4. 陶器盖（2000CFLⅤM10：19）

5. 陶器盖（2000CFLⅤM10：20）

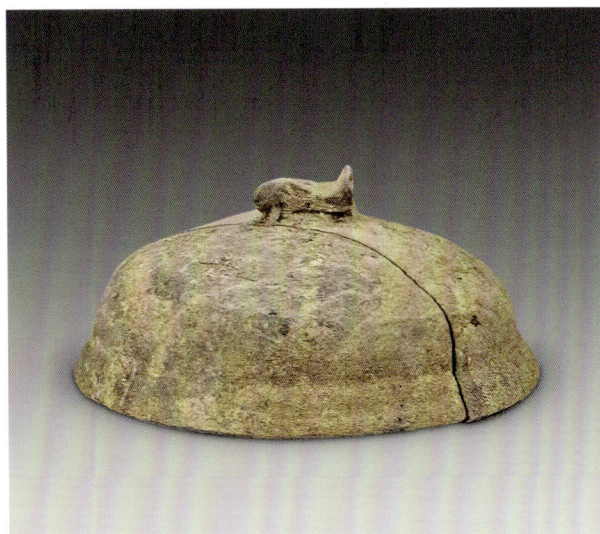

6. 陶器盖（2000CFLⅤM10：24）

2000CFLⅤM10出土陶器

1. 陶饼（2000CFLⅤM10：7）

2. 陶灶（2000CFLⅤM10：22）

3. 铜鍪（2000CFLⅤM10：16）

4. 铜箍（2000CFLⅤM10：5）

5. 陶罐（2001CFLⅤM1：02）

6. 陶盆（2001CFLⅤM1：01）

2000CFLⅤM10、2001CFLⅤM1出土陶器、铜器

1. 陶罐（2000CFLⅢM40：01）

2. 陶俑（2000CFLⅤM10：9）

2000CFLⅢM40、2000CFLⅤM10出土陶器

1. 瓷罐（2000CFLⅡM16：1）

2. 蚌耳坠（2000CFLⅡM16：2）

3. 蚌耳坠（2000CFLⅡM22：1）

4. 铜钱（2000CFLⅡM22：2-3）

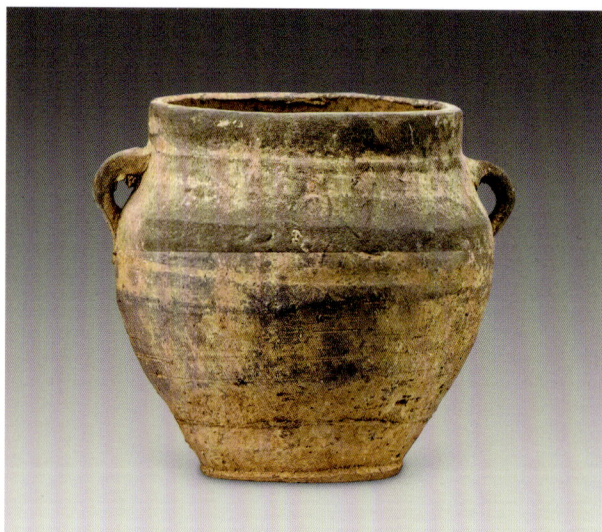

5. 釉陶罐（2000CFLⅡM24：2）

6. 铜钱（2000CFLⅡM24：1-1）

2000CFLⅡM16、2000CFLⅡM22、2000CFLⅡM24出土瓷器、蚌器、铜器、釉陶器

1. 釉陶罐（2000CFLⅢM24：2）

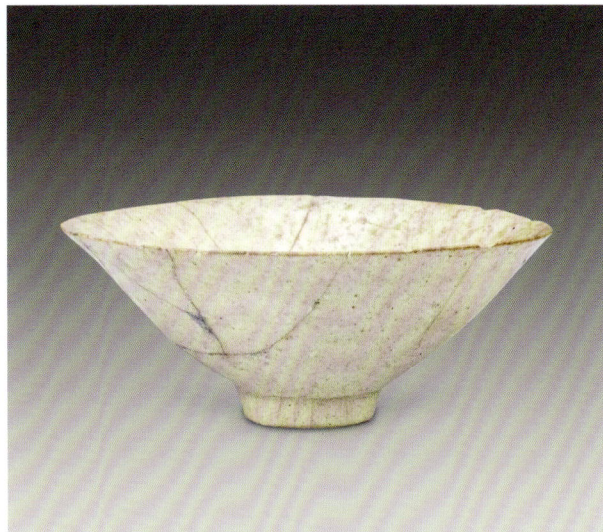

2. 瓷碗（2000CFLⅢM24：1）

3. 釉陶罐（2000CFLⅢM48：1）

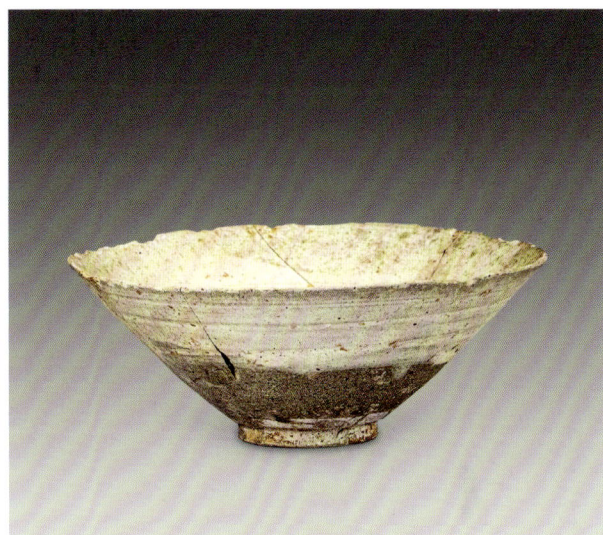

4. 瓷碗（2000CFLⅢM48：3）

5. 瓷碗（2000CFLⅢM48：2）

2000CFLⅢM24、2000CFLⅢM48出土釉陶器、瓷器

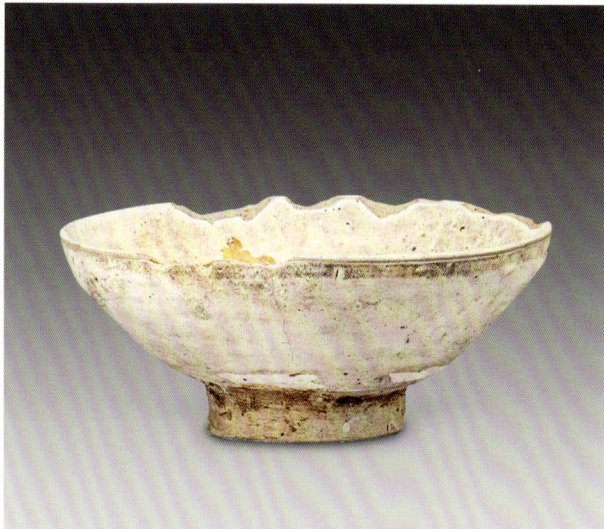

1. 瓷碗（2000CFLⅢM48：4）

2. 釉陶罐（2001CFLⅠM7：1）

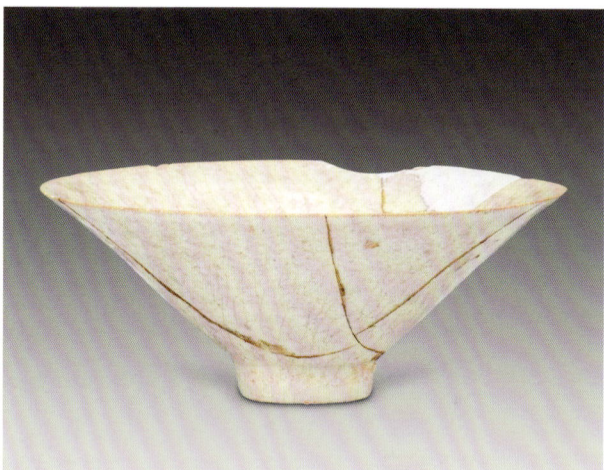

3. 瓷碗（2001CFLⅠM7：2）

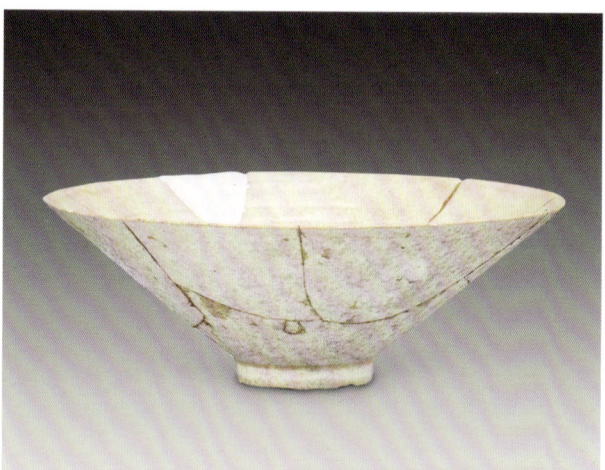

4. 瓷碗（2001CFLⅠM7：3）

5. 釉陶四系罐（2001CFLⅠM7：4）

6. 瓷杯（2001CFLⅠM7：5）

2000CFLⅢM48、2001CFLⅠM7出土瓷器、釉陶器

1. 瓷碗（2001CFL Ⅰ M7：6）

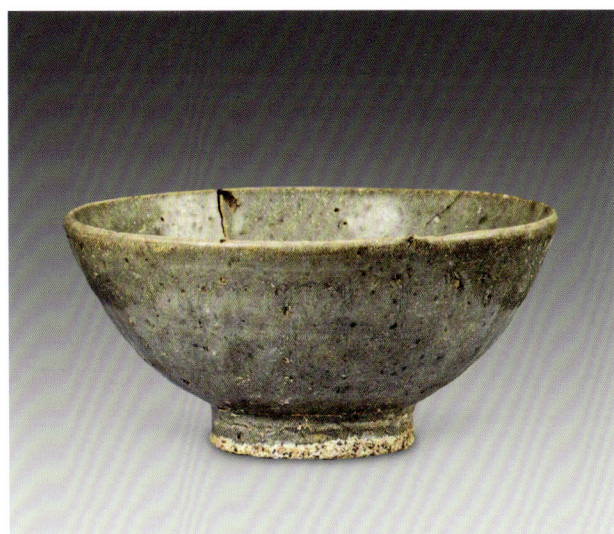

2. 瓷碗（2001CFL Ⅱ M27：1）

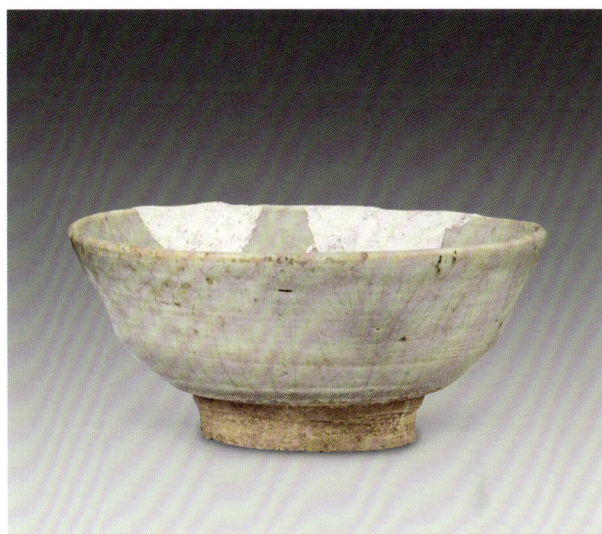

3. 瓷碗（2001CFL Ⅱ M28：1）

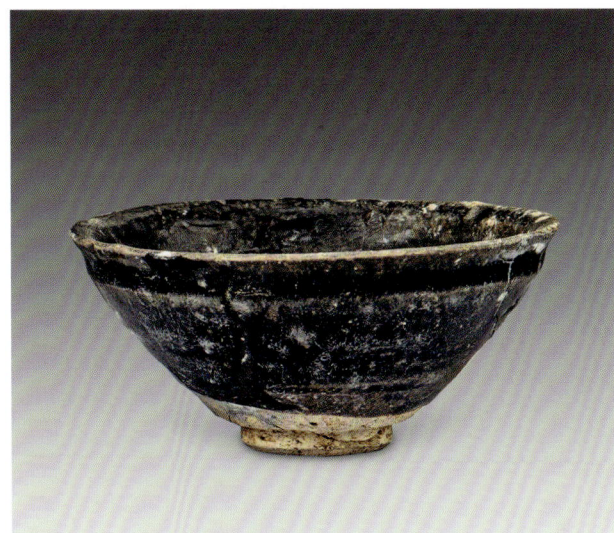

4. 瓷碗（2001CFL Ⅴ M3：1）

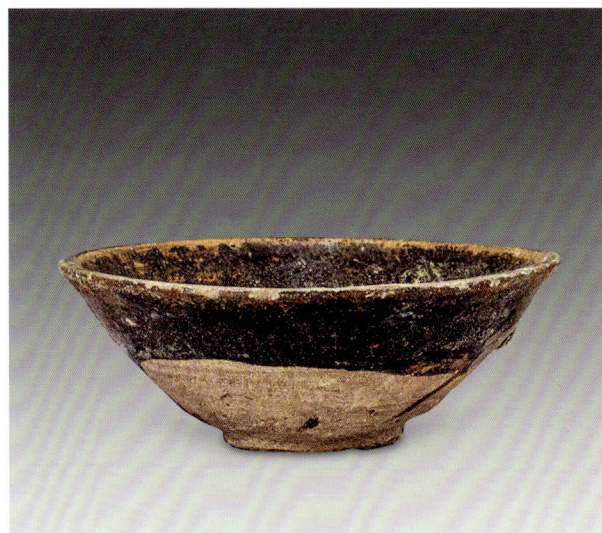

5. 瓷碗（2000CFL Ⅲ M11：1）

2001CFL Ⅰ M7、2001CFL Ⅱ M27、2001CFL Ⅱ M28、2001CFL Ⅴ M3、2000CFL Ⅲ M11出土瓷碗

1.釉陶罐（2000CFLⅠM1：1）

2.铜扣（2000CFLⅠM7：1）

3.铜扣（2000CFLⅠM7：2）

4.釉陶罐（2000CFLⅠM8：1）

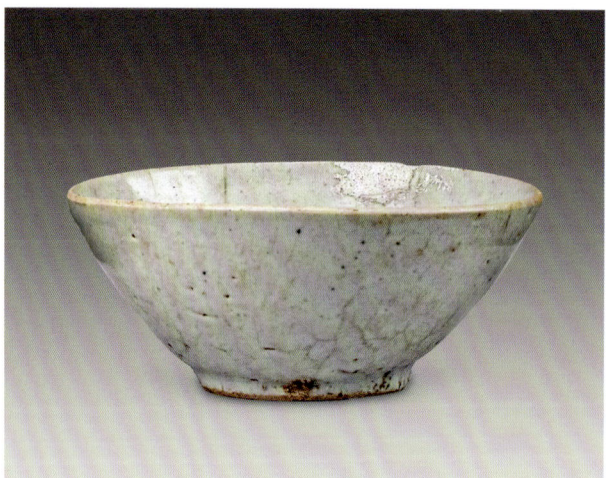

5.瓷碗（2000CFLⅠM9：1）

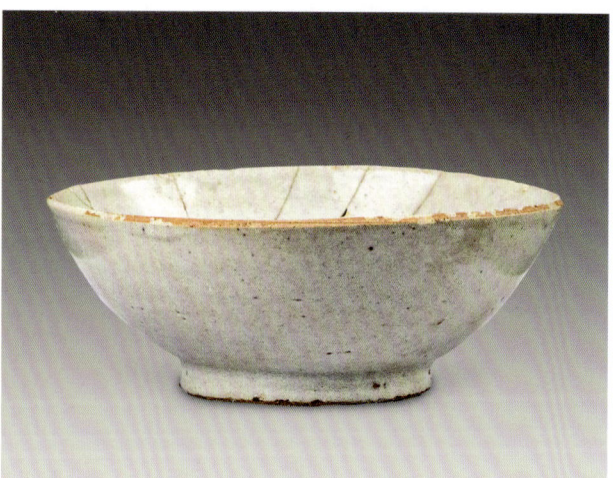

6.瓷碗（2000CFLⅠM9：2）

2000CFLⅠM1、2000CFLⅠM7、2000CFLⅠM8、2000CFLⅠM9出土釉陶器、铜器、瓷器

1. 瓷碗（2000CFLⅠM10：1）

2. 瓷碗（2000CFLⅠM10：2）

3. 铜扣（2000CFLⅠM11：1-1）

4. 陶罐（2000CFLⅠM12：3）

5. 铜扣（2000CFLⅠM12：5）

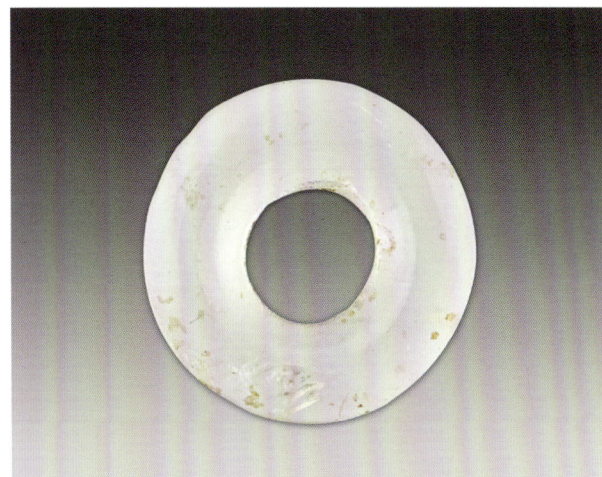

6. 水晶环（2000CFLⅠM13：01）

2000CFLⅠM10、2000CFLⅠM11、2000CFLⅠM12、2000CFLⅠM13出土瓷器、铜器、陶器、水晶器

1. 瓷碗（2000CFLⅠM12：1）

2. 瓷碗（2000CFLⅠM12：2）

3. 玉珠（2000CFLⅠM12：4-1）

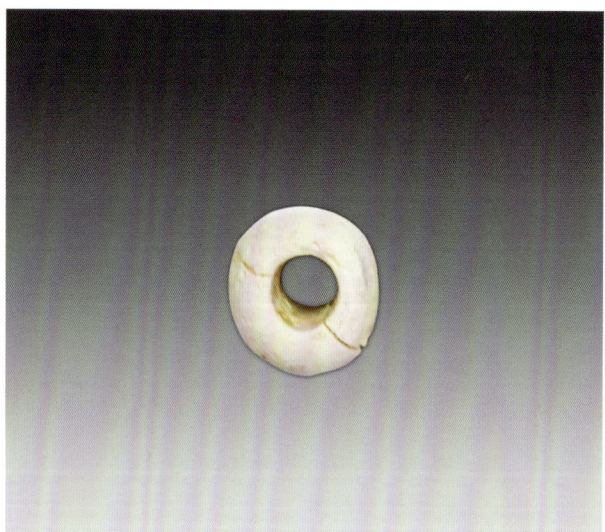

4. 玉珠（2000CFLⅠM12：4-2）

2000CFLⅠM12出土瓷器、玉器

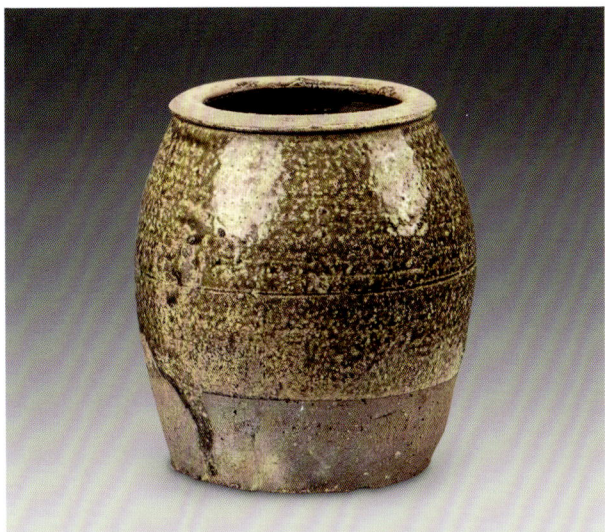

1. 釉陶罐（2000CFLⅡM2：1）

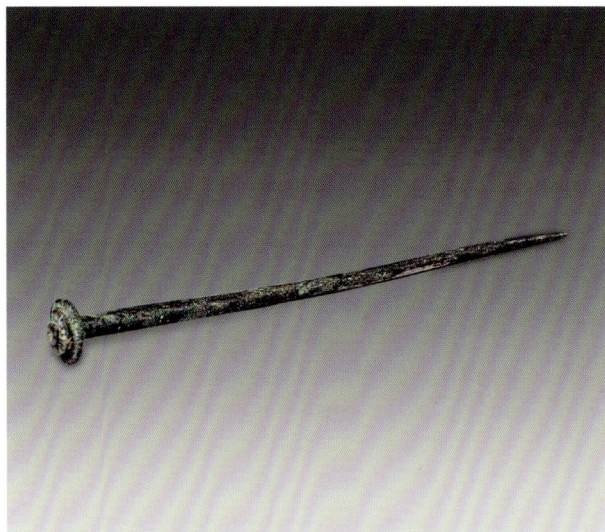

2. 铜簪（2000CFLⅡM2：2）

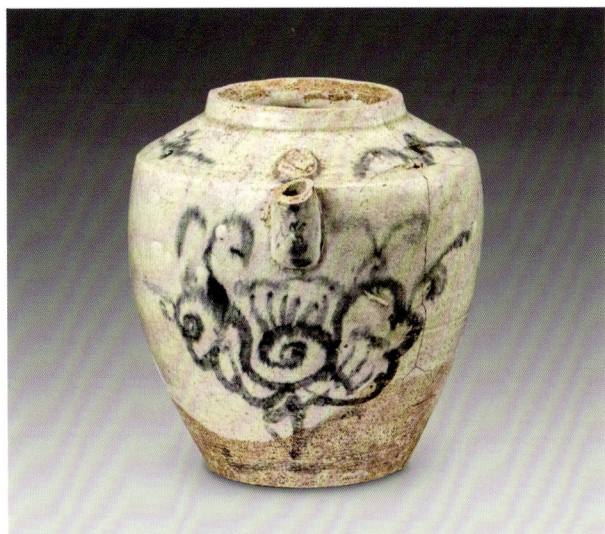

3. 瓷壶（2000CFLⅡM3：1）

4. 釉陶罐（2000CFLⅡM5：1）

5. 铜钱（2000CFLⅡM5：2-1）

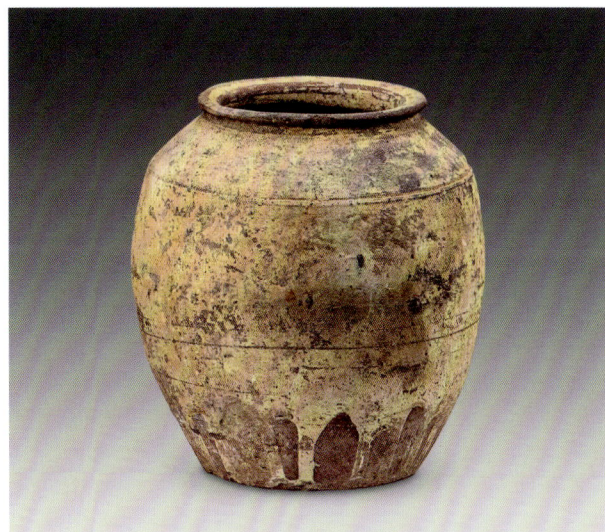

6. 陶罐（2000CFLⅡM7：1）

2000CFLⅡM2、2000CFLⅡM3、2000CFLⅡM5、2000CFLⅡM7出土釉陶器、铜器、瓷器、陶器

1. 瓷碗（2000CFLⅡM7∶2）

2. 铜扣（2000CFLⅡM7∶6）

3. 瓷碗（2000CFLⅡM7∶3）

4. 陶仓（2000CFLⅡM7∶4）

2000CFLⅡM7出土瓷器、铜器、陶器

1. 瓷碗（2000CFLⅡM10：1）

2. 釉陶罐（2000CFLⅡM10：2）　　　　3. 铁权（2000CFLⅡM10：3）

2000CFLⅡM10出土瓷器、釉陶器、铁器

1. 瓷罐（2000CFLⅡM9：1）

2. 蚌扣（2000CFLⅡM12：1）

3. 釉陶罐（2000CFLⅡM14：1）

4. 铜环（2000CFLⅡM14：2）

5. 釉陶罐（2000CFLⅡM15：1）

6. 瓷罐（2000CFLⅡM17：1）

2000CFLⅡM9、2000CFLⅡM12、2000CFLⅡM14、2000CFLⅡM15、2000CFLⅡM17出土瓷器、
蚌器、釉陶器、铜器

1. 铜扣（2000CFLⅡM17：2-1）

2. 瓷罐（2000CFLⅡM19：1）

3. 瓷罐（2000CFLⅡM20：1）

4. 釉陶仓（2000CFLⅡM26：3）

2000CFLⅡM17、2000CFLⅡM19、2000CFLⅡM20、2000CFLⅡM26出土铜器、瓷器、釉陶器

1. 瓷碟（2000CFLⅡM26：1）

2. 瓷碗（2000CFLⅡM26：2）

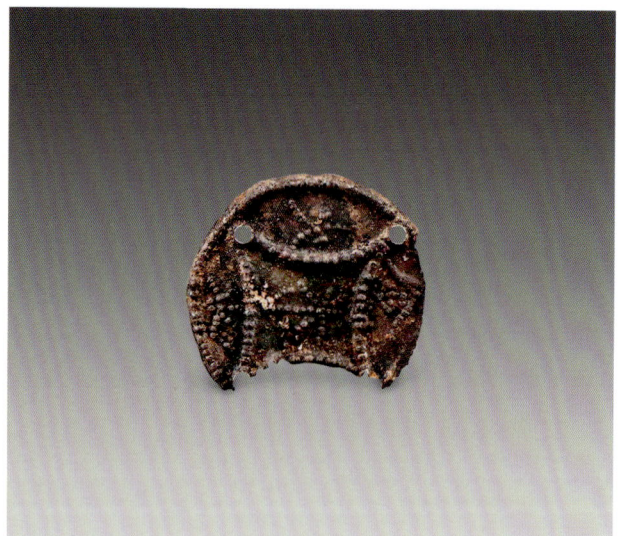

3. 银牌饰（2000CFLⅡM26：4）

4. 蚌耳环（2000CFLⅡM26：5）

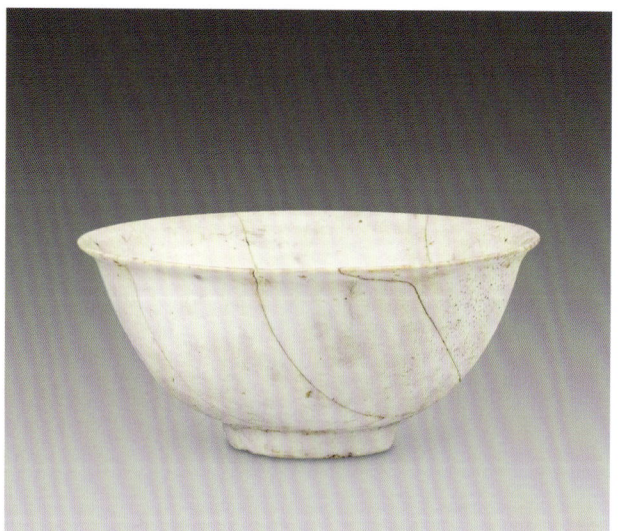

5. 瓷碗（2000CFLⅡM27：2）

2000CFLⅡM26、2000CFLⅡM27出土瓷器、银器、蚌器

2. 釉陶罐（2000CFLⅡM27：3）

1. 瓷碗（2000CFLⅡM27：1）

3. 釉陶罐（2000CFLⅡM29：1）

2000CFLⅡM27、2000CFLⅡM29出土瓷器、釉陶器

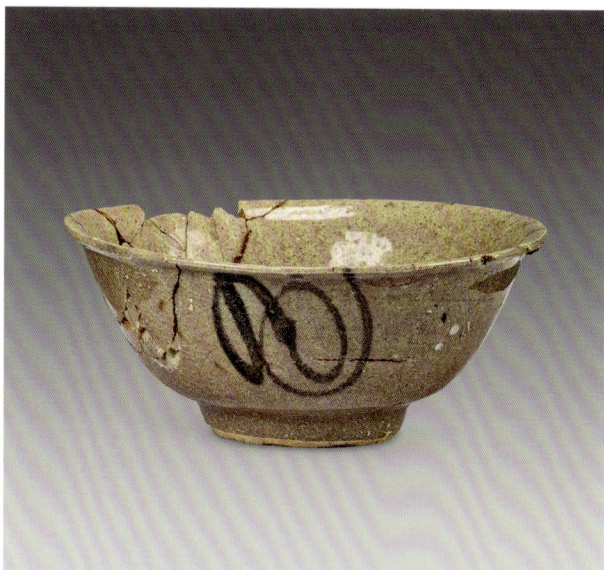

1. 瓷碗（2000CFLⅡM29：2）

2. 陶罐（2000CFLⅢM1：1）

3. 瓷碗（2000CFLⅡM29：3）

4. 银簪（2000CFLⅡM29：4）

2000CFLⅡM29、2000CFLⅢM1出土瓷器、陶器、银器

1. 铜扣（2000CFLⅢM1：2-1）

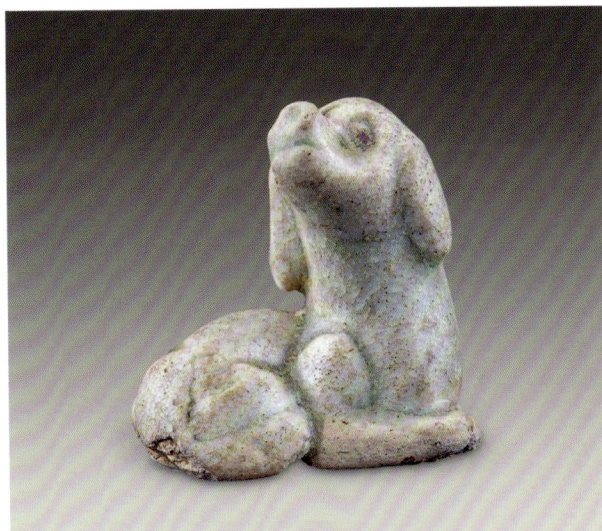

2. 瓷狗（2000CFLⅢM3：01）

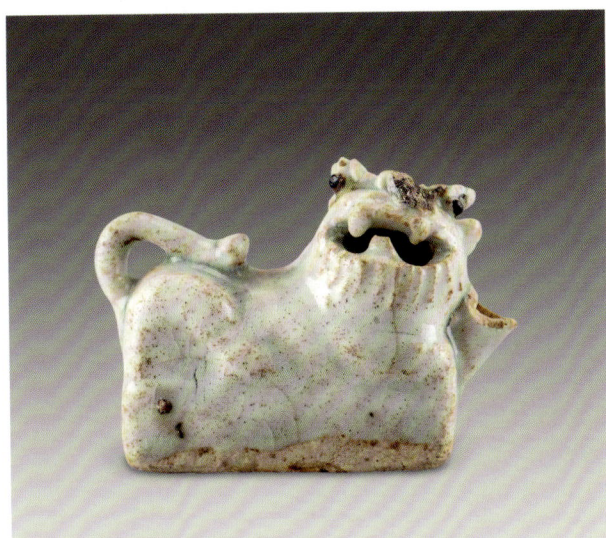

3. 狮式瓷小壶（2000CFLⅢM3：02）

4. 陶铃（2000CFLⅢM3：03）

5. 陶铃（2000CFLⅢM3：04）

6. 铜耳饰（2000CFLⅢM3：05）

2000CFLⅢM1、2000CFLⅢM3出土铜器、瓷器、陶器

1. 釉陶罐（2000CFLⅢM4：1）

2. 瓷罐（2000CFLⅢM10：1）

3. 釉陶罐（2000CFLⅢM5：1）

4. 釉陶罐（2000CFLⅢM12：1）

2000CFLⅢM4、2000CFLⅢM5、2000CFLⅢM10、2000CFLⅢM12出土釉陶器、瓷器

1.陶罐（2000CFLⅢM15∶1）

2.釉陶罐（2000CFLⅢM18∶1）

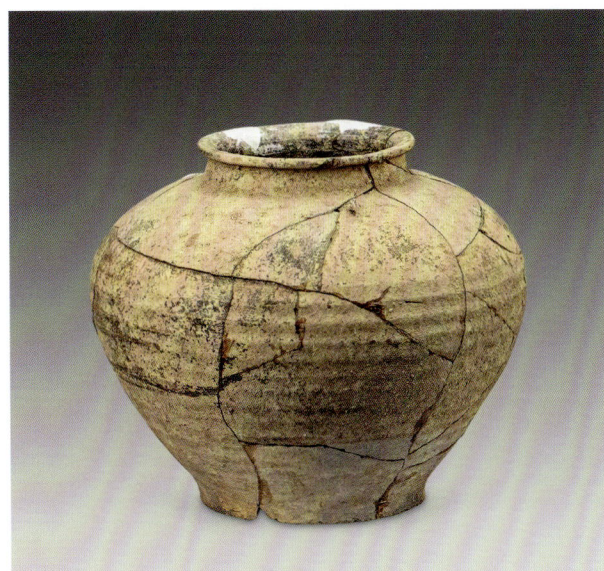

3.陶罐（2000CFLⅢM22∶1）

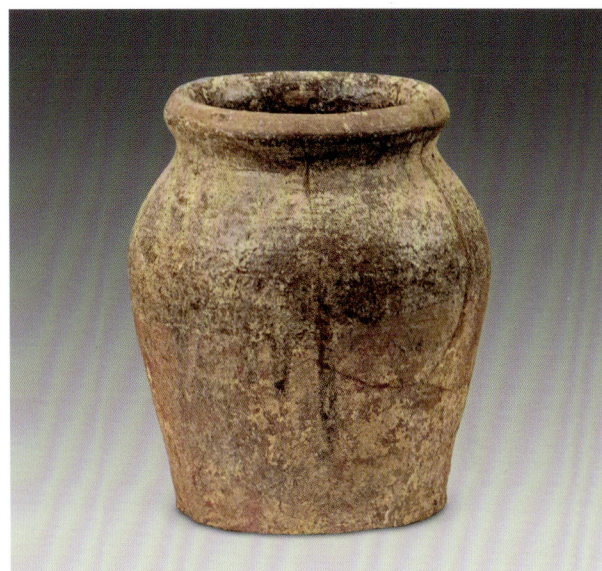

4.瓷罐（2000CFLⅢM27∶1）

5.铜环（2000CFLⅢM15∶2）

2000CFLⅢM15、2000CFLⅢM18、2000CFLⅢM22、2000CFLⅢM27出土陶器、釉陶器、瓷器、铜器

1. 瓷罐（2000CFLⅢM21：1）

2. 陶罐（2000CFLⅢM25：1）

3. 瓷罐（2000CFLⅢM30：1）

4. 瓷罐（2000CFLⅢM31：1）

2000CFLⅢM21、2000CFLⅢM25、2000CFLⅢM30、2000CFLⅢM31出土瓷器、陶器

1. 瓷罐（2000CFLⅢM34：1）

2. 铜扣（2000CFLⅢM35：2-1）

3. 釉陶罐（2000CFLⅢM32：1）

4. 瓷罐（2000CFLⅢM35：1）

2000CFLⅢM32、2000CFLⅢM34、2000CFLⅢM35出土瓷器、铜器、釉陶器

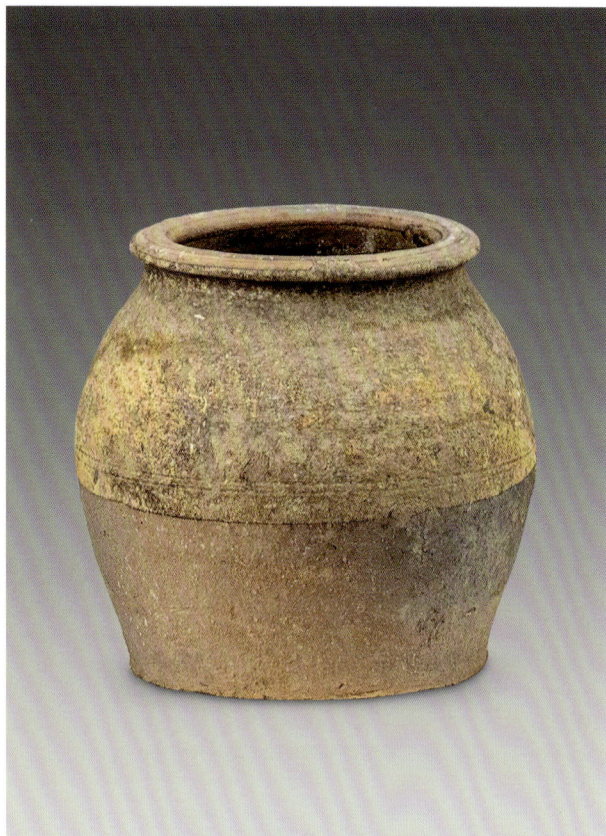

1. 瓷罐（2000CFLⅢM37：1）

2. 瓷罐（2000CFLⅢM43：1）

3. 瓷罐（2000CFLⅢM36：1）

4. 瓷罐（2000CFLⅢM38：1）

2000CFLⅢM36、2000CFLⅢM37、2000CFLⅢM38、2000CFLⅢM43出土瓷罐

1. 骨饰件（2000CFLⅢM44：1）

2. 陶罐（2000CFLⅢM46：1）

3. 瓷罐（2000CFLⅢM41：1）

4. 釉陶罐（2000CFLⅢM50：1）

2000CFLⅢM41、2000CFLⅢM44、2000CFLⅢM46、2000CFLⅢM50出土骨器、陶器、瓷器、釉陶器

1. 瓷碗（2000CFLⅢM49：1）

2. 瓷碗（2000CFLⅣM3：1）

3. 瓷碗（2000CFLⅣM3：2）

2000CFLⅢM49、2000CFLⅣM3出土瓷碗

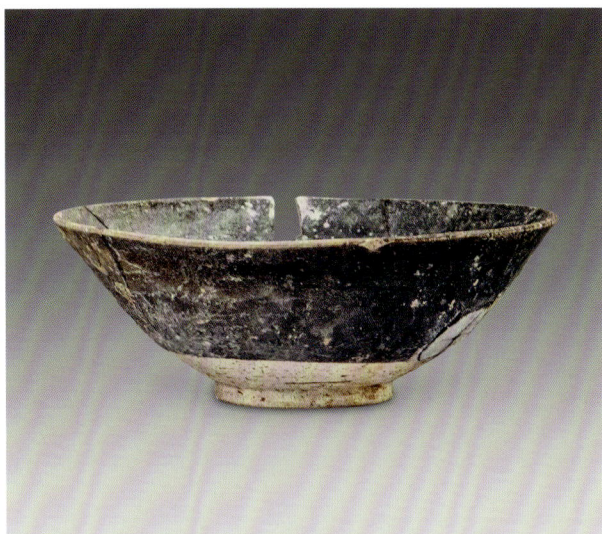

1. 瓷碗（2000CFLⅣM1：1）

2. 釉陶罐（2000CFLⅣM5：1）

3. 瓷碗（2000CFLⅣM4：1）

4. 瓷碗（2000CFLⅣM4：2）

2000CFLⅣM1、2000CFLⅣM4、2000CFLⅣM5出土瓷器、釉陶器

1. 釉陶罐（2000CFLⅤM2：1）

2. 铜扣（2000CFLⅤM3：1）

3. 铜扣（2000CFLⅤM3：2）

4. 铜扣（2000CFLⅤM4：1）

5. 瓷罐（2000CFLⅤM1：1）

2000CFLⅤM1、2000CFLⅤM2、2000CFLⅤM3、2000CFLⅤM4出土釉陶器、铜器、瓷器

1. 釉陶罐（2000CFLⅤM5：1）

2. 铜扣（2000CFLⅤM5：2）

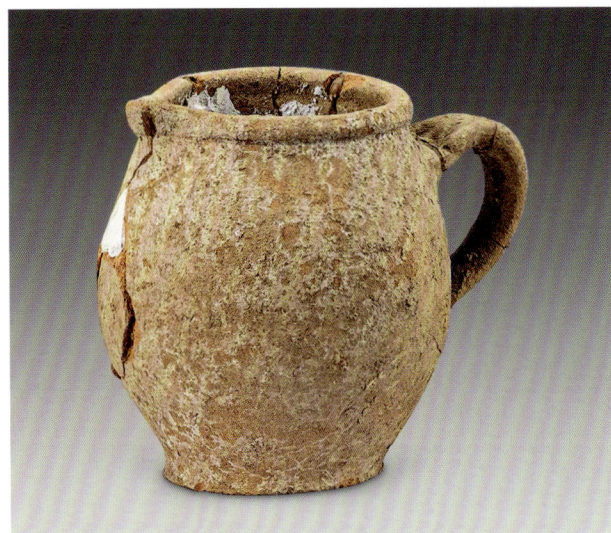

3. 陶罐（2000CFLⅤM8：1）

4. 铜扣（2000CFLⅤM8：2-1）

5. 铜钱（2000CFLⅤM8：3-1）

6. 釉陶罐（2000CFLⅤM9：1）

2000CFLⅤM5、2000CFLⅤM8、2000CFLⅤM9出土釉陶器、铜器、陶器

1. 铜扣（2000CFLⅤM9：2-1）

2. 瓷扣（2000CFLⅤM13：1）

3. 釉陶罐（2000CFLⅤM14：1）

4. 釉陶罐（2000CFLⅤM15：1）

5. 釉陶罐（2000CFLⅤM19：1）

2000CFLⅤM9、2000CFLⅤM13、2000CFLⅤM14、2000CFLⅤM15、2000CFLⅤM19出土
铜器、瓷器、釉陶器

1. 瓷碗（2000CFLⅤM16：1）

2. 釉陶罐（2000CFLⅤM16：2）

2000CFLⅤM16出土瓷器、釉陶器

1.釉陶罐（2001CFLⅠM1：1）

2.釉陶罐（2001CFLⅠM1：2）

3.铜耳环（2001CFLⅠM2：1-1）

4.铜帽花（2001CFLⅠM3：01）

5.釉陶罐（2001CFLⅠM8：1）

2001CFLⅠM1、2001CFLⅠM2、2001CFLⅠM3、2001CFLⅠM8出土釉陶器、铜器

1. 瓷罐（2001CFLⅠM3：1）

2. 瓷罐（2001CFLⅠM5：1）

3. 釉陶罐（2001CFLⅠM9：1）

4. 陶罐（2001CFLⅠM10：3）

5. 铜簪（2001CFLⅠM9：2）

2001CFLⅠM3、2001CFLⅠM5、2001CFLⅠM9、2001CFLⅠM10出土瓷器、釉陶器、陶器、铜器

1. 瓷碗（2001CFLⅠM10：1）

2. 瓷碗（2001CFLⅠM10：2）

3. 釉陶罐（2001CFLⅠM13：1）

4. 釉陶罐（2001CFLⅠM15：1）

2001CFLⅠM10、2001CFLⅠM13、2001CFLⅠM15出土瓷器、釉陶器

1. 铜钱（2001CFLⅠM15：2）

2. 釉陶罐（2001CFLⅠM20：1）

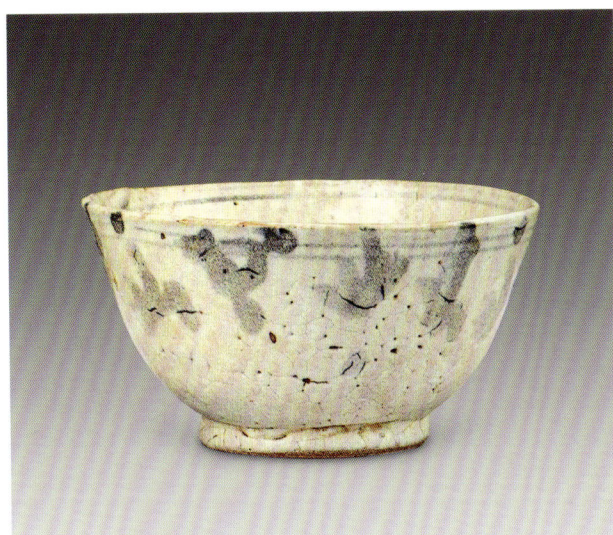

3. 瓷碗（2001CFLⅠM21：1）

4. 釉陶罐（2001CFLⅠM23：1）

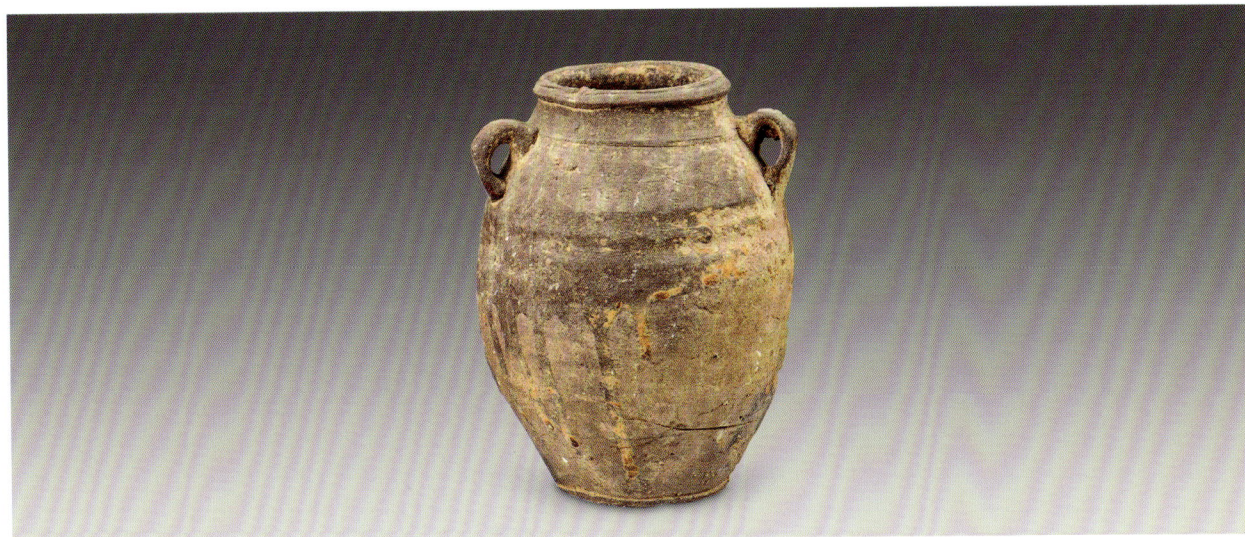

5. 釉陶罐（2001CFLⅠM19：1）

2001CFLⅠM15、2001CFLⅠM19、2001CFLⅠM20、2001CFLⅠM21、2001CFLⅠM23出土
铜器、釉陶器、瓷器

1. 釉陶罐（2001CFLⅠM24：1）

2. 釉陶罐（2001CFLⅡM1：1）

3. 铜簪（2001CFLⅡM1：2）

4. 铜耳环（2001CFLⅡM1：3-1）

5. 釉陶罐（2001CFLⅡM6：1）

6. 釉陶罐（2001CFLⅡM7：1）

2001CFLⅠM24、2001CFLⅡM1、2001CFLⅡM6、2001CFLⅡM7出土釉陶器、铜器

1. 釉陶罐（2001CFLⅡM8：1）

2. 釉陶罐（2001CFLⅡM10：1）

3. 釉陶罐（2001CFLⅡM9：1）

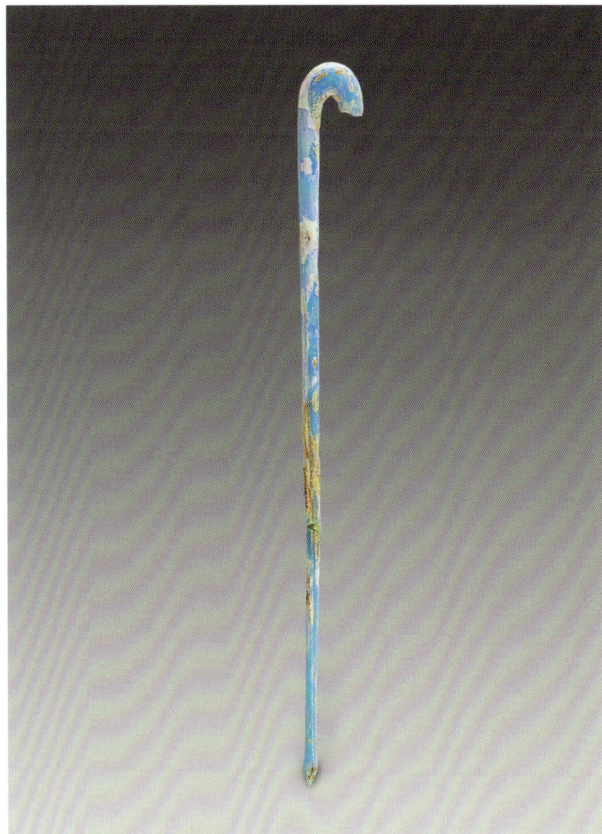

4. 玉簪（2001CFLⅡM11：1）

2001CFLⅡM8、2001CFLⅡM9、2001CFLⅡM10、2001CFLⅡM11出土釉陶器、玉器

1. 铜耳环（2001CFLⅡM10：2-1）

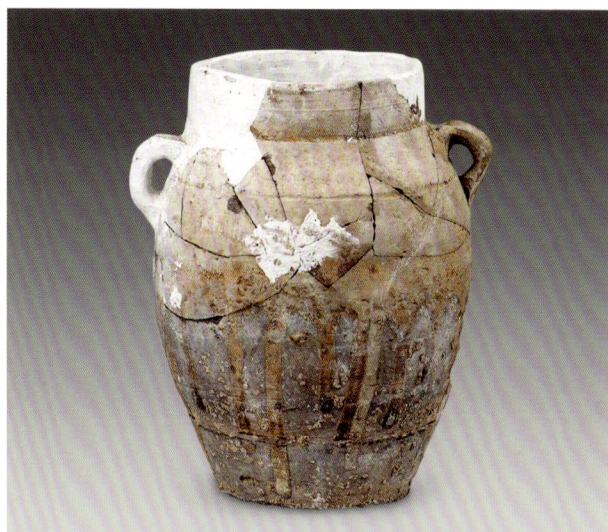

2. 釉陶罐（2001CFLⅡM11：2）

3. 瓷碗（2001CFLⅡM12：1）

4. 瓷碗（2001CFLⅡM12：2）

2001CFLⅡM10、2001CFLⅡM11、2001CFLⅡM12出土铜器、釉陶器、瓷器

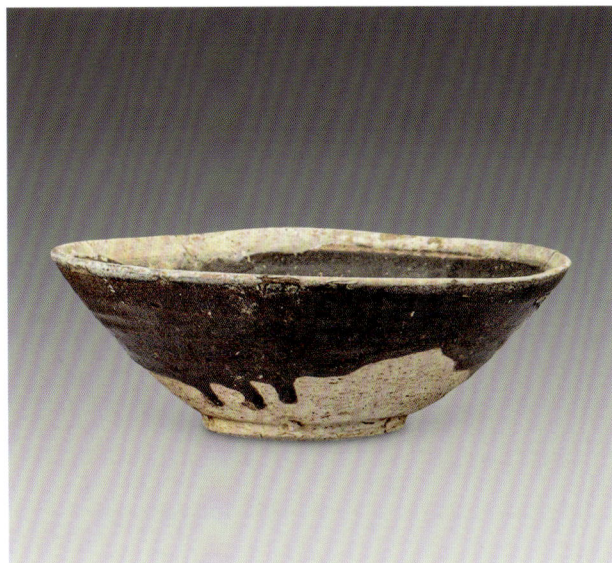

1. 瓷碗（2001CFLⅡM13：1）

2. 釉陶罐（2001CFLⅡM13：2）

3. 铜簪（2001CFLⅡM17：1）

4. 铜饰件（2001CFLⅡM17：2）

5. 釉陶罐（2001CFLⅡM18：1）

2001CFLⅡM13、2001CFLⅡM17、2001CFLⅡM18出土瓷器、釉陶器、铜器

1. 铜扣（2001CFL Ⅱ M20：1）

2. 铜扣（2001CFL Ⅱ M21：1）

3. 釉陶罐（2001CFL Ⅱ M21：2）

4. 釉陶罐（2001CFL Ⅱ M22：1）

5. 釉陶罐（2001CFL Ⅱ M23：1）

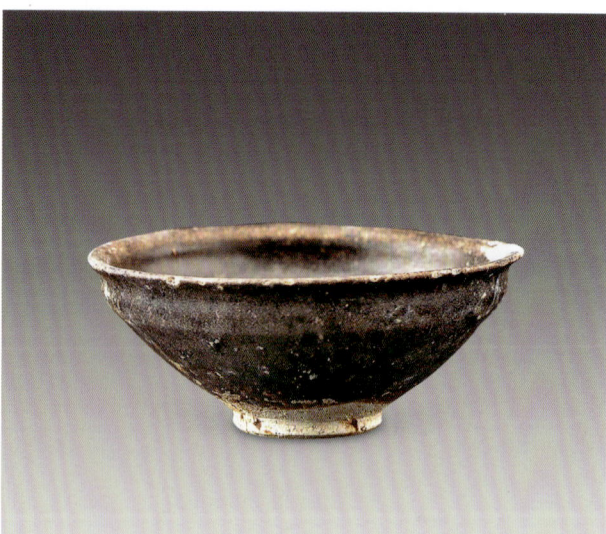

6. 瓷碗（2001CFL Ⅱ M26：1）

2001CFL Ⅱ M20、2001CFL Ⅱ M21、2001CFL Ⅱ M22、2001CFL Ⅱ M23、2001CFL Ⅱ M26出土
铜器、釉陶器、瓷器

1. 瓷碗（2001CFLⅢM1：1）

2. 瓷碗（2001CFLⅢM1：2）

3. 釉陶罐（2001CFLⅢM2：1）

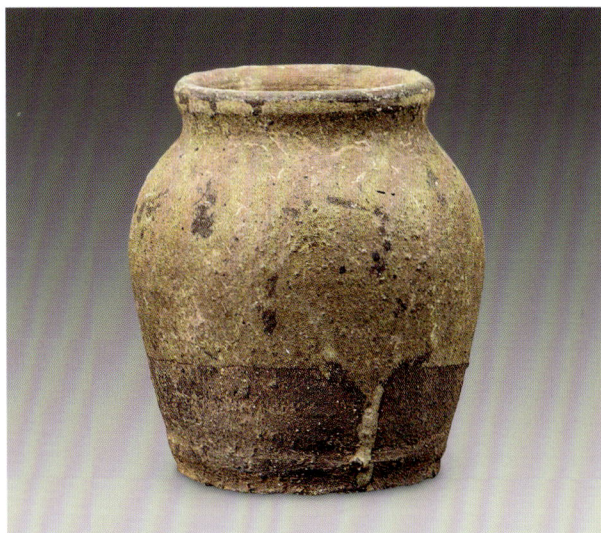

4. 釉陶罐（2001CFLⅢM3：1）

2001CFLⅢM1、2001CFLⅢM2、2001CFLⅢM3出土瓷器、釉陶器

1. 釉陶罐（2001CFLⅢM4：1）

2. 釉陶罐（2001CFLⅢM5：1）

3. 瓷扣（2001CFLⅢM5：2-1、
2001CFLⅢM5：2-2）

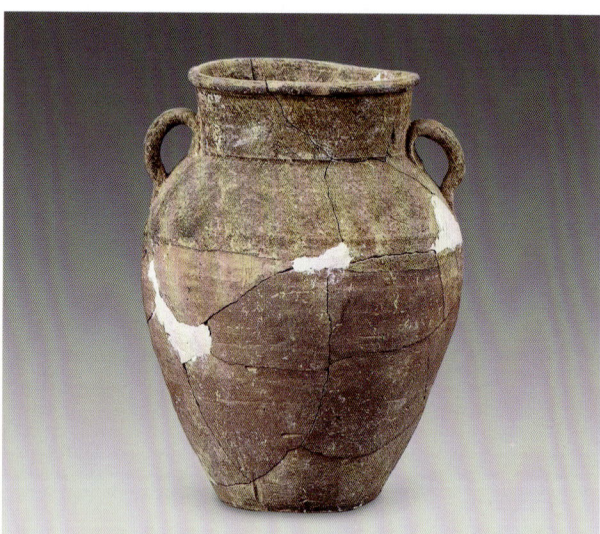

4. 釉陶罐（2001CFLⅣM1：1）

5. 蚌璧（2001CFLⅢM7：01）

2001CFLⅢM4、2001CFLⅢM5、2001CFLⅢM7、2001CFLⅣM1出土釉陶器、瓷器、蚌器

1. 釉陶罐（2001CFLⅣM2：1）

2. 釉陶碗（2001CFLⅤM2：1）

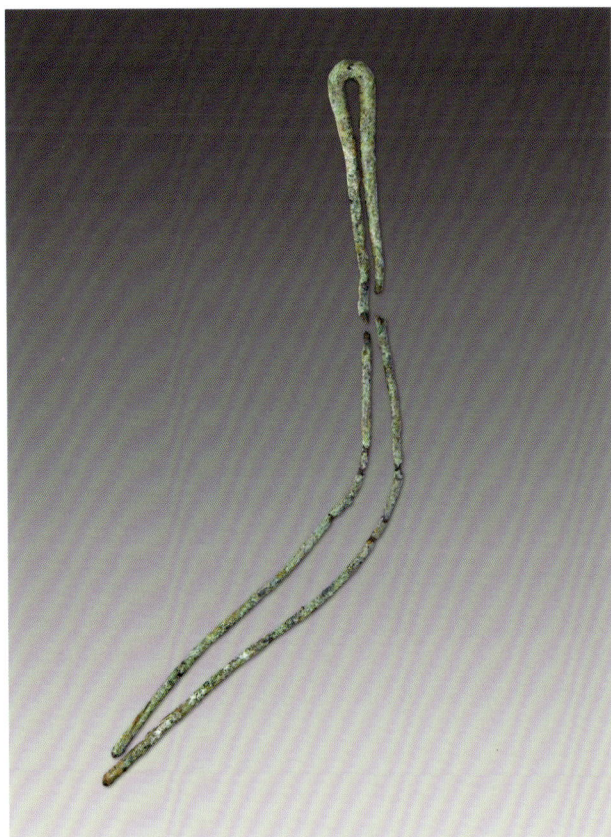

3. 铜簪（2001CFLⅢM6：1）

4. 釉陶罐（2001CFLⅢM8：1）

2001CFLⅢM6、2001CFLⅢM8、2001CFLⅣM2、2001CFLⅤM2出土釉陶器、铜器

1. 瓷碟（2000CFLⅢM14：1）

2. 瓷碟（2000CFLⅢM14：2）

3. 釉陶罐（2000CFLⅢM14：3）

2000CFLⅢM14出土瓷器、釉陶器

www.sciencep.com

(SCPC-BZBDAA04-0008)

ISBN 978-7-03-079864-0

定 价：328.00元